Über dieses Buch Das vorliegende Buch ist das Ergebnis einer breit angelegten Leseforschung. Die Autoren untersuchen den Leseprozeß, seine Voraussetzungen und die daran beteiligten psychologischen Prozesse unter Berücksichtigung der modernsten theoretischen Konzepte, über welche die Wahrnehmungs-, die Lern- und die kognitive Psychologie heute verfügen. Der Forschungsbericht beginnt mit einer Darstellung der theoretischen Grundbegriffe, die für die Leseforschung wichtig sind; es folgen die kognitiven Strategien höherer Ordnung und der Aufbau der Bedeutungsgefüge, die beim Lesenlernen eine entscheidende Rolle spielen. Studien über den Erstleseunterricht und die von ihm ausgelösten psychologischen Vorgänge schließen sich an. Das Buch behandelt zum Schluß die heute vertretenen Lesemodelle, das heißt die Mikrotheorien über den Lesevorgang, anhand derer man angeben kann, wie der Leseprozeß abläuft, wenn bestimmte Größen und Werte sich ändern. Es stellt sich heraus, daß wir vieles noch nicht kennen, doch das Buch stellt die zuvor von Spekulationen umgebene Erforschung und die Praxis des Lesenlernens auf einen sicheren Boden.

Die Autoren Die Autoren sind vor allem auf dem Gebiet der Experimentalpsychologie tätig. Sie waren Mitglieder einer von der amerikanischen Regierung einberufenen Forschungsgruppe aus Experimentalpsychologen, Entwicklungspsychologen und Linguisten, die Lernprozesse im Zusammenhang mit dem Lesen untersuchen sollte. Das vorliegende Buch ist das Ergebnis dieser mehrjährigen Forschungsarbeit.

Eleanor J. Gibson und Harry Levin

Die Psychologie des Lesens

Mit einer Einführung
von Hans Aebli

Aus dem Amerikanischen von
Barbara Fox und Kurt Schmid

Fischer Taschenbuch Verlag

Geist und Psyche
Begründet von Nina Kindler 1964

Ungekürzte Ausgabe
Veröffentlicht im Fischer Taschenbuch Verlag GmbH,
Frankfurt am Main, Mai 1989
Lizenzausgabe mit freundlicher Genehmigung
des Verlages Klett-Cotta, Stuttgart
Die amerikanische Originalausgabe mit dem Titel
»Die Psychology of Reading«
erschien 1975 by The Massachusetts Institute of Technology, Cambridge

Umschlaggestaltung: Buchholz/Hinsch/Hensinger
Satz: Zech, Speyer
Druck und Bindung: Clausen & Bosse, Leck
Printed in Germany
ISBN 3-596-42329-5

Inhalt

Hätte Auguste COMTE die Entwicklung der Lesetheorien gekannt, so hätte er in ihrer Abfolge wahrscheinlich seine Epochen der Menschheitsgeschichte aufs neue bestätigt gefunden: Nach einem theologischen Stadium, das von den Priestern (der einzelnen Lesemethoden) geprägt ist und in dem die Krieger (und Kriegerinnen) kämpferisch für die einzig seligmachende Methode eintreten, und nach einem metaphysischen Stadium, in dem man die Phänomene aus spekulativ gewonnenen allgemeinen Begriffen und wirkenden Kräften zu erklären versucht, das positive Stadium, in dem man sich endlich entschließt, die Prozesse des Lesens unvoreingenommen zu betrachten und zum Gegenstand wissenschaftlicher Forschung zu machen. COMTES Geschichtsphilosophie ist heute kaum noch bekannt, aber die von ihm postulierte Stadienfolge trifft den Verlauf der Dinge in der Lesemethodik überraschend gut.

In der Tat war die Methodik des Erstleseunterrichts jahrzehntelang durch die kämpferische Auseinandersetzung der ganzheitlichen und der synthetischen Schule geprägt. Hier der Glaube an die Ganzheit des Kindes, die sich, so behauptete man, unter anderem auch in einer ganzheitlichen Wahrnehmung äußere, und der daher zu einem Leseunterricht führte, der wochen- bis monatelang ganze Wörter unanalysiert auffassen ließ; dort die ebenso kämpferisch vertretene Synthese des Wortes aus einzelnen Buchstaben und den ihnen entsprechenden Lauten. Man konnte sich teilweise des Eindrucks nicht erwehren, daß hier theologische Glaubenskämpfe ausgefochten wurden. Die Psychologen, die nicht der einen oder der anderen Schule angehörten, hatten dazu häufig nichts anderes als allgemeine Betrachtungen beizusteuern. Ihre Begriffe von Zeichen und Bedeutung, Reiz und Reaktion, Wahrnehmung und Sprechmotorik halfen nicht viel weiter. Was not tat, war die empirische Erforschung des Leseprozesses und, da ja viele einzelne Ergebnisse verstreut vorlagen, ihre Sichtung und systematische Zusammenfassung.

In der Einleitung schildern Eleanor GIBSON, die Frau des bekannten amerikanischen Wahrnehmungspsychologen James J. GIBSON, und der Mitverfasser Harry LEVIN, wie sie im Jahre 1960 dazu gekommen sind, eben dieses zu tun: ein großes Forschungsprogramm zur Bestandsaufnahme der vorhandenen Forschung zum Leseprozeß und zu ihrer aktiven Fortsetzung zu konzipieren. Das vorliegende

Buch ist das Ergebnis. Diese Psychologen haben sich die Aufgabe gestellt, vor aller Entscheidung für diese oder jene Methode schlicht den Leseprozeß zu untersuchen, und das experimentell und unter Einsatz der modernsten theoretischen Konzepte, über die die Wahrnehmungs-, die Lern- und die kognitive Psychologie heute verfügen. So wird hier keine neue Methode angepriesen. Vielmehr erfährt der Leser, was in vielen verschiedenen Bereichen an relevanten theoretischen und praktischen Ergebnissen zum Leseprozeß erforscht und entwickelt worden ist. Für den deutschsprachigen Leser ist dies besonders wichtig, kann es sich für ihn doch keinesfalls darum handeln, irgendwelche im angelsächsischen Raum entwickelten Methoden einfach zu übernehmen: Dazu ist das Deutsche vom Englischen zu verschieden. Aber die psychologischen Prozesse sind die gleichen. Darum liefert dieses Buch die theoretischen und praktischen Bausteine, aus denen auch eine deutschsprachige Lesetheorie, eine Leseforschung und schließlich eine empirisch fundierte Lesemethode entwickelt werden können.

Der Forschungsbericht setzt ein mit einer Darstellung der theoretischen Grundbegriffe, die für die Leseforschung wichtig sind. Hier ist in erster Linie der Begriff des Wahrnehmungslernen zu nennen: Die Wahrnehmung wird heute nicht mehr als ein für allemal gegebener, in der menschlichen Natur oder im Aufbau des Wahrnehmungsapparates angelegter Prozeß verstanden. Vielmehr macht das kindliche Wahrnehmen, auch das spezifische Wahrnehmen des Lesers, eine Entwicklung durch, und diese ist wesentlich durch die Lernprozesse bestimmt, die das Vorschulkind im Alltag und im Kindergarten erworben hat und die im Erstleseunterricht weitergeführt werden. Das ist eine hoffnungsvolle Botschaft. Sie setzt sich unmittelbar in einem didaktischen Auftrag fort: nicht sich an das ganzheitliche Wahrnehmen des Kindes *anzupassen,* sondern es zu *lehren,* Wörter immer rascher und sicherer als ganze wahrzunehmen.

Aber das Lesenlernen ist nicht nur eine Sache der Wahrnehmung: Lesenlernen ist Sinnentnahme, „Extraktion von Information" aus Texten. Darum spielen die kognitiven Strategien höherer Ordnung und der Aufbau der Bedeutungsgefüge eine so wichtige Rolle im Lesenlernen. Im englischen Originalwerk werden diese und weitere grundlegende theoretische Begriffe auf 200 Druckseiten vorerst allgemein behandelt. Hätten wir diesen Teil mit übersetzt, so wäre das Buch unerschwinglich teuer geworden und hätte seine Wirkung, die man nicht auf die Universitätsinstitute beschränkt sehen möchte, nicht tun können. Wir haben diesen ersten Teil daher zusammengefaßt und gekürzt. Das war darum zu verantworten, weil die gleichen Begriffe in der Folge – in angewandter Form und unmittelbarer auf den Leseprozeß bezogen – wieder erscheinen. Das sind die Kapitel, die wir unverändert übersetzt haben.

Sie folgen sozusagen der chronologischen Entwicklung des Leseprozesses: die Entwicklung der dem Lesen vorgeordneten Fertigkeiten der Sprachwahrnehmung und der Wahrnehmung graphischer Zeichen sowie der motorischen Fertigkeiten des Zeichnens und Schreibens. Hier machen die Autoren ernst mit ihrer Grundhaltung, den Leseprozeß durch Lernen mit dem Kind zwar aufzubauen, dies aber im Bewußtsein zu tun, daß sich dieser Lernprozeß nicht im kindlichen Geist als einer Tabula rasa einzeichnet, sondern daß er das fortsetzt, was das Kind an perzeptiven und kognitiven Fertigkeiten in seinen ersten Lebensjahren entwickelt hat.

Dann folgen die Studien über den Erstleseunterricht und die psychologischen Vorgänge, die er auslöst. Das Problem der Motivation, der Wunsch des Kindes, lesen zu lernen, steht hier am Anfang. Das Leitmotiv ist nicht die extrinsische Motivation durch Belohnung und Strafe, sondern die Nutzung und die Förderung der natürlichen Neugier des Kindes. Auf diesem Hintergrund muß es nun auf der Ebene der Wahrnehmung, der Sprechmotorik und der Sinnentnahme immer umfassendere Einheiten aufbauen, die Zuordnung von Zeichen und Lautgestalt entdecken und beide zum Sinn des Textes in Beziehung setzen. Eleanor GIBSONS Begriff des „Sprech-Schreibmusters" ist hier zentral, ebenso derjenige der aktiven Konstruktion der Bedeutung und der laufenden Prüfung des sich ergebenden Sinnes aus dem Kontext.

Aus alledem folgt: Es gibt nicht *einen* Leseprozeß, sondern deren viele! Diese These ist den Autoren sehr wichtig. So wenig, wie man das Krabbeln des Säuglings mit dem Gehen des Erwachsenen identifizieren kann, so wenig gelten die besonderen Merkmale des erwachsenen Lesens für den Anfänger. So zeigen die Autoren in der Folge die Stadien des Lesens, die vom Lautieren und dem Erkennen kleiner Sprech-Schreibmuster bis zu den verschiedenen Formen des entwikkelten Lesens führen. Das leise Sprechen verschwindet dabei immer mehr, die Augenbewegungen werden immer präziser und effizienter. Der Leseprozeß wird immer mehr zur zielgerichteten Informationsaufnahme. Auf dieser Ebene findet man beim tüchtigen Leser entscheidende Unterschiede zum jüngeren Kind und zum schlechten Leser. Der subjektive Beitrag zum Gelingen des Leseprozesses spielt damit eine immer wichtigere Rolle: Wenn Lesen Informationsaufnahme bedeutet, so müssen die Fragen und Erwartungen, die der Leser an den Text richtet, sein Wissen, an das er die entnommene Bedeutung assimiliert, und sein Denken und Schließen, das darauf basiert, den Lesevorgang entscheidend prägen. Darum ist es so wichtig, daß dem Leseunterricht das Ziel des „Lesens, um zu verstehen" ständig vorschwebt, und darum sind auch die psychologischen Theorien des Verstehens für die Lesepsychologie zentral. Die Autoren referieren ausführlich darüber. Das alles hat seine Folgen im Bereiche der Faktoren, die Verstehen beeinflussen, und der Regeln, die im Unterricht und bei der Abfassung und Auswahl von Lesetexten beobachtet werden müssen.

Das vorliegende Werk schließt mit der Darstellung der Lesemodelle, die heute vertreten werden. Es sind in der Regel Mikrotheorien über den Lesevorgang, die so exakt gefaßt sind, daß man im Grenzfall feststellen kann, wie der Leseprozeß abläuft, wenn man im Modell diese und jene Größe mit diesem und mit jenem Wert einsetzt oder verändert. Es wird dabei sichtbar, daß noch vieles ungeklärt ist, daß wir *den* Leseprozeß noch nicht kennen. Der Praktiker wird daraus die Zuversicht schöpfen, daß er selbst aktiv experimentierend vorwärts zu schreiten hat, der Psychologe, daß es hier noch viel zu tun gibt. Beide aber finden in diesem Buch ein reiches Maß an theoretischen und praktischen Elementen, Gesichtspunkten und Verfahren, die ihnen helfen, immer näher an den Leseprozeß und seinen erfolgreichen Aufbau im Unterricht heranzukommen.

Die Zeit der Spekulationen und der polemischen Anpreisung dieser und jener globalen Methode kommt mit dem Erscheinen dieses Buches wohl endgültig zu ihrem Abschluß. Wenn wir auch noch nicht am Ziel sind, so haben wir doch den Eindruck, daß wir nun sicheren Boden für die Erforschung und die Praxis des Lesenlernens und klare Vorstellungen über die nächsten auszuführenden Schritte haben.

Bern, im November 1979 *Hans Aebli*

Dieses Buch ist das Ergebnis des gegenwärtig neu erwachenden Interesses am Lesen, von 14 Jahren seiner Erforschung, und einer fruchtbaren Zusammenarbeit. Im Jahre 1960 sind die Autoren, zusammen mit Kollegen aus verschiedenen Disziplinen, eingeladen worden, ein theoretisch fundiertes Forschungsprogramm über das Lesen in Gang zu setzen – ein vollständig neues Feld der Forschung für uns alle. Experimentalpsychologen hatten dieses grundlegende Forschungsgebiet fast 60 Jahre gemieden. Zwar hatte WOODWORTHS klassische Ausgabe des Werkes „Experimentelle Psychologie“ aus dem Jahre 1938 ein brillantes Kapitel über das Lesen enthalten. Aber zu jener Zeit war die S-R-Psychologie im Schwange, und als 1954 die Neuausgabe des Werkes von WOODWORTH und SCHLOSBERG erschien, war das Lesen aus der Gunst der Psychologen gefallen. Wenige Experimentalpsychologen hatten sich seither mit ihm beschäftigt, und sie hatten nichts Neues produziert.

Es war für uns daher eine Überraschung, als eine Regierungsstelle uns einlud, eine Forschungsgruppe aus Experimentalpsychologen, Entwicklungspsychologen und Linguisten zu bilden, um einen neuen Versuch zu wagen, Lernprozesse im Zusammenhang mit dem Lesen zu untersuchen. Wir zögerten eine Weile, das Angebot anzunehmen. Sollten wir die Forschungen, die wir betrieben, aufgeben oder aufschieben? Wichtiger: waren wir intellektuell vorbereitet und motiviert, um wirklich neue, interessante und substantielle Forschung zum Lesen zu produzieren? Würde unsere Forschung den Kindern schließlich auch helfen, lesen zu lernen? (Diese Frage ist heute noch offen!)

Als Experimentalpsychologen wunderten wir uns darüber, daß noch niemand eine gute Theorie über das Lesenlernen aufgestellt hatte. Es gab viele Theorien darüber, wie Paarassoziationen gelernt, behalten, abgerufen werden usw. Aber würde irgend eine von diesen Theorien etwas zum Verständnis des Lesens abwerfen? Wir bezweifelten es, und so entschlossen wir uns, unsere Zeit und Kraft für einen neuen Versuch in diesem Problembereich einzusetzen.

Die ursprüngliche Mitarbeitergruppe bildete eine lose Vereinigung, wobei wir alle unsere individuelle Forschung betrieben, aber von Zeit zu Zeit zusammenkamen, um voneinander zu lernen und unsere Ergebnisse kritisch zu betrachten. Das *United States' Office of*

Education unterstützte uns während 3 Jahren in großzügiger Weise, und die Autoren des Buchs erhielten in der Folge Forschungsstipendien und Unterstützung zur Abhaltung von Tagungen von dieser Regierungsstelle und ebenso vom *National Institute of Health.*

Der Plan dieses Buchs entstand in einem Seminar, das wir im Frühjahr 1972 abhielten. Im folgenden Herbst begannen wir es zu schreiben. Eine Fellowship der *John Simon Guggenheim Memorial Foundation* machte es einem der beiden Autoren, Eleanor GIBSON, möglich, sich im akademischen Jahr 1972–1973 von der Lehrtätigkeit zu beurlauben, um am Buch zu schreiben. Der *William R. Kenan Charitable Trust* verschaffte Harry LEVIN einen Urlaub, der ein Trimester dauerte. Das *Department of Psychology des Massachusetts Institute of Technology,* unter dem Vorsitz von Prof. Hans Leukas TEUBER, nahm uns auf und gab uns Büros, ein Sekretariat, öffnete uns seine Bibliothek und zeigte uns vor allem warme Freundschaft und Ermunterung. Dafür danken wir der Gruppe in Boston herzlich.

Eine Anzahl Studenten, die zwei unserer Seminare besuchten, haben die Entwürfe des Buches gelesen und haben wichtige Beiträge zur Verbesserung seiner Qualität geleistet. Carol BISHOP las und kritisierte alle Kapitel, was ihnen gut tat. Wir möchten auch unseren Freunden, die schriftlich auf die Lektüre von Teilen des Buches reagierten, insbesondere Roger BROWN, William M. GIBSON und David PETTIJOHN, herzlich danken. Ann BUCKLER half uns, die Zitate und den Index vorzubereiten. Schließlich möchten wir nicht unterlassen, Carol KANNUS und Ann SMITH zu erwähnen, die das Manuskript hübsch schrieben und unsere zahlreichen Flüchtigkeitsfehler korrigierten.

Ithaca, New York *Eleanor J. Gibson*
Mai 1974 *Harry Levin*

I. Grundbegriffe der Leseforschung

Kapitel 1
Einleitung

Das Problem des Lesens hat die Didaktiker mehr als jedes andere beschäftigt. Die Fähigkeit zu lesen ist die Grundlage für den Erfolg in der Schule und im Leben. Daher überrascht es nicht, daß der Unterricht der ersten Schuljahre wesentlich Leseunterricht ist. Die Methoden des Erstleseunterrichts haben ihre treuen und beredten Vertreter. In Amerika findet man schon in der Kolonialzeit gegensätzliche Parteien in der Methodenfrage. Wer die heutige Szene beobachtet, muß den Eindruck gewinnen, daß die Methoden des Lesenlernens wechselnden Moden unterworfen sind.

Wir wollen in diesem Buch die vielen verschiedenen Leselehrgänge nicht behandeln; sie kommen und gehen. Projekte der Orthographiereform tauchen immer wieder auf und versuchen, eine engere Übereinstimmung zwischen den Lauten der gesprochenen Sprache und der Schreibweise herzustellen. In neuerer Zeit hat man in Großbritannien das Erstlesealphabet (Initial Teaching Alphabet, ITA) in großem Maßstab und, bescheidener, in den Vereinigten Staaten ausprobiert. Man hat versucht, die Worte verschiedenartig zu drucken, um die Aussprache klarer zu machen. Pädagogen haben ein Programm von körperlichen Trainingsübungen für Kinder in der Phase vor dem Lesenlernen empfohlen. Andere haben versucht, die neurologischen Prozesse im Gehirn durch pharmakologische Präparate zu unterstützen. Es gibt Computerprogramme für den Leseunterricht, ja sogar ganze computerunterstützte Erstleseprogramme. Jede neue Methode wird weit herum propagiert, wortreich verteidigt – und dann von den meisten vergessen. Erzieher und Laien hoffen immer wieder, daß eine „Fertiglesemethode“ entdeckt werde. Die Geschichte der Leseforschung sollte uns jedoch warnen, daß wohl kaum jemals eine magische Methode auftauchen wird.

Es gibt zwei Ansätze zur Leseforschung, der eine liegt diesem Buch zugrunde; es mag jedoch nützlich sein, ihn mit dem anderen zu vergleichen, denn die Leseforschung hat bei den Psychologen und Didaktikern eine interessante und erstaunliche Geschichte. Zwischen 1900 und 1925 haben die experimentelle und die pädagogische Psychologie ernsthaft versucht, den Leseprozeß zu erhellen. Viele Versuche wurden durchgeführt, die auf sorgfältig durchdachten, theoretischen Positionen basierten. Die Namen der Psychologen, die sich mit dem Lesen beschäftigten, lesen sich wie ein Who is Who der frühen, amerikanischen Experimentalpsychologie: CATTELL, HUEY, BUSWELL, JUDD, THORNDIKE, DODGE, WOODWORTH u.a. Edmund Burke HUEY muß hier besonders erwähnt werden. Sein Buch „Die Psychologie und Pädagogik des Lesens" wurde im Jahr 1908 veröffentlicht. Vor mehr als 60 Jahren hat er viele der grundlegenden Probleme aufgegriffen, die uns heute beschäftigen und die wir in diesem Buch behandeln werden. Seine Theorien und Versuche wirken überraschend modern, und es war für die Schulen ein schwerer Nachteil, daß seine Analysen des Leseprozesses der psychologischen und pädagogischen Forschung nicht jene Wirkung hatten, die sie verdienten.

Um 1920 verschob sich der Brennpunkt der Leseforschung in dramatischer Weise. Er orientierte sich an den Lehrplänen des Erstleseunterrichts. Statt zu fragen, wie sich die Prozesse des Lesens abspielen, wollte man den Wert der verschiedenen Lesemethoden vergleichen. Der Grund für diese Neuorientierung der Leseforschung scheint von der extremen und wortreichen Verteidigung gegensätzlicher Lesemethoden herzurühren. Es war der Anfang der fruchtlosen Kontroverse um die Lautier- und die Ganzwortmethode. Für einige Zeit geriet die Erforschung der Frage, wie ein Kind lesen lernt oder wie sich das entwickelte Lesen abspielt, in den Hintergrund. Die Curriculumforschung beherrschte zwischen 1920 und 1960 das Feld und wird bis heute betrieben, wenn auch die auf theoretischer Grundlage durchgeführte Forschung wieder Fortschritte macht. Leider muß man feststellen, daß die Ergebnisse von 40 Jahren der Curriculumforschung mager sind. Man kann heute so wenig wie jemals feststellen, daß eine Methode besser sei als die andere. Für jede Untersuchung, die die Wirksamkeit der einen Methode zu zeigen schien, kam eine andere Studie heraus, die zugunsten einer kontrastierenden Methode sprach. Zum Teil tendierte man zu Deutungen wie: „Es kommt alles auf den Lehrer an".

Man ist heute mit dem Erfolg des Leseunterrichts in unseren Schulen sehr unzufrieden. Bis 25% der Schüler lesen schlechter, als sie gemäß der besuchten Klasse lesen sollten. Dabei ist die schwache Leseleistung der Bevölkerung ungleich verteilt: Die Versager häufen sich unter den armen Kindern der (heruntergekommenen) Innenstädte. Die ökonomischen und sozialen Folgen sind deutlich. Zwar beschäftigt man sich vielerorts mit neuen Methoden und Programmen, um die Lesefähigkeit bei Kindern und Erwachsenen zu erhöhen. Es zeichnen sich jedoch noch kaum Lösungen ab.

Curriculumforschung vergleicht Methoden des Lesenlernens. Die Ziele und Methoden einer theoretisch fundierten Leseforschung sind verschieden. Einmal beschäftigten sie sich mit dem Leseprozeß und nicht mit den Ergebnissen einer Lesemethode. Dann ist die Erforschung dieses Prozesses von Theorien geleitet, die sich nicht nur auf das Lesen beziehen, sondern allgemeiner auf das Wahrnehmungslernen und auf die kognitive und sprachliche Entwicklung.

Der erste Teil dieses Buches liefert die theoretischen Grundlagen, die man benötigt, wenn man den Leseprozeß verstehen will. Theoriegeleitete Forschung wird häufig, wenn auch nicht immer, im Laboratorium durchgeführt. Die Theorien des Wahrnehmungslernens, die wir im zweiten Kapitel beispielsweise beschreiben, haben die Grundlage für viele Experimente zur Nutzung orthographischer Regeln bei der Worterkennung durch Kinder geliefert. Theorien leiten nicht nur die Forschung, sondern auch die fruchtbare Beobachtung von Kindern, die lesen lernen. Sie machen es möglich, die komplexen Vorgänge, die sich im Leseunterricht abspielen, zu ordnen. Die Beobachtungen im Klassenzimmer bereichern und erweitern ihrerseits die Theorien.

Was ist das: Lesen?

Verglichen mit den großen Anstrengungen zur Findung praktischer Lösungen für pädagogische Probleme sind die Versuche der Psychologen, den Leseprozeß zu erhellen, relativ bescheiden. Was ist das Lesen für ein Vorgang? Welche Beziehungen bestehen zwischen der gesprochenen Sprache und dem Lesen? Wie erkennen wir Buchstaben und Worte? Wie beeinflußt die Grammatik einer Sprache den Leseprozeß? Wie entnehmen wir Bedeutung aus geschriebenen Texten? Gibt es mehr als eine Art des Lesens?

Die erste Frage lautet: Was verstehen wir eigentlich unter Lesen? *Lesen heißt, Information aus Texten entnehmen.* Den Begriff des Textes fassen wir weit. Er bezieht sich auf Kombinationen von Texten und Bildern, Diagramme, graphische Darstellungen, illustrierte Anweisungen usw. Der erste Grundsatz, von dem wir uns leiten lassen, besagt, daß es mehr als einen einzigen Leseprozeß gibt. Wenn dem so ist, so gibt es auch mehr als eine einzige erfolgreiche Methode, diesen Prozeß zu lehren. Die Fähigkeit eines Kindes, das ein Bilderbuch liest, ist sehr verschieden von derjenigen eines erwachsenen Lesers, der einen hoch spezialisierten Mathematik- oder Physiktext konsultiert. Lesen heißt nicht nur geschriebene Zeichen als Laute zu dekodieren. Vertreter einer ultra-simplen phonetischen Schreibweise versuchen der Öffentlichkeit genau dies beizubringen. Glücklicherweise ist jedoch kaum jemand darauf hereingefallen – wenigstens für längere Zeit. Lesenkönnen heißt nicht einfach, Worte oder Laute für geschriebene Buchstaben produzieren, und ebenso wenig ist es das passive Aufnehmen von Vorstellungsbildern, die mit geschriebenen Worten verbunden werden. Lesen ist ein aktiver Prozeß, der durch den Leser in mehreren Hinsichten selbst gesteuert wird, und der verschiedenen Zwecken dient.

Die unterschiedlichen Zwecke des Lesens

Wozu lesen wir? Wahrscheinlich war der früheste Anlaß, eine Schrift zu erfinden, die Notwendigkeit, genaue Kunde über Dinge zu bewahren, die ein einzelner nicht behalten konnte. Ein altes chinesisches Sprichwort sagt: „Die blasseste Tinte ist besser als das beste Gedächtnis." Archäologen, die Steinplatten mit eingehauenen Zeichen ausgegraben haben, stellen häufig fest, daß es sich um Abrechnungen von Verkäufen oder um Forderungen handelt. Sicher überlebt ein Geschäft nicht lange, wenn niemand Bücher führen und lesen kann. Man kann einen Knoten ins Taschentuch machen, wenn man sich daran erinnern will, daß man auf dem Heimweg einen Liter Milch einkaufen sollte. Aber wenn man Brot, Fleisch, Eier, Salz, Säuglingsnahrung, Toilettenpuder, Papierservietten und Hundefutter braucht, hat das Taschentuch nicht mehr genügend Zipfel, auch wenn wir uns erinnern könnten, was jeder von ihnen bedeutet. Die Gesellschaft hat auch nicht mehr die Barden, die ihre Sagen auswendig kennen und die Schreiber, die ihr die Briefe schreibt. Es gibt da einfach zuviel aufzuschreiben. So ist die konservierende Funktion des Aufschreibens und Lesens grundlegend. Es ist nicht schwer, sie dem Kind bewußt zu machen.

Lesen und Schreiben für die Zwecke der Kommunikation leuchten dem Kind ebenfalls ein. Ein Brief von der Großmutter erregt freudige Erwartungen. Er mag interessante Neuigkeiten wie einen bevorstehenden Besuch oder ein schon abgeschicktes Geschenk ankündigen. Er ist anders geschrieben als eine Einkaufsliste, hat seine eigene Tradition und seinen Stil, den wir verschiedenen Anlässen anpassen und mit verschiedenen Gefühlen lesen.

Zwar gibt es eine Art „funktionelle Autonomie" des Lesens bei den Erwachsenen; es geschieht manchmal ohne besondere Motivation, und man hat keine Absicht, die gewonnene Information zu nutzen. Wenn man in der Straßenbahn sitzt, kann man kaum anders, als die

Werbetexte zu lesen, was die Werbeleute wohl wissen. Wir lesen fast automatisch, was auf der Cornflakes-Schachtel steht und erinnern uns nicht an den Inhalt. Aber das ist die Ausnahme. Meistens lesen wir, weil wir müssen. Ein moderner Mensch ist immer wieder gezwungen, Information lesend zu gewinnen.

Die Pädagogen gehen immer wieder davon aus, daß man vor allem lesen können muß, um Dinge aus Büchern zu erfahren; Geometrie oder Geschichte, Psychologie oder Physiologie. Man kann versuchen, die bittere Pille des Lesenlernens auf diese Weise zu versüßen; aber die Kinder lassen sich davon selten täuschen. Man sollte ihnen von Anfang an zeigen, daß man ganz einfach darum lesen kann, weil es Freude macht. Daß das stille Lesen einer Geschichte oder eines Gedichtes ein Vergnügen ist. Wenn man kleinen Kindern vorliest oder wenn sie beobachten, wie Erwachsene in einen Roman vertieft sind, so erfahren sie dies. Es sollte in der Schule aber damit weitergehen. Der Lehrer sollte den Kindern zur Belohnung aus Büchern vorlesen, die ihnen Freude machen, solange ihnen die Technik des Lesens noch Mühe macht. Und selbstverständlich soll man sie individuell lesen lassen, sobald sie es können, und was sie wollen.

Lesen mit dem Ziel, etwas zu lernen, ist eine wichtige und völlig verschiedene Tätigkeit vom Lesen eines Gedichtes oder eines Romans für das Vergnügen. Es ist eine zweifelhafte Taktik, Kindern die Funktionen des Lesens beizubringen, indem man die wirklichen Probleme auf äußerliche Weise und ohne Beziehung zur Information, die entnommen werden soll, versüßt. Dies geschieht zum Teil in Fernsehprogrammen und in übermäßig illustrierten Lehrbüchern. Die Folge kann sein, daß man das Kind daran hindert, seine eigene Lesetätigkeit, entsprechend dem Zweck des Lesens, zu steuern.

Der Plan des Buches

Dieses Buch ist in zwei Teile eingeteilt, die je besondere Absichten verfolgen. Der Teil I ist den psychologischen und sprachwissenschaftlichen Prinzipien gewidmet, die die Grundlage zum Verständnis des Leseprozesses liefern. Wir meinen, daß eine Anzahl Bücher über das Lesen eine wichtige Funktion nicht erfüllt haben, diejenige, dem Leser die psychologischen und sprachwissenschaftlichen Begriffe zu vermitteln, die er braucht, um Einsicht in den Lernprozeß und in den Prozeß des erfolgreichen Lesens zu gewinnen. Ratschläge zum Leseunterricht und der Vergleich von Erstleselehrgängen, oder Regeln über das Verhalten mit zurückgebliebenen Lesern, ersetzen die Vermittlung der intellektuellen Werkzeuge zur Bewältigung auftretender Probleme durch den Lehrer nicht. Es gibt kein didaktisches Allerweltsmittel. Im Leseunterricht tauchen Probleme auf, immer neue Probleme, denn kein Kind gleicht dem anderen, und die Bedingungen, in denen sie lernen, sind verschieden. Der Lehrer muß fähig sein, sich selbständig auf sie einzustellen, indem er die Bedingungen schafft und dem Kind die Lesestoffe zur Verfügung stellt, die seinen Bedürfnissen entsprechen. Wir meinen, daß wir Lehrern und anderen Personen, die sich mit dem Leseunterricht beschäftigen, helfen können, indem wir ihnen Einsichten in den Leseprozeß, statt Dogmen über das Lesenlernen, vermitteln. Wir wollen ihnen helfen, Probleme zu lösen, nicht Rezepte anzuwenden. Darum beschäftigen wir uns auch mit Theorien, statt vor ihnen auszuweichen, denn es gibt nichts Praktischeres als eine gute Theorie.

Außer dieser Einleitung enthält der Teil I sechs Kapitel. Die beiden folgenden beschäftigen sich mit den psychologischen Prinzipien, die dem Lesen zugrunde liegen. Kapitel 2 stellt die Theorie des Wahrnehmungslernens dar und zeigt, warum sie für das Verständnis des Leseprozesses wichtig ist. Lesen ist eine komplexe Wahrnehmungstätigkeit, und die in diesem Kapitel beschriebenen Prinzipien werden in diesem Buch laufend angewendet, obwohl das Lesen auch komplexe kognitive Prozesse enthält, die weit über die Wahrnehmung hinausreichen.

Kapitel 3 beschäftigt sich mit der Entwicklung der kognitiven Strategien. Lesen heißt nicht, assoziierte Wortpaare auswendig lernen. Es erfordert viel komplexere psychologische Prozesse, so z. B. die strategiegeleitete Suche, die Organisation mit dem Ziel des Erinnerns, die Verwendung natürlicher Einheiten beim Problemlösen, die Entdekkung von Regeln und von ordnenden Gesichtspunkten und deren ökonomische Benützung. Vor allem erfordert es aber die Fähigkeit der Übertragung von Regeln und Strategien auf neues Material. Und zwar muß dies das Kind selber zu tun lernen.

Kapitel 4 enthält einige wesentliche sprachwissenschaftliche Begriffe, die uns das Lesen verstehen lassen, so z. B. das Wesen der Phonetik und der Phonemik, der Teile der Rede, die Analyse von Sätzen und die verschiedenen Auffassungen von der Grammatik.

Kapitel 5 behandelt die Entwicklung der kindlichen Sprache – eine wichtige Vorbedingung zum Verständnis der phonologischen, grammatikalischen und semantischen Regeln der Sprache. Es geht hier um die Frage, wie und zu welchem Zeitpunkt das Kind die entsprechenden Regeln aus der Sprache, die es in seiner Welt hört, entnimmt.

Im Kapitel 6 wenden wir uns dem Wesen der geschriebenen Sprache zu. Die Schrift, die verwendet wird, um Gedanken zu übermitteln, kann verschieden geartet sein. Die Art der Schrift, in der die Muttersprache des Kindes geschrieben wird, bestimmt die Art des Erstleseunterrichtes. Die schriftliche Darstellung der Information und der Prozeß der Informationentnahme aus dieser müssen sich so gut wie möglich entsprechen.

Das 7. Kapitel schließlich behandelt die Wortwahrnehmung. Es wendet viele der Grundbegriffe an, die bis dahin dargeboten worden sind. Es definiert die Eigenschaften eines Wortes und erfaßt die Ergebnisse einer großen Zahl von Experimenten über die Worterkennung zusammen – wie Merkmale von Wörtern ihre Wahrnehmung beeinflussen.

Teil II behandelt den Erwerb der Lesefähigkeit. Kapitel 8 beginnt mit der Entwicklung der dem Lesen vorgeordneten Fertigkeiten. Diese umfassen die Entwicklung der graphischen Unterscheidungen und ihre Differenzierung von der Bildwahrnehmung, die frühe Entwicklung des Schreibens, und besondere Typen der Vorübung, von denen man annimmt, daß sie die Lesereife fördern, z.B. die Analyse von wahrgenommener Sprache in wortartige Einheiten und Silben und Übungen der visuellen Wahrnehmung.

Das Lernen des „Dekodierens", das man so oft als den Kern des Lesenlernens bezeichnet hat, wird in Kapitel 9 behandelt. Wir schlagen kein Idealprogramm vor, denn wir meinen, daß dieses der Eigenart der Schüler und der Situation entsprechen soll. Andererseits behandeln wir die wichtigen psychologischen und pädagogischen Probleme, die sich ergeben, so z.B. die Motivation des Kindes, die Einheit für die ersten Entschlüsselungsübungen, die Eigenart der frühen Lesefehler (sie sagen uns, was das Kind tut), die Einführung der Sprech/Schreibmuster und die Nutzung der Gesetzmäßigkeiten innerhalb der Wörter.

Kapitel 10 nimmt das Problem des Übergangs zum fortgeschrittenen Lesen auf. Natürlich gibt es keine scharfe Trennung. Aber in einem gewissen Punkt werden die Mechanismen des Lesens geläufiger. Die Augenbewegungen und das stille Lesen spielen hier eine Rolle, ebenso die zunehmende Fähigkeit, Bedeutung zu extrahieren. Wir werden insbesondere den Fortschritt in der Nutzung der grammatischen Struktur und der umfassenderen Muster betrachten, insofern sie einer ökonomischen Verarbeitung des Textes dienen.

Das Lernen aus dem Lesen und Studien über die Art, wie es gefördert werden kann, sind die Themen des Kapitels 11. Neue und sophistizierte Forschungen, die das Lesen zum Sprachverständnis und zur Analyse von Stil und Textaufbau in Beziehung setzen, werden dargestellt.

Das Thema des letzten Kapitels dieses Teils bilden die gegenwärtig stark diskutierten Fragen der Lesemodelle. Eine kürzlich veröffentlichte Übersicht, die durch das *U. S. Office of Education* angeregt worden ist (DAVIS 1972), nennt und vergleicht mehr als 30 sogenannte Modelle. Wir betrachten zwei Hauptklassen von diesen, die Informationsverarbeitungsmodelle und die Modelle, die auf der Idee der Analyse-durch-Synthese basieren, und wir versuchen eine Bewertung der Modellfrage. Zum Schluß stellen wir eine Reihe von Regeln für das Lesen auf, die wir mit einigen Fallstudien illustrieren, Regeln, die nach unserer Meinung jede Lesetheorie berücksichtigen muß.[1]

---

[1] Das amerikanische Originalwerk enthält noch einen dritten Teil, der den Titel trägt: „Fragen zum Lesen, die von Laien gestellt werden." Es behandelt die folgenden Probleme: Was ist Legasthenie? Wie gut lernen taube Kinder lesen? Beeinflussen Unterschiede des Dialektes das Lesenlernen? Gibt es Unterschiede der Lesefähigkeit zwischen einzelnen Ländern? Schnell lesen: Ja oder nein, wann, wie? Wie können Eltern ihren Kindern beim Lesen helfen? Angesichts des hohen wissenschaftlichen Anspruchs des übrigen Buches und seines großen Umfanges haben die Herausgeber der deutschen Ausgabe diesen praktischen Teil weggelassen. Sie verweisen den interessierten Leser auf die Originalausgabe, die den Titel „The Psychology of Reading" trägt und 1975 bei der *Massachusett Institute of Technology Press* erschienen ist.

Kapitel 2

Das Wahrnehmungslernen und seine Bedeutung für den Leseprozeß

In diesem Kapitel behandeln die Autoren[1] das Wahrnehmungslernen und seine Bedeutung für das Lesen. Wahrnehmen ist ein Prozeß der Informationsentnahme – der „Extraktion von Information" – aus den Objekten der Umwelt. Er hat das Ziel, im Wechsel der Erscheinungen permanente, unveränderliche Gestalten und unterscheidende Merkmale zu entdecken. Weil jedes Lesen auf Wahrnehmung angewiesen ist, erfordert Lesenlernen Wahrnehmungslernen. Dieser Lerntyp ist im Gegensatz zu vielen anderen nicht durch das Hinzufügen von einer Reaktion zu einem Reiz gekennzeichnet. Vielmehr dient es der Unterscheidung von Reizgegebenheiten und der differenzierten Auffassungen von Merkmalen. Es ist aktiv und selektiv und dient der Anpassung.

Was wird dabei gelernt? Einmal, wie gesagt, unterscheidende Merkmale, im Falle des Lesens: Merkmale von Lauten der gesprochenen Sprache, von Buchstaben und Wortgestalten des gedruckten und des geschriebenen Textes und von Bedeutungen. JAKOBSON und HALLE (1956) haben gezeigt, daß die Phoneme sämtlicher Sprachen auf die Kombination weniger lautlicher Merkmale, z. B. stimmhaft-stimmlos, Konsonant-Vokal, aspiriert-nicht aspiriert, zurückgeführt werden können. Das Kind, das lesen lernt, muß diese Merkmale unterscheiden, denn sie hängen mit der Schreibweise der Wörter zusammen. Auch die Buchstaben haben ihre Formmerkmale, z. B. Horizontalität, Vertikalität und Diagonalität der Geraden (E, W), Balken und Bogen (I, C), geschlossene und offene Linienzüge (O, C), ungeteilte und geteilte Figuren (D, B), symmetrische und asymmetrische (L, T) (GIBSON 1969). Diese Merkmale, bzw. ihr Fehlen, bestimmen die Unterscheidbarkeit, bzw. Verwechselbarkeit der Buchstaben. Sie ist in psychologischen Experimenten untersucht worden. So ließen GIBSON, SCHAPIRO und YONAS (1968) Schulanfänger je 2 Großbuchstaben als gleich oder verschieden beurteilen, indem sie auf einen von zwei entsprechenden Knöpfen drückten. Sie registrierten die Fehler und die Reaktionszeiten. Dabei zeigte es sich, daß zuerst Buchstaben

[1] Die Kapitel 2–7 wurden von Hans Aebli in Absprache mit den Autoren für die deutsche Ausgabe gekürzt und zusammengefaßt.

mit Bogen von solchen mit geraden Balken, sodann unter den ersteren die ungeteilten von den geteilten und unter den letzteren die Buchstaben mit horizontalen und vertikalen Balken von solchen mit diagonalen unterschieden wurden.

Aber der Leser lernt nicht nur Merkmale unterscheiden. Er muß auch zahlreiche invariante (unveränderliche) Züge innerhalb von variablen Schriftbildern und Lauten erkennen lernen, z. B. den gleichen Buchstaben in verschiedenen Schriften. Das Selberbilden der Buchstaben, in dessen Verlauf diese Variationen notwendig auftreten, wobei das Kind aber zugleich eine unveränderliche Modellvorstellung zu realisieren sucht, fördert diese Fertigkeit. Die Einheiten der visuell und auditiv (mit dem Gesichts- und dem Gehörsinn) wahrgenommenen Schrift sind zum Teil auch ineinander eingebettet: die komplexeren umfassen die einfacheren. So enthalten die Buchstaben die oben genannten Merkmale, die Silben bzw. die Sprech/Schreibmuster die Buchstaben, die Wörter die Silben, Satzteile die Wörter und Sätze die Satzteile: Die Wahrnehmungsgestalten sind hierarchisch organisiert, komplexere Teile oder „Brocken“ (chunks) umfassen einfachere. Dabei gilt die Grundregel, daß der Leser die umfassendste strukturelle Einheit, die er wahrzunehmen vermag und die von der gestellten Aufgabe gefordert wird, verarbeitet.

Sodann untersuchen die Autoren die *Prozesse und Gesetzmäßigkeiten des Wahrnehmungslernens.* Unterscheidende Merkmale werden durch Abstraktion aus den Laut- und Schriftgestalten entnommen und sofort verallgemeinert. Dieser Vorgang kann durch Heraushebung im Schriftbild, z. B. durch Farbe, unterstützt werden. Der Erfolg ist jedoch häufig nur vorübergehend (GIBSON & SHEPELA 1968). Die Entwicklung der Aufmerksamkeit spielt im Lesenlernen eine wichtige Rolle. Sie soll nicht zu weit (Ablenkung) und nicht zu eng (Aufnahme von Unvorhergesehenem) sein. NEISSER (1969) konnte in einem Versuch mit eingeschobenen Zeilen eines fremden Textes zeigen, daß schwache Leser durch diese stärker abgelenkt werden als gute Leser, daß diese aber, weil sie auf die Bedeutung reagieren, aus dem eingeschobenen Text mit diesem zusammenhängende Information unbewußt übernehmen.

Das aktive perzeptive (wahrnehmungsmäßige) Erkunden (Exploration) von Figuren und Objekten macht in der Vorschulzeit und in der Schulzeit starke Fortschritte. Das kann man an der tastenden Exploration von verdeckten Gegenständen sehr schön sehen (PIAGET 1948, deutsch 1971). Auch in der visuellen Wahrnehmung findet zunehmende „Dezentration“, Vergleichen und In-Beziehung-Setzen der Teile statt (Piaget 1970). Andere Forscher haben festgestellt, daß Kinder im Vergleich zu Erwachsenen mehr kleine Augenbewegungen machen, die Figuren mit ihren Fixierungen nicht genügend abdecken, die informativen Punkte der Figuren weniger rasch finden und das Objekt allgemein weniger systematisch und zielstrebig absuchen. Als Beispiel seien die schönen Versuche von Nodine et al. (1969, 1971, 1973) erwähnt, in deren Verlauf u.a. die Abfolge von Fixierungen beim Vergleich zweier Buchstaben registriert wurde (Abbildung 2–1).

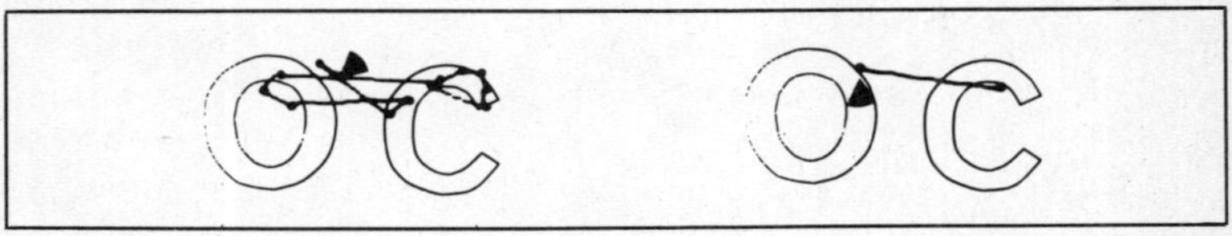

Abbildung 2–1. Die Augenbewegung eines Kindergartenschülers (links) und eines Drittkläßlers (rechts), die unterscheiden müssen, ob die Buchstaben O und C gleich oder verschieden sind.

Das Wahrnehmungslernen ist selbstregulierend. Es ist nicht angewiesen auf Belohnung und Strafe (auf „Verstärkung“). Neugier und intrinsische Motivation (Lesen um des Lesens willen, um zu entdekken und um „Ungewißheit zu reduzieren“) spielen eine wichtige Rolle (Berlyne 1960, deutsch 1974, Piaget 1936, deutsch 1969, Gibson 1969).

Die Entwicklung des Wahrnehmens bringt eine zunehmende Spezifität von Wahrnehmung und Reaktion: Verwechslungen von neuen mit bekannten Reizgegebenheiten nehmen ab, ebenso die individuellen Schwankungen in ihrer Beurteilung. Gibson, Gibson, Pick & Osser (1962) ließen 4- bis 8jährige Kinder je eine buchstabenähnliche Figur mit 12 ähnlichen Figuren vergleichen, die (1) perspektivische Verzerrungen, (2) Spiegelungen und Drehungen, (3) gerade statt Bogen bzw. Bogen statt gerade und (4) offene und geschlossene Linienzüge aufwiesen. Die Verwechslungen nahmen bei allen Variationen über die Jahre stark ab. Sie blieben aber bei den perspektivischen Verzerrungen zahlreich, was natürlich ist, weil der Leser nicht auf sie achtet, z.B. wenn er schräg auf eine Buchseite blickt. Die Verwechslungen von seitenverkehrten Figuren sinken zwischen 4 und 8 Jahren von 50% auf etwa 5%. Nur die offenen und die geschlossenen Kurven werden schon von den 4jährigen gut und von den 8jährigen fast fehlerlos unterschieden. Weiter wird die Informationsaufnahme im Verlauf dieser Jahre immer sparsamer: Unterscheidungen werden aufgrund immer geringfügigerer Differenzen richtig vollzogen; andererseits werden immer größere informationsvermittelnde Einheiten aufgefaßt.

Kapitel 3

Die Entwicklung der Denkstrategien

In diesem Kapitel wird die Entwicklung der kognitiven Strategien der Kinder vor und während des Lesenlernens dargestellt, denn dieser Lernprozeß erfordert über das Wahrnehmungslernen hinaus Strategien des Behaltens und Problemlösens und die Gruppierung von Bedeutungen.

Ältere Kinder sind besser in der Lage, auf vorgegebene Merkmale von Vergleichsobjekten zu achten (PICK, CHRISTY & FRANKEL 1972). Sie ordnen eine Reihe von Bildern oder Namen von Gegenständen auf Kärtchen besser nach begrifflichen Kategorien und finden in ihren Anordnungen eine bestimmte Karte rascher als jüngere Kinder (WESTMAN 1971). Sie werden auch fähig, eine Reihe von Gegenständen nach zwei Gesichtspunkten in Zeilen und Spalten (in einer Matrix) anzuordnen, z. B.: gleiche Form in den Zeilen, gleiche Farbe in den Spalten (INHELDER & PIAGET 1959, deutsch 1973). Alle diese Fähigkeiten sind aber auch trainierbar.

Die Fähigkeit, Probleme mit sprachlichen Mitteln zu lösen, nimmt in diesem Alter ebenfalls zu, z. B. das Bilden von Anagrammen. Die Kinder lernen dabei, Hilfen aus dem Kontext zu ziehen (GIBSON, TENNEY & SHARABANY 1971). Sodann erfordert das Lesenlernen auch Strategien des Erinnerns: bewußtes Wiederholen, Gruppieren, Benennen, Sich-eine-Sache-bildhaft-Vorstellen und Beziehungen herstellen (FLAVELL 1970). Das alles wissen die Vorschulkinder noch nicht, und ihre Methoden für das Einprägen und Behalten sind daher noch rudimentär. Im Verlaufe der Schulzeit entwickeln sich diese Strategien sehr stark, aber auch hier kann bewußtes Training die spontanen Fortschritte unterstützen und fördern.

Im Vorgang des Lesenlernens spielen sich mannigfaltige Transferprozesse ab. Was ist darunter zu verstehen, und wovon hängt Transfer ab? Das Problem hat eine lange Geschichte in der theoretischen Psychologie. THORNDIKE (1913) verstand unter Transfer die Übungsübertragung von einem Lernprozeß auf einen verwandten. Er führte diese darauf zurück, daß in beiden Lernprozessen, bzw. den zu erlernenden Leistungen, identische Elemente vorkamen. Die Gestaltpsychologen bekämpften diese Ansicht und erklärten den Transfer demgegenüber durch gemeinsame, in beiden Bereichen vorkommende Prinzipien oder Beziehungen. WYGOTSKI (1969) seinerseits hielt spezifisches Training für wertlos. Er bezeichnete das Verständnis von Zusammenhängen als die grundlegende Bedingung für weitere spontane Anwendungen. GIBSON und LEVIN nehmen eine ähnliche Haltung ein; nur Beziehungswissen ist anwendbar auf neue Situationen. Regeln und Strategien haben in diesem Sinne Beziehungscharakter. Wenn der Lerner ihre Nützlichkeit einsieht, kann er sie auf neue Inhalte anwenden.

Wie man Transfer lehren kann, ist nicht ohne weiteres klar. Sicher müssen die entsprechenden Lehrprogramme langfristig geplant sein. Schon während des Lernprozesses sollen Variationen der später auf neue Inhalte zu übertragenden Leistungen vorkommen. Wenn ein Verhaltensmodell eine Übertragungsleistung demonstriert, so ist es nur wirksam, wenn die neue Leistung um weniges komplexer ist als die alte (KUHN 1972). Ganz allgemein ist jedoch Beobachtungslernen im Bereiche der kognitiven Strategien möglich, und es spielt beim Spracherwerb eine wichtige Rolle. Die Identifikation des Lerners mit dem Verhaltensmodell ist ebenfalls wichtig.

Die Entdeckung von Begriffen und Bedeutungen setzt schon vor dem Spracherwerb ein und entwickelt sich zum Teil unabhängig von diesem. Das Kind lernt, daß Wasser trinkbar, Sand aber ungenießbar ist: Diese unterscheidenden Merkmale stellen eine Art praktische Begriffe oder Bedeutungen dar. Das gleiche gilt von invarianten Eigenschaften von Ereignissen. Beziehungsgefüge sind in sich bedeutungsvoll: das Ganze bestimmt den Teil, der Teil das Ganze. Die Sprache kann alle diese Bedeutungen abbilden und ausdrücken. Echte Verallgemeinerungen in begrifflichen Systemen dürfen nicht mit Scheinverallgemeinerungen verwechselt werden. Die ersteren basieren auf der Erkennung von gemeinsamen Eigenschaften bei verschiedenen Exemplaren einer Kategorie, die letzteren auf der Unfähigkeit, unterschiedliche Exemplare einer Kategorie zu unterscheiden. Die Autoren nennen dies „primäre Generalisation“. Sie liegt zum Beispiel dann vor, wenn ein Kleinkind irgend ein vierbeiniges Tier als „Wauwau“ bezeichnet oder wenn es zwei ähnliche Worte verwechselt. So kann man nicht sagen, das Denken des Kleinkindes, das Hund und Katze als „Wauwau“ bezeichnet, sei „abstrakt“. Wo ein echter abstrakter Begriff vorliegt, wird ein Merkmal klar unterschieden und erkannt, daß mehrere Gegenstände dieses Merkmal aufweisen, daß sie aber unter anderen Gesichtspunkten verschieden sind. Gerade dies erkennt aber das Kleinkind nicht.

Wie setzt das Kleinkind Worte in Beziehung, wenn nicht gemäß abstrakten begrifflichen Merkmalen? Versuche mit freien Assoziationen zeigen, daß Kinder auf Reizworte wie „grün" mit „Gras" oder ähnlich und auf „gehen" mit „heim" oder ähnlich antworten. Jugendliche und Erwachsene antworten eher mit „rot" bzw. „kommen". ERVIN (1961) nennt die kindlichen Assoziationen syntagmatische, d.h. an der Syntax orientierte, die erwachsenen Assoziationen paradigmatische, d.h. am grammatischen Paradigma oder Typen orientierte. Es ist jedoch wahrscheinlich, daß hinter den syntagmatischen Assoziationen implizite Beschreibungen und handlungsnahe Auffassungen der Worte stehen, „ein System von Funktionsbeziehungen zwischen Wörtern" (FRANCIS 1972). In diesem Falle spiegeln diese Assoziationen einfach die sich wandelnden Bedeutungsstrukturen der Kinder.

Kapitel 4

Grundbegriffe der Linguistik, die in der Leseforschung eine Rolle spielen

Im folgenden Kapitel wird der Forschungsbericht über die dem Lesen zugrundeliegenden Prozesse unterbrochen, und es werden einige Grundbegriffe der Sprachwissenschaft erklärt, die in der Psychologie des Lesens wichtig sind.

Die *Phonetik* strebt die exakte Beschreibung der Laute an, die in den menschlichen Sprachen vorkommen. Die *Phonemik* untersucht die Teilmenge der Laute, die in einer gegebenen Sprache als verschieden wahrgenommen werden und die Bedeutungsunterschiede der Worte anzeigen. So wird der Reibelaut /ch/ in stich und stach zwar verschieden ausgesprochen, er ist jedoch nicht „phonemisch". Anderseits sind /k/ und /ch/ zwei phonemisch verschiedene Laute, denn stecken und stechen werden als bedeutungsverschieden wahrgenommen. Dasselbe gilt für die Laute /r/ und /l/ im Deutschen und Englischen. Im Japanischen werden sie jedoch nicht unterschieden, so daß Wörter wie „legen" und „regen" nicht als verschieden wahrgenommen würden.

Silben sind von der Sprachwissenschaft bisher wenig untersucht worden und ihre Definition ist schwankend. Indessen scheinen sie bei der Wahrnehmung von Worten und damit beim Lesen eine Rolle zu spielen. So hat man die Reaktionszeiten für das Lesen von ganzen Wörtern, Silben und von deren Anfangsphonemen verglichen und gefunden, daß die Latenzzeiten (die Zeiten, die zwischen der Darbietung des Reizes und der Reaktion verstreichen) in der Reihenfolge ganzes Wort, Silbe, Anfangsphonem zunehmen (Savin & Bever 1970). Indessen scheinen diese Ergebnisse von der angewandten Methode abhängig zu sein.

Morpheme sind die kleinsten bedeutungstragenden Einheiten der Sprache. So besteht das Wort „Tische" aus dem freien oder ungebundenen Morphem „Tisch" und aus dem gebundenen, d.h. nur im Zusammenhang mit einem freien Morphem vorkommenden Morphem „e", das die Mehrzahl anzeigt. Die *Morphologie* untersucht die Morpheme und ihre Ableitungen (lachen-anlächeln-lächerlich, usw.); Präfixe (an-) und Suffixe (-lich) sind Mittel der Ableitung.

Die Morphophonemik untersucht das Zusammenwirken der Phonemik mit der Morphologie. Sie stellt z.B. fest, daß verschiedene Suffixe der Bildung der Mehrzahl dienen können, daß andererseits die gleiche phonemische Gestalt verschiedene Bedeutungen haben kann („Messer" ist Einzahl und Mehrzahl). Zwischen der Morphophonemik und der Orthographie bestehen enge, wenn auch leider komplexe Zusammenhänge.

Die *Syntax* behandelt die Art und Weise, wie Wörter sich zu Sätzen verbinden. Die Semantik untersucht deren Bedeutung. Die Grammatik oder Syntax der „unmittelbaren Konstituenten" (immediate constituents, daher auch deutsch: IC-Grammatik, IC-Analyse), untersucht die Einheiten und Untereinheiten von Sätzen (FRIES 1952). CHOMSKY (1957, 1965) hat die unmittelbaren Konstituenten von Sätzen neu als Elemente ihrer *Tiefenstruktur* gedeutet und sie als *Phrasenstrukturbäume* dargestellt. Der Satz „Der kluge Knabe liest das Buch" wird von ihm wie in Abbildung 4–1 dargestellt. Ein solches Baumdiagramm kann auch als Ausdruck einer *Ersetzungsregel* (rewriting rule) verstanden werden. S wird in diesem Sinn durch NP + VP und diese durch Det + Adj + N bzw. durch V + NP und die letztere Nominalphrase durch Det + N „ersetzt" bzw. „neu geschrieben" (rewritten). Mit Hilfe der Phrasenstrukturbäume kann man z. B. zwei verschiedene Bedeutungen des Satzes „Flying planes can be dangerous" sichtbar machen („Flugzeuge zu fliegen, kann gefährlich sein" und „Fliegende Flugzeuge können gefährlich sein"). Den beiden Tiefenstrukturen entspricht hier eine einzige Oberflächenstruktur des Satzes. Die *Transformationsgrammatik* zeigt, wie die Tiefenstruktur in die Oberflächenstruktur übergeführt wird.

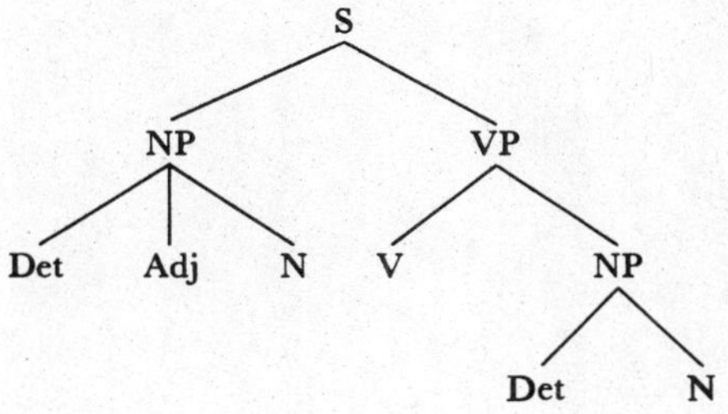

Abbildung 4–1. Ein Phrasenstrukturbaum nach CHOMSKY. S = Satz, NP = Nominalphrase, VP = Verbalphrase, Det = „determiner" = Artikel, N = nomen = Hauptwort.

Unter den Teilen der Rede ist die Unterscheidung von *Funktions- und von Inhaltswörtern* wichtig. Die ersteren haben die Funktion, die Inhaltswörter (Substantive, Adjektive, Verben) zueinander in Beziehung zu setzen. Artikel, Präpositionen und Konjunktionen sind Funktionswörter.

Die *Casusgrammatik* FILLMORES (1968) ist für die Psychologie des Lesens fruchtbarer als die Transformationsgrammatik CHOMSKYS, denn sie deutet die Satzteile von ihrer Bedeutung her. FILLMORE unterscheidet das Prädikat des Satzes von seinen übrigen Teilen. Diese deutet er von der Rolle her, die sie im dargestellten Geschehen spielen. Der agentive Fall (casus), kurz der Aktor im Geschehen, ist der Urheber der Handlung. Weitere Fälle bezeichnen das Intrument, den Nutznießer, das Ergebnis, den Ort, die Zeit und das Objekt der Handlung.

Die gesprochene Sprache ist weiter durch die *Länge der Pausen,* durch die *Betonungen* und durch die *Intonation* (die wechselnde Tonhöhe im Satz) gekennzeichnet. Pausen, Betonungen und Intonation unterscheiden die gelesene Sprache häufig von der frei gesprochenen, und dies besonders bei schlechten Lesern.

Kapitel 5
Die Sprachentwicklung

Die *Entwicklung der kindlichen Sprache* hat viele Seiten. Da ist einmal die Entwicklung der Fähigkeit, die Laute der Muttersprache zu bilden: die phonologische Entwicklung. Jakobson (1968) hat dazu die bekannteste Theorie entwickelt: Die ersten vom Kind gebildeten Laute sind /p/ und /a/. Alle übrigen Laute differenzieren sich aus diesen beiden Urlauten heraus, indem zusätzliche Lautmerkmale die einzelnen Laute unterscheiden. Die Laute der ausgebildeten Sprache werden dabei als „Bündel" oder Kombinationen von relativ wenigen Lautmerkmalen aufgefaßt. Menyuk (1971) hat die Lautentwicklung im Geiste Jakobsons als Baumdiagramm dargestellt, wobei bei den Konsonanten am Anfang /p, b, m/ stehen, sodann die oralen Laute /p, b/ von den nasalen unterschieden werden (zuerst /m/) und sich diese beiden je in die labialen und die dentalen Laute /p/ und /t/ bei den oralen und /m/ und /n/ bei den nasalen unterscheiden. /p/ differenziert sich dann noch in /f/ und /p/; /t/ in /t/ und /k/, /t/ in /s/ und /t/ und /n/ in /n/ und /ng/. Es ist wahrscheinlich, daß die Fähigkeit, Laute gehörmäßig zu unterscheiden, ähnlich verläuft. Diese Untersuchungen sind im englischen Sprachraum durchgeführt worden. Es ist aber anzunehmen, daß die Entwicklung im Deutschen sehr ähnlich verläuft. Mit 4 Jahren haben die meisten Kinder diese Laute und die Regeln ihres Zusammen-Vorkommens gelernt, so daß sie die phonologischen Regeln ihrer Muttersprache von denjenigen einer Fremdsprache unterscheiden können. Wenn sie ein fremdsprachliches Wort nachsprechen sollen, so gleichen sie es schon in diesem Alter den Ausspracheregeln ihrer Muttersprache an. Sie haben, mit anderen Worten, einen „muttersprachlichen Akzent" bei der Aussprache des fremden Wortes.

Das Lesenlernen erfordert die Zuordnung von Buchstaben und Lauten. Daher muß das Kind gehörte und selbst gesprochene Worte in Laute zerlegen können. Schon früh kann es Worte wie „Nadel" und „Nagel" unterscheiden. Es zeigt damit, daß ihm der Unterschied von /d/ und /g/ deutlich ist. Die Zerlegung eines Wortes wie „Nadel" in die Phoneme /n/, /a/, /d/, /e/ und /l/ – was man im Deutschen „lautieren" nennt – gelingt aber wenigen Kindern dieses Alters. Savin (1972) wies nach, daß Kinder, die Schwierigkeiten beim Lesenlernen haben, auch schlechter lautieren. Das Zerlegen von

Worten in Silben ist dagegen leichter. Bei Worten aus 3 Buchstaben, nämlich einem Konsonant, einem Vokal und einem Konsonant („KVK-Wörter"), gelingt den Kindern zuerst die Ablösung von -VK: Sie können sagen, daß in „Tag" „-ag" enthalten ist (CALFEE, CHAPMAN & VENEZKY 1972). Dagegen ist es für die gleichen Kinder sehr viel schwerer, zu erkennen, mit welchem Laut ein Wort beginnt („‚mag', fängt das mit ‚m-m-m' an"?).

Die Unterscheidung und Vertauschung von Wörtern in Wortpaare macht den Kindergarten-Kindern noch Mühe (HUTTENLOCHER 1964). Von 33 4½ bis 5jährigen konnten zehn die Worte eines gehörten Wortpaares wie „Fuß-Hand" nicht einzeln nennen und dazu mit einem Bleistift klopfen, 13 konnten die Worte des Paares nicht vertauschen. Die Schwierigkeit ist besonders groß, wenn die beiden Worte einen Satz bilden („Mama schläft").

Um die morphologische Entwicklung zu untersuchen, entwarf BERKO (1958) Zeichnungen von Phantasietieren mit sinnlosen Namen. Dann stellte sie die folgenden Aufgaben: „Schau, das ist ein Gisch. Und da ist noch einer. Jetzt sind es zwei. Es sind zwei – – –." Es war damit möglich, zu zeigen, daß die Kinder über allgemeine morphologische Regeln, hier der Bildung der Mehrzahl, verfügten.

Man hat mehrmals versucht, die Zunahme des kindlichen *Wortschatzes* über die ersten Lebensjahre zu schätzen. Obschon sich hier einige methodologische Probleme stellen (aktiver und passiver Wortschatz, verschiedene Formen eines Wortes usw.) nimmt man an, daß gut begabte Kinder mit einem Jahr etwa 3, mit zwei Jahren etwa 250, mit 3 Jahren etwa 900, mit vier Jahren etwa 1500, mit fünf Jahren etwa 2000 und mit sechs Jahren etwa 2500 Wörter kennen. Die beste Kennzahl für die sprachliche Reife eines Kindes ist jedoch die mittlere Länge seiner Äußerungen, in Morphemen gezählt. Darin drückt sich die *Entwicklung der kindlichen Grammatik* aus. Auch sie hat man als einen Differenzierungsprozeß gedeutet (MCNEILL 1970). Es ist jedoch schwierig, die kindlichen Sprachstrukturen zu beschreiben und zu deuten, ohne die Handlungs- und Wahrnehmungssituation, in der das Kind spricht, zu berücksichtigen. Untersuchungen, die dies nicht beachten, haben daher häufig undurchsichtige Ergebnisse gezeigt, so z.B. die im übrigen hoch interessanten Arbeiten von C. (nicht N.) CHOMSKY (1969).

Die Entwicklung der Wortbedeutungen kann nicht unabhängig von der übrigen geistigen Entwicklung studiert werden, denn Wortbedeutungen sind nichts anderes als Begriffsinhalte. Die Autoren vertreten in dieser Hinsicht die Meinung, daß Begriffsinhalte durch Abstraktion aus den Wahrnehmungsmerkmalen der Dinge der kindlichen Umwelt gewonnen werden. Daher spielen die Lerngelegenheiten und die soziale und kulturelle Umwelt, in der das Kind aufwächst, eine wichtige Rolle in seiner geistigen und sprachlichen Entwicklung.

Kapitel 6

Die Schriftsysteme

Die Schriften der westlichen Kulturen haben sich aus der ägyptischen Bilderschrift entwickelt. Von dieser führt die Entwicklung zu den frühen, westsemitischen Silbenschriften, z. B. dem Phönizischen, von diesen zu den ersten alphabetischen Schriften, darunter der griechischen, hebräischen und lateinischen Lautschrift. Die chinesische Schrift ist heute noch eine „logographische" oder „ideographische" Schrift: Für eine Idee steht ein einziges Zeichen. Die japanische Schrift ist eine Mischung von ideographischer und von Silbenschrift. Die alphabetischen Schriften bilden einige grundlegende Laute der gesprochenen Sprache mit Buchstaben ab. Die Auswahl ist in verschiedenen Sprachen und Schriften jedoch verschieden. So hat das Deutsche ein Schriftzeichen für /ts/, nämlich Z, jedoch keines für /tsch/.

Beim Lesen spielen die Oberlängen eine wichtigere Rolle als die Unterlängen. Wenn man daher die untere Hälfte einer Zeile auf der Höhe das waagrechten Striches von e abdeckt, kann man sie in der Regel noch gut lesen, nicht jedoch, wenn man auf der gleichen Höhe die obere Hälfte der der Zeile abdeckt (HUEY 1908).

In jeder Sprache kennt man die Häufigkeit des Vorkommens der einzelnen Buchstaben. Im Englischen werden die ersten 6 Ränge von den Buchstaben E, T, A, O, I und N gehalten. Die häufigsten Anfangsbuchstaben sind TH, H, W, T, B und M, die häufigsten Endbuchstaben N, S, R, D, T und F (ZETTERSTEN 1969).

Man hat im Englischen (wie im Deutschen) häufig vorgeschlagen, die Orthographie zu vereinfachen. Dabei hat man meistens versucht, die Zuordnungen von Lauten und Buchstaben eindeutiger zu machen. N. CHOMSKY (1970) hat demgegenüber darauf hingewiesen, daß dadurch der Zusammenhang zwischen Schriftbild und Bedeutung häufig verdunkelt wird. Die leichtere Aussprechbarkeit und Orthographie wird daher mit schwererer Verständlichkeit bezahlt: Man denke etwa an bedeutungsverschiedene aber gleich ausgesprochene und nach einer Orthographiereform gleich zu schreibende Worte wie Seen, sehen und säen.

Kapitel 7

Die Wortwahrnehmung

In diesem Kapitel geht es um die Wahrnehmung einzelner Wörter. Diese Art der Wahrnehmung ist sicher nicht typisch für das Lesen; trotzdem haben die entsprechenden Experimente interessante Ergebnisse gezeigt, die auch die Theorien und Methoden des Erstleseunterrichts beeinflußt haben. Schon in den Jahren 1885 und 1886 publizierte der amerikanische Psychologe CATTELL Versuche, die er zum Teil als Assistent in WUNDTS psychologischem Laboratorium in Leipzig durchgeführt hatte. Er zeigte seinen Versuchspersonen Buchstaben und Wörter im Tachistoskop, einem Apparat, der die wahrzunehmenden Objekte für Bruchteile von Sekunden hinter einem herunterfallenden Schlitz von variabler Breite sichtbar werden läßt. (Moderne Tachistoskope verwenden Lampen, die die Objekte in einer dunklen Kammer für kurze Zeit anleuchten.) CATTELL fand, daß Erwachsene bei einer Darbietungsdauer von einer Hundertstelsekunde 3–4 verbundene Buchstaben, 2 unverbundene Wörter und 4 im Zusammenhang stehende kurze Wörter lesen konnten. Einzelne Wörter wurden ebenso rasch erkannt wie einzelne Buchstaben, ja, wenn man die Reaktionszeiten bis zum Aussprechen eines dargebotenen Buchstabens oder ganzen Wortes maß, so waren die Zeiten für die ganzen Wörter sogar kürzer als für die Buchstaben. CATTELL schloß aus diesen Versuchen, daß Wörter von geübten Lesern als ganze gelesen werden. Kurze Zeit später wurden erstmals die Augenbewegungen beim Lesen untersucht und schon damals festgestellt, daß diese nicht kontinuierlich über die Zeilen gleiten, sondern in „Sakkaden“ von einer Fixierung zur nächsten springen und daß die Informationsaufnahme während der Fixierungen und nicht während der Sakkaden erfolgt.

Die Wahrnehmung der Wörter ist wesentlich durch die Tatsache bestimmt, daß die Abfolge der Laute im gesprochenen Wort und der Buchstaben im geschriebenen Wort nicht den Gesetzen des Zufalls entspricht: Auf einen gegebenen Buchstaben folgt nicht jeder andere mit gleicher Wahrscheinlichkeit. Es gibt im Gegenteil Buchstaben (Laute), die mit höherer Wahrscheinlichkeit als andere aufeinander folgen, auf t z.B. r oder ein Vokal und auf q immer u. Die Information, die zwei gesetzmäßig verbundene Buchstaben vermitteln, ist daher teilweise „redundant“, d.h. „sich wiederholend“, auch wenn das

Gesetz nur eine Wahrscheinlichkeit der Abfolge betrifft. Lesenlernen heißt u.a., diese Gesetzmäßigkeiten der Abfolge kennen und nutzen lernen. Daher nimmt bei Schulkindern von der 1. zur 8. Klasse die Zahl der im Tachistoskop gelesenen, unverbundenen Buchstaben nur geringfügig, die Zahl der zu einem Wort verbundenen Buchstaben (also die Länge der gelesenen Worte) jedoch um ein Mehrfaches zu, bei häufig vorkommenden Wörtern um das Vierfache (HOFFMANN 1927). Wenn man gemäß diesen Gesetzen normal tönende aber in Wirklichkeit nicht vorkommende Wörter bildet, so stellt man die gleiche Entwicklung fest: Sie ist bei guten Lesern deutlicher als bei schlechten.

Die weiteren Experimente zur Wortwahrnehmung zeigten, daß viele Faktoren die Leichtigkeit der Worterkennung beeinflussen. Blockschrift wird langsamer gelesen als eine Schrift mit Ober- und Unterlängen. Der Wortumriß spielt aber nach den Erkenntnissen der letzten Jahre eine geringere Rolle, als man lange Zeit geglaubt hat (EDELMANN 1963, F. SMITH 1969a). Die Wortanfänge spielen bei der Worterkennung eine wichtige Rolle, im geringeren Maße die Endungen (OLÉRON & DAUSET 1963, NELSON, PEEBLES & PANCOTTO 1970). Daß die Wortmitte weniger beachtet wird, zeigt sich daran, daß hier die Fehler häufiger auftreten als am Wortanfang und am Wortende (JENSEN 1962).

Umstritten und bis heute nicht endgültig geklärt ist die Frage, ob ein natürliches und ein künstlich hergestelltes Wort, das jedoch nach den Abfolgegesetzen der betreffenden Sprache gebaut ist (Schland, Grunk), darum besser als ein „ungesetzmäßiges" Wort (Dnlscha, Kgnru) gelesen wird, weil es schwieriger auszusprechen ist oder weil das Auge nicht an diese Buchstabenfolge gewöhnt ist. GIBSON, SHURCLIFF & YONAS (1970) haben solche Wörter von Geburt an Taubstummen zum Erkennen dargeboten: Auch sie erkannten die gesetzmäßigen Wörter rascher als die ungesetzmäßigen. Das scheint gegen die Aussprechbarkeit der Wörter als Grund für die Leichtigkeit des Erkennens zu sprechen. Andere Versuche, z.B. von RUBENSTEIN et al. (1970, 1971 a+b) deuten jedoch eher in der anderen Richtung.

Die Frage, wie die Gesetzmäßigkeit der Abfolge von Lauten und Buchstaben in Wörtern genau definiert und berechnet werden soll, stellt schwierige methodologische Probleme, die hier nur angedeutet werden können. Eine Methode benützt sukzessive Approximationen an die betreffende Sprache (MILLER, BRUNER & POSTMAN 1954). Die entstehende Redundanz nennt man eine „korrelationale". Eine andere Betrachtungsweise benützt die Vokale und die sie umgebenden Konsonanten und Konsonantengruppen zur Definition einer „konditionalen Redundanz“ (COLEGATE & ERIKSEN 1972). Die letztere scheint die bessere Beschreibung der intraverbalen Redundanz zu liefern. Auf diese Weise werden u. a. Lautgruppen bestimmt, die einen Vokal als ihre Mitte haben („vocalic center Groups“, SPOEHR & SMITH 1973). Diese Einheit ist auch natürlicher als die Silbe. Das Erkennen eines Buchstabens aus einer solchen Gruppe erleichtert das Erkennen der weiteren Buchstaben, auch wenn diese nicht unmittelbar benachbart sind (BARON & THURSTON 1973).

Daß die Häufigkeit des Vorkommens eines Wortes für seine Erkennbarkeit eine wichtige Rolle spielt, haben zahlreiche Versuche bestätigt. Es ist aber noch heute nicht endgültig geklärt, in welchen psychologischen Prozessen sich diese statistisch festgestellte Worthäufigkeit (in Erwachsenen- und Kinderliteratur, in gesprochener Sprache) auswirkt. Sicher ist, daß das häufige Hören eines Wortes nicht genügt, um seine Erkennbarkeit zu beeinflussen. Es muß aufgenommen werden, aber wie und unter welchen Bedingungen geschieht dies? Ebenso häufig wie die Worthäufigkeit ist seine Sinnhaftigkeit als Bedingung für die Leichtigkeit seines Erkennens im Lesen genannt worden, aber auch hier ist die Erklärung undurchsichtig. Ist ein sinnvolles Wort ein konkretes Wort? Ein bildhaftes? Ein Wort, zu dem der Leser viele Beispiele kennt? Ein Wort, das in ihm zahlreiche Assoziationen weckt? Alle diese Bedeutungen hat man der Sinnhaftigkeit gegeben; aber die Frage ist bis heute kontrovers. Häufigkeit und Sinnhaftigkeit sind auch nicht bloß objektive Merkmale von Wörtern. Es gibt eine subjektive Häufigkeit eines Wortes; ebenso werden Worte zum Teil erst auf dem Hintergrund subjektiver Bedürfnisse und Werte sinnvoll („Brot“ für den Hungrigen, „Wasser“ für den Durstigen). Auch im Bereiche der subjektiven Häufigkeit und Sinnhaftigkeit sind jedoch noch viele Fragen offen.

II. Ergebnisse der Leseforschung

Kapitel 8
Die Entwicklung der dem Lesen vorgeordneten Fertigkeiten

Am Anfang des Lesenlernens steht nicht das Assoziieren eines geschriebenen Wortes mit einem gesprochenen Wort. Bevor ein Kind vom Leseunterricht profitieren kann, muß eine Anzahl untergeordneter Fertigkeiten bis zu einem gewissen Grade ausgebildet sein. Die Schule hat das seit langem erkannt und führt mit den Kindern „Lesereifetests" (reading readiness tests) am Ende des Kindergartens oder zu Beginn der ersten Klasse durch. Was muß ein Kind also können, damit es beim Lesenlernen Fortschritte erzielt? Dieser Frage hat man in jüngster Zeit großes Interesse entgegengebracht, und dies vor allem, seit man die benachteiligten Kinder und ihre Probleme beim Schuleintritt untersucht hat. Da das Lesen eine Sprachfertigkeit ist, muß ein Kind natürlich über eine gute Kenntnis der Muttersprache verfügen, wenn es darangeht, in dieser zu lesen und zu schreiben. Die Schwierigkeiten der tauben Kinder beim Lesenlernen sind bekannt, und sicher ist ihre fehlende Sprachkenntnis dafür verantwortlich. Aber wie steht es mit dem hörenden Kind? Das Sprechen ist gewöhnlich mit sechs Jahren sehr gut entwickelt. Man nennt Kinder dieses Alters sogar Plappertaschen; sie haben sicherlich keine oder wenig Mühe, mit Erwachsenen oder anderen Kindern zu kommunizieren. Besteht da überhaupt ein Grund, sich bezüglich der linguistischen Voraussetzungen des Lesenlernens Gedanken zu machen?

Die Wahrnehmung von Sprechlauten

Aber wie genau ist die Wahrnehmung der Sprechlaute beim Kinde? Wie steht es mit der Spezifität der Entsprechung zwischen einer Stimulus-Information und dem, was ein sechsjähriges Kind daraus entnimmt? Der Sprechstimulus enthält drei Arten von Information: Bedeutung, Grammatik und Laute. Die dritte Art, die phonetische Information kann auf unterschiedlichen Niveaus analysiert und unterschieden werden. Sie wird im gewöhnlichen Miteinanderreden wenig beachtet. Wenn wir hören, was ein Redender zu sagen hat, achten wir auf die Bedeutung, darauf, was er uns zu sagen hat und nicht auf die Laute (es sei denn, er spreche zu laut oder zu leise). Wir sind uns einfach normalerweise der Laute des Sprechens nicht bewußt, obwohl wir sie selber produzieren können.

Nun hat es sich jedoch in den letzten Jahren deutlich herausgestellt, daß spezifische Unterscheidungen innerhalb des phonetischen Stromes ziemlich wichtig für das Lesenlernen sind und daß diese Fähigkeit nicht einmal einem geübten Leser automatisch zur Verfügung steht. Jedes Schreibsystem mit einer phonetischen Basis, sei es alphabetisch oder nach Silben geordnet, verlangt eine gewisse wahrnehmungsmäßige Analyse des Sprechstromes, damit dieser mit dem geschriebenen Kode verbunden werden kann.

Welche Sprecheinheiten hört ein Kind? Das Sprechen umfaßt eine unendliche Zahl von Kombinationen weniger Komponenten. Die Fragmentierung und Neukombination von Lauten scheint wichtig für die Beherrschung des Sprechsystems und für dessen Dekodierung und Fixierung in graphischen Symbolen zu sein. Die Fähigkeit zu dieser Fragmentierung und Neukombination scheint den Menschen vom Tier zu unterscheiden. Das Kind muß die Fähigkeit entwickeln, das Gehörte zu *segmentieren,* bevor wir von ihm die Umsetzung des geschriebenen Kodes in Sprache oder die umgekehrte Leistung erwarten können. SAVIN (1972, 319) schreibt:

> „Praktisch jede Diskussion des Lesenlernens geht davon aus, daß das Kind das Sprechen bereits als eine Sequenz von Phonemen wahrnimmt und daß das Herz des Lesenlernens (wenigstens zu Beginn, auf der ‚Hut-Blut-Gut'-Stufe) einfach im Lernen der Buchstaben des Alphabetes besteht, die den Phonemen entsprechen".

Aber junge Kinder analysieren die phonetische Information des Sprechens nicht automatisch. Vor ungefähr fünf Jahren isolieren sie sogar nicht einmal immer die gehörten Wörter als untergeordnete Einheiten. Japanischen Kindern, die das Lesenlernen mit einer Silbenliste beginnen, wird beigebracht, die Sprache bezüglich der Silben zu analysieren, bevor sie die entsprechenden geschriebenen Symbole kennenlernen.

Dies ist eine notwendige Vorschulung (MURAISHI, 1972). Eine Analyse, welche bis zu den Phonemen reicht, kann nicht vorausgesetzt werden. Aber, um wieder SAVIN zu zitieren: „Den Experimenten des Autors zufolge sind Kinder, denen das Lesen einfachster Texte bis zum Ende des ersten Schuljahres nicht gelungen ist, auch nicht in der Lage, die Silben in Phoneme zu unterteilen. Das zeigt die Beobachtung, daß sie sich Reimen gegenüber gleichgültig verhalten" (S. 321). Er führt das Beispiel eines Kindes an, das laut die Reihe

„Hut-Blut-Gut“ las und dann gefragt wurde, ob „Fahrrad“ zu derselben Familie gehöre. Das Kind antwortete mit Ja.

Was liegt hier vor? Es scheint, daß die Kinder Reime erkennen, denn sie verwechseln Wörter auf der Basis von Lautähnlichkeiten. Sie liefern in Tests der freien Assoziation auch Klangassoziationen. Tatsächlich hat ENTWISLE (1966 a und b) herausgefunden, daß bei Kindergartenschülern der prozentuale Anteil der Reime beim freien Assoziieren hoch ist und bis in die dritte Klasse stetig abnimmt. Aber diese Verwechslungen und spontanen Assoziationen sind offensichtlich nicht das Resultat einer akustischen Analyse und der Bewußtheit von deren Ähnlichkeit.

Über einen ausführlichen Test der Reimfertigkeit bei zwei Stichproben von ungefähr 5½ Jahre alten Kindergartenschülern haben CALFEE, CHAPMAN und VENEZKY (1970, auch in GREGG, 1972) berichtet. Die Kinder wurden gefragt, ob zwei Wörter „am Ende gleich tönen“. Sie hatten vorher ein Training mit korrektivem Feedback erhalten. Kein Kind erreichte mehr als ein Zufallsergebnis. In einem andern Test wurden die Kinder aufgefordert, einen Reim zu machen. Zuerst gab der Versuchsleiter zwei Reime auf jedes Wort, welches das Kind bei einem Bilderbenennungsversuch nannte. Dann wurde es aufgefordert, einen Reim zu dem Wort zu nennen, das der Versuchsleiter als Name eines Bildes sagte. Er gab Feedback und zwei Reime, wenn dies dem Kind nicht gelang. Der Prozentsatz an Reimen betrug 39%. Die Verteilung der Werte der Kinder war bimodal.

Einige waren recht gut beim Versuch und nannten sogar sinnlose Reime. Aber eine Anzahl Kinder versagte bei jedem Item. Es stellte sich heraus, daß diese Kinder einfach keinen Begriff von der phonetischen Ähnlichkeit hatten oder daß der Versuch diese Fähigkeit nicht erfaßte. Ein späteres Experiment mit einer Gruppe von israelischen Kindern (VENEZKY, SHILOAH & CALFEE 1972) mit drei Versionen des Reimexperimentes bestätigte die Befunde. Der Erfolg im Reimversuch korrelierte überdies hoch signifikant mit den Werten eines Leseleistungstests, der am Ende des ersten Schuljahres durchgeführt wurde. Die Fähigkeit, Reime zu erkennen und zu produzieren, weist so auf die andere Fähigkeit, mit Lauten als Abstraktionen umgehen zu können, hin. Kindergartenschüler, deren Reimfähigkeit im Frühling getestet wurde, übertrafen solche, die sechs Monate früher getestet worden waren, und Erstklässler übertrafen beide Gruppen.

Die Fähigkeit des Erkennens von Reimähnlichkeiten ist wichtig für den spätern Erwerb der Sprechmuster, darum ist die Zeit, die für die Förderung dieser Aktivität aufgewendet wird, nicht verschwendet. Kinder können Reimspiele lernen. Sie abstrahieren dabei das Konzept des Reimes. Ein solches Beispiel sei hier angeführt. Den Kindern wird eine einfache Definition von zwei Wörtern gegeben, die sich reimen, z. B. „etwas, worin man wohnt und kleines, graues Tierchen". Sie werden aufgefordert, die Antwort herauszufinden (Haus, Maus). Wer richtig geantwortet hat, darf die nächste Frage stellen. Einige einfache Beispiele (z. B. Herz-Schmerz, Rose-Hose, Hund-Mund) genügen gewöhnlich, um sechsjährigen oder einfach Kindern, die Definitionen geben können, das Spiel zu erklären.[1]

Die Fähigkeit der Analyse von gesprochener Sprache in Segmente entwickelt sich. Wir kommen am Schluß des Kapitels wieder auf diesen Gegenstand zu sprechen, indem wir einige empirische Studien und Programme für das Lehren der Segmentierung zusammenfassen.

Die frühe Entwicklung der graphischen Diskrimination und des Schreibens

Kritzeln und spontanes Schreiben

Wie die Lautproduktion so hat auch die graphische Produktion eine lange Entwicklung im Leben des Kindes. Die Lautentwicklung beginnt bei jungen Kindern spontan als Plappern. Auch die graphische Produktion beginnt spontan, wenn man dem Kind ein geeignetes Schreibwerkzeug und ein Blatt gibt – jedoch etwas später als das Plappern. Für die Messung der kleinkindlichen Intelligenz von CATTELL (1960) wird das Alter, in dem das normale Kind zu kritzeln beginnt, mit 18 Monaten angegeben. Wenn man es ihm vorzeigt, beginnt es sogar früher. Warum tut es das? Man hat oft gesagt, es tue dies lediglich, um die Funktion seiner Arme und Hände zu üben. J. GIBSON und P. YONAS haben indessen gezeigt, daß dies keinesfalls so ist. Das Kind ist an den Spuren, welche es macht, interessiert und hört sofort auf, wenn es seine Produktion nicht sehen kann. „Es ist das Erzeugen der Spuren auf der Oberfläche, die Kontrolle der sichtbaren Spur und das Betrachten der neuen Möglichkeiten, was den

---

[1] Das von den Autoren angeführte Spiel „stinky pinky" ist wohl im Amerikanischen, nicht aber im Deutschen möglich. Wir haben daher das Spiel, das auf einen Reim zwischen Adjektiv und Substantiv (z. B. fat cat) abzielt, in der oben angeführten Weise adaptiert. (Anm. des Übers.)

Akt des Kritzelns motiviert, und nicht die Freude an der Aktivität selber" (GIBSON & YONAS, 1968, S. 355).

Vierzehn Kinder im Alter von 15–38 Monaten (durchschnittliches Alter 28 Monate) wurden zuhause in einer freien Spielsituation studiert. Der Versuchsleiter präsentierte dem Kind nur ein Stück Papier, das auf einem Brett fixiert war, und zwei äußerlich identische Schreibwerkzeuge, von denen eines eine Spur hinterließ, das andere aber nicht. In der Sitzung bekam jedes Kind beide Werkzeuge. Die Zeit, während welcher das Kind kritzelte, wurde gestoppt. Bei allen Versuchspersonen dauerte das Kritzeln bei fehlender Spur signifikant weniger lang. Die Kinder wiesen oft auf ihre Kritzeleien hin oder benannten sie, während dieses Verhalten bei fehlender Spur nicht auftrat. Ein 16 Monate altes Mädchen hatte vorher keine Erfahrung mit Schreibwerkzeugen gemacht. Es nahm zuerst das Schreibzeug, das keine Spuren gab, kritzelte aber nicht. Nachdem es das spurenbildende bekommen hatte, schwenkte es dieses zuerst, berührte dann zufällig das Papier, entdeckte die Spur darauf und begann dann mit Interesse und zunehmender Beherrschung zu kritzeln. Es hatte den „fundamentalen graphischen Akt" – wie ihn die Autoren nennen – entdeckt. Dieses Spurenmachen hilft dem Kind, Variablen der graphischen Information zu unterscheiden: Geradheit, Krümmung, Neigung, Kontinuität, Geschlossenheit, Unterteilung usw. Diese Variablen werden zum Lesenlernen als Formkonstituenten unterschieden und gebraucht. Das Kritzeln scheint Selbstzweck zu sein; darüber hinaus bietet es aber eine beispielhafte Gelegenheit, die Relation zwischen den Fingerbewegungen, welche das Schreibzeug leiten, einerseits und dem resultierenden visuellen Feedback andererseits zu lernen.

Lange bevor die Kinder das Lesen erlernen, nehmen sie Bilder wahr und verstehen sie. Die Linien auf dem Papier können mit den Rändern von Flächen korrespondieren und als deren Repräsentanten gedacht werden. Eine Photographie oder eine Umrißzeichnung eines Baumes hat eine ikonische oder projektive Ähnlichkeit mit ihm, was ohne Lernen verstanden wird (HOCHBERG & BROOKS, 1962). Das gilt nicht für das Schreiben. Für die Menschen ist aber die Herstellung nichtabbildender Zeichen dennoch interessant. Hier gibt es eine genetische Entwicklung, welche bis zu einem gewissen Grad selbstgesteuert zu sein scheint, wie das zwei klassische Studien zeigen.

HILDRETH (1936) und LEGRÜN (1932) studierten die frühen „Schreiberzeugnisse" von Kindern und klassifizierten diese in Stufen oder Niveaus. HILDRETH beobachtete das Schreibverhalten von drei-

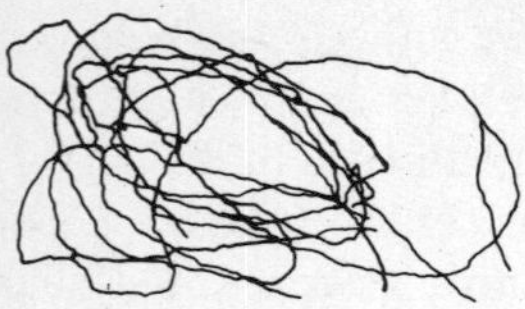

Hildreth Niveau 0

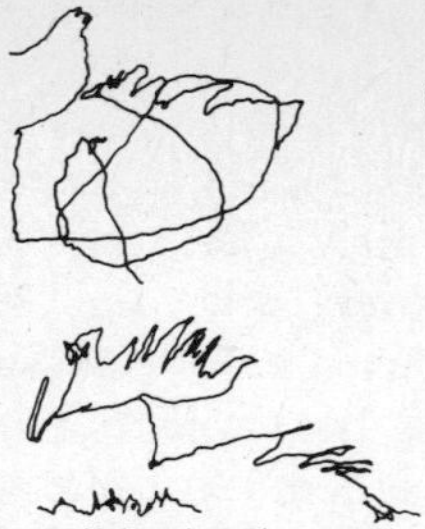

Hildreth Niveau 1

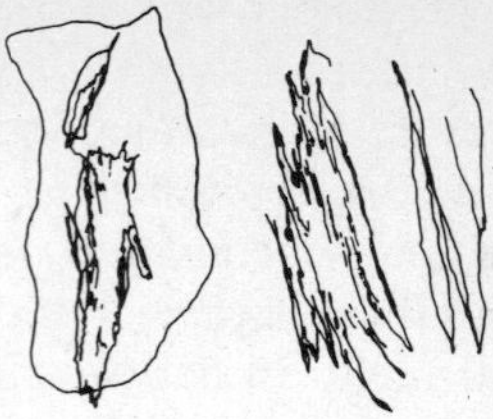

Legrün Stufe 1

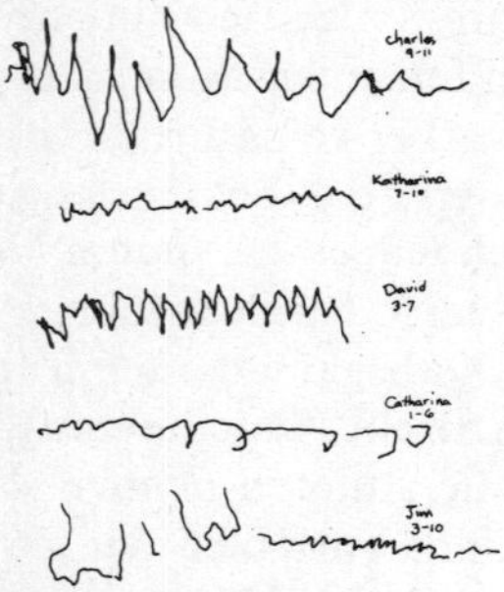

Hildreth Niveau 2

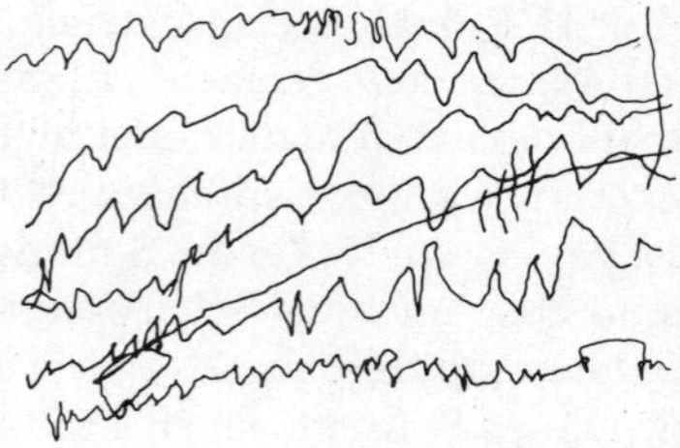

Legrün Stufe 2

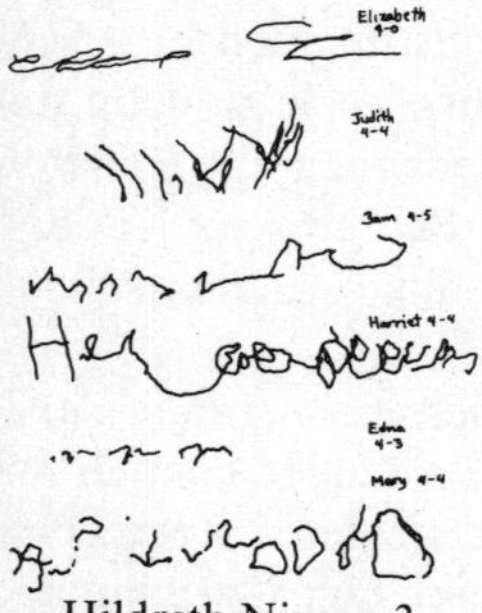

Hildreth Niveau 3

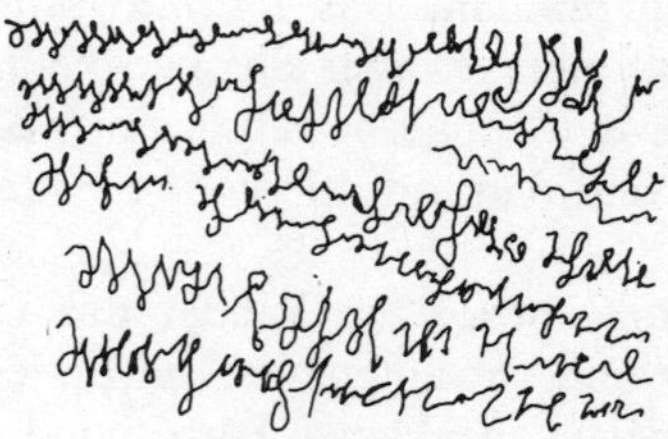

Legrün Stufe 3

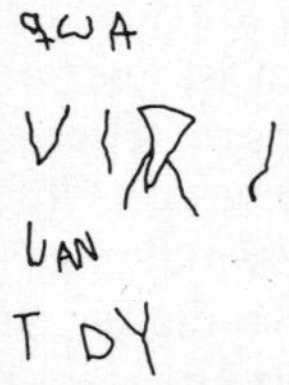

Hildreth Niveau 4

Legrün Stufe 4

bis sechsjährigen Kindern einer Privatschule in Manhatten. Man gab den Kindern Schreibwerkzeug und forderte sie auf, ihren Namen zu schreiben oder irgendwelche Buchstaben oder Zahlen, welche sie kannten. Wenn sie Einwände erhoben, hielt man sie an, „so zu tun, als ob sie schreiben könnten". Die Autorin bestimmte ein Nullniveau: Kritzeln vor drei Jahren. Niveau 1 war dann „etwas mehr als zielloses Kritzeln ... mit deutlicher Tendenz zur Horizontalen und einigen systematischen Auf- und Abstrichen" (S. 294). Niveau 2 bestand aus einer regelmäßigeren Form von Niveau 1 mit einer konsequenten Linearität. In einigen Beispielen des dritten Niveaus kann man einen Kontrast zwischen Geraden und Kurven, sich schneidenden Diagonalen und anderen Schnittlinien beobachten, d.h. eine größere Vielfalt kontrastiv verwendeter Formen. Niveau 4 hat klar umrissene Einheiten und echte Buchstaben oder Annäherungen. Die vier Niveaus werden in Abbildung 8–1 dargestellt. Alle Kinder waren im Vorlesestadium. Ihre Eltern sagten, sie hätten sie nicht zum Schreiben ermutigt, was HILDRETH zur Annahme führte, daß sich das Schreiben zwischen drei und sechs Jahren ohne direkte Beeinflussung verbessere.

LEGRÜNS Beobachtungen brachten ihn auf fünf Stufen, welche ebenfalls in Abbildung H dargestellt sind. Die Stufen lauten:

1. Unorganisiertes Kritzeln.
2. Zickzacklinien ohne ausgeprägte Formvariation.
3. Ausgeprägtere Formen mit einigen Strukturvariationen, aber nicht unterteilt.
4. Zunehmende Differenziertheit der Formen und lineare Anordnung von unterteilten Elementen, die wie Wörter aussehen.
5. Weitere Differenzierung mit gelegentlichen Einfügungen von richtigen Buchstaben und Zahlen.

LAVINE (1972) kommentierte zusammenfassend, daß viele Kinder schon mit drei Jahren Formen produzieren, „welche Merkmale enthalten, die für das Schreiben und nicht für das Zeichnen charakteristisch sind: Linearität und horizontale Ausrichtung. Viele Kinder die-

---

◀ Abbildung 8–1. Repräsentative Stichproben des „Schreibens" auf frühen Entwicklungsstufen. Von der „Society for Research in Child Development, Inc." © 1936.

ses Alters variieren auch die Höhe“ (S. 25). Es gibt also ein frühes, müheloses und offenbar selbstmotiviertes Lernen des Schreibsystems, an das die Schule später anknüpfen kann. DURKIN (1966) fand heraus, daß Kinder, welche früh lasen, vor oder simultan mit dem Lesenlernen großes Interesse am Kopieren hatten. Als sogenannte „Bleistift- und Papier-Kinder“ schritten sie stufenweise vom Kritzeln und Zeichnen zum Kopieren von Buchstaben, zu Fragen über das Buchstabieren und endlich zum Lesenlernen weiter.

Ein vorbereitendes Programm für das Lesen (prereading program) kann die spontane Motivation ausnützen, indem es den Kindern Gelegenheit gibt zu schreiben und Modelle zu bilden. GINSBURG, WHEELER und TULIS (1970) führten ein solches, informelles Vorschulprogramm durch. WHEELER veröffentlichte die Resultate 1971 in seiner Dissertation. Man wollte den Kindern weder das Lesen noch die Beziehungen zwischen Lauten und Buchstaben beibringen, noch gab es überhaupt eine formale Instruktion irgendwelcher Art. Ein offenes Klassenzimmer eines öffentlichen Kindergartens bildete den Hintergrund. Die Kinder bekamen Hefte und wurden aufgefordert, darin zu schreiben. Sie konnten jedoch auch frei irgend eine andere Tätigkeit wählen. Im Raum waren Modelle vorhanden, inklusive Alphabet- und Worttabellen, und die Kinder durften sie kopieren, wenn sie das wollten. Die Kinder verbrachten tatsächlich ziemlich viel Zeit mit einer graphischen Aktivität, welche vom Kritzeln bis (später im Jahr) zum Schreiben einiger Wörter und Sätze reichte.

WHEELER (1971) analysierte die Erzeugnisse der Kinder. Er unterteilte dabei das Schuljahr in 15 Perioden von je 10 Tagen um herauszufinden, ob das spontane Schreiben irgendwelche Entwicklung zeigte. Die Produktionen wurden als Kritzeleien (scribbles), Muster (designs), Zeichnungen (pictures), Buchstaben, Zahlen, Wörter, Wortfolgen, Sätze und Symbole (z. B. ein + Zeichen) kodiert. Es zeichnete sich eine Sequenz in der Häufigkeit dieser Kategorien ab: das Kritzeln erschien am häufigsten früh im Jahr und wurde dann von Mustern, Zeichnungen, Buchstaben, Zahlen, Wörtern, Wortfolgen, Sätzen und schließlich Symbolen gefolgt. Die wichtigste Folgerung war, daß die Qualität der Produktion während des Jahres sich verbesserte, offenbar durch Selbstkorrektur, da weder Lehrer noch sonst ein Erwachsener Fehler korrigierte. Die Kinder unterschieden sich stark in der Anzahl der produzierten Buchstaben. Aber alle produzierten welche mit zunehmender Häufigkeit. Man untersuchte die Buchstaben nach Fehlern und stellte fest, daß diese im Laufe des Jahres abnahmen. Am Ende des Jahres schienen die meisten auf einer Verwechslung mit einem andern Buchstaben (z. B. h mit n) zu beruhen. Schreibfehler stimmten stark mit Unterscheidungsfehlern (errors in discrimination) überein. (Vergleichbar mit Daten von GIBSON, SCHAPIRO & YONAS, 1968.) Abbildung 8–2 aus WHEELER (1971) zeigt den Kontextwechsel der Buchstaben während des Jahres. Isolierte Buchstaben machen solchen in Wörtern Platz.

Die Kinder machten also Fortschritte beim Schreiben auf Grund von spontaner Motivation und ohne spezifische Instruktion. Es muß jedoch daran erinnert werden, daß ein großer Anteil der graphischen Aktivität im Kopieren besteht und darum in einem gewissen Sinne nicht echtes Schreiben ist. Lernt ein Kind durch die spontane graphische Aktivität lesen? Aus diesem Experiment geht das nicht hervor, da die Kinder von dem, was sie am Ende des Jahres produziert hatten, sehr wenig lesen konnten. Aber als eine dem Lesen vorgeordnete

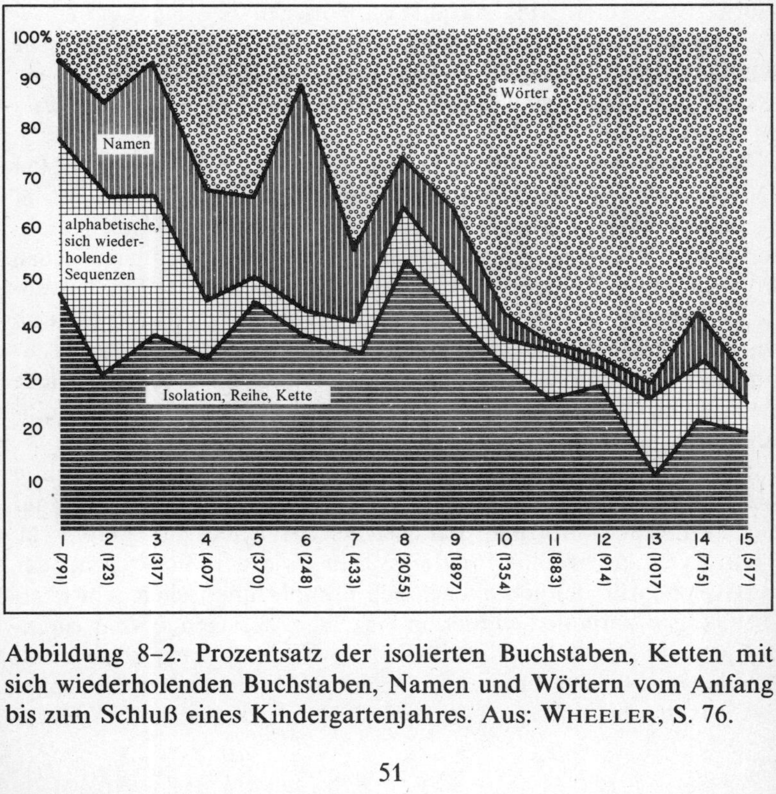

Abbildung 8–2. Prozentsatz der isolierten Buchstaben, Ketten mit sich wiederholenden Buchstaben, Namen und Wörtern vom Anfang bis zum Schluß eines Kindergartenjahres. Aus: WHEELER, S. 76.

Aktivität, welche es möglich macht, die visuellen Charakteristika von Buchstaben und ihre unterscheidenden Merkmale zu erlernen, mag es eine sehr nützliche Übung sein. Wir kommen nun zur Wahrnehmung (im Gegensatz zur Produktion) von graphischen Vorlagen.

Die Differenzierung von Schrift und Bild

Sowohl die bildnerische Darstellung wie auch das Schreiben entwikkeln sich aus dem „fundamentalen graphischen Akt", nehmen aber andere Wege. Wie früh nimmt ein Kind den Unterschied zwischen einer bildlichen Darstellung und einem nichtabbildenden Schriftzeichen wahr? Da die Wahrnehmung sehr oft vor der Produktion kommt (z. B. beim Sprachverständnis) ist es möglich, daß Kinder Schrift nicht nur als unterschiedlich zu Bildern, sondern ganz eigentlich als Schrift erkennen, bevor sie selber einen Buchstaben oder ein Wort lesen oder schreiben können. LAVINE (1972) untersuchte diese Frage an Kindern zwischen drei und sechseinhalb Jahren, welche noch keinen Leseunterricht erhalten hatten. Die Methode bestand darin, den Kindern eine Anzahl von Vorlagen zu zeigen, um zu sehen, ob sie diese als Bild oder als Schrift klassifizieren konnten. Die Kinder wurden dann gefragt, was die Darstellungen seien, um genauere Information zu erhalten über ihre Fähigkeit, Schrift und Bild zu identifizieren.

Die Variablen der Studie waren: Alter des Kindes, kultureller Kontext und vor allem natürlich Unterschiede zwischen den Vorlagen. Die Autorin versuchte bei der Herstellung der Vorlagen charakteristische Merkmale einzubeziehen, welche sie an der historischen Entwicklung der Schreibsysteme feststellte. Welche Merkmale wenden Kinder als Kriterien für Schrift an? Von welchem Zeitpunkt an tun sie das? Müssen sie einen Buchstaben lesen können um herauszufinden, ob er einer ist? Lernen sie die besonderen Merkmale, welche Buchstaben charakterisieren, als Ganzes vor der Unterscheidung einzelner Buchstaben?

Die Variablen, welche LAVINE für die Untersuchung auswählte waren: Bildhaftigkeit (iconicity, bildhafte Repräsentation), Vielzahl der Einheiten, Linearität, Varietät der Einheiten und graphische Charakteristika einzelner Schreibsysteme wie der Blockschrift, der kursiven Schrift, der hebräischen Schrift und chinesischen Schriftzeichen. Diese Variablen wurden in einzelnen Vorlagen sowohl einander gegenübergestellt als auch auf verschiedene Arten kombiniert. Das ergab z. B. eine lineare, aus mehreren Einheiten zusammengesetzte ikonische Vorlage. Die Varietät der Einheiten, ihre Vielzahl und ihre lineare Anordnung in einer Reihe wurden als intuitiv-universale, beschreibende Charakteristika der Schrift betrachtet. Varietät wurde definiert als Auftreten von nicht mehr als zwei identischen, benachbarten Elementen in einer Reihe. Die Vorlagen konnten auch auf drei andere Arten klassifiziert werden: als konventionelle, in der Umgebung des Kindes vorhandene Schrift, als zwar der konventionellen Schrift ähnlich, aber nicht in der Umgebung des Kindes vorhanden, und, als weder der konventionellen Schrift wirklich ähnlich noch in der Umgebung vorhanden, jedoch mit einigen Charakteristika von Schrift wie Linearität in sich nicht repetierenden Mustern. Einige der Vorlagen werden in Abbildung 8–3 präsentiert (S. 54).

Die Vorlagen bestanden aus Karten, welche mit Klarsichtfolie überzogen waren. Diese konnten von den Kindern zwei Behältern zugeordnet werden, einem für Schrift (Briefkasten) und einem für Nicht-Schrift (ein zylindrischer, mit Tapete überzogener Behälter). Die verbalen Reaktionen der Kinder wurden wörtlich aufgezeichnet und später kodiert als (1) Schrift (jeder Ausdruck, der gewöhnlich gebraucht wird, um irgendeine Form von Schrift zu bezeichnen, so z. B. „Buchstaben“ oder spezifische Buchstabennamen), (2) fremdartige Schrift (Schrift gemeint, aber unkonventionell angegeben), (3) Objekt-Bezeichnung, (4) Name abstrakter Formen, wie „Quadrate“, (5) weiß nicht.

Unter den Vorlagen gab es auch die drei Buchstaben A, B und E. Kinder eines Mittelstandquartiers von Ithaca, New York, zeigten mit zunehmenden Alter die Fähigkeit, einen oder mehrere davon zu benennen. Von den 3jährigen konnten 27%, von den 4–5jährigen 47%, und von den 5- und 6jährigen 67% zwei benennen. Kein Kind konnte ein Wort lesen. Beim Vergleich von bildhaften und nichtbildhaften Vorlagen wurden alle bildhaften als Gegenstände klassifiziert und nie Schrift genannt. Die Vorlagen mit der echten Schrift wurden von 86% der 3jährigen, 90% der 4jährigen und 96% der ältesten Gruppe auf irgendeine Art als Schrift klassiert. Es ist somit klar, daß sogar 3jährige Vorlagen, welche Objekte abbilden, von solchen mit Buchstaben (einzelne Buchstaben oder ein Wort) unterscheiden können, ob sie nun den Buchstaben benennen oder das Wort lesen können oder nicht.

Welche Kriterien benutzt ein Kind, um eine Vorlage als Schrift zu erkennen? Die Einzelanalyse der Variablen ergab, daß die lineare Anordnung zwar eine gewisse Rolle spielte, aber wenig ins Gewicht fiel, wenn die Einheiten keine richtigen Buchstaben waren. Varietät (sich nicht wiederholende Einheiten) war definitiv ein Faktor, der die

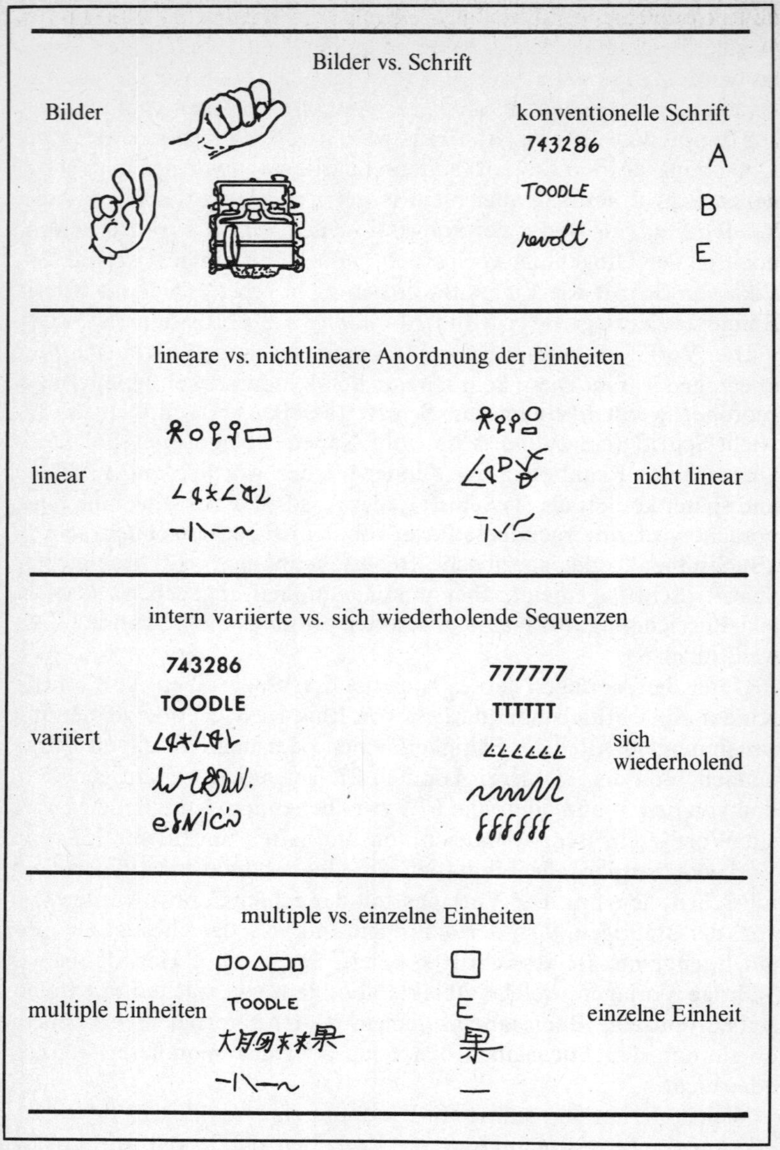

Abbildung 8–3. Visuelle Gegebenheiten mit unterschiedlichen Merkmalen in verschiedenen kategorialen Bereichen, nach LAVINE (1972).

Klassierung der Vorlagen als Schrift beeinflußte; dafür gab es mit zunehmendem Alter eine zunehmende Tendenz. Vorlagen mit mehreren Einheiten wurden öfter als Schrift klassiert als solche mit nur einer. Diese Differenz verschwand aber bei den beiden älteren Gruppen, wenn die Vorlagen Buchstaben zeigten. Die wichtige Information steckte in den Merkmalen der einzelnen Buchstaben selber und nicht in den umfassenderen Merkmalen der Reihe.

Eine ähnliche, aber weniger markant zunehmende Beachtung von Buchstaben-Merkmalen wird in Tabelle 8–1 gezeigt. Hier werden Vorlagen verglichen, welche in ihrer Ähnlichkeit zur Druckschrift oder Schrift, die in der Umgebung der Kinder vorhanden ist, variieren. Das in Blockschrift gedruckte Wort wurde von 100% der 5jährigen als Schrift klassifiziert (obwohl kein Kind es lesen konnte), die künstlichen Buchstaben in der dritten Linie der Tabelle hingegen nur von 73%. Die hebräischen Buchstaben wurden zu 100% als Schrift klassifiziert, zweifelsohne, weil sie echte Buchstaben sind und als solche viele unterscheidende Merkmale mit der Blockschrift gemein haben. Die chinesischen Buchstaben unterscheiden sich von der Blockschrift und von hebräischen Buchstaben, obwohl auch sie linear und variiert sind. Nur die jüngste Gruppe zeigte eine gewisse Tendenz, sie als Schrift zu klassifizieren. Die Kenntnis des Musters von Merkmalen im einzelnen Buchstaben war offensichtlich noch sehr unvollständig, wie wir aus der Tatsache schließen können, daß es keinen Unterschied gab in den Reaktionen auf Blockschrift und auf hebräische Schrift.

Tabelle 8–1. Prozentsatz der Versuchspersonen, die auf verschieden vertraute bzw. unvertraute Vorlagen mit dem Urteil „Schrift“ reagierten (nach LAVINE 1972).

		Age 3	Age 4	Age 5
Roman	TOODLE	87%	93%	100%
Cursive	*revolt*	87%	93%	87%
Artificial Characters	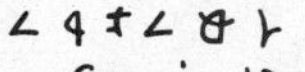	93%	93%	73%
Hebrew	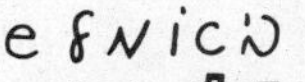	87%	100%	100%
Mayan Design		27%	0%	7%
Chinese	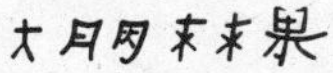	40%	13%	20%

Was haben die Kinder gelernt, das ihnen erlaubt, Schrift richtig zu klassifizieren bevor sie lesen können, zu einem Zeitpunkt also, in dem sie – wenn überhaupt – allenfalls einige Buchstaben benennen können aber die kennzeichnende Form der einzelnen Buchstaben nicht kennen? Es scheint, sie haben ein Set von internen, kontrastiven Merkmalen der Schrift und einige ihrer globalen Charakteristika wie Verschiedenheit der Elemente und Vielzahl der Einheiten gelernt, obwohl doch der Merkmalskontrast das hervorstechendste Kriterium zu sein scheint. Aber die Kinder lernen nicht zuerst die individuellen Formen und induzieren später die enthaltenen Komponenten. Es scheint, als müßten zuerst die Merkmale abstrahiert werden und als Folge dann erst die Unterscheidung der einzelnen Buchstaben als einzelne Formen. Sehr interessant an diesen Resultaten ist, daß die Kinder diese Fähigkeiten spontan, mühelos und ohne formale Instruktion erwerben. Da sie Buchstaben als Schrift erkennen, ohne ihre Namen oder auch nur ihre Zugehörigkeit zu einer Klasse zu kennen (man beachte das hohe Resultat bei der hebräischen Schrift, welche wenige vorher gesehen hatten), kann man die Klassifizierung nicht mit dem Lernen ihrer Namen erklären. Hier liegt reines wahrnehmungsmäßiges Lernen vor. Die Kinder scheinen einfach dadurch, daß sie in ihrer Umgebung viele graphische Vorlagen betrachten können, ein feines Gefühl für Unterschiede in graphischen Formen zu entwickeln.

Daß für dieses Lernen der tägliche Kontakt mit geschriebenen Vorlagen notwendig ist, geht auch aus anderen Resultaten von LAVINE hervor. Dieselben Tests wurden zwei Gruppen von Kindern in Yucatan, Mexiko, gegeben. Eine Gruppe wohnte in einer technologisch relativ weit entwickelten Stadt (Merida), die andere in einem abgelegenen Dorf, in dem es wenig Lesestoff und Gedrucktes gab. Die Kinder, welche in einer Kultur mit wenig Schriftvorlagen lebten, wußten weitaus weniger über Schrift als die Ithaca-Gruppe, welche wir beschrieben haben. Der kulturelle Hintergrund war als Variable mindestens so bedeutungsvoll wie das Alter des Kindes. Es ist jedoch interessant, daß es in allen drei Umgebungen Kinder gab, welche mit drei Jahren Bilder von Schrift unterscheiden konnten.

Die Entwicklung der graphischen Diskrimination

Der soeben dargestellten Forschung zufolge sind Mittelstandskinder, in deren Umgebung sich viel Gedrucktes befindet, auf dem Weg der Unterscheidung von Buchstaben ein schönes Stück vorangekommen, bevor der Leseunterricht beginnt. Gewöhnlich kennen die Kinder die kontrastiven Merkmale, die den Schriftzug als solchen definieren und weniger die einzelnen Buchstabenformen als separate Einheiten. Bis zum Alter von acht Jahren nimmt die Fähigkeit zur Unterscheidung buchstabenähnlicher Formen zu, aber schon mit sieben Jahren werden Merkmale, die für Schrift wichtig sind (gerade versus rund, Orientierung, offen versus geschlossen) gewöhnlich entdeckt, sogar in unbekannten Vorlagen. Sogar die links-rechts-Verwechslung, das Kreuz der Lehrer, ergibt weniger als 10% Fehler.

Wie viele Schwierigkeiten bereitet die visuelle Unterscheidung der Buchstaben den Kindern zu Beginn der ersten Klasse? Gewöhnlich verwechseln sie schon mit vier Jahren nicht mehr viele Buchstaben. Die Merkmale, anhand derer die Buchstaben unterschieden werden, bilden Muster (patterns), die denjenigen der Erwachsenen sehr ähnlich sind. CALFEE, CHAPMAN und VENEZKY (1972) testeten zwei Stichproben von Kindergartenschülern, welche auf verschiedenen Schwierigkeitsstufen Buchstaben zuzuordnen hatten. Bei der Zuordnung von einzelnen Buchstaben zu einer Auswahl von fünf Buchstaben war die Fehlerzahl ziemlich gering (83% und 87% korrekte Zuordnungen), obwohl besonders verwirrende Buchstaben ausgewählt worden waren, wie folgende Beispiele zeigen:

G – C Q G D O r – n m w r u
b – h d b f k

Die hauptsächlichste Fehlerquelle war die links-rechts, spiegelbildliche Transformation (z. B. b versus d). Bei diesen Beispielen waren die Irrtümer zahlreich (um 40%). Aber abgesehen davon gab es fast keine Fehler.

Wenn Gruppen von Buchstaben getestet wurden, nahm die Fehlerzahl stark zu. Ein typisches Beispiel einer Zweiergruppe war:

CQ – OQ OC QC CQ CO

Dabei muß man beachten, daß es in dieser Zuordnungsgruppe sowohl eine Änderung der Reihenfolge als auch Buchstaben mit hoher visueller Verwechselbarkeit gibt. Der Anteil korrekter Zuordnungen lag zwischen 36% und 48%. Für die meisten Fehler war eine Zuordnung zu einer Gruppe mit umgekehrter Folge verantwortlich. Bei Gruppen mit drei und vier Buchstaben fielen die korrekten Zuordnungen auf 30% und 35%. Bei Zuordnungen aus dem Gedächtnis, also wenn die Standardbuchstaben vor der Vorlage der Zuordnungsgruppe entfernt wurden, war die Leistung nicht schlechter. Umkehrungen und Fehler in der Reihenfolge herrschten aber immer noch vor.

Der Umstand, daß die Zuordnung einzelner Buchstaben, Umkehrfehler ausgenommen, perfekt klappte, stimmt gut mit anekdotischen und empirischen Resultaten aus verschiedensten Quellen überein. Die Schätzungen gehen dahin, daß mehr als die Hälfte der Kindergartenschüler Umkehrfehler machen. Das ist zu erwarten, sind Umkehrungen doch vom Gesichtspunkt der Kinder im Vorschulalter aus keine Fehler: Dinge haben mehrere Seiten, und ihre Form wird als konstant wahrgenommen. Bei den meisten Kindern korrigiert sich dieser Irrtum bald. SHANKWEILER und LIBERMAN (1972) testeten eine große Anzahl von Drittkläßlern mit Wortlisten (60 echte, einsilbige Wörter), welche potentiell umkehrbare Buchstaben enthielten. Die Kinder mußten die Wörter laut lesen. Die Umkehrung einzelner Buchstaben machte nur einen kleinen Teil der Fehler aus, dies sogar bei den schlechtesten Lesern (10% bei einer Gruppe ausgewählter schlechter Leser). Als Fehlerquelle erschien sie weniger häufig als andere Gruppen von Fehlern. Nach dem ersten Schuljahr haben sogar Schüler, die wenig Fortschritte beim Lesenlernen gemacht haben, wenig Mühe, visuell einzelne Buchstaben zu identifizieren (SHANKWEILER & LIBERMAN, 1972; SHANKWEILER, 1964).

Umkehrungen von Sequenzen und Reihenfolgefehler in Buchstabenreihen und echten Wörtern bilden ein anderes Kapitel. Die Zuordnung von Wörtern und Buchstabenreihen ist für Kindergartenschüler schwierig (CALFEE et al., 1970) und bereitet auch noch schlecht lesenden Drittkläßlern große Mühe (SHANKWEILER & LIBERMAN, 1972). Geübte Leser erkennen Wörter anhand orthographischer Muster, welche mehr als nur einen Buchstaben umfassen (untergeordnete Einheiten, wie zusammengehörende Buchstabengruppen und Silben). Aber Leseanfänger verarbeiten Wörter nicht auf diese Weise, und die Information über die Ordnung in der Buchstabenfolge geht verloren. Fehler, welche bei der Zuordnung von Buchstabenfolgen oder dem Lesen eines Wortes gemacht werden, sind nicht unbedingt Umkehrungen. „Permutationsfehler sind üblich, und man kann – obwohl es wenig systematische Forschungen über dieses Problem gibt – sagen, daß links-rechts-Verwechslungen der Reihenfolge oft in der Wortzuordnung erscheinen. Sie sind aber nicht so häufig wie links-rechts-Spiegelbildverwechslungen bei der Zuordnung von Einzelbuchstaben“ (CALFEE et al., 1970, S. 13).

Im Frühherbst wurden drei Gruppen von Kindergartenschülern mit verschiedenem sozioökonomischem Status getestet. Bei der Orientierung von Einzelbuchstaben, von Buchstabenfolgen (mit je einem Umkehrdistraktor) und bei Buchstabenfolgedetails (mit einem ähnlichen Buchstaben als Distraktor in einer Gruppe von dreien) ergaben sich bedeutende Unterschiede. Je höher der sozioökonomische Status der Kinder war, desto besser waren ihre Leistungen. Aber Testwiederholungen vom Februar zeigten viel weniger Varianz, die auf den sozioökonomischen Status zurückzuführen war. Die Daten der Tabelle 8–2 aus CHAPMAN (1971) zeigen nur kleine Unterschiede zwischen den Schülergruppen. Die Kinder hatten bereits etwas gelernt, und die Gruppen glichen sich an. Was genau und wie die Kinder gelernt haben, wird aber nicht ersichtlich.

Tabelle 8–2. Prozentanteil korrekter visueller Zuordnungen bei einem Test dreier verschiedener Kindergartengruppen mit unterschiedlichem sozioökonomischem Status, Februar (Wisconsin Basic Prereading Skills Project).

	hoher sozioökon. Status	mittlerer sozioökon. Status	tiefer sozioökon. Status
Orientierung	88,0%	88,5%	79,0%
Buchstabenfolge	81,5%	80,5%	75,0%
Buchstabenreihendetail	86,5%	83,0%	79,5%

Neben der Fähigkeit zur Unterscheidung von Buchstaben und Buchstabenreihen (etwa analog der Fähigkeit des Erkennens von Ähnlichkeiten und Unterschieden zwischen phonetischen Einheiten verschiedener Ausprägung) wird beim Lesenlernen auch eine Fähigkeit der Segmentierung benötigt; diese verursacht zwar längst nicht so viele Schwierigkeiten wie die phonemische Segmentierung. Kinder erfassen die verschiedenen Einheiten von visuellen Texten wie Buchstabe, Wort und Satz nicht automatisch. Erstkläßler nehmen zu Beginn des Schuljahres oft die Grenzen von Wörtern nicht als solche wahr (MELTZER & HERSE, 1969). Wenn man ein Kind auffordert, Wörter zu zeigen, mag es Buchstaben oder ganze Textlinien angeben. Da Wörter durch mehr Raum voneinander getrennt sind als Buchstaben, sollten sie ziemlich einfach zu unterscheiden sein, wenn das graphische Konzept eines Wortes einmal verstanden ist. Daß Wörter Einheiten der gesprochenen Sprache wie auch von gedrucktem Text sind und als solche korrespondieren, ist offensichtlich ein Basiskonzept, das einen frühen Einstieg ins Lesenlernen ermöglicht.

Diskriminationstraining

Man hat offenbar in der Vergangenheit die Häufigkeit der visuellen Verwechslung von Buchstaben bei 5- und 6jährigen Kindern übertrieben. Dennoch gibt es noch manche Kindergartenschüler, denen Verwechslungen, speziell von spiegelbildlich verwechselbaren Buchstaben und der Ordnung von Buchstabenfolgen unterlaufen. Viele Forscher haben versucht herauszufinden, wie man die Kinder lehren könnte, die nötigen Unterscheidungen zu machen. Solche Forschung ergab sich oft in Anknüpfung an eine Theorie des wahrnehmenden Lernens.

Eine der ersten bekannt gewordenen Theorien stammt von FERNALD (1943). Die Autorin entwickelte Hilfstechniken für zurückgebliebene Leser. Sie betonte den Wert von motorischen Übungen beim Lernen verwirrender Buchstaben und Wörter. Dabei nahm sie an – ähnlich wie die sowjetischen „motor copy“ Theoretiker der Wahrnehmungsentwicklung – daß die aktive Produktion der Form zur Entwicklung eines Schemas oder Bildes (image) beitrage, welches die Basis für die richtige Unterscheidung abgebe. Aber WILLIAMS (1969) fand heraus, daß das Nachfahren von Umrissen oder Kopieren von Vorlagen (motorisches Vortraining) keinen speziellen Einfluß auf die Entwicklung des Erkennens von Buchstaben hat. Übung im Unterscheiden schwieriger Paare war wirkungsvoller als deren motorische Reproduktion.

Obwohl motorisches Vortraining für das Erkennen nichts abwirft, mag es doch bei der Bildung einer willkürlichen Assoziation z. B. zwischen dem Buchstaben und dessen Namen helfen. LEVIN, WATSON und FELDMAN (1963) untersuchten diese Möglichkeit. Sie benutzten künstliche, in einer Reihe angeordnete Grapheme, wobei jedes mit einem Laut assoziiert war. Das Vortraining umfaßte: Nachfahren der Grapheme, Kopieren, Beobachten etc. Ein kurzes motorisches Vortraining, welches vor dem Erlernen der verbalen Assoziation durchgeführt wurde, war völlig wirkungslos. Wiederholtes Nachfahren des ersten Graphems ergab nur eine kleine Erleichterung für die spätere Assoziation der Graphem-Reihe mit der verbalen Reaktion. Das Nachfahren eines mittleren oder abschließenden Graphemes wirkte sich noch schlechter aus als überhaupt kein Nachfahren.

Es gibt also keinen eindeutigen Nachweis, daß motorisches Üben wie Nachfahren oder Kopieren das verbale Benennen der visuell präsentierten Grapheme oder auch nur deren Erkennen erleichtert. Obgleich sich bei normalen Kindern, denen die Unterscheidung wenig Schwierigkeiten bietet durch motorisches Vortraining, kein Nutzen zeigt, mögen stark zurückgebliebene Kinder dennoch etwas davon profitieren. Dies wird jedenfalls oft von Nachhilfelehrern (remedial workers) behauptet. Die Montessori-Schulen gehen z. B. so vor, daß sie massenhaft Buchstabenformen vorzeigen und darstellen lassen (Nachfahren, Ausmalen, Ausschneiden, Berühren von Buchstaben aus Sandpapier usw.). Die Wirksamkeit solcher Darstellungen ist aber empirisch nicht nachgewiesen worden.

Unter dem Namen „acquired distinctiveness of cues" (Lernen von Reizunterscheidungen) existiert eine weitere Theorie des Wahrnehmungslernens. Sie gleicht dem motorischen Vortraining, setzt aber das Kopieren nicht ein. Ihrer Hypothese zufolge können zwei verwirrende, visuelle Vorlagen besser unterschieden werden, wenn man zu jeder eine bestimmte unterschiedliche Reaktion lernt. HENDRICKSON und MUEHL (1962) testeten diese Hypothese mit den Buchstaben b und d. Drei Gruppen von Kindergartenkindern mußten die Namen dieser Buchstaben lernen. Eine Gruppe (die „konsistente, motorische Gruppe") bekam ein konsistentes motorisches Vortraining. Die Kinder mußten bei einem d einen Hebel mit der linken und bei einem b mit der rechten Hand ziehen. Pfeile neben den Buchstaben zeigten nach rechts oder links. (Der Pfeil zur Linken der Versuchsperson zeigte immer nach links bei einer linkshändigen motorischen Reaktion, und das Gegenteil war bei einer motorischen „Rechtsreaktion" der Fall.) Eine zweite Gruppe (die „inkonsistente, motorische Gruppe") unterschied sich in der Plazierung der beiden Pfeile bezüglich der motorischen Reaktion. Die Hälfte der Pfeile zeigte einwärts und die andere auswärts. Die Versuchsperson fand den Pfeil, der in dieselbe Richtung zeigte wie der Buchstabe, manchmal zu ihrer Rechten und manchmal zu ihrer Linken und zog dann den Hebel mit der Hand, welche auf der Seite des Pfeiles war. Auf diese Weise waren die motorischen Reaktionen auf die beiden Buchstaben inkonsistent, d. h. bei beiden Buchstaben war die eine Hälfte der Reaktionen für die linke, die andere für die rechte Hand. Eine Kontrollgruppe hatte ein irrelevantes Vortraining. Sie ordnete Farbstimuli zu. Die Transferaufgabe bestand im Lernen der beiden Namen für die Buchstaben. Die beiden Gruppen, welche das motorische Vortraining gehabt hatten, unterschieden sich nicht wesentlich. Beide übertrafen jedoch die Kontrollgruppe. Es gilt also festzustellen, daß die Art der motorischen Reaktion in bezug auf die Form des Buchstabens unwichtig ist.

Ein anderes Vortraining, das von einer S-R-Theorie abgeleitet wurde, stammt von STAATS und STAATS (1962). Zwei Gruppen von Kindergartenschülern bekamen ein Unterscheidungstraining. Sie mußten dann in einem nächsten Versuch ein gesprochenes Wort vier visuell präsentierten Wörtern zuordnen (eine Aufgabe, die von den Autoren als „texting behavior" bezeichnet wurde, unter dem sie „das operante Konditionieren einer vokalen Reaktion in Abhängigkeit von einem visuellen verbalen Stimulus" verstanden). In Übereinstimmung mit der Theorie wurden die korrekten verbalen Nennungen (operants) beim Unterscheidungstraining und beim Training des „Textens" verstärkt: für jede korrekte Nennung konnte eine Spielmarke gegen ein Spielzeug eingetauscht werden. Eine Gruppe erhielt nun ein Unterscheidungsvortraining mit denjenigen Wörtern, welche später in der Transferaufgabe verwendet wurden: auf einer Karte wurden drei Wörter präsentiert, zwei identische und ein andersartiges. Die andere Gruppe wurde mit zwölf Buchstaben ohne Oberlänge (lower case letters) vortrainiert, welche in verschiedenen Kombinationen aus den vier Wörtern der Transferaufgabe stammten. Auf einer Karte wurden drei Buchstaben präsentiert, und die Versuchsperson hatte den andersartigen zu bestimmen.

Eine Kontrollgruppe erhielt kein Unterscheidungs-Vortraining. Die Transferaufgabe erforderte paarweises Assoziationslernen. Die Versuchsperson mußte die korrekte Antwort erraten. Versuchspersonen, welche Wortunterscheidungsvortraining gehabt hatten, erzielten mehr korrekte Antworten als die beiden andern Gruppen. Das Sehen der Wörter war etwas wirkungsvoller als das Sehen einzelner Buchstaben. Interessanterweise stellte sich bei diesem Experiment heraus, daß es keine bedeutende Korrelation zwischen Erfolg im Diskriminationstraining und dem paarweisen Assoziationslernen gab. Insofern der Lernversuch von STAATS und STAATS das frühe Lesetraining simuliert, kann man also feststellen, daß ein Erfolg bei der visuellen Diskrimination keine zuverlässige Vorhersage für das Lesenlernen ermöglicht. Daran sind andere Prozesse beteiligt.

Man beachte, daß viele Lesebereitschaftstests, darunter auch der von FROSTIG, welcher wahrnehmungsmäßige Fähigkeiten erfassen soll, schlechte Prädiktoren für das Lesenlernen sind (ROSEN 1966; ROSEN & OHNMACHT 1968; PICK 1970). Am Schluß dieses Kapitels werden wir zwei sorgfältig ausgearbeitete und evaluierte Programme vorstellen, welche die Lesebereitschaft testen.

Gleichgültig, ob ein Erfolg im Unterscheidungstraining eine besondere Fähigkeit zur Assoziation von geschriebenen mit gesprochenen Wörtern und dem Lesen voraussagt oder nicht, muß der Lernende die geschriebenen Symbole unterscheiden können, um beim Lesenlernen weitere Fortschritte zu erzielen. Die Frage, welches das beste Unterscheidungstraining sei, ist also nicht trivial. PICK (1965) schlug vor, das Unterscheidungstraining anders zu betrachten. Er untersuchte den Effekt des Vortrainings bei einer Unterscheidungsaufgabe daraufhin, was die Kinder wirklich gelernt hatten, indem er ihnen verschiedene Transferaufgaben vorlegte. Drei Gruppen von Kindergartenschülern wurden in der Unterscheidung von Transformationen (drei Typen) einer Standardform geübt.

Die Kinder wurden so lange geschult, bis sie bei den Zuordnungsaufgaben keine Fehler mehr machten, hatten also dieselbe Voraussetzung. Dann kamen sie zu einer Transferaufgabe. Bei einer Gruppe gab es dieselben Standardformen wie beim Vortraining aber mit neuen Transformationen (die *„Prototyp-Gruppe“* genannt). Diese Gruppe würde die Transferaufgabe leicht finden, falls sie einen schematischen Prototyp der Standardformen gebildet hatte. Eine zweite Gruppe, die *„Unterscheidungsmerkmal-Gruppe“*, hatte neue Standardformen, aber deren Varianten wurden in derselben Art transformiert wie diejenigen der Trainingsaufgabe. Diese Gruppe würde die Transferaufgabe leicht finden, falls sie die unterscheidenden Merkmale gelernt hatte, in welchen sich die Transformationen von der Standardform und voneinander unterschieden. Eine dritte Gruppe hatte sowohl neue Standardformen als auch neue Transformationen in der Transferaufgabe.

Die „Unterscheidungsmerkmalsgruppe“ machte am wenigsten Fehler in der Transferaufgabe. Die „Prototypgruppe“ kam als nächste, und am meisten Fehler machte die Gruppe, für die der ganze Stoff neu war. PICK schloß daraus, daß Kinder beim Lernen der Unterscheidungen zwischen den Buchstabenformen mit der Zeit weniger die Struktur der einzelnen Buchstaben lernen, als vielmehr auf Unterschiede zwischen den Formen aufmerksam werden. Die Resultate von PICK wurden von ODOM, MCINTYRE und NEALE (1971) bestätigt. Diese Autoren fanden auch, daß Merkmalsunterschiede charakteristischerweise eher von reflexiven als von impulsiven Kindern gelernt werden.

Wenn die Kinder die Formen der Buchstaben wirklich anhand der Merkmale zu unterscheiden lernen, dann besteht die beste Trainingsmethode (sofern sie überhaupt nötig ist) im Hinweisen auf die Merkmalsunterschiede. SAMUELS (1970a) variierte das Vortraining bei Kindergartenschülern, bevor diese die Namen für die Buchstaben *b, d, p* und *q* lernten. Eine Gruppe wurde anhand der unterscheidenden Merkmale der Buchstaben trainiert. Eine andere bekam visuelles Unterscheidungstraining der Buchstaben aber ohne Hinweis auf die unterscheidenden Merkmale. Beim anschließenden Lernen der Buchstabennamen übertraf die erste Gruppe die zweite. Die zweite war nicht besser als eine Kontrollgruppe ohne jedes Vortraining. Die Betonung der kontrastiven Merkmale zur Unterscheidung leicht verwechselbarer Buchstaben scheint also von Wert zu sein. Eine Ausweitung der Technik durch die Zufügung redundanter Charakteristika, wie z. B. Farbe ist jedoch zweifelhaft, weil die Kinder anstatt an die kritischen Merkmale, an die redundanten gebunden bleiben können (GIBSON & SHEPELA, 1968, siehe auch SAMUELS, 1968b). Redundanz ist dann nützlich, wenn sie kombiniert mit anderer Information eine ökonomische Regel oder ein Muster (pattern) ergibt. Wenn sie einfach eine auszuwählende Alternative ist, welche zur Vernachlässigung anderer Information führt, hindert sie eher als daß sie hilft. EGELAND, BRAGGINS und POWALSKI (1973) fanden heraus, daß das graduell schwächere Hervorheben von Merkmalsdifferenzen mit Farbe durch die Verwendung von immer stärker gefärbten, über das Leseblatt gelegten Folien. wirkungsvoll war.

ELKIND (1967) wandte einige Begriffe von PIAGET, speziell dessen Begriff der Dezentrierung, auf das Lesen an. Von der Dezentrierung wird angenommen, daß sie sich mit der zunehmenden Fähigkeit des Kindes, seine Handlungen zu steuern, entwickelt. Das befreit es von seiner Stimulusgebundenheit oder der Kontrolle durch die Effekte der Stimulussituation. ELKIND und DEBLINGER (1969) gaben einer Gruppe benachteiligter Kinder ein Training der „perzeptiven Reorganisation“ (z. B. Lösenlassen von einfachen Anagrammen). Später verglichen sie die Leseleistung dieser Kinder mit derjenigen von solchen, die kein Training erhalten hatten. Es ist weder klar, ob das Training tatsächlich die Lesefertigkeit verbessert hat, noch ist einzusehen, warum es überhaupt diese Wirkung haben sollte (eine Kritik dieser Studie findet man bei PICK, 1970).

Wir können diesen Teil mit der Feststellung zusammenfassen, daß die Fähigkeit zur Unterscheidung von Buchstaben sich normalerweise spontan entwickelt und Verwechslungen von einzelnen Buchstaben selten zu Schwierigkeiten beim Lesenlernen führen, wenigstens was die Blockbuchstaben angeht. Bei gewissen Alphabeten wie z. B. dem Hebräischen (FEITELSON, 1965) gibt es Gründe anzunehmen, daß die Schulung der Fähigkeit zur Unterscheidung einzelner Buchstaben eine wichtige Vorbereitung für das Lesenlernen ist. Die Schulung sollte nicht an belanglosem Stoff erfolgen, weil sich sonst wenig oder kein Transfer ergibt (wie das z. B. für einige Teile des FROSTIG-Programmes zutrifft). Zudem sollten die unterscheidenden Merkmale der Buchstaben betont werden. Wenn in einem Training Buchstabenreihen unterschieden werden müssen, sollte man die Resultate der Erforschung des Wahrnehmungslernens berücksichtigen und von einfach zu unterscheidenden Buchstaben und Wörtern zu schwierigeren übergehen.

Intermodale Zuordnung und Assoziation

Studien der intermodalen Zuordnung

Weil das Lesen die Dekodierung graphischer Symbole in Laute verlangt, hat man oft angenommen, es erfordere eine Fähigkeit der Zuordnung oder Integration der visuellen und auditiven Eingabe. Darüber hinaus hat man angenommen, individuelle Differenzen dieser Fähigkeit könnten getestet werden, und diese sagten dann die Lesefähigkeit voraus. Dazu kommt die Ansicht, ein Training mit Zuordnungsaufgaben sei hilfreich und transferierbar auf das frühe Lesen. Alle diese Annahmen sind zweifelhaft, denn es gibt keine der auditiven und visuellen Eingabe zugrundeliegende Ähnlichkeit des Sprechens und Lesens, es sei denn auf einem hohen Niveau, wo Grammatik und Bedeutung ins Spiel kommen. Das Dekodierungssystem (decoding mapping system) ist willkürlich hinsichtlich der physikalischen Einheiten der beiden Modi, was sich auch zeigt, wenn man andere Schreibsysteme betrachtet. Lesenlernen ist zudem auch nicht hauptsächlich eine Zuordnungsaufgabe.

Untersuchungen der intermodalen Zuordnung verwenden gewöhnlich Folgen von Lichtern oder Punkten und Tönen. Wie PICK (1970) betont hat, haben diese Aufgaben so wenig mit Leseaufgaben gemein, daß es unwahrscheinlich ist, daß bei beiden dieselben Prozesse beteiligt sind. Die Forschung in dieser Richtung wird jedoch weitergeführt. Man tut gut daran, sie kritisch zu prüfen. BIRCH und BELMONT (1964, 1965) klopften mit einem Stift auditive Muster, welche von 5–10jährigen Kindern räumlich angeordneten Punktmustern zugeordnet werden mußten. In dieser Aufgabe waren retardierte Leser schlechter als normale. Die Autoren schlossen daraus, daß die retardierten Leser ein Defizit in der auditiv-visuellen Integration aufwiesen. Bei allen Kindern wurde mit zunehmendem Alter eine schließlich auslaufende Verbesserung festgestellt. Die größte Zunahme fiel auf die Zeit zwischen dem Kindergarten und der 2. Klasse. Die Werte korrelierten in der 1. Klasse mit der Leseleistung auf dem <0.001 Signifikanzniveau und in der 2. Klasse auf <0.05. Später bestand kein Zusammenhang mehr. Auf der andern Seite nahm die Korrelation zwischen IQ und dem Lesen mit dem Alter zu. Die Autoren folgerten, „perzeptive Faktoren" seien für die erste Aneignung der Lesefertigkeit am wichtigsten; bei deren Elaboration würden dann aber „Faktoren, welche mehr mit dem IQ assoziiert sind", wichtiger. Das ist eine sehr attraktive Folgerung, da sich die Lesefähigkeit mit der Entwicklung sicherlich verändert. Aber es gibt keine Gründe anzunehmen, daß perzeptive Faktoren ganz herausfallen, oder daß die Zuordnung von Punkten zu auditiven Mustern ein repräsentativer perzeptiver Faktor ist.

An der Studie von BIRCH und BELMONT wurde oft kritisiert, sie habe verschiedene wichtige Variablen durcheinander gebracht, so z.B. die sequentielle Präsentation der auditiven Muster und die simultane räumliche Anordnung der Punktmuster. Zudem wurden die auditiven Muster immer zuerst präsentiert. Noch kritischer ist bei der Interpretation (die Entwicklung der intermodalen Relationen sei für die Korrelation mit der Lesefertigkeit verantwortlich) anzumerken, daß intramodale Kontrollen fehlen. Die nachfolgenden Forscher suchten in einer Reihe von Experimenten diese Mängel zu vermeiden. Deren erste (BLANK & BRIDGER, 1966) präsentierten die visuellen Reize sequentiell. Sie verglichen eine Gruppe retardierter mit einer Gruppe normaler Leser. Die Versuchspersonen der beiden Gruppen wurden einander auf Grund des Intelligenzwertes zugeordnet. Sie hatten drei Aufgaben zu lösen. Bei einer visuellen Aufgabe wurden Punktmustern, welche denjenigen von BIRCH und BELMONT glichen, zeitlich separierte Lichtblitze zugeordnet. Analog den räumlichen Abständen der Punkte, wurden zwischen den Lichtblitzen kurze und lange Intervalle eingehalten. Das zeitliche Muster wurde immer zuerst präsentiert. Die retardierten Leser waren trotz der fehlenden intermodalen Variablen bedeutend weniger erfolgreich als die normalen. In einem zweiten Versuch wurde ein Standardpunktmuster gezeigt, dann entfernt, worauf für die Zuordnung ein Set von drei Punktmustern vorgelegt wurde. Bei diesem Versuch gab es keinen Unterschied zwischen normalen und retardierten Kindern. In einem dritten Versuch wurde den Kindern eine zeitliche Sequenz von Lichtblitzen gezeigt. Sie wurden dann aufgefordert, die Sequenz verbal zu beschreiben. Die retardierten Kinder schnitten schlechter ab als die normalen. Sie hatten Schwierigkeiten, sowohl die Anzahl der Lichtblitze wie auch die Plazierung der Pausen zu schildern. Und wenn sie das eine richtig angaben, dann war das andere meist falsch. Die Autoren schlossen daraus, die retardierten Kinder hätten Schwierigkeiten, konzeptuelle Kategorien auf temporale Reizsequenzen anzuwenden. Das Bewertungssystem der Autoren ist jedoch recht eigenartig. Es ist doch möglich, daß die Kinder die Punktmuster auch nicht hätten beschreiben können, obwohl sie sie korrekt zuordnen konnten. Die Versuchspersonen in diesem Experiment waren zwischen 9 und 10 Jahren alt, und es ist möglich, daß andere Faktoren im Spiel waren als bei den Erstkläßlern von BIRCH und BELMONT.

MUEHL und KREMENAK (1966) lieferten intramodale Kontrollen für den intermodalen Vergleich von BIRCH und BELMONT. Die visuelle Aufgabe bestand aus einem räumlich präsentierten Punkt-Strich-Muster (z. B. ·—·). Die auditive Aufgabe bestand aus einer Sequenz von langen und kurzen Tönen. Es gab vier Aufgaben: visuell-visuell, visuell-auditiv, auditiv-visuell und auditiv-auditiv. Die Beurteilung lautete „gleich" oder „anders". Die Versuchspersonen waren Erstkläßler. Zu Beginn des Jahres wurden sie getestet. Am Ende des Jahres bewertete man dann ihre Leseleistung. Die visuell-visuelle Aufgabe war am leichtesten, die auditiv-auditive am schwierigsten. Am Ende des Jahres wurden die schlechtesten 23% der Leser mit den besten 22% verglichen. Mit den vier Zuordnungsaufgaben wurde eine multiple Regressionsanalyse durchgeführt. Nur die beiden intermodalen Aufgaben trugen etwas zur Voraussage der Leseleistung bei. Die Autoren führten dann eine zweite Regressionsanalyse mit sieben Lesebereitschafts-Subtests und den vier Zuordnungsaufgaben durch. Nun erklärte nur die Buchstabenbenennung (einer der Lesebereitschaftstests) einen signifikanten Teil der Varianz. Die zwei intermodalen Zuordnungsaufgaben korrelierten ziemlich signifikant mit der Buchstabenbenennung. Wieder kam man zur Folgerung, daß das Lesen die Fähigkeit in sich schließe, auditive und visuelle Informationen zu integrieren. Spätere Studien jedoch ließen weitere Zweifel an dieser Interpretation aufkommen.

STERRIT, MARTIN und RUDNICK (1969) kombinierten alle Zuordnungsmöglichkeiten (sequentiell auditiv, räumlich visuell und sequentiell visuell) in neun separaten Zuordnungsaufgaben (gleich, anders) und gaben sie Drittkläßlern vor. Sie fanden, daß die Intelligenzwerte die Leseleistung sehr gut voraussagten, nicht aber die Zuordnungsaufgaben. Sogar ein kombinierter Wert aus allen neun Tests zeigt nur eine sehr schwache Korrelation ($r = .25$) mit der Lautanalyse (phonics analysis) und .23 mit dem Verständnis (comprehension). Die intramodalen sequentiellen Zuordnungsaufgaben bezogen sich gleich wie die intermodalen auf das Lesen. Keiner der Tests jedoch schien auf dem Drittkläßlerniveau speziellen Bezug auf das Lesen zu haben. BRYDEN (1972) gab ebenso alle neun möglichen Kombinationen ausgewählten schlechten und guten Lesern der Klasse vor. Sie wurden nach dem IQ gemacht. Alle Versuchspersonen führten jeden Test aus. Eine Varianzanalyse zeigte bei allen Leistungen eine Dominanz der guten Leser (aber nur auf dem .05 Signifikanzniveau). Das Defizit erschien in allen Aufgaben, wobei keine davon eine klarere Beziehung zu gutem oder schlechtem Lesen aufwies als eine andere. Schlechte Leser schnitten schlechter ab, ob nun eine visuell-auditive Transformation benötigt wurde oder nicht. Darum kam nicht heraus, daß schlechtes Lesen in der sechsten Klasse mit einem speziellen Defizit der intermodalen Integration verbunden war. Bei einer Trennung der guten von den schlechten Lesern ergab sich eine recht hohe Korrelation innerhalb der Gruppe der schlechten Leser (.60), aber eine sehr schwache (.14) innerhalb der guten. So ist denn auf dem Niveau der sechsten Klasse die Zuordnungsleistung nur für schlechte Leser ein Prädiktor der Leseleistung. BRYDEN dachte, die Kodierung der sequentiellen Muster und deren Behalten über das 20 Sekunden dauernde Interstimulusintervall hinweg könnte ein wichtiger Faktor für schlechtes Lesen sein. Aber ein anderes Experiment von VANDE VOORT, SENF und BENTON (1972) läßt diese Interpretation als unwahrscheinlich erscheinen.

VANDE VOORT et al. hatten zwei Altersgruppen retardierter Leser und Kontrollgruppen normaler Leser von ungefähr demselben mittleren Alter und IQ. Sie gaben den Gruppen zwei intramodale Zuordnungsaufgaben: visuell-visuell (simultane Punktmuster), auditiv-auditiv, und eine intermodale Zuordnungsaufgabe: auditiv-visuell. Die Kinder der Kontrollgruppe schnitten besser ab als die retardierten Leser. Entsprechend den Resultaten von BRYDEN, arbeitete die retardierte Gruppe in allen drei Zuordnungsaufgaben schlechter, wobei keine signifikante Beziehung zu der intermodalen Aufgabe bestand. Die Kontrollgruppen verbesserten sich in allen drei Aufgaben mit zunehmendem Alter, was für die retardierten bei keiner Aufgabe zutraf. Die Resultate sahen so aus, als wäre den retardierten Lesern die Entwicklung einer Fertigkeit mißlungen, die sowohl bei der intermodalen als auch der intramodalen Zuordnung benötigt wird. Vande Voort et al. meinten, die retardierten Leser könnten sich weniger gut an die Muster über die Interstimulusintervalle hinweg erinnern. Darum wurde allen Gruppen die auditiv-visuelle Aufgabe simultan vorgegeben, d.h. das auditive Muster wurde zur selben Zeit gespielt, in welcher der entsprechende visuelle Stimulus gezeigt wurde. Beide Gruppen verbesserten sich, aber die Differenz änderte sich für die retardierten Leser nicht. Sie waren immer noch bedeutend schlechter als die Kontrollgruppen.

Zusammenfassend: Diese und auch andere hier nicht geschilderte Resultate stützen die Hypothese nicht, daß die intermodale Integration eine stufenspezifische Fertigkeit ist, die speziell mit dem Lesen zusammenhängt, wenigstens nicht nach der ersten Klasse. Aber schlechte Leser verbessern ihre Leistung bei den Zuordnungsaufgaben offenbar mit dem Alter nicht (zumindest nicht nach dem achten Lebensjahr). Die Zuordnungsaufgaben scheinen zudem eine gewisse Beziehung zu der Leseschwäche (reading deficiency) zu haben (nicht Lesetüchtigkeit, reading *proficiency,* weil die Korrelation innerhalb der Gruppe der guten Leser verschwand, obwohl auch bei ihnen eine Streuung auftrat). Heißt das, daß das Lesen auf früher Stufe einfach eine Zuordnungsaufgabe ist? Überhaupt nicht. Aber es mag bedeuten, daß der für die Zuordnungsaufgaben notwendige Prozeß demjenigen der Informationsgewinnung, welcher für den ersten Leseerfolg benötigt wird, ähnlich ist. Wenn dem auch so ist, bleibt es doch unklar, worin dieser Prozeß besteht. Aber es ist wahrscheinlich, daß er die Extraktion von Strukturen aus geordneter Information, von Beziehungen zwischen untergeordneten Einheiten, beides innerhalb der zeitlichen Abfolge und der visuellen Ordnung und innerhalb und zwischen allen Modalitäten beinhaltet. Sowohl die Analyse als auch das Erfassen der Struktur eines Musters sind für das Lesen notwendig. Dieser duale Prozeß scheint den einen Kindern leichter zu fallen als den anderen. Wir wollen der Frage der Analyse und Extraktion von Strukturen höherer Ordnung im nächsten Kapitel nachgehen.

Das Lernen von Buchstabennamen

Eine der oben geschilderten Studien hat über ein typisches Resultat berichtet (Chall, 1967, S. 141ff.), demzufolge das vorgängige Kennen der Buchstabennamen bei Leseanfängern ein guter Prädiktor der Leseleistung ist. Diese Kenntnis korreliert bis zu einem gewissen Grade sogar mit den Zuordnungsaufgaben, aber das heißt natürlich nicht, daß dieselben Prozesse betroffen sind. Es kann gut einen dritten Faktor geben, der mit beiden verbunden aber von beiden verschieden ist. Auf alle Fälle taucht die Frage, ob man den Kindergartenschülern die Buchstabennamen beibringen soll, immer wieder auf. Alle zehn bis zwanzig Jahre hat man, wie CHALL anführt, dieselben Argumente vorgebracht und gleiche oder doch ähnliche Forschungen werden wieder und wieder durchgeführt. Wir wollen schauen, ob einige der jüngsten Experimente die Kontroverse in neuem Licht erscheinen lassen. Wir stellen den wohlbekannten Befund nicht in Frage, wonach es eine Korrelation gibt zwischen der Kenntnis von Buchstabennamen vor der ersten Klasse und der anschließenden Leseleistung. Die Frage ist vielmehr, ob das Kind die Buchstabennamen als nützliche Fertigkeit vor dem Lesen kennenlernen soll. Es ist möglich, daß ungelehrtes Wissen (oder leidlich spontanes Lernen) der Buchstabennamen einfach besagt, wie stark sich das Kind linguistischer Konzepte bewußt ist oder wie stark es sich für Sprache und Lesen interessiert; also könnte auf diesem Wissen an sich nicht weiter aufgebaut werden.

Obwohl die korrelativen Studien der Buchstabenkenntnis sich positiv zur Leseleistung verhalten, trifft dies für experimentelle Studien im Klassenzimmer nicht zu. OHNMACHT (1969) erteilte allen Kindern einer Klasse ein frühes Training im Benennen von Buchstaben. In einer ersten Gruppe schulte er die Buchstabennamen, in einer andern zusätzlich den entsprechenden Laut und in einer dritten keines von beiden. Die Gruppe, welche sowohl Namen als auch Laute gelernt hatte, war besser als die anderen Gruppen. Diejenige, welche nur die Buchstabennamen kannte, war aber nicht besser als die ohne Vortraining. R. J. JOHNSON (1970) fand beim Vergleich zu einer Kontrollgruppe ebenfalls, daß das Training der Buchstabennamen keinen Vorteil bei der Leseleistung brachte. ELKONIN (1973) berichtete, daß das Schulen der Buchstabennamen in der Sowjetunion das Lesenlernen sogar stört. Er stellte fest, daß Kinder, welche viele Buchstabennamen kannten, zu lesen versuchten, indem sie die Namen der Buchstaben zusammensetzten, und daß sie darum umgeschult werden mußten. SAMUELS (1972) untersuchte in einem Laboratoriumsexperiment, ob das Lernen der Namen von vier künstlichen Buchstaben das spätere Lernen von Wörtern erleichtere, die aus je zwei der Buchstaben bestanden. Verschiedene Gruppen von Erstkläßlern erhielten eine von drei Arten Vortraining. Eine hatte visuelles Unterscheidungslernen der Buchstaben. Eine andere lernte Namen für die Buchstaben (die Namen waren faktisch). Eine dritte

Gruppe lernte Namen von Hundebildern. Bei einem anschließenden Vergleich in einer Wortlernaufgabe wurden keine signifikanten Differenzen gefunden.

Eine interessante Arbeit von VENEZKY (1971) diskutiert einige strittige Punkte dieser alten Kontroverse. Die Befürworter des Buchstabenlernens haben manchmal behauptet, daß in dem Prozeß die Fähigkeit der visuellen Unterscheidung von Buchstaben vorbereitet werde. Aber wir haben gesehen, daß Buchstaben von Erstkläßlern recht gut unterschieden werden, daß hingegen das Lernen der Buchstabennamen im Alphabet für viele Kinder ein sehr langsamer und mühevoller Prozeß ist. Man hat ferner angeführt, dies sei eine Methode, den Kindern die Buchstabenlaute beizubringen, weil Buchstabennamen auf dem akrophonischen (acrophonic) Prinzip beruhten, wobei der Buchstabenlaut identisch sei mit dem Anfangslaut des Buchstabennamens. Aber VENEZKY zeigte, daß nur 16 englische Buchstaben diesem Prinzip folgen und weiter, daß die Laute, welche zuerst für einige Buchstaben gelernt werden (z.B. *c* und *g*) mit dem akrophonischen Prinzip nicht übereinstimmen. So bleiben nur neun Buchstaben, deren Name beim Lesenlernen mit ihrem Laut beginnt. Viele andere Buchstabennamen haben ihren Laut am Schluß (z.B. *s, m, n*). In den meisten Fällen müßte das Kind jedoch den Namen segmentieren, um den gewünschten Laut zu erhalten (z.B. *b, d, t* oder *k, j*), und wir haben gesehen, daß dies für 5- bis 6jährige eine äußerst schwierige Aufgabe ist. Die Kenntnis der Buchstabenlaute ist wahrscheinlich von Wert, aber VENEZKY vermutet, daß es leichtere Wege gebe, sie den Kindern beizubringen.

In einer Arbeit von READ (1971) wurden 20 Kinder untersucht, die sich selber eine Form des Schreibens beigebracht hatten. Diese basierte in jedem Fall auf einem phonetischen Prinzip, und wenn es eine Phonem-Buchstaben-Übereinstimmung gab, so war diese praktisch immer darauf zurückzuführen, daß das Kind den Buchstabennamen kannte. Die Kinder kategorisierten die Laute des Englischen in einfacher, sehr abstrakter Weise, welche nicht auf den Standard des in der Schule gelehrten englischen Schreibsystems (spelling pattern) hinauslief. (READ dachte, die spontane Kategorisierung der Kinder decke deren Konzepte der englischen Phonologie auf und somit die Art, in der diese sich von der Phonologie der Erwachsenen und den Abstraktionen der englischen Orthographie unterscheide.) Die selbsterfundenen Schreibsysteme der Kinder begannen, bevor sie lesen konnten und dauerten gewöhnlich bis in die erste Klasse hinein. Das „Schreiben“ bestand im Buchstabieren von Wörtern, oder Botschaften mit Buchstabenwürfeln oder -täfelchen und führte bis zum echten Schreiben.

Die erfundenen Schreibarten, welche den Eltern und Lehrern oft ganz unvernünftig erschienen, gehörten laut READ, grob gesehen, bei allen Kindern demselben System an. Sie abstrahierten phonetische Kategorien und faßten das, was für sie Allophone waren, gemäß einer Regel oder einem Prinzip (welche den Kindern gemeinsam waren) zusammen. Dies enthüllte Aspekte ihres phonologischen Systems. Einige Beispiele:

1. Vorn im Mund gebildete Vokale wurden einfach durch den Namen des Buchstabens repräsentiert, wie in folgenden Beispielen[2] (spellings):

DA *day*
LADE *lady*
FEL *feel*
MI *my*

2. Undeutliche (lax) Vokale schafften ein Problem. Die Kinder lösten es, indem sie sie einfach phonetisch mit deutlichen (tense) Vokalen kontrastierten, z. B.

FES *fish*
FALL *fell*
ALRVATA *elevator*
PANSEL *pencil*

Die Organisation scheint auf dem Ort der Lautbildung zu beruhen, und die Beziehungen (relationships) wurden strikt eingehalten.

Da die Namen von so vielen Buchstaben ihren Laut nicht enthalten, war, wie READ sagt, wegen der fehlenden Zeichen einige Homographie (homography) nötig. Es gibt ohnehin nicht genug Buchstaben, um allen Lautmöglichkeiten zu entsprechen. Aber die Kinder lösten diese Probleme, indem sie sehr generelle phonetische Relationen anwandten und nicht für jeden einzelnen Laut eine einzelne Repräsentation beanspruchten, wie Alphabetreformer vielleicht vorausgesagt hätten. Statt dessen abstrahierten sie auf der Basis vorne-hinten, hart-weich, Silben und anderen phonetischen Aspekten (wobei

---

[2] Es gilt zu beachten, daß sogar hier der Laut vom Namen des Buchstabens abstrahiert werden muß (z. B. D), was heißt, daß diese außergewöhnlichen Kinder zu einer phonetischen Segmentierung fähig waren.

der Ort der Artikulation besonders wichtig war). Dabei preßten sie manchmal viel in eine Kategorie. Da ihre Kenntnisse der lexikalischen Merkmale unvollständig war, konnten sie natürlich keine lexikalischen Ableitungen erfinden. So wurden in Transformationen wie z. B. in „*divine-divinity*" das zweite *i* im ersten Wort als *i* belassen und im zweiten aber als *e* notiert.

Die Behandlung der Konsonanten ist komplex aber wiederum phonetisch abgeleitet. Die erfundene Schreibart von einem *t* vor einem *r* war *ch,* z. B.

AS CHRAY *ash tray*

Tatsächlich wird im Englischen das *t* vor r angerieben, und die Kinder merkten dies. Es ist auch möglich, daß sie sich der Wortsegmentation nicht vollständig bewußt waren. Die Darstellung anderer Details würde viel zu viel Raum beanspruchen. READ faßt seine Ermittlungen in der folgenden Verallgemeinerung zusammen: „Da die spontane Schreibweise der Kinder bereits systematisch abstrakt ist, können wir annehmen, daß die Kinder nun vor allem die Regeln des Englischen erlernen müssen und weniger die Grundsätze des Schreibens" (S. 16). Seine Belege, meint er, „unterstützen die Ansicht, daß das Schreiben regel-generiertes Verhalten (rule-governed behaviour) ist, d. h., daß das Schreiben nicht Stück für Stück, sondern vielmehr als ein Prinzip gelernt wird". Nach der Ansicht von READ unterschieden diese Kinder die Buchstabennamen von den Lauten, welche die Buchstaben repräsentieren. Sie beachteten demzufolge von einem Buchstaben nur ein Segment seines Namens, z. B. beim Gebrauch des d in DA *(day).* Diese unübliche Fähigkeit weist darauf hin, daß da außergewöhnlich begabte Kinder am Werk waren. Es ist jedoch offensichtlich, daß diese Schreibweisen von phonetischen Kontrasten abstrahiert sind. Ob dadurch das Lesenlernen behindert oder erleichtert wird, ist nicht klar. Das Zufügen von morphologischer und lexikalischer Information mag beim späteren Lesenlernen in der Schule ohne Schwierigkeit zur Rechtschreibung (spelling system) der Erwachsenen überleiten. READ sagt: „Die Entwicklung von der Phonetik zur Morphophonemik vollzieht sich nicht direkt von der phonetischen Schreibweise der Kinder zu jener der Erwachsenen, vielmehr gibt es schon dramatische Entwicklungen innerhalb des kindlichen Schreibsystems" (S. 27).

Die spontanen Schreiber wurden von ihren Eltern nicht korrigiert, es sei denn, sie hätten diese darum gebeten. Die Eltern akzeptierten also die Bemühungen der Kinder um das Schreiben und hielten

Schreibmaterial bereit. Einige Eltern weigern sich, dies zu tun, weil sie „schlechte Gewohnheiten“ befürchten. Aber wenn das Lernen der Rechtschreibung nicht ein Prozeß des Erwerbs von Gewohnheiten, sondern eher eine Abstraktion von Prinzipien ist, ist eine solche Weigerung falsch. Die phonetischen Abstraktionen der Kinder waren nicht falsch. Die Analyse des Lautsystems mußte jedoch weiter ausgebaut und mit dem lexikalischen Wissen verbunden werden. Weil die phonemische Segmentierung für viele Kinder so schwierig ist, sollten spontane Versuche ermutigt werden. Wenn das Kind so gezeigt hat, daß es zur Abstraktion fähig ist, sollte es eine weitere nicht schwierig finden, nämlich die Korrespondenz eines Wortes zu einer abstrakten lexikalischen Form, d.h. zu etwas, das es nicht buchstäblich, aber mittels eines weiter ausgebauten Regelsystems hören kann.

Kognitive Faktoren

Die Fähigkeit, sowohl zwischen Sprechlauten als auch zwischen Merkmalen visuell präsentierter Symbole zu unterscheiden und zwischen diesen zu assoziieren und Übereinstimmungen zu lernen, macht nicht alles aus, was ein Kind für das schnelle und leichte Lesenlernen benötigt: kognitive Fähigkeiten – der Wahrnehmung, der Aufmerksamkeit, der Begrifflichkeit, der Sprachanalyse – sind grundlegend und wichtig. Um die Regelsysteme in einem geschriebenen Text nutzen zu können, muß das Kind fähig sein, dessen Redundanz zu erkennen und zur Gewinnung der Information einzusetzen. Es wird in den beiden nächsten Kapiteln klar werden, daß eine ökonomische Verarbeitung von Schreibmustern (spelling patterns), Abstraktion von bedingenden Regeln der Rechtschreibung und der Gebrauch von Syntax und der hierarchischen Ordnung der Merkmale zur Bedeutungsgewinnung, wahrnehmende und kognitive Fähigkeiten auf hohem Niveau sind, die für das Lesenlernen benötigt werden.

Das Kind lernt lernen. Es realisiert zuerst nicht, daß es neben der passiven Beobachtung etwas tun kann. Das Bewußtsein solcher Strategien entwickelt sich nach und nach. Wir wissen so gut wie nichts darüber, ob und wie sie beigebracht werden können. Aber einige Experimente lassen annehmen, daß es Mittel und Wege gibt. „Linguistische Bewußtheit“ (siehe MATTINGLY, 1972) scheint wichtig zu sein: ob das Kind über Sprache objektiv nachdenken kann, wissend daß die Sprache sich von Dingen und Ereignissen unterscheidet, jene aber repräsentiert, daß es beispielsweise eine willkürliche Zuordnung von Symbolen gibt, und daß ein Wort nicht ein Merkmal eines Objektes ist. Ein Kind muß sich dieses willkürlichen Symbolismus bewußt sein (er kann in verschiedenen Sprachen verschieden sein), um die Natur des Schreibsystems zu verstehen. Wenn es über die Sprache, die es spricht, nachdenken kann, wird es einfacher Parallelen zwischen dem gesprochenen und dem geschriebenen Kode finden, und wo es keine gibt, wird es dies auch entdecken und eher nach alternativen Lösungen, neuen Schlüsseln und neuen Typen von Redundanz suchen.

Man gibt den Kindern oft Wort-Spiele (Finden von Reimen usw.), um ihre Fähigkeit über Sprache nachzudenken zu vergrößern. Auf einer wesentlich späteren Stufe können auch Anagramme benützt werden (ELKIND & DEBLINGER, 1969). Der Begriff Kode kann in Spielen eingeführt werden (LEVIN & MITCHELL, 1969) und mag die Kenntnis der Kinder über die Sprache und das Lesen bereichern. Es ist wichtig, daß dem Kind gewisse Begriffe sehr klar sind, bevor der formale Leseunterricht beginnt. Dazu zählen natürlich *Wort, Buchstabe, Satz* und *Laut.* Außerdem braucht das Kind vielleicht etwas Hilfe beim Verstehen von *gleich, ungleich, ähnlich* und *unähnlich.* Die Erwachsenen halten diese Bedeutungen für selbstverständlich (als gut differenziert). Aber vier- oder auch fünfjährige Kinder tun dies oft nicht und sind sogar verwirrt (DONALDSON & WALES, 1970). Da die Übungen zur Vorbereitung des Lesens oft verlangen, daß die Kinder zwischen zwei Bildern oder zwei Buchstaben oder zwei Lauten, welche gleich oder ähnlich sind, wählen, muß ihnen die Bedeutung dieser Wörter klargemacht werden.

Lehrprogramme zur Vorbereitung des Lesens

Um die Kindergartenschüler auf das Lesen vorzubereiten, sind sogenannte Head-Start-Programme[3] oder sogar Televisionssendungen an der Tagesordnung. Den Lehrern stehen Fertigprogramme mit ausgearbeiteten Lektionen zur Verfügung. In der Vergangenheit waren Auswahl und Anwendung dieser Programme durch das Fehlen begleitender Forschung und Evaluation derselben belastet. Jetzt sind aber einige Programme gründlichen empirischen Tests unterzogen

---

[3] „Head-Start" war ein nationales Programm der U. S. A., um kulturell benachteiligten Kindern den Start in die Schule („mit Kopfsprung") zu erleichtern.

worden. Zwei davon verdienen für die Illustration dessen, was getan worden ist, besondere Beachtung.

Das Wisconsin-Programm zur Vorbereitung des Lesens

Am Wisconsin Forschungs- und Entwicklungszentrum für kognitives Lernen ist während der vergangenen fünf Jahre ein Programm zur Vorbereitung des Lesens ausgearbeitet worden (VENEZKY, 1971a; CHAPMAN, 1971). Die Grundannahme war, daß das Lesen nicht eine einzelne Fertigkeit sei, sondern ein Komplex von Fertigkeiten, welcher in einfachere Komponenten zerlegt werden könne. Das Programm sollte zwei Stufen enthalten: ein Test der Fertigkeiten, welcher individuelle Schwächen der Kinder aufdecken sollte und ein Schulungsprogramm, das während des Kindergartens bei Einzel- oder Gruppenbeschäftigung zur Behebung dieser Schwächen benützt werden konnte. Für den Test und das Schulungsprogramm wurden fünf Fertigkeiten ausgewählt. Die Fertigkeiten wurden aufgrund zweier Kriterien ausgesucht: direkter Bezug auf das Lesenlernen und Vorhandensein einer hohen partiellen Korrelation zur Lesefähigkeit. Zu der Testbatterie, welche 1971 studiert wurde, gehörten Buchstabenorientierung, Buchstabenfolge, Buchstabenreihendetail, Lautzuordnung (z. B. /š/ in *Schuh*), Lautmischung (sound blending), Segmentierungslernen (Eliminieren des ersten Buchstabens eines Wortes) und Lernen der Bild-Laut-Assoziation. In letzterem Test wurde den Kindern ein Bild mit einem Gegenstand gezeigt. Sie mußten dann einen einfachen Laut nennen, den der abgebildete Gegenstand hervorbringen könnte (z. B. /š/ für ein Bild mit einem Kind, das den Finger vor seine geschlossenen Lippen hält).

Versuche mit verschiedenen Versionen der Tests an verschiedenen Versuchsgruppen von Kindern zeigten, daß Kinder bei der einen oder anderen Fertigkeit Schwächen aufwiesen. Darum wurde ein Programm mit Übungsliedern und -spielen (oft mit Namen wie „Heiße Kartoffel", „Schlacht", „Buchstabenlotto") ausgearbeitet. Hauptsächlich ging es dabei um die Entwicklung folgender Fähigkeiten: Zuordnung von Buchstabenreihen und Wörtern unter Beachtung von Richtung und Reihenfolge, Zuordnung von Wörtern auf der Basis der konstituierenden Laute, Verbinden von Lauten zu echten Wörtern, wobei Buchstaben oder Bilder gebraucht wurden, um die Laute auszulösen. Die Schulung zielte auf den Transfer der Fertigkeiten ab.

Die Wisconsin-Gruppe führte eine Anzahl von Experimenten an den Instruktionstechniken durch, welche im Programm benützt wurden, vor allem im Hinblick auf Lautsegmentierung und Einzellautproduktion, welche durchwegs die meisten Schwierigkeiten verursachten. Ein Experiment (WILDER, 1972) war die Wiederholung eines Experimentes von ELKONIN (1963). Eine Gruppe von Kindergartenschülern bekam alle drei Stufen des Trainings, welches ELKONIN verwendet hatte (Benennen eines Bildes, Plazieren von Plastikzeichen in eine Reihe von Quadraten, welche die Anzahl der Laute des Wortes repräsentierten, dann Zeichen alleine und schließlich Segmentierung des Wortes ohne jede Stütze). Eine Kontrollgruppe bekam ein Sprechtraining ohne Stützen. Nach dem Training wurden Transfertests durchgeführt. Es ergab sich keine Differenz zwischen den Gruppen. Obwohl beide beim Test der trainierten Wörter durchschnittlich hoch abschnitten, wurde kein Transfer auf die neuen Wörter festgestellt. Die Autoren mutmaßten, daß sich bei jüngeren Kindern eine Differenz durch die beiden Techniken hätte zeigen können; aber keine der beiden Gruppen mit fünf Trainings von je 20 Minuten erwarb eine transferierbare Fertigkeit.

Bei einem Experiment über das Lehren von individuellen Sprechlauten bei Kindern wurden ermutigendere Resultate erzielt (VENEZKY & SHILOAH, 1972). Bild-Laut-Paare wurden mit verschiedenen Methoden Kindergartenschülern beigebracht. Den Kindern wurden dann Strichzeichnungen auf Karten gezeigt, welche eine plausible Verbindung mit einem Laut hatten. Dabei wurde der Laut vorgemacht. Manchmal wurde er einfach als gepaarte Assoziation eingeführt, sonst (mit Bild) als Teil einer Geschichte. Bei einer anderen Methode lernten die Kinder Lieder, welche rund um einen Laut aufgebaut worden waren; zudem wurden Bilder gezeigt und eine Geschichte erzählt. Die Kinder lernten scheinbar mühelos, die Laute zu produzieren, sie zu erkennen und das entsprechende Bild zu wählen. Gruppenunterricht erzielte bessere Resultate als Einzelunterricht. Für die Autoren bestand die Wichtigkeit des Experiments darin, daß man den Kindern die Manipulation einzelner Sprechlaute isoliert beibringen konnte – ein wichtiger Tatbestand, wenn Buchstaben-Laut-Verbindungen als solche gelehrt werden sollten.

CALFEE (1972) führte mit Kindern ein Programm durch, das einige der in Wisconsin entwickelten Tests enthielt. Die Kinder waren gerade in die erste Klasse eingetreten. Ihre Testleistungen wurden dann am Ende der ersten Klasse mit der Leseleistung verglichen. Die verwendeten Tests enthielten visuelle Wortzuordnung, Phonemidentifikation, phonetische Segmentierung, Alphabet-Erkennen und Vokabular-Erkennen. Vielfache Regressionsanalysen mit verschiedenen

Versuchsgruppen von Kindern zeigten konsistent die Wichtigkeit der phonetischen Segmentation und Identifikation. Auch das Vokabular ist sehr wichtig. Es ist sehr gut möglich, daß der IQ beiden Fertigkeiten und der Leseleistung zugrundeliegt. Man sollte jedoch die Wichtigkeit dieser Tests für die Voraussage des Lesenlernens nicht übertreiben, denn sogar als multiple Prädiktoren erklären sie nur 30% der Varianz in der Leseleistung der Erstkläßler.

Das Pittsburgher Curriculum der Wahrnehmungsfertigkeiten

Seit mehreren Jahren wird am Pittsburgher Zentrum für Lernforschung an einem Trainingsprogramm für perzeptive Fertigkeiten gearbeitet, welche als grundlegend für den Schulerfolg betrachtet werden. Das Projekt verfolgt vier Ziele:

1. Identifizierung von Wahrnehmungsfertigkeiten, welche sich direkt auf das Lesen und Rechnen auf Primarschulniveau beziehen.
2. Herausfinden, ob diese Fertigkeiten wirkungsvoll trainiert werden können.
3. Abklären, ob ein Transfer zum Lernen in der Schule möglich wäre.
4. Bei positiven Resultaten bei den ersten drei Punkten: Entwicklung eines Curriculums für den Schulgebrauch.

Die Methode bestand vor allem im empirischen Nachweis intuitiver Hypothesen über möglicherweise grundlegende Wahrnehmungsfertigkeiten. Dann folgte die Planung, Anwendung und Auswertung entsprechender Tests im Vergleich zu anderen Daten.

Die Version des Programmes aus dem Jahr 1972 enthielt die Entwicklung der visuell-motorischen Fertigkeiten, der auditiv-motorischen Fertigkeiten, der generellen motorischen Fertigkeiten und das Lernen und Schreiben in Druckschrift (von links nach rechts) der Buchstaben des Alphabetes sowie von Zahlen. Wir beschreiben im folgenden zwei der Tests, nämlich den Test der visuellen und der auditiven Analyse und skizzieren dann kurz die Folgearbeiten. Das Programm der generellen motorischen Fertigkeiten scheint für das Lesen vollständig irrelevant zu sein. Es konnte kein Zusammenhang nachgewiesen werden. Es ist ja auch allgemein bekannt, daß schwerfällige und sogar durch zerebrale Lähmung stark behinderte Personen oft eine hohe Bildung erreichen können. Was das Training des Alphabetes angeht, ist zu sagen, daß es weder neu noch von unbestrittenem Wert für das Vortraining ist.

Der Test der visuellen Analyse / Dieser Test besteht aus einer Anzahl von Kopieraufgaben. Dem Kind wird eine Vorlage als Modell präsentiert. Dann wird es aufgefordert, dieses (eine geometrische Konfiguration) in einem danebenstehenden, quadratischen Rahmen zu reproduzieren. Die Schwierigkeit der Vorlagen nimmt laufend zu, indem nach und nach mehr Elemente, komplexere figurale Beziehungen und weniger Hilfen (in der Form von Punkt-Matrizen) präsentiert werden. Abbildung 8–4 zeigt eine leichte und eine schwierige Vorlage.

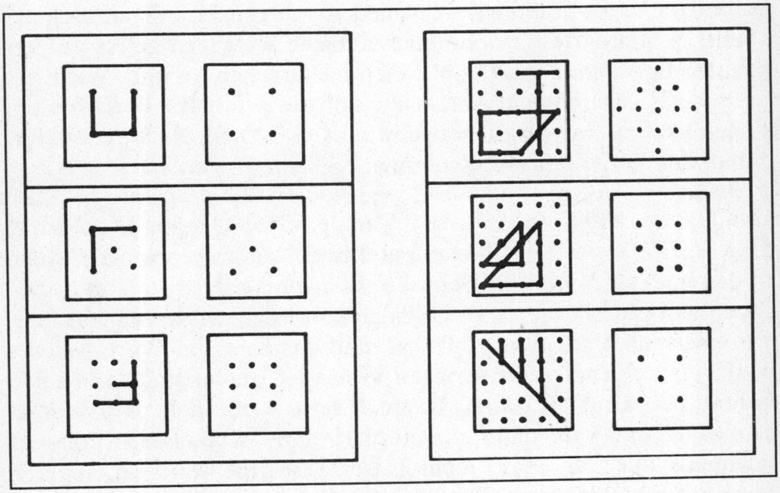

Abbildung 8–4. Leichte (links) und schwierige (rechts) Vorlage eines Tests der visuellen Analyse. Aus dem Curriculum der perzeptiven Fertigkeiten von Pittsburgh; siehe ROSNER, 1971 a.

Der Test wurde mit vielen Kindergartenschülern und Erst- und Zweitkläßlern durchgeführt. Die Werte wurden in Beziehung gesetzt zur Schulklasse sowie zu den Werten eines anderen Zeichentests. Die Werte der Erst- und Zweitkläßler wurden zudem mit den Werten ihrer Lese- und Rechnungsleistungen korreliert. Die Korrelation mit dem Lesen von Wörtern lag bei .40 in der ersten und .36 in der zweiten Klasse. Die Korrelation mit dem Rechnen war höher (.55 und .58). Das erstaunt nicht, wenn man bedenkt, daß das Zählen bei den meisten der schwierigeren Vorlagen eine wesentliche Rolle spielt. Für diese Korrelationen könnten Schwankungen im IQ verantwortlich sein. Einer Anzahl von Vierjährigen wurde ein Training gegeben, um deren Kopierfertigkeiten zu schulen (das „Design Board Program", ROSNER, 1971 a). Vor und nach dem Training wurde ein Zeichentest durchgeführt. Die Testwerte stiegen. Aber eine ältere Gruppe von Kindergartenschülern erreichte gleiche Werte, so daß die Fertigkeit sich auch hätte reifungsbedingt und ohne Training entwickeln können. Ein anderes Trainingsexperiment mit demselben Programm, das aber über sechs Monate hinweg ging, zeigte eine Differenz (.05 Niveau) zwischen der Experimentier- und einer Kontrollgruppe. Diese Differenz trat auf bei einer Kopieraufgabe mit Vorlagen, welche von denjenigen des Trainings verschieden waren. Das Trainingsprogramm war progressiv; es mußten einfache Aufgaben gelöst werden können, bevor man zu komplexeren weitergehen konnte. Wenn jeweils ein Niveau erreicht war, zeigte sich ein deutliches Fortschreiten zum nächsten. Unglücklicherweise gibt es keinen Nachweis dafür, daß dieses Training das Lesenlernen erleichtern würde.

Der Test der auditiven Analyse / Von derselben Gruppe (ROSNER & SIMON, 1971) wurde ein Test der auditiven Analyse entwickelt. Auch in diesem Test nimmt die Schwierigkeit von Vorlage zu Vorlage zu. Der Test bezieht sich auf die Fähigkeit des Segmentierens von Lauten innerhalb eines Wortes. Dabei muß das Kind ein Wort, welches vom Versuchsleiter vorgesprochen wird, wiederholen und dann einen bestimmten Laut auslassen. Beispielsweise wiederholt es das Wort *„Cowboy"* und wird dann aufgefordert *„boy"* wegzulassen („Sag es nochmals, aber sag *„boy"* nicht"). Der Test geht weiter zu längeren Vorlagen und kleineren Segmentierungseinheiten. So muß z. B. *-er-* in „Butterbrot" und *l* in „Kleider" weggelassen werden. Der Test wurde mit Kindern von der ersten bis zur sechsten Klasse durchgeführt. Die Werte wurden mit den Sprach-Subtests eines Leistungstests korreliert. Vor allem bei den Drittkläßlern (.84), aber auch sonst, zeigten sich hohe Korrelationen. Die Werte der Erstkläßler korrelierten .53 mit dem Wortlesetest, diejenigen der Zweitkläßler .49.

ROSNER (1971 b) führte ein Experiment durch, um herauszufinden, ob die auditiven Wahrnehmungsfertigkeiten trainiert werden können. Eine Gruppe von neu eintretenden Erstkläßlern, die nicht lesen konnten, bekamen ein Training der auditiven Analyse, sowie gewöhnlichen Leseunterricht. Eine Kontrollgruppe wurde normal im Lesen unterrichtet. Die beiden Gruppen wurden bezüglich IQ und Wert des Anfangstest gemacht. In einem Nachtest übertraf die Experimentalgruppe die Kontrollgruppe signifikant (bei einer Zunahme von nahezu zehn Punkten bei der Experimentalgruppe und nur dreien bei der Kontrollgruppe). Eine Gruppe von Kindern, welche beim Eintritt in die erste Klasse bereits etwas lesen konnten, erzielte beim Nachtest jedoch ebenfalls höhere Werte (nahezu 13 Punkte), ohne daß sie jegliches besondere Training der auditiven Analyse erhalten hätte.

Die Kinder der Experimental- und der Kontrollgruppe wurden nach dem Training der Experimentalgruppe aufgefordert, einfache Wörter zu lesen. Einige der Wörter stammten aus dem Unterricht, andere waren „Transferwörter". Es ergab sich ein deutlicher Unterschied zwischen den beiden Gruppen, wobei die Experimentalgruppe bei beiden Wortgruppen besser abschnitt. Eine Wiederholung des Experimentes bei Kindern, welche bereits drei Monate Leseunterricht gehabt hatten, ergab ähnliche Resultate mit einer speziell auffallenden Differenz bei den „Transferwörtern".

Aus diesen Studien und denjenigen der Wisconsin-Gruppe geht klar hervor, daß die perzeptive Analyse von Wörtern eine wichtige Fertigkeit für das Lesenlernen ist, daß ihr Training wirksam ist und daß ein Transfer resultiert. Dies trifft zumindest für die frühen Stufen des Lesenlernens zu. Auch das Trainingsprogramm der Pittsburgher Gruppe ist nach zunehmender Schwierigkeit aufgebaut, indem es mit nichtverbalen Lauten beginnt, anschließend die Segmentierung von Sätzen, Wörtern, Silben und schließlich einzelne phonemische Laute bringt. Klatschen bei jedem Laut, Kennzeichnen (mit Strichen), Weglassen von Lauten, Wiedergabe ausgelassener Laute und Substituierung von Lauten sind sukzessive Stufen eines Trainings mit offenbar erfolgreichen Ergebnissen bei Kindergartenschülern und Erstkläßlern.

Als Abschluß dieses Abschnittes muß davor gewarnt werden, daß damit keinesfalls alle Aspekte der Lesebereitschaft erfaßt sind. Die Beherrschung all der oben genannten Fertigkeiten, die für das Lesen relevant sind, bringt nicht notwendigerweise sicheren Erfolg beim Lesenlernen, soweit wir das heute wissen. Oft fragen die Lehrer, ob die Beherrschung der einzelnen Fertigkeiten Probleme beim Lesenlernen verhüte. Aus der heute möglichen Beurteilung der Sachlage heraus kann nicht mit einem eindeutigen „Ja" geantwortet werden. Zwar hat sich zum Beispiel die Berufsanalyse als nützliches Instrument der Berufspsychologie erwiesen, und die Aufgabenanalyse mag in ähnlicher Weise für die Schulpsychologie nützlich sein. Aber eine intellektuelle Aufgabe ist nicht einfach eine Summe von Komponenten. Das trifft vor allem für das Lesen zu, das so komplex ist und zudem mit dem

Lesematerial und dem Ziel des Lesens variiert. Sogar wenn das Lesen aus der Summe der einzelnen Fertigkeiten bestünde, könnte einem leicht ein wesentlicher Apsekt entgehen. Die vorgestellten Analysen erfassen bis heute die adaptiven kognitiven Strategien der Extraktion von Strukturen höherer Ordnung und die Entwicklung einer unabhängigen Analyse und Organisation noch nicht.

Die wichtigste der identifizierten Komponenten ist die phonetische Segmentierung und Identifizierung d. h. die Analyse einer anfänglich untrennbaren, komplexen akustischen Struktur. Das ist eine interessante und verläßliche Entdeckung. Auf alle Fälle sollte einem Kind, das hier eine Schwäche aufweist, geholfen werden, und aus den Forschungsresultaten geht hervor, daß man dies kann. Wir stimmen jedoch mit CALFEE (1972) nicht überein, wenn er meint, daß wirkungsvolles Unterrichten primär Nachhilfe (remediation) oder gar „präventive Erhaltung" (preventive maintenance) sei. Diese Methode der Identifizierung und des (allenfalls notwendigen) nachhelfenden Aufbaus der Komponenten darf nicht in die Sammlung der Allheilmittel eingereiht werden. Die Forscher betrachten sie nicht als solche, wenn auch Schulen, welche ganze Curriculum-Pakete einkaufen, leicht darauf verfallen könnten.

Zusammenfassung

Dieses Kapitel hat die Entwicklung der dem Lesen vorgeordneten Fertigkeiten untersucht. Dabei sind die Analyse von Sprechlauten, die frühe Produktion und Diskrimination von Schrift, intermodale Relationen und kognitive Faktoren behandelt worden. Bei Kindergartenschülern ist die auditive Analyse der Sprechlaute, wenn sie absichtlich und gerichtet auf den phonetischen Strom oder die Wiedergabe von einzelnen Lauten geschehen soll, meist wenig entwickelt. Sie wissen zwar, wie man spricht, aber die phonetische Analyse entwickelt sich nicht immer spontan. Andererseits erscheint die graphische Produktion sehr früh. Sie löst bei den Kindern ein großes Interesse aus und entwickelt sich bei vorhandener Gelegenheit vom Kritzeln zum Zeichnen, zu Kopierversuchen von Buchstaben und der Produktion von Namen und Wörtern (welche nicht unbedingt als Wörter gelesen werden). Weil die Spuren auf dem Papier dauernd und gegenständlich sind, können sie wahrscheinlich von den Kindern viel leichter bezüglich ihrer Merkmale analysiert werden als phonetische Produktionen.

In einer Kultur voller Bilder und Schriftzeichen lernen die Kinder ohne spezielles Training Schrift von Bildern zu unterscheiden. Sie lernen recht viel über die Merkmale der Schrift wie z.B. Linearität und Varietät. Im Alter von ungefähr fünf Jahren erkennen viele Kinder die Buchstaben als solche, obwohl sie deren Namen nicht wissen. Darüber hinaus haben Sortier- und Zuordnungsexperimente gezeigt, daß Vorschulkinder und Kindergartenschüler die Buchstaben anhand von Merkmalen unterscheiden, die denjenigen der Erwachsenen stark ähneln. Die Kinder tun das, obwohl man sie diesbezüglich nicht geschult hat. (Erwachsene könnten tatsächlich auch keine Auskunft über die Merkmale geben, welche sie benützen.)

Die Unergründlichkeit des physikalischen Aspektes einer phonetischen Botschaft im Vergleich zu der Zugänglichkeit des physikalischen Aspektes einer graphischen Botschaft ist besonders faszinierend in Hinblick auf die Leichtigkeit, mit der die Kinder die gesprochene Sprache lernen und die Mühe, welche ihnen (wenigstens in vielen Fällen) das Lernen der Schrift bereitet. Ein Grund, so vermuten wir, liegt darin, daß das Sprechen für das Kind bedeutungsvoll ist und von Anbeginn an für die Kommunikation verwendet wird. Der physikalische (phonetische) Aspekt wird dabei nicht bemerkt und ist zu nebensächlich, um ausführlich beobachtet zu werden. Dagegen enthält das Schreiben, wenn es spontan begonnen wird, keine Bedeutung im Sinne einer Botschaft. Daraus wäre wohl eine Lehre zu ziehen: die semantische, kommunikative Funktion der Schrift sollte auf einfache Weise eingeführt werden noch bevor das Kind echte geschriebene Wörter meistert.

Wegen des frühen und spontanen Erwerbs von Merkmalen von Buchstaben und Schrift weist die Entwicklung der graphischen Diskrimination keine großen Probleme auf – ausgenommen dann, wenn die Ordnung innerhalb einer Reihe betroffen ist. Da kommt so etwas wie eine Grammatik ins Spiel, deren Regeln das Kind nicht kennt. Das genaue Behalten der Ordnung in einer Buchstabenreihe ist schwierig. Es ist auch für einen Erwachsenen nicht leicht, wenn man eine Serie von unbekannten graphischen Symbolen vorgibt. Inwieweit die Schulung der Zuordnung von Buchstabenreihen dem Kind etwas hilft, bevor es weiß, daß Wörter geschrieben werden können und daß es Kombinationsregeln für Buchstaben gibt, ist nicht klar. Wenn es einmal das Regelsystem begriffen hat, muß es keine Buchstabenreihen mehr zuordnen oder sich merken – es kann diese nun erzeugen. Man hat nachgewiesen, daß Kindergartenkinder zwischen Frühherbst und Februar Fortschritte beim Zuordnen von Buchstabenreihen machen (CHAPMANN, 1971). Vielleicht resultiert aus dem Kontakt mit Wörtern in ihrer richtigen orthographischen Reihenfolge ein gewisses Wahrnehmungslernen. Wahrscheinlicher ist jedoch, daß ein Aufmerksamkeitsfaktor ins Spiel kommt, besonders weil – wie wir sehen werden – Buchstabenmuster nicht leicht gelernt werden. Kindern, welche beim Unterscheiden von Buchstaben Mühe haben, bringt man am besten die kontrastiven Merkmale bei, mit welchen die verwirrenden Buchstaben unterschieden werden können. Beim Lehren der Unterscheidung von Reihen mit zwei Buchstaben beginnt man am besten mit einfach zu unterscheidenden, um dann zu schwierigeren überzugehen, ein Prinzip, das der Erforschung des Wahrnehmungslernens entliehen wurde.

Viele Studien der inter- und intramodalen Zuordnung von sequentiellen visuellen und auditiven Mustern und Punktmustern sind in Hinsicht auf eine Beziehung dieser Fertigkeiten zur Leseleistung durchgeführt worden. Schlechte Leser scheinen bei all diesen Aufgaben (nicht nur bei der intermodalen Zuordnung) Schwächen aufzuweisen. Unterschiede im Schulalter und die Auswahl der Versuchspersonen machen die Interpretation dieser Resultate jedoch schwierig. Man hat vermutet, daß die Extraktion einer Struktur aus Informationsmustern diesen Aufgaben und dem Lesen gemeinsam sei.

Untersuchungen über das Lehren von Buchstabennamen als Grundlage des Lesenlernens haben keine positiven Resultate für das Lesenlernen aufzeigen können (wenn auch Kenntnis der Buchstabennamen für die Lehrer-Schüler-Kommunikation vielleicht nützlich ist). Dies ist der Fall, obwohl das Kennen von Buchstabennamen vor dem Schuleintritt ein guter Prädiktor der Leseleistung ist. Es gibt keinen Grund, Kinder, die Buchstaben von sich aus lernen wollen, davon abzuhalten. Kinder, welche ein eigenes Schreibsystem entwickelten, indem sie Buchstabennamen für die Laute einsetzten, wurden sich nämlich des alphabetischen Prinzips bewußt und gebrauchten es. Obwohl ihre Orthographie unkonventionell war, entwickelten sie doch eine eigene phonemische Abstraktion – eine echte und nützliche Leistung.

Wir haben nur kurz kognitive Faktoren der dem Lesen vorgeordneten Fertigkeiten gestreift. Das Bewußtwerden von Lernstrategien, die Fähigkeit, über Sprache objektiv nachzudenken, und das Verstehen, daß Schrift Bedeutung und Information trägt, sind alles wichtige Faktoren.

Kurz wurden auch zwei Programme zur Schulung der dem Lesen vorgeordneten Fertigkeiten vorgestellt. Solche Programme werden gegenwärtig noch erforscht. Darum sind beides nur Beispiele. Beide Programme analysieren das Lesen auf darin enthaltene Fertigkeiten, testen diese und formulieren dann Trainingsprogramme, um Leseschwächen zu beheben. Auditive Fertigkeiten (phonetische Analyse) stechen als sehr wichtig hervor und werden auch als trainingsbedürftig dargestellt. Wir haben jedoch darauf aufmerksam gemacht, daß – wie gut das Training auch immer sei – der Leseprozeß nicht einfach als die Summe der darin enthaltenen Fertigkeiten angesehen werden darf.

Kapitel 9

Das Lesenlernen

Am Anfang war das Wort
(Johannes 1, Vers 1)

Ausgerechnet über die erste Phase des Lesenlernens wissen wir anscheinend am wenigsten. Dies ist der Fall, obwohl es viel Literatur, eine Fülle von kommerziellen Programmen, Lernspezialisten, welche sich in Shopping-Centers eingerichtet haben, und Diskussionen über die phonetische und die Ganzwort-Methode gibt. Man spricht nur davon, was der Lehrer tun sollte und nicht, was im Kinde geschieht oder geschehen sollte. Die Situation ist also sehr eigentümlich. Es gibt wenige Psychologen, die den sicherlich stattfindenden Lernprozeß studieren. Die Behandlung des Leselernbeginns betrifft vielmehr meistens die Instruktion der Lehrer, die Programmierung der Lehrmaschinen oder die Curriculum-Materialien. Oder aber man verbessert ein schlecht funktionierendes Programm, mit welchem die Kinder nichts gelernt haben.

Zwar weiß man wenig über das Lernen der gesprochenen Sprache, doch scheint man sich mehr für diesen Prozeß zu interessieren, als für das, was beim Lesenlernen geschieht. Der Leselernprozeß findet später statt als das Lernen der gesprochenen Sprache und sollte darum besser studiert werden können. Warum gibt es aber so wenig Forschung darüber? Unserer Ansicht nach teilweise darum, weil die Psychologen das Problem als ein Anwendungsproblem für Lehrer und nicht als eines für sie betrachten. Dazu kommt, daß zu viele Psychologen und Lehrer sicher waren, daß hier Assoziationsprozesse vorliegen und zwar sowohl zwischen Buchstaben und Lauten als auch zwischen geschriebenen und gesprochenen Worten. Schließlich nahm man eine einfache Art der Verstärkung (richtig, falsch) durch den Lehrer an, und so sah man keine weiteren theoretischen Probleme.

Wir nehmen von diesen Sichtweisen Abstand. Unserer Ansicht nach sollte sich die Erforschung des Lesenlernens auf das konzentrieren, was im Kinde geschieht. Dieses Kapitel ist darum nicht an Programmen orientiert, obwohl wir am Schluß einige experimentelle Programme kurz darstellen werden. Es zielt statt dessen auf den Lernprozeß: was das Kind lernt, welcher Art der Prozeß sein mag und welche Variablen ihn beeinflussen. Zweitens heben wir uns von der traditionellen assoziationistischen Sichtweise ab. Unserer Ansicht zufolge wird das Lesen von Regeln geleitet. Als Konsequenz daraus wird der Leselernprozeß besser als eine Abstraktion von Prinzipien betrachtet. Das Auffinden von Invarianten (Muster und Ordnungen) und Anwenden von Regeln haben sich als nützliche Konzepte für das Verstehen des Sprechenlernens herausgestellt. Es ist nun Zeit, diese Konzepte auch auf das Lesenlernen anzuwenden.

Weil ein Lernprozeß, der die Abstraktion von Invarianten oder den Aufbau von Regeln impliziert, notwendigerweise intern reguliert ist, wird die Frage der Motivation und der Verstärkung sehr wichtig. Wenn das Kind vor allem selber lernt, muß man fragen, was es veranlaßt, dies zu tun und was ihm sagt, daß es sinnvolle Relationen wahrnimmt. Weil diese Frage zentral ist, beginnen wir im nächsten Abschnitt mit ihrer Erörterung.

Motivation für das Lesenlernen

Intrinsische Motivation

Ohne Zweifel ist spontane Motivation für das Lesenlernen sowohl wirksam als auch überall zu finden. Vom Moment der Geburt an lernen Kinder über ihre Welt, die Flächen, Orte, Wände und den Himmel, über Objekte, welche darin enthalten sind und ihre Relationen, über die Art der Ereignisse, welche in Beziehung zu diesen und an ihnen geschehen können. (Man kann die Hand nicht durch eine Türe stecken oder an einem Ort gehen, wo es keine tragende Oberfläche gibt.) Voraussagbare Relationen in bezug auf die eigenen Handlungen und die wahrscheinlichen Konsequenzen für das Verhalten anderer Personen gehören dazu. (Wenn ein Baby schreit, wird sicherlich die Mutter kommen, um zu sehen, was es hat.) Ein Kind lernt diese Dinge ganz von sich aus. Niemand hat sie ihm beizubringen. Nach ungefähr sechs Wochen schaut es alles an, was um es herum geschieht, speziell das Ungewöhnliche; dies geht aus vielen Experimenten hervor. Im Alter von einem Jahr weiß das Kind bereits außerordentlich viel über diese Dinge.

Seit ungefähr 10 Jahren haben die Psychologen akzeptiert, daß es eine „intrinsische Motivation“ gibt, welche dazu dient, Dinge herauszufinden, mehrdeutige Sachverhalte zu klären und ungeordnete zu ordnen (DAY, BERLYNE & HUNT 1971). Wahrscheinlich waren die meisten Leute schon immer dieser Ansicht. BRUNER (1966) schreibt über den „Willen zu lernen“:

„Beinahe alle Kinder haben das, was wir soeben ‚intrinsische' Motive des Lernens genannt haben. Intrinsische Motivation hängt nicht von einer treibenden Belohnung ab, welche außerhalb der Aktivität liegt. Die Belohnung ist vielmehr dem erfolgreichen Abschluß der Aktivität oder sogar der Aktivität selbst inhärent. Neugier ist beinahe ein Prototyp der intrinsischen Motivation. Unsere Aufmerksamkeit wird von etwas angezogen, das unklar, unvollendet oder ungewiß ist. Wir richten dann unsere Aufmerksamkeit solange darauf, bis die Sache klar, vollendet oder gewiß ist. Es ist dann das Erreichen der Klarheit oder allein schon die Suche danach, was befriedigt" (S. 114).

Die intrinsische Motivation ist so überdauernd und wirksam für das Lernen der Sprache wie für das Lernen über die Welt, über Orte, Dinge und Ereignisse. Der Prozeß des Spracherwerbs macht klar, daß das Verlangen des Kindes, Sprache zu verstehen und damit zu kommunizieren, gänzlich spontan ist. Es übt sich darin sogar selber, wenn niemand mit ihm sprechen oder es korrigieren kann. Ruth WEIR (1962) beobachtete, daß ihr 2½jähriger Sohn Anthony im Bett vor dem Einschlafen zu sich selber sprach. Sie montierte ein Mikrofon über seinem Bett und nahm seine Selbstgespräche auf. Diese waren nicht eigentliche Monologe, sondern Dialoge mit imaginären Gesprächspartnern. Diese Selbstgespräche konnten die folgende, verspielte Form aufweisen:

„Papa
Papa Bauch bitte
Ein anderes Buch bitte
Esel
Mach den Esel an
Und die blaue Schachtel und die große Schachtel" (S. 80)

Die Selbstgespräche nahmen oft die Form von Sequenzen an. Das erweckte den überzeugenden Eindruck, daß das Kind die Bildung von Satzstrukturen übe, was die folgenden transformierenden und morphologischen Übungen zeigen:

„Da ist ein Hut
Da ist ein anderer
Da ist Hut
Da ist ein anderer Hut
Das ist ein Hut (S. 111)

Da ist das Licht
Wo ist das Licht

Hier ist das Licht (S. 112)

Bobo geh nimm den Hut ab
Bobo nahm den Hut ab (S. 112)

Bobo wirft nicht
Bobo kann werfen
Bobo kann es werfen
Bobo kann werfen“ (S. 120)

Oft gab es sogar Beispiele von phonologischen Übungen. Man kommt nicht umhin, zu folgern, daß das Kind motiviert war, selber zu lernen.

Im letzten Kapitel haben wir zur Übersicht Forschungsresultate dargestellt, welche gezeigt haben, daß Kinder spontan kritzeln, zeichnen und schreiben und dabei ihre Schreibaktivität verbessern, ohne daß sie dazu formal angeleitet werden. Ebenso lernen sie, bildhafte graphische Information von Schrift zu unterscheiden und die Merkmale der Schrift zu unterscheiden. Das ist Lernen als Selbstzweck, intrinsisch motiviert und aus dem Wunsch heraus, Information zu gewinnen. Einige Kinder (Read 1971) erfinden sogar ihr eigenes Buchstabiersystem. Alle diese Aktivitäten können als Spiel beschrieben werden, obwohl über die Definition des Spieles noch keine Einigkeit besteht. O. K. Moore (Moore & Anderson 1968) entwickelte ein von ihm benanntes „autotelisches“ (autotelic) System. Darin wird angenommen, daß die primäre Motivation des Kindes aus der natürlichen Neugier und dem Wunsch, Lesen zu lernen, besteht. Eine „sprechende“, elektrische Schreibmaschine, welche dem Kind einfach zur Verfügung gestellt wurde, gab ihm die Mittel zu entdecken, was ein Buchstabe „sagte“. Diese Methode stellt Probleme (finanzielle, unter andern), aber die Betonung der Motivation ist begrüßenswert.

Man sollte also die Neugier des Kindes darauf lenken können, wissen zu wollen, was auf einer beschriebenen Seite steht. Die Informationsgewinnung aus einem Text (wie aus der Sprache) wäre dann ein natürliches Motiv, und das Kind könnte schon früh selbständig weiterfahren. Es scheint wichtig zu sein, daß das Kind die Gelegenheit erhält, jedes selber gewählte Buch anzuschauen, ob es dieses nun „liest“ oder nicht. Wenn es das Buch genügend interessant findet (z. B. ein Comicbuch) wird es sicherlich fragen, was die Worte bedeuten und bald selbständig Fortschritte erzielen. Das beleuchtet der folgende Bericht:

„Peter liebte Bücher, sobald er mit ihnen umgehen konnte. Er setzte sich auf den Fußboden und nahm Bücher gemäß einem Ritual von den Gestellen, öffnete sie, drehte Seiten, schloß sie, stellte sie wieder zurück und prüfte andere. Einmal sagte er zu mir: ‚Worte, Worte, Worte'.

Er begann auf komische Weise zu lesen. Der Weltalmanach faszinierte ihn. Er fixierte darin die Liste der Staaten, und darum war das erste Wort, das er las, „Afghanistan". Mit 5 Jahren unterhielt er uns mit dem Aufsagen der Länder, die er gerade bearbeitete, mit Zeichnungen ihrer Fläche und Bevölkerung. (Ich muß ihn einmal bei Gelegenheit fragen, ob er sich an die Fläche von Bulgarien erinnert.)"[1]

Der Wunsch der Kinder, Information aus Texten zu gewinnen, rückt das Thema oder den Inhalt dessen, was gelehrt wird, in den Brennpunkt des Interesses. Sylvia ASTHON-WARNER (1963) fragte Kinder, welche Wörter sie gerne lesen lernen oder schreiben würden, und brachte ihnen diese bei, wie exotisch oder unkonventionell sie auch immer sein mochten. MILLER (1969 a) hat eine einfühlende Beschreibung ihrer Methode verfaßt:

„Mama, Papa, Kuss, erschrocken, Geist, ihre eigenen Namen – das sind Wörter, wonach Kinder verlangen, Wörter, welche mit ihren Vorlieben und Ängsten verbunden sind. Sie schreibt das Wort jedes Kindes auf eine große, feste Karte und gibt es ihm. Wenn ein Kind Wörter wie Polizei, Metzger, Messer, töten, Gefängnis, und Bombe möchte, bekommt es diese. Und es lernt sie beinahe unmittelbar lesen. Es ist ein *sein* Wort, jeden Morgen nimmt es seine Wörter vom Stapel, welchen der Lehrer jeden Abend zusammengetragen hat. Das sind keine von einem Experten gewählte, tote Wörter, sondern solche, welche in der Erfahrung der Kinder leben. Nach diesem Start beginnen die Kinder zu schreiben, indem sie ihre eigenen Wörter brauchen. Der Leseunterricht schließt sich ganz natürlich an. Bei diesem Vorgehen ist ein Wort nicht eine aufgedrängte Lernaufgabe, welche mit Verstärkern aus irgendwelchen externen Quellen der Motivation versehen ist. Das Lernen des Wortes wirkt selber verstärkend – es gibt dem Kind etwas, was es will, eine neue Art, sich mit einem Wunsch oder einer Furcht zu befassen. Jedes Kind bestimmt selber, wo es beginnen will, jedes Kind bekommt etwas, dessen Wert es erkennen kann" (MILLER 1969, S. 1073).

---

[1] Aus „Aunterly Love" von Ruth BLOCK, New York Times Magazine vom 1. Oktober 1972.

Wahrscheinlich sind Items wie *„zowie, whee!“*[2], *Fahrrad* und *Geburtstagskuchen* so gute Mittel, die Buchstaben-Laut-Korrespondenz zu lernen, wie *see baby*. In einem Schul-Programm (LEVIN & MITCHELL 1969) wurden die Kinder aufgefordert, eigene Geschichten zu erfinden. Man brachte ihnen die Wörter bei, damit sie diese in ein Notizheft schreiben, selber illustrieren, heimnehmen und ihren Familien vorlesen konnten.
Man hört oft, die natürliche Neugier und die Wünsche der Kinder aus einem ärmlichen kulturellen Kontext seien unterdrückt (obwohl man da gerne wissen würde, ob sich diese Beobachtung auf die Schulsituation beschränkt). Personen, welche mit Familien in Stadtzentren gearbeitet haben, haben deren Umgebung oft als unorganisiert und als an Struktur mangelnd charakterisiert (DEUTSCH 1967). MINUCHIN (1971, S. 941) schreibt: „Lebensumstände und Umgebungen, welche unorganisiert, bedrohend oder in dieser Weise amorph sind, sind geeignet, das Explorationsverhalten, die Klarheit der Selbstwahrnehmung der Kinder, ihre Wahrnehmung der Erwachsenen und ihre Suche nach Logik und Ordnung in der Welt zu unterdrücken.“ Unter diesen Bedingungen mag die Lernmotivation niedrig sein, weil die Kinder wenig befriedigende Erfahrung mit dem Lösen von Widersprüchen und dem Lernen einer überschaubaren und geordneten Welt gemacht haben.

MINUCHIN studierte die Korrelate von Neugier und Explorationsverhalten bei einer Gruppe von 18 vierjährigen, schwarzen Kindern in einem Head-Start-Programm. Die Autorin maß die Neugier und die Exploration auf verschiedene Arten; sie kodierte z. B. das Verhalten der Kinder in neuen Situationen (Ausflug zum Hafen usw.). Andere Messungen betrafen das Selbstkonzept der Kinder, die Wahrnehmung der Erwachsenen und der Umwelt und die Konzeptbildung. Bezüglich der Neugier und der Exploration unterschieden sich die Kinder stark. Zwischen dem Ausmaß der Neugier und der Exploration und einigen kognitiven und emotionalen Variablen bestand eine starke positive Korrelation. In der Stichprobe gab es sechs Kinder, welche nach MINUCHIN „eine Umgebung projizierten, die durch fortwährende Krisen, geringe Kohärenz, Ineffektivität und schlecht definierte Erwachsenenrollen charakterisiert war. Die konzeptuelle Erfassung der Kinder von Ordnung in der physikalischen Umwelt und der Beziehungen zwischen Objekten waren tendenziell schwach. Diese Kinder zeigten auch eine beschränkte Neugier oder beschränk-

[2] Typischer Ausruf in amerikanischen Comics (Anm. des Übers.).

tes Explorationsverhalten“ (S. 948). MINUCHIN warnt mit Recht, daß keine verläßlichen Angaben aus erster Hand über die häuslichen Verhältnisse der Kinder verfügbar waren. Die Annahme, daß zuhause und in der Umgebung benachteiligter Kinder generell Unordnung herrscht, ist sicherlich ungerechtfertigt. Die große Variabilität in der Gruppe MINUCHINS kann nicht überbetont werden, und wir wissen nicht, wie die Resultate einer Stichprobe von Mittelschichtkindern aussehen würden. Aber wenn es Kinder gibt, deren Leben nicht mit geordneten und konsistenten Mustern konfrontiert wird, und wenn die Erwartung, Ordnung zu finden, für die Aufrechterhaltung eines Motivs der Exploration benötigt wird, muß wohl die intrinsische Lernmotivation ab und zu unterstützt werden. Es mag dann nützlich sein, den Kindern Erfahrungen des Findens von Ordnung und der Voraussagbarkeit in einfachen Vorschulsituationen zu vermitteln, um das Motiv der Suche nach Invarianten in der Welt zu wecken.

Leistungsmotivation

Man muß annehmen, daß in vielen Gesellschaften das Erreichen von etwas, die Meisterung einer Aufgabe, die Überflügelung von jemandem oder einfach der Erwerb von Kompetenz ein starkes Motiv ist (MCCLELLAND 1961). Man erteilt in der Schule wahrscheinlich Zensuren, um dieses Motiv zu wecken (aus der Sicht des Lernenden kann kein anderer Grund vorhanden sein, denn eine Zensur ist eine vollständig unspezifische Rückmeldung von Resultaten und kann nichts zum Lernen beitragen). Ein Leistungsmotiv – sogar ohne Betonung des Wettbewerbs – ist überhaupt nicht dasselbe, wie der Wunsch, zu wissen, „was es sagt“, der Wunsch Information zu gewinnen. Es basiert auf dem Bedürfnis, nicht einfach zu verstehen, sondern kompetent mit der Umwelt umzugehen.

Man hat oft gefragt, ob der Appell an dieses Motiv wünschbar und dessen Gebrauch sinnvoll sei. Es kann zu Gefühlen der Angst oder des Mißerfolgs führen. Nichts ist der Motivation eines Kindes aber abträglicher als das Gefühl, es habe versagt. In unserer Gesellschaft wird als selbstverständlich angenommen, daß es gut ist, richtig lesen zu können, obwohl sich die Subkulturen in dieser Bewertung unterscheiden. Die Kinder, welche in Harlem aufwachsen, mögen sportliche Leistungen wichtiger finden als das Lesen. Die Väter einer Vorstadt der Mittelklasse mögen es wichtiger finden, daß ihre Kinder in ein Baseballteam eintreten können, als daß sie eine gute Note im Lesen bekommen. Der Wert, den die Gleichaltrigen und die Eltern irgendeiner Aktivität zumessen, ist sicher von unterschiedlichem Einfluß auf die natürliche Motivation der Kinder. Die Lehrer unserer Kultur erwarten von den Mädchen, daß sie vergleichsweise besser lesen können als die Knaben, und die Mädchen tun dies wenigstens bis zur sechsten Klasse auch, worauf die Differenz dann kleiner wird. Aber aus einer Studie von JOHNSON (1972) geht hervor, daß die Geschlechtsunterschiede beim Lesen in vier englischsprachigen Ländern (Kanada, USA, England und Nigeria) zwischen der zweiten und der sechsten Klasse zugunsten der Mädchen in Kanada und den USA, aber genau umgekehrt in England und Nigeria ausfielen. Der frühe Vorsprung der Mädchen in unserer Gesellschaft ist offensichtlich mehr auf kulturelle als auf genetische oder reifungsbedingte Faktoren zurückzuführen. Die Lesefertigkeit der Knaben wird in England und in Nigeria höher bewertet als in Nordamerika. Tatsächlich hat in Nigeria die Schule für die Mädchen einen kleinen Stellenwert, und die meisten Lehrer sind Männer. Die Geschlechtsunterschiede zugunsten der Knaben nahm in Nigeria und England von der zweiten bis zur sechsten Klasse sogar zu.

Wir wollen aus diesen Überlegungen nicht ableiten, die Leistungsmotivation des Lesens solle „gebändigt" werden, um es so auszudrükken. Es ist wichtig, daran zu denken, daß soziale Werte, welche das Kind früh übernimmt, die Motivation des Lesenlernens beeinflussen können.

Rollenmodelle

In der Sozialpsychologie wird ein Konzept verwendet – Rollenmodell genannt – demzufolge eine Person Eigenschaften und Werte aufweist, mit welchen sich eine andere Person indentifizieren kann. Wir erinnern an das Konzept der Übertragung von FREUD. Wenn ein Kind sich mit einem Modell, das es respektiert, identifizieren kann, mag es Motive des Modells übernehmen. Oft wird von den Lehrern erwartet, sie sollen den Kindern ein Vorbild sein. Der Lehrer liest – vielleicht auch gerne – und ermutigt das Kind dazu. Aber wenn man sich dies ein wenig überlegt, wird doch klar, daß in manchen Fällen – vielleicht sogar in den meisten – der Lehrer für das Kind kein Modell im obengenannten Sinne ist. In den unteren Klassen ist der Lehrer meistens eine Frau, öfters in mittlerem Alter: für einige Kinder sicher kein leichtes Identifikationsobjekt. In den Vereinigten Staaten ist der Lehrer beinahe immer weiß, und die Kinder sind oft schwarz. Trotzdem können wir auf diese Quelle des Einflusses nicht einfach verzichten, seit BANDURA (1969) gezeigt hat, wie außerordentlich wichtig sie für das Lernen ist (nicht für das Lesenlernen, aber man hat guten Grund, seine Resultate auch auf solche Aktivitäten anzuwenden). Ross (1970a, b) hat gezeigt, daß die Verwendung von Modellen in Spielsituationen das Lernen von Zahlvorstellungen bei retardierten Kindern erleichtert.

Eltern und ältere Geschwister sind Verhaltensmodelle für das Kind. Sie beeinflussen deren Werte, welche sich auf das Leben außerhalb der Schule beziehen. Aber nicht alle Familien schätzen das Lernen. Zur Förderung der Lernmotivation von Kindern, deren familiärer Hintergrund diese nicht unterstützt, kann das paarweise Zusammenarbeiten von älteren mit jüngeren Kindern sehr wirksam sein (Hagen & Moeller 1971; Lippitt & Lippitt 1968). Ein Kind, das alt genug ist, um ernst genommen zu werden, aber nicht zu alt, um noch Gegenstand der Identifikation zu sein, vom selben Geschlecht und rassischen Hintergrund, das Spaß am Lernen hat und dem jüngeren Kind Hilfe und Ermutigung vermitteln kann, sollte ein ideales Modell und ein potentiell erfolgreicher Tutor sein. Dieses Tutorsystem ist selten genau evaluiert worden, aber enthusiastische Berichte sind zahlreich. Es gibt einige Hinweise darauf, daß ein Tutor, welcher in einer früheren Phase selber mit Schwierigkeiten zu kämpfen hatte, speziell sympathisch und hilfreich ist. Unsere Erfahrung zeigt, daß hier gleichsam beide Partner belohnt werden. Um herauszufinden, was man selber lernen muß, und um dies auch zu tun, gibt es nichts besseres, als selber jemanden zu unterrichten.

Externe Anreize und Verstärker

Die Ära des Behaviorismus hob den Wert der externen Anreize und Verstärker bei der „Kontrolle" des Verhaltens hervor. Dieses Prinzip wurde vom Lesenlernen bis hin zum Drücken eines Hebels durch Ratten angewandt. Der operante Ansatz zum Lesenlernen wurde kürzlich von R. D. Bloom (1971) zusammengefaßt. Er nimmt an, daß die Verstärkung der Mechanismus ist, mittels welchem eine Lese-Reaktion mit einem bestimmten Textreiz verbunden wird:

> „Die Verwendung von attraktiven Merkmalen der Umwelt als Verstärker, d. h. deren kontingente Vermittlung beim Erscheinen eines spezifischen Leseverhaltens, ist eine gute Grundlage für die Auslösung und die Motivation des frühen Lesens" (S. 6–7).

Diese Ansicht wurde ursprünglich von Staats und Staats (Staats 1968; Staats & Staats 1962; Staats, Staats, Schutz & Wolf 1962) formuliert, welche die Wichtigkeit von extrinsischen Verstärkern, wie z. B. Süßigkeiten und kleinen Schmuckstücken, betonten. Sie nahmen an, die typischen Verstärkerquellen des Unterrichts seien nicht geeignet, das Leseverhalten der Kinder zu stützen. Besonders sozial benachteiligte Kinder seien auf konkrete Verstärker angewiesen, bloß zu wissen, daß sie gut oder schlecht seien, genüge nicht.

Weil Noten unspezifisch sind und auch erst einige Zeit nach dem Lernen abgegeben werden, sind sie nach Ansicht der Autoren grundsätzlich als Verstärker für den Lerner ungeeignet. Von der Anwendung operanter Prinzipien wird angenommen, daß sie – durch explizite Lernreihen, die in einer progressiven Hierarchie von Teil-Fertigkeiten angeordnet sind – ein zunehmendes „Shaping" des Leseverhaltens bewirken. „Solche Teil-Fertigkeiten können als Brennpunkt einer Leseinstruktion dienen, welche die Anwendung von konsistenten, adäquaten und kontingenten Verstärkern vorsieht, mittels welchen diese Verhaltensweisen zunehmend bekräftigt werden" (BLOOM 1971, S. 7–8).

In einem typischen Experiment, das auf dem Prinzip der operanten Verstärkung beruht, werden beim Erscheinen der gewünschten Reaktionen regelmäßig symbolische Belohnungen abgegeben. Die „Token" können in Preise wie Süßigkeiten, Spielzeuge oder Geld umgesetzt werden. Gewöhnlich wird ein Verstärkungsplan befolgt, demzufolge eine gewisse Anzahl von korrekten Reaktionen abgegeben werden muß, bevor man eine Belohnung bekommt. Dieses Vorgehen ist beim Vorzeigen von Karten verwendet worden, wobei die Versuchspersonen Phoneme, Buchstaben, Wörter und längere Einheiten (einzelne Sätze oder Abschnitte) erkennen mußten. Auf der Basis dieses Prinzips sind große Programme konstruiert worden. In einigen Fällen hat man das System zu einer „Token-Ökonomie" ausgearbeitet, wobei Token von verschiedenem Wert gewonnen werden können, welche in Sachen umgetauscht werden können, die der Lerner selber auswählt (STAATS & BUTTERFIELD 1965). Ein anderes System erlaubt den Schülern, interessante Tätigkeiten (dargestellt durch Klebefiguren und als „Verstärker-Menü" vorgestellt) auszuwählen, die sie nach dem erfolgreichen Durchlaufen eines bestimmten Programmes ausführen können (ADDISON & HOMME 1965).

Um diese generelle Methode und einige Variationen davon zu illustrieren, wollen wir aus diesen Experimenten zwei auswählen und beschreiben. Ein Experiment von STAATS et al. (1962) präsentierte sechs vier Jahre alten Kindern ein Programm, welches aus 26 Wörtern bestand. Diese waren so angeordnet, daß die Wortstimuli nach und nach zu Sätzen und dann zu kurzen anekdotischen Satzfolgen zusammengesetzt werden konnten. Zur Ausrüstung gehörten auf

Karten geschriebene Wörter, eine Bilder-Tafel, die kleine Bilder zu jedem verbalen Stimulus enthielt, eine Wort-Tafel, die drei Reihen von drei Wörtern und ein kleines Bild eines Tieres enthielt und einige Unterscheidungskarten, welche verschiedene Wörter, die nicht abgebildet werden konnten, enthielten. Das Kind begann mit der Zuordnung von Bildern, schritt zur Zuordnung von Wörtern weiter und lernte dann einige Wörter (zuerst mit einem Bild illustriert). Nach den ersten fünf Wörtern wurden Sätze eingeführt, welche diese Wörter enthielten. Die Prozedur des Einführens von Wörtern und Sätzen wurde wiederholt. Dann wurden Geschichten eingeführt. Es gab acht Sitzungen von je 45 Minuten. Die Kinder wurden in zwei Gruppen eingeteilt und erhielten extrinsische Verstärkung. Für eine korrekte Reaktion erhielten sie entweder einen konkreten Verstärker, eine Süßigkeit oder ein kleines Spielzeug, oder ein rotes Token, das auf einer Tokentafel gesammelt werden konnte. Wenn das Brett voll war, konnten die Tokens gegen eine „geheime Überraschung“ eingetauscht werden. Mit einer Gruppe von Kindern begann man ausschließlich mit sozialen Verstärkern. Wenn ein Kind aufgeben wollte, bekam es konkrete Belohnungen. Die andere Gruppe begann während zwei Tagen mit konkreten Verstärkern. Die Verstärkung wurde dann unterbrochen, aber wieder eingeführt, wenn ein Kind aufhören wollte.

Die Kinder, welche ohne konkrete Verstärker begannen, sagten im Laufe der ersten oder der zweiten Sitzung sie wollten aufhören. Nach der Verstärkung zeigten sie ansteigende Erfolgskurven und lernten insgesamt 17 „Texte“. Die Kinder, welche mit konkreten Verstärkern begonnen hatten, deren Abgabe dann unterbrochen wurde, wollten alle nach dem fünften oder sechsten Tag aufhören. Eines kehrte zurück und verbesserte sich nach der Wiedereinführung der Belohnungen ein wenig. Diese Resultate zeigen, daß die Preise die vierjährigen Kinder in diesem für sie langen und eher ermüdenden Versuch bei der Stange hielten. Die Autoren kommentieren: „Es war vielleicht der wichtigste Wert der Verstärker, das Ausharren in der Situation und das Arbeiten zu unterstützen“ (S. 39).

Holt (1971) führte ein Experiment mit Kindern der ersten Klasse durch, in dem er ein „Verstärker-Menü“ in Kombination mit einem programmierten Text verwendete. Daraus resultierte eine große Zunahme der Leseaktivität (definiert durch die Anzahl gelesener Wörter). Die Sitzungen, welche fünf Mal pro Woche stattfanden, dauerten 50 Minuten. Die ersten 15 Sitzungen wurden zur Festlegung der Basislinie verwendet. Dabei kamen keine Verstärker zum Einsatz.

Von der 16. Sitzung an begann man, sie einzusetzen. Dem Kind wurde nach dem erfolgreichen Durchlaufen einiger Seiten des programmierten Textes erlaubt, fünf Minuten einer selbst gewählten Aktivität nachzugehen. Die vorher festgelegte Anzahl Seiten stieg von 10 auf 40 an. (Sie ist in der Abbildung 9–1 als FR 10, FR 16 etc. abzulesen.) In der 36. und 37. Sitzung wurde nicht verstärkt, hingegen wieder in den letzten beiden (FR 40). Die Resultate sind in Abbildung 9–1 wiedergegeben.

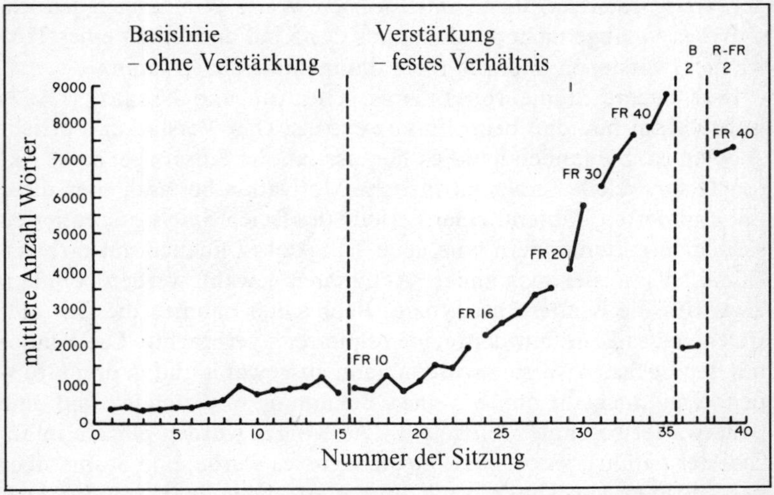

Abbildung 9–1. Anzahl der gelesenen Seiten in Abhängigkeit von den Verstärkungsprogrammen. Aus: HOLT, 1971, S. 366.

Die verstärkungsbedingte Zunahme fällt auf die Zeit zwischen dem 16. und dem 35. Tag. Beim Weglassen der Verstärker, also am 36. und 37. Tag, fiel die Anzahl genannter Wörter beinahe auf das Niveau der Basislinie zurück. Mit der wieder einsetzenden Verstärkung nahm sie wieder zu, auch wenn sie den höchsten Stand nicht mehr erreichte. HOLT berichtet, daß die Leseleistung, wie sie von einem Prä- und Posttest gemessen wurde, signifikant zunahm und die Kinder über eine lange Zeitspanne hinweg ein gutes Verständnis und gute Behaltensleistungen zeigten, wenn eine selbst gewählte Aktivität folgte. Es gab in diesem Experiment keine Kontrollgruppe, und man muß annehmen, daß in der Zeit von sieben Wochen so oder so eine Zunahme der Leseleistung stattgefunden hätte. Aber die Belohnung mit einer Periode selbst gewählter Aktivität hielt die Kinder über lange Spannen hinweg bei ihrer Aufgabe.

Welchen Schluß können wir bezüglich der „extrinsischen Verstärker“, ob sie nun Süßigkeiten, Geld, Preise oder freies Spiel sind, ziehen? Sie halten die Kinder bei den Aufgaben. Läßt man sie weg, so fällt die betreffende Aktivitätsrate sofort und scharf ab. Wenn die Verstärkung abgesetzt wird, scheint der Lerner also keine Motivation für eine Fortsetzung zu haben. Die Verfechter dieser Technik argumentieren, die Aktivität selber bekomme (wenn sie lang genug durchgeführt worden sei) einen intrinsischen Wert. Wir meinen jedoch, daß dies so lange nicht geschieht, als das Kind den Inhalt eines Textes nicht verstehen und sich nicht dafür interessieren kann.

Eine neuere Studie von LEPPER, GREENE und NISBETT (1973) weist darauf hin, daß beim Einsatz extrinsischer Verstärker Vorsicht geboten ist. Sie fanden nämlich heraus, daß ihr Einsatz bei einer Aktivität, für welche bereits intrinsische Motivation bestand, eben diese unterminierte. Während einer Periode des freien Spiels präsentierten sie Kindergartenkindern eine neue Tätigkeit (Zeichnen mit farbigen Filzstiften), wobei auch andere Aktivitäten gewählt werden konnten. Zwei (für die Kinder unsichtbare) Beobachter nahmen die Zeit auf, welche jedes Kind mit dem neuen Spielzeug verbrachte. Die Kinder mit den höchsten Werten wurden dann ausgewählt und in drei Gruppen, eine „nicht belohnte“, eine „Belohnung erwartende“ und eine „unerwartet belohnte“, eingeteilt. Die Kinder wurden einzeln in ein Zimmer geführt, wobei man ihnen sagte, es werde eine Studie über das Zeichnen von Kindern mit Filzstiften (magic markers) durchgeführt. Dann gab man ihnen das Material. Die nicht belohnte und die unerwartet belohnte Gruppe erhielten keine weiteren Instruktionen. Der eine Belohnung erwartenden Gruppe wurde jedoch mitgeteilt, sie könne einen Preis für ihre Arbeit gewinnen. Man zeigte ihr dann den Preis, der aus einem Zertifikat mit einem roten Band, einem großen goldenen Stern und einer Stelle für den Namen des Kindes bestand. Nach sechs Minuten wurden die Kinder der nicht belohnten Gruppe mit Dank entlassen, während die andern beiden Gruppen die Zertifikate mit ihren Namen erhielten. Ungefähr eine Woche später wurden die Filzstifte wieder während einer Periode des freien Spiels abgegeben, und wieder wurde die Zeit aufgenommen, während der die Kinder zeichneten. Die nicht belohnte und die unerwartet belohnte Gruppe zeigten keine Abnahme des Interesses. Die Gruppe, welche eine Belohnung erwartet hatte, zeigte jedoch eine signifikante Abnahme, wobei sie halb so lang oder noch weniger zeichnete als die beiden anderen Gruppen. Nicht informierte Beobachter schätzten die Zeichnungen besagter Gruppe signifikant tiefer ein als die Zeichnungen der beiden anderen Gruppen. Die Erwartung einer Belohnung hatte also einen schädlichen Einfluß sowohl auf die Motivation als auch auf die Qualität der Arbeiten. Obwohl man die Resultate dieses Experimentes nicht zu weit generalisieren sollte, kann man doch sagen, daß die Wirkung extrinsischer Anreize bei gleichzeitig vorhandenem intrinsischem Interesse schädlich sein kann.

Es mag sinnvoll sein, dieses Vorgehen mit Kindern zu wählen, welche wenig oder keine intrinsische Motivation für das Lesenlernen haben – in der Hoffnung, daß die Beschäftigung mit Lesematerial ein intrinsisches Interesse wecke. Aber R. D. Bloom (1971, S. 7–10) folgert: „Es gibt überraschend wenige klare Nachweise, daß operante Techniken komplexere Fähigkeiten wie das Lesen zum Zwecke des Verstehens oder des Schlußfolgerns entwickeln können“. Wir kennen keine und erwarten auch keine. Externe Verstärkung kann Verständnis und Schlußfolgerungen nicht aufdrängen. Sie müssen selber produziert werden und vom Lernenden selber kommen. Wiederum nach Bloom ist das Ziel des operanten Lesemodells die Steuerung des Prozesses, während das kognitive Modell dazu dienen soll, ihn zu verstehen.

Selektive Verstärkung durch Verminderung von Ungewißheit

Wenn extrinsische Verstärkung das Verständnis und die Folgerungen nicht beeinflussen – gibt es dann überhaupt etwas, das dies kann oder tun sollte? Das Verstärkungs-Paradigma stammt von der S-R-Psychologie, und es scheint Zeit zu sein, es als Erklärung für das Lernen einer kognitiven Fähigkeit wie das Lesen aufzugeben. Wir können einem Kind Resultate bekanntgeben, ihm sagen, wenn es etwas richtig oder falsch liest und versuchen, es zu korrigieren. Aber es sieht so aus, als müßte der Rest von innen kommen. Man kann das Verständnis nicht „auslösen“, bevor es da ist. Hingegen ist die Verminderung von Ungewißheit ein wirkungsvoller, selektiver Faktor für das Lernen. Darüber hinaus ist das Auffinden einer Ordnung, eines Musters, einer Struktur höherer Ordnung oder einer Regel sehr wirkungsvoll für die kognitive Ökonomie. Die Selbstregulation des kognitiven Prozesses (wahrnehmungsmäßig, gedächtnismäßig und konzeptuell) scheint auf Ökonomie zu zielen. Die Invarianten, das am besten strukturierende Prinzip, die am besten anwendbare Regel, werden automatisch bevorzugt und behalten. Das Fortschreiten vom Chaos zur Ordnung wirkt belohnend. Es gilt darum als Prinzip festzuhalten, daß man dem Kind das Material so präsentieren sollte, daß es darin Ordnung finden und diese gebrauchen kann.

Das Lesenlernen von Wörtern

Was muß gelernt werden?

Das erste Problem, das sich hier stellt, betrifft das, was überhaupt gelernt werden muß. In diesem Kapitel geht es um die Frage, was muß auf den ersten Stufen der Lesefertigkeit gelernt werden. Der Leser mag hier einwenden: Doch nicht etwa Wörter? Wollen wir nicht, daß die Kinder Sätze, Zeitungsnotizen, Geschichten und Zettel, worauf die Mutter z. B. geschrieben hat, wann der Hund hinausgelassen werden muß, lesen lernen? Natürlich wollen wir das, und wir beginnen auch damit. Aber die Sätze müssen in Wörter unterteilt werden, damit man daraus Informationen gewinnen kann. Nach SHANKWEILER und LIBERMAN (1972) besteht die hauptsächliche Barriere gegenüber dem Lesen nicht im Lesen von Texten, sondern „im Umgang mit Wörtern und deren Komponenten". Das Lesen ohne zu verstehen, sagen die Autoren, ist eine Konsequenz des mangelhaften Lesens der Wörter und nicht umgekehrt.

Wie geschieht das aber? Das Kind muß erstens auf die graphische Information und ihre Verbindung mit der Bedeutung, welche sie enthält, achten lernen. Untersuchungen der frühen Lesefehler zeigen, daß diese Ausrichtung der Aufmerksamkeit nicht automatisch geschieht. Zum zweiten muß das Kind die Zuordnungsregeln lernen, welche das phonologische mit dem orthographischen System verbinden. Da im Englischen nicht einfach ein Buchstabe einen Laut repräsentiert, müssen die beiden Systeme auf einem komplexeren Niveau miteinander verbunden werden. Die Einheit des „Kodierens", wie manche sagen, stellt ein Problem dar, das wir weiter unten behandeln werden. Dessen Lösung verlangt, daß man mit Einheiten auf mehr als einem Niveau umzugehen lernt. Wenn neue Wörter gelesen werden sollen, müssen Relationen innerhalb der Wörter analysiert werden, und dies geschieht bei manchen Kindern nicht einfach automatisch. Schließlich müssen die Strukturen der Wörter untereinander verbunden werden. Sie bilden „Familien". Deren Kenntnis erleichtert den Prozeß wesentlich. Wir werden die entsprechende Forschung über das Lernen dieser Beziehungen vorstellen.

Wie steht es mit der Bedeutung der Wörter? Können wir annehmen, daß sie automatisch mit der „Dekodierung" des Lautes kommt, weil das Kind schon über ein entwickeltes, semantisches System verfügt? Die übliche, oft ausgedrückte Meinung geht dahin, daß das Kind die Bedeutung direkt überträgt, wenn es die „phonetische Transkription" produziert. Ein Beispiel: „Die Beziehung zwischen dem LAD („Language Acquisition Device", „Sprach-Erwerbs-Modell") und dem Lesen besteht darin, daß am Verstehen der auditiven Stimuli dieselben Gehirnfunktionen wie am Lesen beteiligt sind. Nachdem der Laut einmal aus den visuellen Symbolen der Sprache dekodiert ist, d.h. wenn das Kind die Wörter in einem Satz erkannt hat, gewinnt es deren Bedeutung genauso wie aus der gesprochenen Sprache. Es wird oft nicht erkannt, daß das Kind, das den Laut einmal dekodiert hat, dieses spontan erworbene Wissen (das LAD beschreibt) benützt" (CALLAWAY 1970, S. 6).

Diese Bemerkung scheint uns zu einfach zu sein. Es ist wahr, daß die Bedeutung der Wörter für die Kinder von großer Wichtigkeit ist. Sie achten beim Lesenlernen mehr darauf, als auf die phonetischen oder graphischen Merkmale des Wortes. Aber das bedeutet nicht, daß die Kinder ein fertiges Programm für das Herauslösen der Bedeutung aus dem geschriebenen Wort haben. Der folgende Abschnitt über frühe Lesefehler wird klären, auf welche Art und Weise die Kinder die Bedeutung benützen, wenn die Leseschulung begonnen hat.

Die Entwicklung der Beachtung der graphischen Information, basierend auf der Interpretation früher Lesefehler

Gewöhnlich werden die lesenlernenden Kinder angehalten, laut zu lesen, damit der Lehrer ihre Fortschritte überwachen kann. Über die Vorteile des stillen oder lauten Lesens ist oft diskutiert worden. Der geübte Leser liest normalerweise für sich selber. Man hat infrage gestellt, daß das laute Lesen etwas zu einem effizienten, stillen Lesen beiträgt. Wie dem auch sei, das laute Lesen kann dem Lehrer Einsicht in die Fortschritte des Kindes geben. Die Lesefehler – speziell wenn sie anders als einfach auf „richtig – falsch" hin analysiert werden – können Auskunft über die Lesestrategie der Kinder geben und die Art der Information aufdecken, welche der Leser erfaßt oder zu erfassen lernt (WEBER 1968, S. 98). Diese Verhaltensfehler ermöglichen also Einsicht in die Strategien und Prozesse, welche die Lerner implizit gebrauchen.

In diesem Abschnitt befassen wir uns mit dem Lesenlernen auf der Basis der Lesefehler, welche Kinder machen. WEBER (1968) hat einen Überblick über die Literatur, die es zu diesem Problem gibt, gegeben. Die Autorin behandelt zuerst die Frage nach der Beziehung zwischen dem lauten und dem leisen Lesen. Viele standardisierte Leseleistungstests enthalten Subtests des lauten Lesens (SHANKWEILER & LIBERMANN 1972). Bei den beiden Arten des Lesens unterscheiden sich die Augenbewegungsmuster. Beim stillen Lesen gibt es weniger Augenfixierungen, kürzere Pausen und weniger Regressionen (für eine detaillierte Diskussion der Augenbewegung siehe Kapitel 10). Bei Erwachsenen besteht gewöhnlich eine hohe Korrelation zwischen dem Verständnis beim lauten und leisen Lesen. Einige Forscher sind der Ansicht, das leise Lesen sei für Leseanfänger die schwierigere Aufgabe. Für unsere Absicht ist die detaillierte Diskussion jedoch nicht sehr relevant, weil wir an jenen Strategien interessiert sind, welche wir am lauten Lesen untersuchen können, unabhängig davon, ob die beiden Modi exakt dieselben Fertigkeiten betreffen.

WEBER fand heraus, daß sich bis vor kurzem die meisten Schemata für die Klassifikation der Lesefehler auf Buchstaben und Wörter konzentrierten. Damit wurde die Rolle der Fehler in Sätzen und Diskursen lange Zeit ignoriert. Zudem unterscheiden sich die Klassifikationen voneinander, was einen Vergleich der Studien beinahe unmöglich macht. Es besteht Übereinstimmung darin, daß die meisten Lesefehler Substitutionen sind, d.h. daß das Kind ein anderes als das geschriebene Wort liest. Doch hat man bis vor kurzem die graphische Beziehung zwischen dem geschriebenen und dem gelesenen Wort nicht analysiert. Das Kind, welches die graphische Vorlage *„drei"* als *„frei"* liest, sagt uns etwas anderes über seinen Leseprozeß, als wenn es *„gestern"* sagt. Die Reaktion *„vier"* auf die geschriebene *„drei"* gibt uns nochmals eine andere Information über die Lesestrategie des Kindes.

Aufgrund dieser Überlegungen wandte sich WEBER (1968) dem Studium der Fehler im Kontext von Sätzen zu, und zwar bei Erstkläßlern. Sie schreibt:

> „Falsche Reaktionen wurden mehr als isolierte Einheiten denn als Elemente grammatikalischer Satzkonstruktionen betrachtet, welche hierarchisch geordnet sind. Falsche Reaktionen werden gewöhnlich als Hinweis auf wahrnehmungsmäßige Ungenauigkeiten oder als Nachweis eines mageren Repertoires von Wortbildern aufgefaßt und nicht als Reaktionen des Lesers, die auf seine Erwartungen und auf sein implizites Wissen um grammatikalische Strukturen zurückgehen" (S. 113).

WEBER (1970) studierte die Fehler, welche zwei Klassen von Schülern des ersten Schuljahres machten. Sie klassierte die falsch gelese-

Tabelle 9–1. Typen von Lesefehlern

Typ	geschriebenes Wort/Reaktion
1. Substitution	funny/family (lustig/Familie)
2. Auslassung	the *black* umbrella/the umbrella (der schwarze Regenschirm/der Regenschirm
3. Einfügung	down the creek/down **to** the creek (den Bach hinunter/zum Bach hinunter)
4. Flüchtigkeit	In went the animals/In they all went (Die Tiere gingen hinein/Sie alle gingen hinein)

Aus: WEBER 1970, S. 151.

Tabelle 9–2. Prozentsatz und Häufigkeit der Fehlertypen

Klasse		Substitution	Auslassung	Einfügung	Flüchtigkeit	Total
1	%	79,9	8,5	9,2	2,4	100
	N	(856)	(91)	(99)	(26)	(1072)
2	%	93,9	3,2	2,6	0,2	99,9
	N	(818)	(28)	(23)	(2)	(871)

Aus: WEBER 1970, S. 151.

nen Wörter, wie es in Tabelle 9–1 dargestellt ist. Tabelle 9–2 gibt die Häufigkeit der Fehlertypen wieder. Der weitaus häufigste Fehler war die Substitution eines Wortes für das tatsächlich geschriebene. Die Sätze wurden auf ihre Grammatikalität und auf ihre Sinnhaftigkeit *bis zum Auftreten des Fehlers* hin analysiert, wobei der Sinn nicht unbedingt der vom Autor intendierte zu sein brauchte. In beiden Gruppen waren die Sätze mit den Irrtümern zu 90% grammatikalisch richtig und, was mehr zählt, die Beachtung des vorangehenden Kontextes änderte wenig an der Lesefertigkeit der Kinder.

> „Diese Resultate stützen also die Charakterisierung eines schwachen Lesers als „Wort-für-Wort-Leser“ nicht. Sie legen vielmehr den Schluß nahe, daß Kinder, ungeachtet ihrer potentiellen Leselernfähigkeit, eine fundamentale linguistische Fähigkeit mitbringen, welche in ihrer Rigidität die Reaktionen in eine begrenzte Klasse von gewohnten Sprachstrukturen drängt“ (WEBER 1970, S. 153–154).

Wir können uns damit der Frage zuwenden, wie diese mächtige Tendenz, einen bedeutungsvollen Satz hervorzubringen, mit der graphischen Vorlage interagiert. Der Satz „Spot[3] kann mir helfen" („spot can help me") mag, um zwei Beispiele zu geben, fehlerhaft als „Spot kann hören" („spot can hear") oder „Spot kann sehen" („spot can see") gelesen werden. In beiden Fällen ist der Kontext akzeptabel. Aber beim ersten Beispiel ist die graphische Ähnlichkeit zwischen *helfen* und *hören* offensichtlich größer als beim zweiten zwischen *helfen* und *sehen.* WEBER konstruierte einen Index der graphischen Ähnlichkeit, wobei sie die gemeinsamen Buchstaben, die Anzahl der Buchstaben, die Position der ähnlichen Buchstaben im geschriebenen und falsch gelesenen Wort usw. berücksichtigte.

Wir erinnern daran, daß über 90% der Substitutionen grammatikalisch akzeptabel waren. Damit bleibt nur eine kleine Anzahl von Fehlern, bei denen die graphische Ähnlichkeit zur Vorlage zur Grammatikalität in Beziehung gesetzt werden kann. Bei beiden Gruppen und bei verschiedenen Fähigkeitsgruppen waren die ungrammatikalischen Fehler graphisch dem gedruckten Text ähnlicher als die Fehler, welche durch eine falsche Interpretation der Bedeutung zustande gekommen waren. Für die Erstkläßler scheinen hier zwei inkompatible Aufgaben vorzuliegen. Die Suche nach Bedeutung war stark, führte aber zu einer ungenauen Auffassung der geschriebenen Wörter. Die Beachtung der graphischen Gestalt des Wortes – die viel seltener war – führte zu grammatikalischen Fehlern. Die Kinder benutzten nur eine der beiden Informationsquellen. Wir werden später auf die Entwicklung der Integration dieser beiden Informationsarten zu sprechen kommen.

Die Fehler, welche zu akzeptablen Sätzen führen, können – müssen aber nicht – für die Fortsetzung des Satzes bedeutungsvoll sein.

Geschriebener Satz: Er sagte: „Kann ich Dir helfen?" („Can I help you?")

Gelesen als: Er sagte: „Komm ich Dir helfen?" („Come, I help you.") (WEBER 1970, S. 154.)

Wenn der Fehler die Bedeutung des Satzes bis zum Schluß nicht störte, tendierten die Kinder dazu, ihn zu ignorieren, obwohl 30% der Kinder korrigierend den Satz wiederholten. Obwohl es WEBER nicht sagt, müssen diese Kinder Information aus dem Kontext des Satzes benützt haben, weil der Satz selber, der Fehler und alles, vollständig akzeptabel war. Wenn der Irrtum einen ungrammatikalischen Satz

[3] „Spot" ist ein Hundename (Anm. des Übers.).

nach sich zog, wurden ungefähr 60% der Fehler korrigiert; 31% der ungrammatikalischen Sätze wurden ohne Korrektur toleriert. In diesem Punkt, und zum ersten Mal bei den Daten von WEBER, unterschieden sich gute und schlechte Leser. Die guten Leser korrigierten ungefähr doppelt so viele Fehler, wenn dieser einen bedeutungslosen Satz nach sich zog.

Die Resultate von WEBER zeigen also an, daß die Kinder bereits zu Beginn des Lesens auf die Struktur der Sätze achten, welche sie produzieren. Die jungen Leser streben sinnvolle und grammatikalische Sätze an. Sie operieren unter der Annahme, daß die Sätze, welche sie lesen, Bedeutung haben. Diese Annahme gilt für gute wie für schlechte Leser. Die graphische Vorlage spielt gegenüber der grammatikalischen Annehmbarkeit eine sekundäre Rolle.

Der junge Leser sollte also früher oder später die Taktik wählen, das zu lesen, was wirklich geschrieben steht, und nicht das, was er erfindet. BIEMILLER (1970), der mit denselben Kindern arbeitete wie WEBER, entdeckte eine entwicklungsmäßige Sequenz des Lesenlernens, welche von der Erfindung über die Beachtung der graphischen Vorlage zur Integration dieser beiden Strategien führte.

BIEMILLER bemerkte, daß an einem gewissen Punkt der ersten Klasse die meisten Kinder anhalten und dann das Wort auslassen, das sie nicht lesen können. In ihrer Studie ignorierte WEBER diese Fehler (non response errors). Einige wenige Kinder lesen von Anfang an gemäß dieser Strategie; viele reagieren, wie WEBER dies beschreibt, sie sagen etwas Vernünftiges, aber nicht, was da steht. Die Kinder treten in die „Nichtreaktionsperiode" zu verschiedenen Zeitpunkten in der 1. Klasse ein und bleiben während längeren oder kürzeren Perioden dabei. BIEMILLER definierte die Nichtreaktionsperiode als solche, in welcher mehr als 50% der Fehler stille Überprüfungen sind. In einfachen Worten kann man sagen: die Leseanfänger beginnen mit einer Strategie, derzufolge jedes Wort, das einen akzeptablen Satz ergibt, ausgesprochen wird; dann merkt es, daß das, was es sagt, eine Beziehung zum Text haben muß, oder es ist unfähig, den Text zu dekodieren, und es bleibt darum still; endlich, mit zunehmender Fähigkeit des Dekodierens liest es ein Wort, das eine Beziehung zur graphischen Vorlage hat. Fehler, welche an diesem Punkt auftreten, verlangen vom Kind einigen Scharfsinn. Es sagt ein Wort, das *sowohl* im Kontext des Satzes einen Sinn gibt, *als auch* der graphischen Vorlage des gedruckten Wortes gleicht.

Die Hypothese von BIEMILLER wurde im großen und ganzen bestätigt. Er verglich die drei Perioden, Prä-Nicht-Reaktion, Nicht-Reaktion und Post-Nicht-Reaktion, miteinander. Da in der Nicht-Reaktionsperiode schätzungsweise 50% Fehler von diesem Typ gemacht werden, blieben in dieser Periode immer noch genügend Fehler, welche analysiert werden konnten. In allen drei Perioden waren die kontextuellen Fehler der Art, wie WEBER sie beschrieb, am häufigsten. Die Anzahl der graphischen Substitutionen, die zeigen, daß die Kinder die graphische Vorlage mindestens teilweise beachten, stieg in den drei Perioden an. Recht auffällig „waren 70% der graphisch ähnlichen Substitutionen, welche von den Kindern der Nach-Nichtreaktionsstufe gemacht wurden, mit dem Kontext im Einklang ... In der Nach-Nichtreaktionsphase war die größte Veränderung in Richtung der Substitutionsfehler, welche sowohl mit dem Kontext als auch mit der graphischen Vorlage verbunden waren" (S. 89). Demzufolge achteten die Kinder nun sowohl auf den Kontext des Satzes als auch auf die Schreibweise der Wörter. Interessanterweise waren ungefähr 90% der Substitutionen Wörter, welche den Kindern irgendwo beim Lesen sonst schon begegnet waren. Die Taktik schien also zu sein, es beim Raten mit einem Wort zu versuchen, das man vorher schon gesehen hatte. Könnte dies sein, weil Lesebücher für die erste Klasse häufig Repetitionen eines kleinen Vokabulars aufweisen?

Die Phasen von BIEMILLER sind zweifelsohne durch die Art des Leseunterrichts, welchen die Kinder erhalten, beeinflußt. In beiden Klassenzimmern betonten die Lehrer sowohl die Bedeutung als auch die Dekodierungsaspekte des Lesens. Schottische Kinder, welche ein stärker analytisches Training bekommen als amerikanische, machten mehr Fehler, welche die Bedeutung eines Satzes änderten. Sie beachteten also die kontextuelle Information weniger als die amerikanischen (ELDER 1966). ILG und AMES (1950) berichten von Resultaten, welche, oberflächlich gesehen, denjenigen BIEMILLERS widersprechen. Die Substitutionsfehler der Kinder von sieben Jahren waren mit der graphischen Vorlage verbunden. Aber im Alter von neun Jahren traten mehr bedeutungsvolle Substitutionen auf. Es ist schwierig, diese Resultate zu interpretieren, ohne die Details der Leseinstruktion zu kennen. Die Kinder in BIEMILLERS Versuchen waren sechs Jahre alt. Obwohl die Fehler, welche auf einer graphischen Ähnlichkeit basierten, gegen das Ende des Jahres zunahmen, waren die kontextuellen Fehler während des ganzen Jahres die häufigsten.

Die Resultate von BIEMILLER haben einen gewissen praktischen Wert für die Diagnostik. Kinder, welche früh in die Nichtreaktionsphase eintreten, sind am Ende des ersten Jahres erfolgreichere Leser. Viele Kinder beginnen die Schule mit der Meinung, das Lesen sei das

Sprechen von Worten vor offenen Büchern. Diese Meinung ist nicht unsinnig. Je früher jedoch das Kind merkt, daß das, was es sagt, von dem Geschriebenen bestimmt ist, um so besser ist die Prognose hinsichtlich der Leseleistung.

Das Lesen eines verbundenen Diskurses ergibt Fehler, welche die Bedeutung des Satzes bis zum Auftreten des Fehlers erhalten. Welcher Art sind aber die Fehler, wenn man die Wörter in einer Liste präsentiert? Kehren die Kinder beispielsweise Buchstaben oder Wörter um? Sogar in einer Wortliste kann die Umkehrung von Buchstaben wie *b* und *d* sinnlose Formen bringen, und wir haben den starken Zug nach bedeutungsvollen Substitutionen gesehen. Umkehrbare Wörter wie *seid* und *dies, Esel* und *Lese* usw. (*saw* und *was, raw* und *war* usw.) können sinnvolle Fehler verursachen. So könnten Fehler im Anfangs- oder Schlußteil solcher Wörter erscheinen. Es gilt auch zu beachten, daß im mittleren Teil der Wörter Vokale vorherrschen, welche wohl eher zu Fehlern Anlaß geben als Konsonanten. SHANKWEILER und LIEBERMAN (1972) testeten diese Hypothesen mit Grundschulkindern der zweiten und dritten Klasse. Die Umkehrungen machten nur einen kleinen Teil der Fehlermenge aus. Zudem waren die Umkehrfehler nicht reliabel, d. h. man konnte die einzelnen Kinder nicht als konsistent zu Umkehrfehlern neigend charakterisieren. Das stellt die Hypothese in Frage, daß die Leseschwäche auf eine persistente Tendenz des retardierten Lesers zu einer Umkehrung von Buchstaben oder Buchstabenreihen in Wörtern zurückzuführen sei. Schließlich erschienen die Fehler bei umkehrbaren Buchstaben weniger häufig, wenn allein die Buchstaben kurz gezeigt wurden, als wenn diese in Wörtern steckten.

Beim Lesen von Wörtern wurden am wenigsten Fehler bei den Anfangskonsonanten, gefolgt von Schlußkonsonanten und am meisten bei den mittleren Vokalen gemacht. Die Sequenz Anfang-Schluß-Mittelteil wurde für die Häufigkeit von Lesefehlern oft dokumentiert. Ausgenommen bei einer Gruppe von Kindern, deren Lesefähigkeit so problematisch war, daß sie klinisch behandelt werden mußten, hing die Fehlerquelle nachweisbar nicht von der Lesefähigkeit ab. Wichtig ist noch anzumerken, daß die Kinder, welche bei den Wortlisten Fehler machten, meistens ein reales und nicht ein sinnloses Wort substituierten.

Aus dem Studium des Lesens einzelner Wörter bei Erwachsenen und Kindern kann man viel lernen. Indessen verlangt der normale Leseprozeß eine Extraktion von Information aus einem verbundenen Text. Die Fähigkeit, Wörter zu lesen, kann unter bestimmten Umständen die Qualität des Lesens eines Textes voraussagen (SHANKWEILER & LIEBERMAN 1972; WEBER 1968). Bedeutungsvolle Prosa kann dem Leser vielerlei Information vermitteln, welche ihn befähigt, ein Wort zu lesen, obwohl er es einzeln nicht hätte lesen können. Erst-, Zweit- und Drittkläßler konnten in einem Prosatext viel mehr Wörter lesen, als wenn dieselben Wörter in Listen vorlagen (GOODMAN 1965). Diese Fähigkeit nahm mit den Schuljahren zu. Die Schüler der dritten Klasse waren an die graphische Natur der Wörter gebunden. Wie bereits bei WEBER (1970), korrigierten die Kinder Fehler, welche zu ungrammatikalischen Sätzen führten, indem sie neu ansetzten und den Satz in eine bedeutungsvolle Form brachten. In einem der wenigen Fälle, in welchem GOODMAN diese Korrektur nicht fand, war das Kind mit der Dekodierung eines schwierigen Wortes beschäftigt und verlor dabei die Bedeutung der ganzen Passage. Man muß hier noch anfügen, daß die Ansichten GOODMANS stark von seiner Aversion gegen eine starke unterrichtliche Einflußnahme auf das Dekodieren geprägt sind.

Kurz zusammengefaßt, können wir aus dem Studium der frühen Lesefehler lernen, daß es junge Kinder schwierig finden, sowohl auf die syntaktisch-semantische als auch auf die graphische Information zu achten.

Zuordnungsregeln und Dekodierung

Man hat oft gesagt, das Alphabet sei eine Chiffre für die Phoneme der Sprechlaute. Sollte in diesem Fall nicht daraus folgen, daß das Lesen einfach eine Dekodierung in Sprachlaute ist und das Lesenlernen einfach darin besteht zu merken, welcher Laut mit welchem Buchstaben einhergeht? Das Lesen ist oft als Dekodierung definiert worden; man hat gesagt, daß man Kindern im Alter von sechs Jahren, welche die phonetische Segmentierung kennen, nichts weiteres als die Buchstaben-Phonem-Zuordnung beibringen müsse. Als Beispiel dafür mag das folgende Zitat von BLOOMFIELD (1942) gelten:

> „Damit man alphabetische Schrift lesen kann, muß man die Laute der eigenen Sprache gewohnheitsmäßig produzieren können, wenn man die geschriebenen Zeichen sieht, die konventionell die Phoneme repräsentieren" (S. 128).
>
> „Die Buchstaben des Alphabetes sind Zeichen, welche uns zur Produktion der Laute unserer Sprache anleiten" (S. 129).

Man beachte ebenso die folgende Aussage von FRIES (1962):

> „Der Prozeß des Lesenlernens der Muttersprache ist der *Prozeß des Transfers* von den auditiven Zeichen für Sprachsignale, welche das

Kind bereits gelernt hat, auf neue visuelle Zeichen für dieselben Signale" (S. 120).

Eine gemäßigtere Formulierung, aber unserer Ansicht nach immer noch eine Dekodierungs-Ansicht, findet sich bei VENEZKY (1972a): „Das Lesen ist die Übersetzung von Schrift in eine Sprachform, aus der der Leser bereits Bedeutung gewinnen kann" (S. 1). VENEZKY warnt, daß eine einfache Dekodierung aus der Schrift in Sprache selber noch nicht Lesen ist, da man Texte fremder Sprachen aussprechen kann, ohne diese zu verstehen. Obwohl sich diese Ansicht von der bloßen Dekodierung distanziert, befriedigt sie uns doch noch nicht. Sie scheint nämlich trotz der gemachten Einschränkung zu meinen, der Lernprozeß involviere keine bedeutungsvollen Relationen, sondern stelle eine Art mechanische Überführung dar, ob man diese Dekodierung nennt oder nicht. Von dieser Annahme ist es nur ein Schritt zu einer S-R Formel: Die geschriebenen Buchstaben sind Stimuli, die Laute sind Reaktionen, und beide sind willkürlich durch einen Gedächtnisprozeß miteinander verbunden. (Wir müssen anfügen, daß VENEZKY diesen Sprung nicht macht. Er impliziert keine spezielle Lerntheorie.)

Da wir uns von einer S-R Theorie distanziert haben, werden wir nicht von graphischen Stimuli und damit assoziierten gesprochenen Reaktionen reden. Unserer Ansicht nach spricht man besser von linguistischer Information, welche auf zwei Arten repräsentiert werden kann, nämlich phonetisch und graphisch. Diese beiden Systeme bilden einander (gegenseitig) ab, und zwar nicht notwendigerweise Stück für Stück, sondern durch Zuordnungsregeln. Das englische Schreibsystem bildet die Laute nicht ab, indem einzelne Buchstaben einzelne Phoneme repräsentieren. Auch kann man selten ein Wort anhand eines einfachen phonetischen Kodes buchstabieren. Aus diesem Grund müssen wir von Abbildungsregeln sprechen, welche oft an Bedingungen geknüpft sind und gewöhnlich größere Einheiten als einzelne Buchstaben und einzelne Phoneme (welche nicht unabhängig ausgesprochen werden können) einbeziehen. Was macht in diesem Fall ein Kind, wenn es zu lesen beginnt?

Wir haben im Abschnitt über die frühen Lesefehler gesehen, daß Kinder Bedeutungen kennen und den Kontext verwenden, um ein Wort zu erraten. Oft produzieren sie dann ein Wort, das keine graphische Ähnlichkeit mit demjenigen des Textes aufweist. Später basieren dann die Fehler oft auf der graphischen Ähnlichkeit, ob sie nun sinnvoll sind oder nicht. Das zeigt, daß das Kind gelernt hat, auf die graphische Information zu achten – eine Phase welche es zu einem gewissen Zeitpunkt durchlaufen muß – und daß es noch nicht fähig ist, graphische und semantisch-syntaktische Merkmale parallel zu verarbeiten. Wir wollen nicht, daß das Kind in einer Phase der alleinigen Beschäftigung mit der graphischen Information stecken bleibt und einfach Sprache von sich gibt, sogar wenn es dies mit Leichtigkeit tut. Wir glauben, daß die Art des Unterrichtens des Abbildungssystems das Ergebnis beeinflussen kann und argumentieren für einen Prozeß, der auf mehreren Niveaus verläuft. Wir zielen dabei nicht auf schnelle Resultate, sondern auf möglichst viel Transfer auf neues Material und eine parallele Verarbeitung der Informationsmerkmale eines Wortes (graphische Details, graphische Struktur, semantischer Inhalt usw.) ab. Wie beginnen wir?

SAMUELS (1970c, 1971) hat aus konventioneller Sicht heraus formuliert, das paarweise Assoziationslernen sei der grundlegende Prozeß, welcher beim frühen Erwerb der Lesefertigkeiten beteiligt ist. Er sagt:

> „In den frühen Stufen des Lesenlernens gibt es verschiedene Fertigkeiten, die ein Kind meistern muß. In der Hauptsache handelt es sich dabei um das Lernen von paarweisen Assoziationen. Beispielsweise wird vom Kind verlangt, Buchstabennamen, Buchstabenlaute, Graphemgruppenlaute und mündliche Reaktionen auf ganze Wörter zu lernen. Bei jeder dieser Aufgaben bekommt der Schüler einen geschriebenen, verbalen Stimulus, wobei er lernen muß, eine verbale Reaktion zu assoziieren" (SAMUELS 1971, S. 1).
>
> „Wenn der Reiz und die passende Reaktion miteinander verknüpft sind, können wir sagen, der Lerner sei fähig, das Wort zu lesen oder wiederzuerkennen, d.h., bei der Präsentation eines Stimulus das korrekte Wort zu sagen" (SAMUELS 1970c, S. 25).

Letzteres wird als „Verknüpfungs- oder Assoziationsstufe" bezeichnet. SAMUELS hob hervor, daß das paarweise Assoziationslernen nicht einfach aus einem einstufigen Prozeß besteht, sondern Aufmerksamkeit auf unterscheidende graphische Merkmale, wahrnehmungsmäßiges Lernen, visuelles und auditives Gedächtnis und vermittelnde Stufen umfaßt. Er betonte auch die Rolle von „Gedächtnisstrategien, wie z.B. die Feststellung relevanter Merkmalsunterschiede der Stimuli, und die Fähigkeit, diese im visuellen Gedächtnis zu enkodieren" (SAMUELS 1971, S. 7). Er betont die Wichtigkeit der Verbesserung dieser Wiedererkennungs-Strategien für das Lernen der relevanten paarweisen Assoziationen, weil er die Fähigkeit des Wiedererkennens eines Stimulus, der schon vorher präsentiert worden ist, als grundlegend für das paarweise Assoziationslernen erachtet. Wenn der Lernende auf die relevante Stimulusinformation achtet, sollte die Verbindung mit der Reaktion (vorausgesetzt die Reaktion konnte bereits produziert werden) schnell geschehen.

Die meisten dieser Argumente sind experimentell erhärtet. Dabei muß angefügt werden, daß die Reaktionen vom Lerner nicht einfach „abgegeben", sondern auch verstanden werden sollten. Es ist für einen Lernenden wenig sinnvoll, den richtigen Laut zu sagen, wenn man ihm die Buchstabenverbindung *sh* zeigt. Die Reaktion wird in diesem Fall weder behalten noch in neuen Situationen angewendet.

So weit gehen wir mit dieser Ansicht einig, allerdings unter der Voraussetzung, daß man die S-R Terminologie aufgibt und an deren Stelle von der Abbildung eines Repräsentationssystems auf einem anderen spricht. Aber es gibt hier noch einige wichtige Probleme. Welches sind die unterscheidenden Merkmale, welche der Lerner beachten sollte? Wie kommen diese „Aufmerksamkeitsstrategien" ins Spiel? Wie groß sollen die Stimuluseinheiten (und die korrespondierenden Abbildungen) sein, welche wir für die Beachtung auswählen – Buchstaben, Wörter, Sätze? Mit anderen Worten: Mit Einheiten welchen Niveaus soll sich das Kind beim Lernen der Abbildungsregeln der gesprochenen und geschriebenen Sprache befassen? Zuerst muß dies entschieden werden, denn die Informationsmerkmale sind auf den verschiedenen Niveaus der Segmentierung verschieden. Darum muß die geeignete Aufmerksamkeitsstrategie ebenso unterschiedlich sein.

Die verschiedenen Niveaus, auf welchen die gesprochene und die geschriebene Sprache abgebildet werden kann, reicht vom Diskurs über Sätze zu Worten, und von diesen zu Morphemen und Silben. Wir haben ausgeführt, daß im Englischen die einzelnen Buchstaben nicht genau einem Laut entsprechen, sogar wenn man nur ein einzelnes Phonem aussprechen muß (und im Falle der meisten Konsonanten kann man dies nicht). Es gibt innerhalb der Silben untergeordnete Einheiten. Speziell das Englische ist durch viele zusammenhängende Konsonantengruppen charakterisiert. Die Zusammenhänge (constraints) korrespondieren mit phonologischen Zusammenhängen. Aber besser als von der Zuordnung eines Elementes zu einem andern zu sprechen, beschreibt man die Relationen als konditional oder regelhaft. Wie bekommen wir dieses Zuordnungssystem in den Griff?

Die alte Kontroverse um die Ganzwort- und die analytische (phonics) Methode machte (zumindest oberflächlich) die Annahme, daß nur eine Einheit gewählt werden muß. Die Vertreter der Ganzwort-Methode argumentierten, die Sinnhaftigkeit gehe mit der Reduktion des Lernprozesses (paarweise Assoziation natürlich) auf kleinere Einheiten verloren. Die Vertreter der analytischen Methode argumentierten, daß das Lernen von ganzen Worten keinen Transfer auf neue Wörter bringe, daß es notwendigerweise „logographisch" sei, und viele Vorteile des alphabetischen Schreibsystems damit verloren gehen. Darum sollte man ihrer Ansicht nach die Buchstaben-Laut-Zuordnung lehren und dem Kind beibringen, diese zu Wörtern zu „verbinden". Aber man kann aus *b-a-t* nicht drei einzelne Phoneme machen: Es kommen fünf[4] heraus, und wie kann man diese zu „bat" verbinden?

Einige Sprachen, speziell das Japanische, können gut in eine kleine Anzahl Silben aufgeteilt werden. Die Silben können dort als eine Einheit ausgesprochen werden. Die Segmentierung in Silben kann darum mit einer phonetischen Methode erfolgen. Die Kinder lernen die Segmentierung der Wörter in Silben leicht. Sie könnten wahrscheinlich anhand einer Analyse der Silben der geschriebenen und gesprochenen Wörter leicht lernen, daß die Schreibweise phonetisch mit dem Sprechen verbunden ist. Die Silben kommen in mehreren Wörtern vor, so daß auch eine gewisse Basis für einen Transfer vorhanden wäre. (Dies trifft für das Englische weniger zu, da die Anzahl der Silben ungefähr 4000 beträgt.) GLEITMAN und ROZIN (1973) arbeiteten ein großes Unterrichtsexperiment aus, mit welchem sie amerikanischen Kindern, mit einer Silben-Methode beginnend, das Lesen beibrachten. Sie überlegten, daß das fundamentale konzeptuale Problem des Lesens „das Bewußtsein der phonologischen Segmentierung" und die Beachtung der Laute der Sprache als Schlüssel zur Bedeutung sei. Beide Probleme können ihrer Ansicht nach für das Kind vereinfacht werden, wenn man mit Lauteinheiten beginnt, die leicht aus einem Wort herausgelöst werden können und umgekehrt gut kombinierbar sind, um ein Wort zu bilden.

GLEITMAN und ROZIN erstellten ein Silbenverzeichnis von 60 Silben. Die Silben wurden mit Bildern (pictographs) wie in einem Bilderrätsel kombiniert, wobei der Laut des Bildernamens für die Silbe stand. So repräsentierte zum Beispiel das Bild einer Biene (englisch: bee) die Silbe *be*. Die Abbildung 9–2 zeigt ein Beispiel, das Kindergartenklassen in Philadelphia gezeigt wurde. Den Kindern wurde beigebracht, Wörter in Silben aufzuteilen. Man zeigte ihnen Bilder von Wörtern, welche einfache Silben (z. B. *can*, Büchse) waren, und die Wortbilder von einsilbigen Wörtern (z. B. *the*). Die Karten wur-

[4] bə-a-tə.

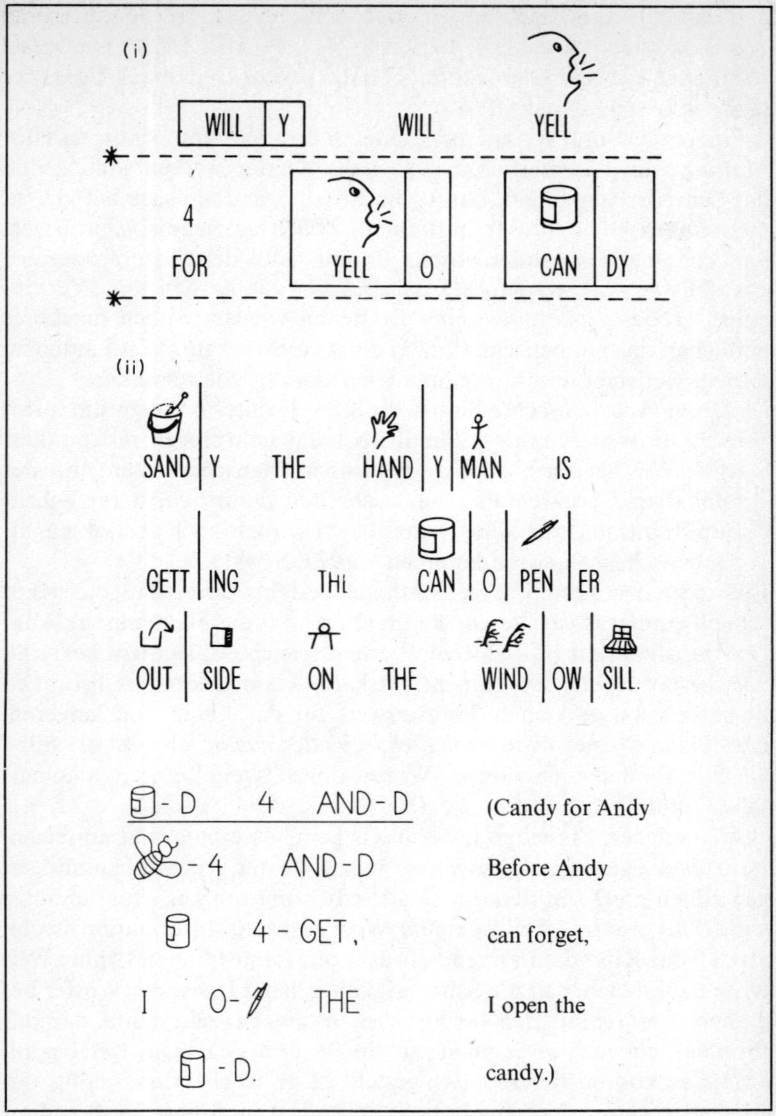

Abbildung 9–2. Beispiel des Rebusprinzips, das mit Kindergartenklassen in Philadelphia angewendet wurde. Aus: GLEITMAN und ROZIN 1973, S. 467, 471.

den dann in eine Reihe angeordnet, und der Satz wurde „gelesen". Wenn möglich, wurde ein Bild und eine geschriebene Silbe mehrmals redundant benützt. Die Autoren berichten, daß die Kinder diese Methode sehr schnell begriffen.

Gleitman und Rozin betrachteten ihre Verfahren nur als Hinführung zum Lesenlernen, bei dem die Kinder merken sollten, daß das Schreibsystem „dem Lautstrom folgt". Das Englische hat viel zu viele Silben, als daß diese mit einem Silbenverzeichnis gelernt werden könnten. Das alphabetische Prinzip muß den Autoren zufolge ebenfalls gelernt werden. Sie nahmen an, das Lernen des „Verbindens" größerer phonologischer Einheiten wie der Silben mache es einfacher, das phonetische Prinzip der Verschmelzung von Lauten zu lernen, vielleicht durch spontane Übertragung. Sie schreiben:

> „Unser Ansatz möchte diesen Prozeß erleichtern, indem die historische Entwicklung des Schreibens beim Lehrprozeß rekapituliert wird: Wir beginnen (wie es die frühen Menschen taten) mit der bildhaften Repräsentation und schreiten dann Schritt für Schritt zum Rebus und zur Silbe weiter, bevor wir zur hoch abstrakten, alphabetischen Notation kommen" (1973, S. 481).

Ein spezieller Vorteil ihrer Methode besteht darin, daß das Kind schnell einmal etwas „lesen" kann. Ob sie auf die phonemische Analyse transferierbar ist und deren Lernen erleichtert, ist nicht bekannt; das diesbezügliche Experiment hat keine klaren Resultate gebracht. Sicherlich hat es keinen Transferwert für das Lesen von längeren, einsilbigen Wörtern wie *strong, church* oder *quaint,* obwohl die Silbe als eine Einheit mehrsilbiger Wörter ohne Zweifel eine psychologische Realität ist.

Mit welchen Einheiten müssen wir beim Leseunterricht einsetzen, wenn es die genannten Einwände gegen Wörter, Buchstaben und sogar Silben gibt? Mit dem Satz? Sicherlich müssen zugleich die Sätze eingeführt werden, weil in einem Wort zu wenig Information steckt, als daß das Kind daran irgend etwas Interessantes finden könnte. Wir wissen aber auch, daß die Schwierigkeiten beim Lesen der Wörter beginnen. Der Schluß, den wir hier ziehen müssen, geht dahin, daß das Problem, ein ideales Segment zu finden und sich beim Lesebeginn darauf zu konzentrieren, falsch gestellt ist. Es ist ein Ansatz nötig, der sich auf mehrere Niveaus bezieht. Was das Kind liest, muß bedeutungsvoll und nicht zu schwierig sein. Was auch immer das Segment sei, es muß das ökonomischste sein, das ein Leser verarbeiten kann. Der Umgang damit muß auf neue Wörter transferiert werden können. Ein Kind kann zwar fähig sein, einen Satz zu lesen, indem es einfach die ersten Buchstaben der Wörter erfaßt (ein Kind oder irgend jemand anders wird den kleinsten funktionierenden Hinweisreiz benützen), aber dann würde kein Transfer auf andere Wörter oder Sätze erfolgen. Wir wollen echte Information in echten Sätzen präsentieren – damit beginnen und damit enden –, aber dazwischen bemühen wir uns um die Analyse auf der Seite des Kindes. Darum muß das Lesenlernen bereits am Anfang Sätze enthalten, sogar wenn das Kind dabei etwas raten muß. Es muß auch das Lernen des Segmentierens von Wörtern einschließen. Die in den Sätzen enthaltenen Wörter müssen oft mehrsilbig sein, da die Zerlegung in Silben einfach ist und zur Idee der Analyse hinführen mag. Es können gut Wörter wie *Cowboy* und *Sonntag* vorkommen. Das Kind lernt dabei etwas über die im Wort enthaltenen morphemischen Segmente. Das letzte ist wichtig, weil die englische Orthographie morphophonemisch und nicht nur phonemisch ist. Dann muß die Analyse der Silben selber erfolgen, nicht einfach Buchstabe um Buchstabe, sondern als als zusammengehörende Buchstabenregeln und -muster. Wie eine Lektion auch immer aussehen mag, sie muß unserer Ansicht nach mit etwas Bedeutungsvollem enden (siehe die Diskussion über das letzte experimentelle Programm, das wir in diesem Kapitel vorstellen).

Analyse der Relationen innerhalb des Wortes

Es gibt gute Nachweise, daß eine Analyse der Relationen innerhalb des Wortes für den Transfer auf neue Wörter nötig ist. BISHOP (1964) bearbeitete dieses Problem mit College-Studenten im 2. Jahr, welche als Versuchspersonen in einem simulierten Leselernexperiment agierten. Verschiedene Gruppen von Versuchspersonen bekamen ein Training mit einer Ganzwortmethode oder mit einer Buchstabenmethode (component-letter method), mit arabischen Wörtern, Buchstaben und entsprechender Wort- und Phonem-Aussprache. Nach dem Training wurden neue Wörter zum Lernen vorgesetzt, welche die Neukombination der bereits gelernten Komponenten verlangte. Abbildung 9–3 zeigt Trainings- und Transfer-Wörter und gibt deren Aussprache an. Die Gruppe, welche mit der Buchstabenmethode gelernt hatte, zeigte einen signifikanten Transfer. Die Ganzwortgruppe zeigte auch einen solchen. Die Versuchspersonen wurden am Schluß auf ihre Kenntnis der enthaltenen Graphem-Phonem-Zuordnung geprüft. Es stellte sich heraus, daß der gesamte Transfer, welchen die Personen der Ganzwortgruppe (12 von 20) erreicht hatten, von den Versuchspersonen selbständig aus den Komponenten induziert wor-

Trainings-wörter	Phonetische Symbole	Transfer-wörter	Phonetische Symbole
و ر ا ف	fa:ru:	ى ر ى م	mi:ri:
ى د ا ف	fa:di:	و ت و م	mu:tu:
ا ف ى ت	ti:fa:	ا ش و ك	ko:sa:
ى ن و ت	tu:ni:	ى ف ا ك	ka:fi:
ا ش ى ش	si:sa:	ا ف ى ن	ni:fa:
ى م ى ش	si:mi:	ى د ا ن	na:di:
ى ف ا د	da:fi:	ا ش ى ر	ri:sa:
و ك و د	do:ko:	ى ف ى ر	ri:fi:

Abbildung 9–3. Trainings- und Transferwörter, die in einem simulierten Leselernexperiment verwendet wurden.
Aus: Bishop 1964, S. 216.

den war, ohne daß man ihnen dies beigebracht hätte. Obwohl mehr als die Hälfte der Versuchspersonen in diesem Experiment die untergeordneten Zuordnungsregeln selber herausgefunden hatten, kann man nicht annehmen, daß auch Kinder dies tun können. Tatsächlich gibt es Nachweise dafür (Bowden, 1911), daß viele Kinder dies nicht tun.

Ein Experiment, das mit demjenigen von Bishop vergleichbar ist, wurde von Jeffrey und Samuels (1967) mit sechs Jahre alten Kindern durchgeführt. Die Autoren benützten künstliche Grapheme und aus einem Konsonanten und einem Vokal bestehende englische Wörter. Wieder kam heraus, daß nur dann ein Transfer stattfand, wenn ein Training mit den enthaltenen korrespondierenden Komponenten durchgeführt worden war. Die Kinder bekamen ein Training des „phonischen Verbindens“ (phonic blending). Bei der Gruppe, die mit der Ganzwortmethode trainiert worden war, wurde beinahe keine Zuordnung der Komponenten induziert. Es muß allerdings gesagt werden, daß das Training nur aus einer kurzen Sitzung bestand. Eine dritte Studie (Marsh & Sherman 1970) mit jüngeren Kindern fand einen Transfer vom Lernen ausgesprochener (sounded-out) Wörter auf das Lernen sowohl isolierter Buchstaben-Laut- als auch Ganzwort-Beziehungen, aber so gut wie keinen Transfer zwischen den beiden Zuordnungen.

Akzeptiert man die Tatsache, daß ein durchschnittliches Kind nicht automatisch die enthaltenen Buchstaben-Laut-Korrespondenzen ganzer Wörter induziert und daß es im Englischen sowieso wenige eindeutige Buchstaben-Laut-Korrespondenzen gibt, so muß man sich fragen, was beim Lesenlernen mit welchem Resultat ausprobiert worden ist. Am häufigsten hat man versucht, dem Kind einzelne Phoneme beizubringen und diese dann bei vorgelegten Buchstabenreihen „verbinden" zu lassen (das b-a-t-Paradigma). Eine Studie des auditiven Verbindens von CHALL, ROSWELL und BLUMENTHAL (1963) zeigt, daß diese Fertigkeit von der ersten bis zur vierten Klasse positiv mit der Fertigkeit des lauten und leisen Lesens, speziell aber mit dem lauten, korreliert. Der Examinator sprach die Komponenten der Wörter (z. B. m-a-p) vor und fragte das Kind, welches Wort es höre. Die positive Korrelation mit der Leseleistung (ungefähr .60) ist eindrucksvoll und interessant, aber es gibt keinen Nachweis einer kausalen Beziehung. Wir können nur schließen, daß bessere Leser offensichtlich das Prinzip der phonetischen Analyse verstehen.

Wir haben bereits die mit dieser Methode verbundenen Probleme behandelt, welche VENEZKY (1972a) wie folgt zusammenfaßt:

> „... wir haben keine Erklärung dafür, wie eine verschmolzene Einheit aus unabhängigen Einheiten entsteht, wenn die unabhängigen Einheiten einzeln ausgesprochen werden können. Die Aussprache einiger verschmolzener Formen ist signifikant anders als diejenigen für die unabhängigen Einheiten, welche diese formen. D. h. sogar wenn die einzelnen Einheiten ohne Pause artikuliert werden können, ist das Resultat nicht eine verschmolzene Einheit" (S. 17).

Kurz: Die Aufgabe ist sehr künstlich, und wenn das Kind deren Idee begreift, ist es sehr wahrscheinlich von allein in der Lage, die Buchstaben-Laut-Relationen zu induzieren. GLEITMAN und ROZIN (1973, S. 457) sagen es so: „Wenn der Lehrer das Kind auffordert, solche Einheiten zusammenzusetzen (die Laute so auszusprechen, als ob man die Trennungslinie zwischen ihnen wegstreichen würde), ist dies irgendwie gleichbedeutend, das Kind aufzufordern zu wissen, „wie man liest".

Bei der Natur der englischen Grammatik sind die „Buchstaben-Laut-Generalisierungen" angesichts der verschiedenen Buchstaben-Laut-Beziehungen eines einzelnen Buchstabens schwierig zu unterrichten und von zweifelhaftem Wert. BLOOMFIELD (1942) schlug vor, daß zuerst nur die „regelmäßigen" Buchstaben-Laut-Beziehungen gelehrt werden und man später zu den „unregelmäßigen" fortschreite. Das Programm von BLOOMFIELD und BARNHART (1963) folgt weitgehend diesem System. Es ist sicherlich nicht ganz konsequent durchführbar, weil die Kinder Sätze in Geschichten lesen, in denen Wörter wie *the* und *to* wichtig sind. Das Kind wird mit der Variabilität nicht vertraut gemacht, es wird weder in die morphophonemischen Prinzipien der englischen Orthographie eingeführt noch in dessen Bedingungs- und Regelsystem. Wäre es, auf die Dauer gesehen, nicht besser, daß man das Kind in das System einführt, wie es wirklich ist?

Wenn das Kind spezifische Buchstaben-Laut-Korrespondenzen lernt und diese dann auf neue Wörter überträgt, muß es sie dann mittels einer Methode des paarweisen Assoziierens lernen? Gibt es nicht eine gewisse Hoffnung, daß das Kind diese Korrespondenzen selber erschließen kann, wenn man ihm einige Wörter vorgibt, welche so ausgewählt sind, daß sie die Abstraktion der Zuordnung erleichtern. D. h.: kann es diese Invariante aus einem variablen Kontext isolieren? SILBERMANN (1964) konstruierte ein sich wiederholendes (iteratives) Leseprogramm, das so angelegt war, daß die Kinder laut Kombinationen von vier Anfangskonsonanten (*f, r, s,* und *n*) und vier Vokal-Konsonant-Wortendungen (*an, it, at* und *in*) lesen mußten. Es wurde angenommen, daß die Kinder automatisch die internen Korrespondenzen induzieren würden, wenn man ihnen genügend Übungsmöglichkeiten mit einer Auswahl von kontrastierenden, möglichen Kombinationen (z. B. *fan-sin, sat-fat, ran-fan* usw.) gab. Es sollte dann fähig sein, die neuen Invarianten auf neue Kombinationen zu übertragen, welche nicht unterrichtet worden waren (z. B. *rat*). Die Kinder stammten aus einer ersten Klasse eines ärmlichen Quartiers und gehörten zum untersten Quartil eines Lesebereitschaftstestes. Sie zeigten keinen automatischen Transfer, wenn man ihnen innerhalb des Trainingsprogrammes keine speziellen Übungen des Dekodierens neuer Wörter gab. Das Lehren einzelner Laute und deren Verbindung war nicht erfolgreich. Die Kinder brauchten Übungen in der Generalisierung der Dekodierungsfertigkeit. Nachdem man sie durchgeführt hatte, wurden neue Wörter tatsächlich besser gelesen. Die Kinder übertrugen nun die Relationen auf ein neues Wort, aber eine Übung der Transferstrategie selber war vorher nötig gewesen.

SKAILAND (1971) verglich eine relationale mit zwei nicht-relationalen Strategien. Wie SILBERMAN wählte sie die Versuchspersonen aus Familien mit einem sehr tiefen ökonomischen Status in einem Kindergarten aus. Die Autorin brachte vier Gruppen von Kindern gemäß vier Darbietungsformen 28 Wörter und Silben bei. Pro Woche gab es zwei Lektionen à 15 Minuten. Das gesamte Training dauerte

10 Wochen. In einer Trainingsperiode wurden zwei bis vier Wörter oder Silben präsentiert. Eine Gruppe, die sogenannte Ganzwortgruppe, bekam immer zwei Wörter auf einer Karte vorgesetzt, wobei diese niemals einen Buchstaben gemeinsam hatten (z. B. *tap* und *rub*). Der Versuchsleiter sprach die Wörter vor, und die Kinder sprachen sie nach – entweder simultan oder nachfolgend. Eine zweite Gruppe befolgte eine sogenannte „Graphem-Phonem-Methode". Sie sahen die gleichen Karten wie die Ganzwortgruppe, aber die Laute der Buchstaben wurden ihnen einzeln vorgesprochen. Nachher wurden die Buchstaben zu Wörtern oder Silben zusammengesetzt. Die Versuchspersonen versuchten, die Laute und Wörter mit oder nach dem Versuchsleiter zu sprechen.

Die anderen beiden Methoden präsentierten die Wörter als Muster. In der dritten Gruppe wurden Wörter mit ähnlichen Sprech/Schreibmustern vorgelegt (z. B. *tap* und *nap*). Die Versuchspersonen sprachen das erste Wort mit oder nach dem Versuchsleiter aus und versuchten dann, das zweite zu identifizieren. Wenn sie dies nicht konnten, sprach man es ihnen vor. In der vierten Gruppe wurden kontrastive, voraussagbare Sprech/Schreibmuster in Paaren präsentiert (z. B. *tap* und *tape*). Dieselben Muster erschienen auch bei anderen Wörtern (z. B. *hat* und *hate*). Wieder wurden die Kinder ermutigt, selber das zweite Wort zu lesen.

Nach den 20 Lehrperioden wurden zwei Nach-Tests durchgeführt. In einem wurde die Wiederholung aller Wörter und Silben, welche unterrichtet worden waren, verlangt. Der andere bestand aus einem Transfer-Test, in welchem die Kinder aufgefordert wurden, 26 neue Wörter und Silben auszusprechen, welche dieselben Korrespondenzregeln aufwiesen wie die Wörter und Silben, die vorher unterrichtet worden waren. Jedes Wort und jede Silbe unterschied sich aber in einem Buchstaben.

Der Wiederholungs-Test zeigte einen klaren Unterschied. Die beiden Gruppen, welche die Wörter in einem relationalen Muster präsentiert bekommen hatten (entweder ähnlich oder kontrastiv), waren signifikant besser als die beiden anderen. Sie erinnerten sich durchschnittlich an doppelt so viele Wörter und Silben. Der Transfer-Test erzielte bei allen Gruppen wenig Resultate. Die Kinder, die Muster gelernt hatten, waren besser als die anderen, aber die Differenz war statistisch nicht signifikant.

Obwohl aus diesen beiden Experimenten kein klarer Nachweis einer Induktion oder eines Transfers hervorging, scheint die Bevorzugung der relationalen Buchstabiermuster und regelähnlichen internen Wortstrukturen gegenüber einem Ganzwort- oder Buchstaben-um-Buchstaben-Lernen, einem paarweisen Assoziieren, doch angezeigt. Die Trainingsperioden waren kurz, die Kinder sehr jung und aus speziell benachteiligten Gruppen ausgewählt. Wir wenden uns nun einigen Studien zu, welche mit älteren Kindern durchgeführt wurden und das Lernen von Regeln und Mustern betreffen.

Das Lernen der Wortstrukturen

Man kann die wortinternen Relationen auch unter einem anderen Gesichtspunkt, demjenigen des Lernens der Wortstrukturen, her analysieren: Das Wort kann als Einheit genommen werden, und es können die regelähnlichen Relationen darin und mit anderen Wörtern betont werden, die es zu einer höhergeordneten Einheit machen, die mehr ist als eine zufällige Buchstabenreihe. Die Orthographie ist eine Art Grammatik. Sie hat Regeln, die stark generalisierbar sind und sich von einzelnen Buchstaben-Laut-Korrespondenzen abheben. Können die Kinder diese lernen, wie früh, und wie tun sie das?

VENEZKY, der die englische Orthographie und ihre Beziehung zu der Aussprache (VENEZKY, 1970a) untersucht hat, und seine Kollegen haben eine Reihe von Tests über die Fähigkeit des Generalisierens voraussagbarer Korrespondenzregeln ausgearbeitet. Sie konstruierten eine Gruppe von künstlichen Wörtern (Pseudowörter, welche aus Buchstabenreihen bestanden und keine Bedeutung hatten). Einige davon enthielten regelmäßige Buchstaben-Laut-Korrespondenzregeln (spelling-to-sound correspondence rules), aber einige davon hatten keine regelmäßigen Zuordnungen (CALFEE, VENEZKY & CHAPMAN 1969). Zu den ausgewählten regelmäßigen Mustern gehörte das Schlußmuster *e*, das Anfangsmuster *c* und andere, weniger häufige. Das künstliche Wort *cabe* testete beispielsweise beide Muster und das Wort *cipe* ebenfalls. Das *e* sagt dem Leser, daß der Vokal lang ist; das *c* vor dem *a* sagt ihm, daß das *c* als /*k*/ ausgesprochen wird; und das *c* vor dem *i* sagt ihm, daß das *c* als /*s*/ ausgesprochen wird. Es wurde auch eine Anzahl von Vokal-Digraphen getestet, wobei einige ziemlich regelmäßige Korrespondenzen (z.B. *neem*) und einige unregelmäßige (z.B. *houm*) aufwiesen. Die 40 synthetischen Wörter wurden Schülern einer dritten und einer fünften Klasse, High school-Studen-

---

Abbildung 9–4. Entwicklung der Fähigkeit, synthetische Wörter richtig auszusprechen. Von CALFEE, VENEZKY und CHAPMAN 1969, S. 42 und dem Forschungs- und Entwicklungszentrum für kognitives Lernen von Wisconsin. ▶

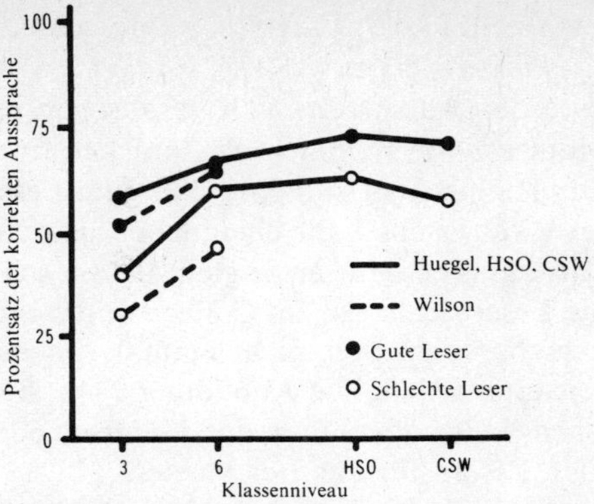

a. Prozentsatz der korrekten Aussprache der Vokale bei Schluß-e-Mustern.

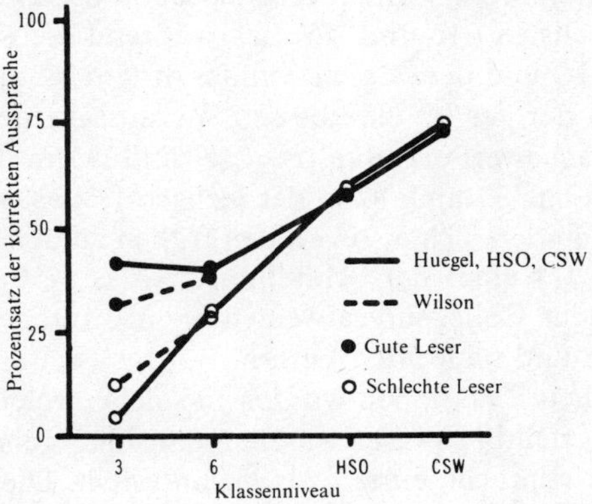

b. Prozentsatz der korrekten Aussprache eines von e oder i gefolgten c.

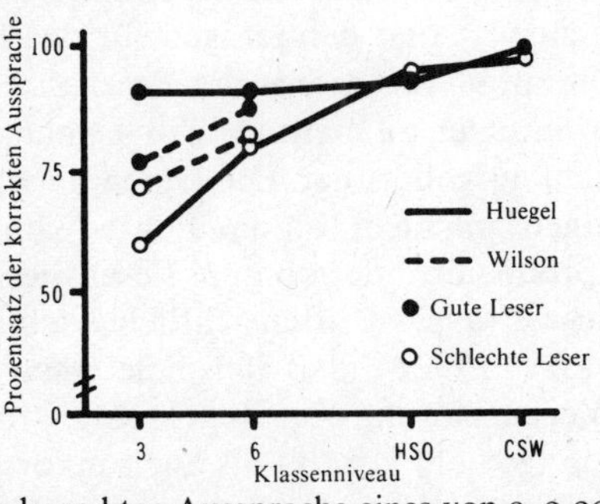

c. Prozentsatz der korrekten Aussprache eines von a, o oder u gefolgten c.

ten (11. und 12. Klasse) und College-Studenten zur Aussprache vorgelegt. Mit anderen Tests wurden gute und schlechte Leser in allen vier Gruppen identifiziert.

Die Analyse der Aussprache von voraussagbaren Mustern zeigt, daß der Prozentsatz von richtigen Ausspracheformen von der dritten Klasse bis zur High-school zunahm, daß gute Leser der dritten und sechsten Klasse konsistent wahrscheinlicher die richtigen Reaktionen auf die voraussagbaren Muster zeigten als die schlechten, daß gute und schlechte Leser sich sogar im College unterschieden und daß gewisse voraussagbaren Muster nicht einmal von den besten, älteren Lesern gemeistert wurden. Die Abbildung 9–4 a, b und c zeigt die altersgebundenen Leistungen und die Unterschiede zwischen guten und schlechten Lesern für die drei Muster.

Die Korrelationen zwischen Aussprache- und Leseniveau waren bei den Schülern der dritten Klasse (.66 und .52) hoch und bei solchen der sechsten (.16 und .46) tief, während die Korrelationen zwischen dem IQ und dem Lesen von der dritten bis zur sechsten Klasse anstieg, bei der der IQ eine bessere Voraussage der Leseleistung als der Ausprachewert erlaubte (r = .49 und .35 in der dritten Klasse, zunehmend auf .77 und .82 in der sechsten). Was erfolgreiches Lesen voraussagt, ändert sich also von den frühen zu den späteren Klassen. Mindestens für eines der Schlußmuster (das *e*-Muster) gibt es aber noch auf dem Collegeniveau einen signifikanten Unterschied zwischen guten und schlechten Lesern.

Die falschen Reaktionen wurden in solche, welche in einem anderen Kontext richtig gewesen wären, „plausible“ genannt, und in „wilde“ (z. B. Aussprache eines *c* als *m*) unterteilt. Die schlechten Leser gaben doppelt so viele „wilde“ Antworten als die guten, speziell in den jüngsten Gruppen. Obwohl die Korrelation zwischen dem erreichten Aussprachewert und demjenigen für das Lesen bei den höheren Klassen abnimmt, verbessern die Leser ihre Fähigkeit, Buchstaben-Laut-Zuordnungen zu meistern, lange noch, nachdem der formale Leseunterricht aufgehört hat. Die Daten dieser Studie sind Korrelationen und sagen uns nicht, ob das Lehren von spezifischen Mustern gute Leser produziert oder ob gute Leser diese automatisch selber erfassen. Diese Frage ist offensichtlich wichtig. Es gibt einige Hinweise (VENEZKY, 1972 a), daß Beispiele einen größeren Einfluß ausüben als die Verbalisierung von Regeln. Die große Tendenz, *c* als /*k*/ auszusprechen (sowohl korrekt als auch inkorrekt) kann mit der sehr kleinen Anzahl von Wörtern in den ersten Lesebüchern erklärt werden, bei denen das *c* von einem *e*, *i* oder *y* gefolgt wird.

In einer anderen Studie mit künstlichen Wörtern (VENEZKY & JOHNSON 1972) stellte sich eine hohe Korrelation zwischen der Kenntnis der Buchstaben-Laut-Korrespondenz und Maßen des Verständnisses bei der ersten Klasse (r = .76) und der dritten Klasse (r = .69) heraus. Die Autoren brachten vor, daß Kinder, welche mit einem analytischen (phonics) Programm lernen, beim Erfassen des Inhaltes eines geschriebenen Textes stark von Buchstaben-Laut-Korrespondenzen abhängig sind. Wenn die Buchstaben-Laut-Generalisierungen mehr und mehr beherrscht werden, kommen andere Faktoren – wie der Kontext – ins Spiel, und die Korrelation mit dem Verständnis wird kleiner. Ein interessantes Resultat aus dieser Studie betrifft den Unterschied zwischen dem Umgang mit einem *ce* am Anfang (z. B. in *cent*) oder am Schluß (z. B. in *face*). Die Aussprache als */k/*, die in der Anfangsposition bevorzugt vorkommt, kam in der Schlußposition nicht vor, was den Schluß nahelegt (ganz richtig, wie wir denken), daß das *ce* nicht einfach als eine Einheit behandelt wird, sondern daß konditionale Regeln (eine Buchstaben-Positions-Interaktion) ebenso wirksam sind. Eine spätere Arbeit, welche mit einer erweiterten Auswahl von Mustern durchgeführt wurde (VENEZKY, CHAPMAN & CALFEE 1972), stützte diese Generalisierung: Die Position des Buchstabens im Wort stellte sich als ein wichtiger Faktor heraus, und zwar bei beinahe allen Mustern. Die Autoren hoben die Wichtigkeit von Beispielen echter Wörter bei jedem Muster für die Leseprogramme hervor. Dies ist für die frühe Periode des Unterrichts wichtig, bevor inkorrekte Generalisierungen überhand nehmen können, die durch häufige Beispiele eines einzelnen Buchstabens mit nur einer einzelnen Art der Aussprache gefördert werden. Auch wir möchten hervorheben, daß die Struktur des Wortes wichtig ist und daß die Kinder darauf achten sollten. Gute Leser tun dies, indem sie Buchstaben in Gruppen und relationalen Kontexten verarbeiten.

Die Alphabet-Reformer[5] haben angenommen, das Verarbeiten der Wortstruktur d. h. der konditionalen Information, welche mehr als einen Buchstaben umfaßt, sei eine Behinderung des Lesens. Diese Annahme muß heute verworfen werden. VENEZKY (1972 b) untersuchte diese Frage mit finnischen Kindern der ersten bis dritten Klasse. (Finnisch wird von vielen als die Sprache betrachtet, welche die regelmäßigste Buchstaben-Laut-Korrespondenz aller Sprachen aufweist.) Die Kinder wurden aufgefordert, synthetische Wörter, die wie

---

[5] Reformer, die für das Englische ein Alphabet vorschlagen, das einfachere Zuordnungen von Schriftbild und Aussprache erlaubt. (Anm. d. Übers.)

finnische Wörter aussahen, laut zu lesen, wie dies in den bereits geschilderten Studien durchgeführt wurde. Die Kinder Finnlands treten mit sieben Jahren in die Schule ein. Das finnische Schreibsystem enthält 19 Buchstaben und ein Superskriptum. Darum ist ein Vergleich mit den oben referierten Arbeiten schwierig. Tatsächlich wurde am Ende der ersten Klasse die Buchstaben-Laut-Korrespondenz gut beherrscht (nahezu 80% korrekt). Der Lese-Wert, den jedes Kind am Ende des Jahres erzielte, wurde mit der Aussprache der synthetischen Wörter korreliert. Die Korrelationen rangierten von .508 (1. Klasse) über .528 (2. Klasse) bis zu .487 (3. Klasse). Die Korrelationen erklären nur ungefähr 25% der Varianz – trotz der großen Regelmäßigkeit (eins zu eins Buchstaben-Laut-Zuordnung) der Sprache. Die hohe Buchstaben-Laut-Fertigkeit an sich garantiert darum keine gute Lese- oder gar Dekodierfertigkeit. Die „Irregularität" der Orthographie ist nicht die Wurzel aller Leseprobleme, und solche Probleme sind auch in Finnland nicht unbekannt, wie VENEZKY berichtet. Man sagt von hochgebildeten Finnen, die fließend Englisch als zweite Sprache sprechen, sie läsen schneller Englisch als Finnisch. Die Redundanz des konditionalen Regelsystems des Englischen macht diese Aussage plausibel – sogar wenn sie eine Anekdote ist. Wenn die Regeln einmal internalisiert sind, wird nicht Buchstabe um Buchstabe gelesen.

Wenn man von der Wichtigkeit des Regelsystems ausgeht, muß man fragen, wie die Kinder die Buchstabiermuster und die konditionalen Regeln lernen. Durch Induktion? Indem man die Regeln verbalisiert? Durch Übung mit kontrastiven Mustern, wie dies FRIES empfiehlt? FRIES (1962) klassiert die Sprech/Schreibmuster in drei Hauptgruppen wie folgt:

1. Wörter mit einer Silbe und der generellen Form KVK (Konsonant, Vokal, Konsonant)

a) (K) VC *rat, bat, cat* (Anfangs-Kontrast)

b) K (V) K *bad, big, bed* (Mittel-Kontrast)

c) KV (K) *bad, bag, ban* (Schluß-Kontrast)

d) Digraphen *than, wish* (einzelne Phoneme, welche durch zwei Buchstaben gebildet werden)

e) Konsonanten-Gruppen (clusters) *splint, cramp, brand*[6]

[6] Nach FRIES (S. 174) können nur drei der 150 Konsonanten-Gruppen öfters im englischen Schreibsystem – sowohl am Anfang wie auch am Schluß eines Wortes – vorkommen: *sp, st* und *sk*. Die Informationsreduktion, welche man durch die Kenntnis dieser konditionalen Regel gewinnt, ist offensichtlich sowohl ökonomisch als auch eine gute, kontrastive Relation.

f) Verdoppelung des letzten Konsonanten bei f, s oder l; bei k geschrieben als ck: *back, fall, chess, cuff.*
FRIES kommentiert, daß alle oben genannten Sprech/Schreibmuster zur selben Gruppe gehören.

„Sie benützen alle einen der fünf Vokalbuchstaben unseres Alphabetes mit einem einzelnen Konsonantenbuchstaben *(top, pat; tip, pit)* oder zwei Konsonantenbuchstaben, die ein Konsonantenphonem *(sh, ch, th, ng)* repräsentieren, oder zwei bis fünf Konsonantenbuchstaben, welche eine Gruppe von zwei bis vier Konsonantenphonemen repräsentieren *(st-a-nd, str-a-nds, tw-e-lfths)* ... Die Wort-Muster, welche durch diese große Gruppe von Sprech/Schreibmustern gebildet werden, sind alles Einsilber. Aber diese Silben tauchen sehr oft als Teile mehrsilbiger Wörter auf ... Diese Gruppe der Sprech/Schreibmuster ist grundlegend für das gesamte englische Schreibsystem und muß sehr schnell und ohne Fehler von all jenen beherrscht werden, welche mit hoher Effizienz lesen" (S. 176ff.).

FRIES fährt mit der Warnung fort, daß nicht einzelne Buchstaben und Phoneme, sondern der *Kontrast* einer Gruppe von Buchstabiermustern mit einer anderen das Schriftbild regelmäßig mit der Lautbildung verbindet.

2. Wörter mit einer Silbe und der generellen Form KVK vs. KVKe, z.B. *can-cane, bid-bide, dot-dote, tub-tube, grad-grade.* Diese bilden eine andere, sehr produktive Gruppe von kontrastiven Mustern.

3. Buchstabiermuster mit einer eher geringeren Anwendung:

a) Buchstabiermuster, welche ein /i/ im Kontrast zu einem /ɛ/ enthalten *beat-bet, feed-fed*

b) Buchstabier-Muster-Kontraste mit /e/ *bat-bait, fly-flay*

c) Buchstabier-Muster-Kontraste mit /o/ und mit Diphtong /aʊ/ *god-goad, prod-proud.*

Es ist sicherlich sinnvoll, daß diese Muster internalisiert werden. Sie können dann automatisch in Einheiten verwendet werden, die größer sind als ein einzelner Buchstabe. Wie lernen die Kinder die Kontraste und wie generalisieren sie diese? FRIES streicht vor allem die Übung auf einer ersten Stufe hervor, welche er „Transfer von auditiven auf visuelle Zeichen für Sprachsignale" nennt. Er empfiehlt für den Unterricht wiederholte Übung und betont die Wichtigkeit kontrastiver Merkmale der Muster und das Aussprechen ganzer Wörter. Sein Ansatz behandelt also Wörter als ganze, aber er glaubt, daß der Sprech/Schreibmuster-Ansatz (spelling pattern approach) „die Verbindung zwischen alphabetischen Zeichen des Lesens und Laut-Muster der Rede fördert".

Wie kommt die automatische Abstraktion der „Bündel der kontrastiven graphischen Formen" der Schrift zustande, und wie wird sie über die gewöhnlichen Muster generalisiert? Die einfache Vermittlung dieser Kenntnisse durch eine verbale Beschreibung und Hervorhebung hat sich nicht als sehr wirksam herausgestellt. Zwei Hypothesen scheinen vernünftig zu sein. 1. Es muß eine Abstraktion eines invarianten Musters über viele verschiedene Kontexte hinweg durch einen Vergleich mit kontrastiven Mustern stattfinden; und 2. ein Lernset des Auffindens regelmäßiger Muster der Orthographie entwickelt sich nach und nach. Sollte man nun verbale Regeln beibringen wie z. B. „wenn zwei Vokale miteinander vorkommen, wird der erste ausgesprochen" („when two vowels go walking, the first one is talking"), oder gibt es einen besseren Weg? Sicherlich kann man mehr Transfer erwarten, wenn der Lernende selber erfolgreiche Lernschritte unternimmt. Aber wird er dies auch tun?

GIBSON, FARBER und SHEPELA (1967) versuchten, ein Lernprogramm zu entwickeln, welches auf die Vermittlung von Abstraktionsmöglichkeiten eines regelmäßigen Musters und die Entwicklung von Lernsets abzielte. Sie konstruierten eine große Anzahl von Problemen, die von den Versuchspersonen verlangten, daß sie positive von negativen Beispielen trennten, wie dies in einfachen Experimenten der Begriffsfindung gemacht wird. Alle Probleme hatten vier positive Beispiele, wobei jedes eine Gruppe von zwei Buchstaben in einer invarianten Position – am Anfang, in der Mitte oder am Schluß (z. B. *qu, es, ng*) oder ein separiertes Paar (wie das *e*-Muster, welches bei fünf Problemen erschien) – enthielt. Die anderen Buchstaben wechselten immer. Das Kind bekam ein Problem, das es sortieren mußte. Man sagte dem Kind bei der Präsentation des Problems, daß es ein negatives und ein positives Beispiel enthielt. Das Kind wurde korrigiert, wenn es einen Fehler machte. Bei einem Problem sortierte es viermal und ging dann zu einem anderen weiter, ob es das erste nun vollständig gelöst hatte oder nicht. Es wurde nicht aufgefordert, das Wort auszusprechen.

Dieses Trainingsprogramm wurde zuerst mit Kindern des Kindergartens und der ersten Klasse ausprobiert, welche während fünf Tagen je sechs Probleme bekamen. Die Aufgabe war für die Kindergartenkinder extrem schwierig. Nur eines von zwölfen entwickelte zweifelsfrei ein Lernset. Es konnte am fünften Tag *alle* neuen Probleme der ersten Sorte korrekt sortieren; ungefähr die Hälfte zeigte den

Nachweis, daß sie ein Lernset der Abstraktion von gewöhnlichen Mustern der Orthographie entwickelt hatten.

Es wurde nicht klar, ob diese Versuchspersonen wirklich ein Set der Suche nach einer invarianten Struktur über eine Serie von fünf Items entwickelt hatten oder ob sie bereits spezifischere Gewohnheiten im Verlauf der ersten Klasse gelernt hatten, welche bei diesem Versuch halfen. In einem weiteren Experiment wurde darum der Erfolg bei den Problemen der Schreibmuster mit dem Erfolg bei analogen Problemen, in welchen die Elemente jedoch farbige Chips anstatt Buchstaben waren, verglichen. Die Versuchspersonen in diesem Experiment waren Kinder der ersten und der dritten Klasse. Einige bekamen die farbigen Chips zuerst und die anderen Buchstaben. Für die Kinder der ersten Klasse waren die Farb- und Buchstabenmuster gleichermaßen (und sehr) schwierig; der Erfolg bei den Farbproblemen wurde jedoch auf die Buchstabenmuster transferiert. Bei den Drittkläßlern wurden die Buchstabenmuster viel leichter erfaßt als die Farbmuster, und die Farbprobleme wurden öfter gelöst, wenn sie auf die Buchstabenprobleme folgten als umgekehrt.

Es scheint, man könne, wenn auch nur schwer, das Suchen nach Strukturen entwickeln, der Transfer auf neue Probleme sei möglich und die Fähigkeit, Struktur im Buchstabenmuster zu entdecken nehme mit dem Alter und den Schuljahren zu. Es scheint auch, dies sei mehr als nur spezifisches Lernen, denn es übertrug sich auf die Farbmuster. Die Kinder der dritten Klasse fanden die invarianten Buchstabiermuster leicht. Folgte nachher ein analoger Versuch mit Farbmustern, so konnten die Kinder auch diese Probleme lösen. Das Auffinden einer ökonomischen Struktur ist nützlich, und wenn diese Kinder eine gefunden hatten, wiederholten sie ihre erfolgreiche Strategie auch beim neuen Material.

Wie kann man Kinder zum Auffinden einer Struktur, welche den Transfer auf neue Fälle erleichtert, anleiten? LOWENSTEIN (1969) verglich drei Vorgehensweisen in einem Experiment mit Kindern der ersten Klasse. Es wurde als „Sortiere-die-Post-Spiel" vorgestellt. Eine Gruppe bekam *keine* speziellen Hinweise oder Hilfen, wie das in den geschilderten Experimenten der Fall war. Eine Gruppe erhielt eine *spezifische* Hilfe. Wenn ein Problem zum ersten Mal präsentiert wurde, sagte der Versuchsleiter: „Ihr werdet Eure eigene Post herausfinden können, weil alle Eure Karten *diese beiden* Buchstaben enthalten". Dann wurden die beiden gemeinsamen Buchstaben gezeigt. Dieses Vorgehen wurde bei jedem Problem wiederholt. Einer dritten Gruppe sagte man: „Ihr werdet Eure eigene Post finden, weil Eure

Karten dieselben beiden Buchstaben enthalten“, aber man sagt ihnen nicht, welche Buchstaben es waren. Nach zwei Übungstagen hatten alle Versuchspersonen einen Nachtest durchzuführen, mit neuen Problemen, wobei keine weiteren Instruktionen gegeben wurden. Die Gruppe, welche spezifische Hilfe bekam, machte schon am ersten Tag des Trainings sehr wenige Fehler. Die Gruppe, welche wenig Hilfe erhalten hatte, machte viele, obzwar sich einige Kinder verbesserten. Die Gruppe schließlich, welche den generellen Hinweis bekommen hatte, machte zu Beginn mehr Fehler als diejenigen Kinder, welche spezifische Hilfe erhalten hatten. Sie verbesserten sich aber nach und nach, und der Nachtest hatte einen Median von Null Fehlern, wohingegen dieser bei der Gruppe, welche spezifische Hilfe erhalten hatte, auf 5.5 anstieg. Das waren mehr als fünf Mal so viele Fehler, als sie am ersten Tag gemacht hatten. Obwohl 70% der Versuchspersonen der „spezifischen“ Gruppe am zweiten Tag keine Fehler machten, waren es am dritten Tag, an dem der Nachtest durchgeführt wurde, nur noch 20% der Kinder. Aber von der Gruppe, welche die generelle Instruktion, nach invarianten Buchstabenmustern zu suchen, erhalten hatte, machten 40% am zweiten Tag und 60% am dritten Tag keine Fehler. Die Reaktions-Latenzen bestätigten diese Resultate. Die „spezifische“ Gruppe zeigte keine Änderung vom ersten bis zum dritten Tag, während die Gruppe, welche den generellen Hinweis erhalten hatte, eine stetige und signifikante Abnahme der Latenzzeit über alle drei Tage zeigte.

Man mag daraus schließen, daß die Erstkläßler auf der Basis der Präsenz oder Nichtpräsenz zweier spezifischer vorgezeigter Buchstaben leicht Wörter sortieren können. Aber es ist nicht diese Fähigkeit an sich, die zum Entdecken der gewöhnlichen Buchstabenmuster über die Items hinweg führt. Der Lernende muß selber nach invarianten Mustern suchen und eine Struktur entdecken, die auf neue Probleme transferiert werden kann. Versuchspersonen, die keine spezifische Instruktion oder Hinweise erhalten, gelangen unter Umständen von sich aus dahin. 20% der Versuchspersonen der Kontrollgruppen machten am dritten Tag keine Fehler (derselbe Prozentsatz wie bei der „spezifischen“ Gruppe am dritten Tag). Aber es war offensichtlich besser, wenn die Aufmerksamkeit auf die Suche nach invarianten Merkmalen in der Stimulusvorlage gerichtet wurde. Deren Auffinden schien zu einer Wiederholung der erfolgreichen Strategie und so zu einer konsistent sich verbessernden Leistung zu führen. Das ist Wahrnehmungslernen, nicht einfach das Erinnern von etwas. Das Lernen der Abstraktion der Buchstabenmuster erfordert eine aktive Teilnahme der Schüler und nicht das Erinnern oder einfach Vorzeigen einer verbalen Regel.

Nichtsdestoweniger entwickelte sich das Auffinden der gewöhnlichen Muster und das Generalisieren der Prinzipien bei diesen Erstkläßlern langsam. Es scheint möglich, daß das Lösen von Aufgaben, bei denen sich die Beachtung eines gemeinsamen Musters als effizient herausstellt, das Finden und Generalisieren der Prinzipien beschleunigt. GIBSON, POAG und RADER (1972) gaben Zweit- und Fünfkläßlern ein verbales Diskriminationstraining, bei welchem gemeinsame Sprech/Schreibmuster als vergleichende Prinzipien verwendet werden konnten, um die Diskrimination ökonomisch zu lernen. Beim Aufleuchten eines bestimmten Wortes auf einem Projektionsschirm drückte die Versuchsperson einen von zwei Knöpfen, der vom Versuchsleiter willkürlich als der für das gezeigte Wort korrekte gewählt und angegeben wurde. Die Reaktion wurde auf die übliche Art und Weise differenziell verstärkt. Es gab zwei Gruppen von Versuchspersonen und zwei Lernstufen (originales Lernen und Transfer). Eine Gruppe (E) sah in Stufe 1 Wörter, welche einander anhand der Sprech/Schreibmuster paarweise zugeordnet werden konnten (und anhand des Reimes, wenn man sie aussprach). Die Wörter waren *king* und *ring, yarn* und *barn.* Für die zwei Wörter eines sich reimenden Paares wurde derselbe Knopf als korrekt bezeichnet. Darum hatte die Versuchsperson dieser Gruppe nur zwei Dinge zu lernen, wenn sie das Sprech/Schreibmuster bemerkte und benützte. Die andere Gruppe (C) hatte vier Wörter, welche sich nicht reimten *(nose, king, bell, yarn)* und mußte darum vier willkürliche Wort-Knopf-Relationen lernen. Stufe 2 war für beide Gruppen gleich und der Stufe 1 der Gruppe E ähnlich. Die Wörter waren *boat* und *coat, cake* und *vake.* Nach zehn korrekten Reaktionen oder nach 60 Versuchen konnten die Versuchspersonen aufhören. Es wurde erwartet, daß die Versuchspersonen, welche in Stufe 1 mit dem vergleichenden Prinzip bekannt gemacht worden waren, dieses nun unmittelbar auf Stufe 2 übertragen würden und aufgrund bestimmter Kriterien vorgingen, sobald sie alle vier Wörter gesehen hatten.

Tabelle 9–3 zeigt die Ergebnisse in beiden Lernstufen unter den beiden experimentellen Bedingungen E und C für 4×10 kritische Aufgaben, beginnend mit der Darbietung des fünften Wortes. In Stufe 1 waren die Schüler der fünften Klasse signifikant besser als die der zweiten – wenn das ökonomische Sprech/Schreibmuster vorhanden, nicht aber, wenn es nicht vorhanden war. Mit anderen Worten: sie waren beim einfachen Lernen von vier Assoziationen nicht besser;

Tabelle 9–3. Anzahl und Prozente der Versuchspersonen, welche das Kriterium (10 korrekte Reaktionen pro Wort) vom 5. dargebotenen Wort an erreichten.

Klasse	Bedingung	Stufe 1	Stufe 2
2.	E	3 oder 20%	4 oder 26,6%
	C	0 oder 0%	2 oder 13%
5.	E	8 oder 53%	9 oder 60%
	C	1 oder 6,6%	8 oder 53%

sie waren besser, wo sie die ökonomische Information benutzen konnten. Die Schüler der fünften Klasse waren auch auf Stufe 2 besser, und zwar ungeachtet, welche Bedingung auf der Stufe 1 vorangegangen war. Die Schüler der zweiten Klasse lernten im Verlaufe der Versuche der Stufe 1 nicht, das Sprech/Schreibmuster zu benützen, und transferierten es auch nicht auf Stufe 2. Dasselbe traf auch auf die Schüler der fünften Klasse zu. Vergleicht man Stufe 1 und Stufe 2, so begannen in Stufe 1 53% sobald dies möglich war, anhand der Kriterien zu handeln, auf Stufe 2 waren es 60% – eine nicht signifikante Differenz. Man muß daraus schließen, daß das Kind entweder die Regel der Trainingsphase sofort anwendete oder es niemals tat.

Die Tatsache, daß die differenzielle Verstärkung in einem traditionellen Assoziationsversuch nicht zum Lernen der nützlichen Struktur des Musters führte, unterstreicht einmal mehr, was wir bereits gesagt haben. Der Lerner muß die nützliche Struktur selber entdecken; Zeit, Übungsgelegenheiten und aktive Suche sind dabei gleichermaßen notwendige Voraussetzungen.

Ein anderes Experiment scheint, aufs Ganze gesehen, zur gleichen, wenig hilfreichen Folgerung zu führen. FLETCHER (1973) führte eine ausgeklügelte Studie des Transfers von verschiedenen Darbietungen von Sprech/Schreibmustern durch. Er setzte computerunterstützte Instruktion ein. (Siehe den Abschnitt des computerunterstützen Leseprogrammes von Stanford am Schluß dieses Kapitels.) Schüler einer ersten Klasse wurden im Erkennen und Schreiben von Sprech/Schreibmustern trainiert. Das Training erstreckte sich über 8 Tage und wurde mit einem Transfertest abgeschlossen. Die Kinder waren an das Verfahren mit dem Computer bereits gewöhnt. Es gab vier experimentelle Trainingsbedingungen: (1) B, Übungen mit Sprech/

Schreibmustern am Anfang *und* am Schluß des Wortes (Muster mit 2 oder 3 Buchstaben, wie *ca-, cla-; -ad, -and*); (2) A, Übungen nur mit Anfangsmustern; (3) E, Übungen nur mit Endmustern; (4) N, Übungen, die weder die einen noch die anderen Muster aufwiesen (die Buchstabenmuster, welche im Training der Gruppe N benutzt wurden, enthielten weder die Anfangs- noch die Endmuster der Testwörter, obwohl oft dieselben einzelnen Buchstaben-Laut-Korrespondenz benützt wurden). In den ausgewählten Mustern waren alle fünf Vokale vertreten. Die Muster, welche zu Wörtern zusammengesetzt wurden, bildeten vier Konfigurationstypen: KVK, KKVK, KVKK und KKVKK. Die Übungen der Trainingsperiode schlossen das Kopieren (die Vorlage zeigte *an* und das Kind hörte: „Tippe *an* wie in *can*"), das Wiedererkennen (das Zielmuster und zwei Distraktoren wurden gezeigt und das Kind wählte das richtige Segment und tippte es, wenn es dazu aufgefordert wurde, z. B.: „Tippe *an* wie in *began*"), und das Bilden eines Wortes (die Vorlage zeigte das Zielbuchstabiermuster, zwei Distraktoren und einen Konsonanten oder eine Konsonantengruppe, z. B. *st,* und das Kind wurde z. B. aufgefordert: „Tippe *stan*").

Ein Kind bekam ein Training mit der Hälfte der Sprech/Schreibmuster, welche ihm zugeordnet waren. Am Schluß wurde es mit diesen und mit der andern Hälfte getestet, wobei alle möglichen Kombinationen von Anfangs- und Schlußkonsonanten-Mustern im Set vorhanden waren. Im Kriterientest, welcher von einem Versuchsleiter persönlich durchgeführt wurde, zeigte man die Muster in ganzen Konfigurationen, wobei die Hälfte Wörter und die Hälfte aussprechbare Nichtwörter waren und das Kind versuchte, diese laut zu lesen.

Die Resultate des kriterialen Tests zeigten, daß das Training mit dem B- und E-Treatment wirkungsvoller als dasjenige mit dem A- oder N-Treatment war. Die B- und E-Treatments waren gleich gut und das A- und N-Treatment gleich schlecht. Die Rolle der Konfigurationen der Einsilber wurde separat für Wörter und Nichtwörter getestet. In beiden Fällen war die Leistung bei KVK und KVKK-Mustern im Vergleich zu KKVK und KKVKK-Mustern besser. Die beiden besseren Konfigurationen unterschieden sich nicht voneinander, ebenso nicht die beiden schlechteren. Ein spezifisches Training mit dem A-Treatment zeigte einen etwas größeren Effekt bei Nichtwörtern des KKVK-Typs. In diesem Sinne war das vorangegangene Üben mit Buchstabiermustern am wirkungsvollsten, wenn es sich auf die E-Muster konzentrierte und dann A- und E-Muster kombinierte.

Jedoch war der Unterschied klein. Unter beiden Bedingungen wurden korrekt gelesen: Beide Muster 66%, Ende 63%, Anfang 68%, keines (N) 56% der Test-Wörter.

Die Resultate für Wörter und Nichtwörter im Test waren darum speziell interessant, weil man daran die Frage der Generalisierung der Trainingsmuster auf ein Item untersuchen konnte, welches nicht außerhalb der Trainingssituation hatte gelernt werden können. Bei allen vier Treatments schnitten die echten Wörter besser als die Nichtwörter ab. Die Hypothese war, daß dieser Effekt beim N-Treatment *größer* sein sollte. Tatsächlich war aber der Anteil der korrekten Wörter *kleiner;* das Gegenteil der Hypothese traf also zu. Der Unterschied zuungunsten der N-Gruppe ist klein und könnte auf Unterschiede bei der Auswahl der Items für die vier Gruppen zurückgehen. Aber es scheint, daß die Generalisierung auf die ungewohnten Nichtwort-Items auf die Leseerfahrung der Kinder außerhalb des Experimentes zurückging. Dieses unerwartete Resultat stellt den Wert eines solchen Trainings (der Generalisierung von Sprech/Schreibmustern auf neue Beispiele) in Frage. Auf jeden Fall kennen wir das ideale Vorgehen beim Unterrichten generalisierbarer Sprech/Schreibregeln noch nicht. Zwei Schlüsse sind möglich: Zum ersten ist es möglich, daß wir noch nicht genau wissen, was generalisiert werden kann; zum zweiten ist es möglich, daß – was auch immer es ist – das Kind es selber und nicht als Folge geplanten Übens lernt.

Das Problem, wie man einem Kind beibringen kann, Buchstabenmuster zu abstrahieren, muß offensichtlich noch weiter erforscht werden, denn nicht alle Kinder lernen es spontan (nicht einmal bis zum High-School Abschluß). Der Sortierversuch war eine bessere Übung als das Diskriminationslernen, und der Hinweis, nach einem klassifizierenden Prinzip zu suchen, half. Man könnte es mit einer Demonstration versuchen, welche von weiterem Suchen gefolgt würde (einer Lektion zur Schulung des Transfers einer Strategie) sowie kontrastive Muster zusammen und auch in Verbindung mit redundanten Lauten präsentieren. Jedoch sind Muster, welche von geübten Lesern automatisch verbunden werden, Leseanfängern nicht geläufig. Das wahrnehmungsmäßige Lernen und die generalisierende Abstraktion müssen erst noch stattfinden.

Es gibt eine kleine Gruppe von Experimenten, bei welchen versucht wurde, durch Redundanz die Buchstabenmuster hervorzuheben. Das Färben oder Unterstreichen gemeinsamer Merkmale ist eine zweifelhafte Übung (es sei denn, es werde sorgfältig und schrittweise reduziert), weil das geläufigere redundante Merkmal hervorstechen und das gewünschte ignoriert werden kann. KNAFLE (1971) berichtet, daß Färben und Unterstreichen bei einem Zuordnungsversuch „Muster-Reaktionen" förderte (zeigen auf eines von zwei Wörtern mit drei Buchstaben aufgrund der Ähnlichkeit mit einem Stimuluswort). Aber es gab keinen Nachweis, daß eine Versuchsperson irgend etwas abstrahierte. Das Aussprechen des Wortes, welches die Muster enthält, zusammen mit der (redundanten) visuellen Präsentation wurde ebenfalls versucht (natürlich auch in der Schule). Der Effekt ist bis heute nicht bekannt.

GIBSON, POAG und RADER (1972) fanden heraus, daß die Zuordnung von Bildern von Objekten mit sich reimenden Namen keinen Einfluß auf das oben geschilderte Diskriminationslernen hat. Es ist nicht nachgewiesen, daß das Vorsprechen eines Wortes oder die Aufforderung, es zu sprechen – eine harmlose Form der redundanten Präsentation – die Abstraktion der Muster wirklich fördert. Es ist auch möglich, daß durch die Richtung der Aufmerksamkeit auf die Bedeutung des Wortes die Schreibmuster nicht mehr richtig beachtet werden. Die Tatsache, daß schwache Signale bei Aufmerksamkeitsversuchen (vigilance tests) besser entdeckt werden, wenn sie redundant (sowohl visuell als auch oral) vermittelt werden, läßt einen Schluß auf den Wert der redundanten visuell-auditiven Darbietung für die Abstraktion der Muster zu. Alles, was man bis jetzt sagen kann, ist, daß für die Abstraktion von invarianten Mustern und die Optimierung des Transfers vielfältige Vorlagen, verschieden präsentiert und die verschiedene Forderungen stellen, die besten Lernmöglichkeiten zu bieten scheinen.

Wir tun gut daran, das Abstraktionsprinzip von W. JAMES in Erinnerung zu rufen, demzufolge die begleitenden Umstände variiert werden sollten. „*Was einmal mit dem einen und dann mit dem andern Ding assoziiert wird, tendiert dazu, sich von beiden zu dissoziieren und ein Objekt der abstrakten Betrachtung durch den Geist zu werden.* Man kann dies *das Gesetz der Dissoziation durch die Variation der begleitenden Umstände* nennen" (JAMES 1890, Bd. 1, S. 506). Das Einbetten der Buchstabenmuster in verschiedene Kontexte mag das originale Lernen beschleunigen oder nicht, es wird den Transfer fördern, und das ist das letzte Ziel.

Über das Wort hinaus

Wir haben vom Wort und seiner internen Redundanz als der großen Hürde beim Lesenlernen gesprochen. Wir wollen, daß das Kind die

Korrespondenzregeln zwischen den geschriebenen und den gesprochenen Wörtern, die ökonomischen Regelmäßigkeiten innerhalb des Systems, automatisch und mühelos kennen und gebrauchen lernt. Bei der Behandlung dieses Problems ist es aber entscheidend, daß man das Ziel des Lesens, die Gewinnung von Information aus einem Text, nicht aus den Augen verliert. Eine solche Information ist aber selten in einem einzelnen Wort enthalten, ausgenommen vielleicht in *Ja* und *Nein,* welche aber einen vorausgehenden Kontext benötigen, um sinnvoll zu sein. Es muß aber ein Sinn da sein, wenn das Kind einen Nutzen aus dem Lesen ziehen soll. Wir kehren nun zu unserem mehrdimensionalen Ansatz zurück. Man sollte den Kindern gleichzeitig Sätze und ganze Texte anbieten, verbunden mit Übungen der Abstraktion von kontrastiven Mustern und von Redundanzen innerhalb des Wortes. In beinahe allen Leseprogrammen wird als selbstverständlich angenommen, daß Sätze und Geschichten so attraktiv wie möglich und auf einem angepaßten Niveau präsentiert werden müssen. Wir bemühen uns darum, das Kind so leicht wie möglich zu einer parallelen Verarbeitung der Schreibweise und der Bedeutung zu führen.

Während es viele Kinder gibt, welche bereits bei der Identifizierung eines Wortes Schwierigkeiten haben und daher wenig verstehen, gibt es eine zweite Gruppe von Kindern, welche Wörter gut und schnell identifizieren, aber dennoch wenig verstehen – offensichtlich, weil Wörter als isolierte Einheiten und nicht als vom Kontext der Sätze und Nebensätze modifiziert betrachtet werden (CROMER, 1970). Diese Kinder lesen Wort für Wort und verarbeiten die Schreibweise und die Bedeutung nicht parallel.

Die oben gegebene Übersicht über die Lesefehler macht es klar, daß die doppelte Verarbeitung nicht leicht zustande kommt; der Leseanfänger achtet auf die Bedeutung oder auf die graphische Information und hat Mühe, beide gleichzeitig zu verarbeiten. Darum drängt sich die Frage auf, welches Material die Entwicklung der Verarbeitung beider Informationsarten optimiert. Texteinheiten welchen Typs und welcher Größe sollen präsentiert werden? Wie redundant sollte ein Text sein? Welcher Inhalt ist vorzuziehen? Sollten Bilder im Text eingeschlossen sein und wenn ja, was sollte ihre Funktion sein? Inwieweit sollten die Kinder das Lesematerial frei wählen und es selbständig durchlesen können, wenn sie dies wollen? Diese Fragen sind wenig experimentell erforscht worden, aber wir können wenigstens einiges Nachdenken darüber auslösen.

Welche Länge sollten Einheiten des Diskurses haben, wenn sie länger als ein Wort sein sollten? Welches sollte ihr Komplexitätsniveau sein? Es scheint klar, daß die Einheiten mindestens einen Satz umfassen sollten. Aber sollten sie vom „Renne, Dick, renne!"-Format sein? Es ist vorgeschlagen worden, die Länge eines Wortes und die Komplexität einer Satzstruktur solle in der ersten Klasse etwas unterhalb dem Niveau liegen, auf welchem die Kinder selber Wörter und Sätze produzieren, weil sie in die Mechanismen des Dekodierens verstrickt sind. Man hat auch argumentiert, die Sätze sollten sehr kurz sein, weil der Dekodierungsprozeß langsam ist. Wenn die Wörter aus dem Kurzzeitgedächtnis verlorengehen, bevor der Satz fertig ist, kann die Bedeutung nicht erfaßt werden. Diese Argumente mögen wahr sein, sie sind aber spekulativ.

Man kann ebenso das umgekehrte Argument vorbringen, demzufolge das Vokabular und die Satzstruktur auf der Stufe der Produktion und der Kenntnisse des Kindes behandelt werden sollten. Die Wörter sollten vertraut und nicht „Baby-Wörter" und die Satzstruktur so, wie es sie selbst braucht, weder zu stark vereinfacht noch geschraubt sein – damit die Botschaft optimal verstanden wird. In einigen Studien von STRICKLAND (1962) wurde die Angepaßtheit der gesprochenen Sprache der Kinder in bezug auf das Verstehen eines Lesetextes untersucht. STRICKLAND fand heraus, daß – mindestens in der zweiten und sechsten Klasse, welche untersucht wurden – viele Muster der gesprochenen Sätze, welche von Kindern verwendet wurden, auch in den Lesebüchern erschienen. BORMUTH (1966) fand heraus, daß die Ähnlichkeit von gesprochenen und geschriebenen Satzstrukturen mindestens bei schlechten Lesern ihr Verständnis verbesserte. RUDDELL (1964) prüfte die Wirkungen der Kongruenz zwischen geschriebenen und gesprochenen Sprachmustern auf das Verständnis sorgfältiger. Er verglich mit Kindern einer vierten Klasse das Verständnis von Texten, welche gemäß mündlich häufig verwendeten Mustern gebildet waren, mit solchen, die aus selten vorkommenden Mustern bestanden. Die Kinder der vierten Klasse verstanden die Muster, welche eine hohe Frequenz hatten, signifikant häufiger. „Diese Studien zeigen eine deutliche Beziehung zwischen der Leichtigkeit des Lesens und der Ähnlichkeit des geschriebenen Materials mit der gesprochenen Sprache des Lesers" (GAMMON 1970, S. 3). Gewiß haben Sätze mit einer Agent-Aktion-Objekt-Struktur eine minimale Komplexität; die Kinder produzieren sie ja bereits mit weniger als drei Jahren. Eine Studie über die Syntax, welche Kindergartenkinder und Elementarschüler in mündlichen Erzählungen produzieren, brachte heraus, daß die Wortzahl in „minimalen, abschließbaren syntaktischen Einheiten“ (einzelne, unabhängige Aussagen zusammen mit grammatikalisch richtig angefügten untergeordneten Nebensätzen) bei Kindern der 1. Klasse von 5.2 bis 10.1, mit einem Mittelwert bei 7.97, rangierten. Der Mittelwert der Wortlänge stieg bis in die 7. Klasse auf 9.80. Gewisse Äußerungen der Kinder der 1. Klasse enthielten Transformationen, die Sätze kombinierten, mit einem Kernsatz, der (gewöhnlich in reduzierter Form) in einen anderen eingebettet war. Die durchschnittliche Anzahl der satzkombinierenden Transformationen pro Äußerungs-Einheit war bei den Erstkläßlern .95. Dabei waren einfache Konjunktionen (die Verkettung von Nebensätzen mit *und, aber, so, oder*), welche in den Erzählungen dieser Kinder oft vorkommen (hauptsächlich mit *und*), ausgeschlossen (O'DONNELL, GRIFFIN & NORRIS 1967).

O'DONNELL et al. analysierten diese Konstruktionen und klassifizierten sie in nominale, adverbiale und koordinierte Konstruktionen. Nominale Konstruktionen kamen am meisten vor und schlossen bei den Kindern der ersten Klasse viele Typen ein: Substantiv und Substantiv (z. B. *Nordwind*), Substantiv und Adjektiv (z. B. *kalter Regen*), Genitivformen *(der Mantel des Mannes)*, Relativsätze (z. B. *der Mann, welcher einen Mantel trug*), präpositionale Sätze (z. B. *der Vogel auf einem Baum*), Infinitivsätze (z. B. *Nahrung zum Essen*) und Partizipien oder Partizipsätze (z. B. *der rollende Ball*, oder *„the ant rolling the ball“*). Das Substantiv und Genitivform waren am häufigsten. Nicht mit einem Substantiv beginnende nominale Konstruktionen kamen auch vor. Am häufigsten war Infinitiv mit Subjekt, es folgten Subjektsätze. Die grammatikalische Funktion dieser Transformationen beeinflußte am häufigsten das Akkusativobjekt (beinahe fünfmal so viel wie das Subjekt). In dem Satz „A hunter on his way hunting sees an apple tree“ (deutsch etwa: Ein Jäger, auf dem Weg zum Jagen, sieht einen Apfelbaum) erscheint eine Subjekttransformation, eine Objekttransformation und eine Transformation aufgrund einer Präposition.

Adverbiale Konstruktionen, speziell adverbiale Nebensätze, erschienen ungefähr sechsmal auf hundert Ausdrücke bei Kindern einer ersten Klasse und nahmen bis zur siebten Klasse schnell zu. Auch koordinierte Konstruktionen (ausgenommen die Zusammensetzung von Hauptsätzen) nahmen in dieser Zeitspanne schnell zu. In der ersten Klasse erschienen sie mit mäßiger Häufigkeit, besonders mit

Prädikaten. Das häufigste strukturelle Muster war Subjekt – Verb – Objekt (z. B. *„Die Ameise fand einen anderen Ball"*).

Die Anzahl der Satzkombinations-Transformationen nahm gleich wie die Wortlänge der Aussagen mit dem Schulalter zu. Ein eindrückliches Resultat dieser Studie ist jedoch, daß *alle* Satzteile wenigstens von einigen Kindern des Kindergartens benutzt wurden und daß eine große Zunahme vom Kindergarten bis in die erste Klasse festzustellen war. Weil genaue empirische Nachweise selten sind, ist es sinnvoll anzunehmen, daß Kinder – sogar wenn sie mit dem Lesen beginnen – mit einer Vielfalt von strukturellen Mustern (eingeschlossen satzkombinierende Transformationen) konfrontiert werden sollten. Eine Studie von GAMMON (1970) von zwei Leseserien fand, daß es dabei tatsächlich eine Vielfalt von Strukturen gab, obwohl sie von beschränkter Komplexität schienen. Wenn man die Sätze in Erstlesebücher anschaut, ist man gewöhnlich vom Unterschied zu den gewöhnlich gesprochenen überrascht. Wenn wir wollen, daß die Kinder flexibel lesen und die Bedeutung erfassen, ist es sicherlich vernünftig, ihnen Material zu geben, das ihrer eigenen Sprechweise gleicht und ähnliche Anforderungen und Intonationsmuster verlangen.

Wir wissen wenig über die optimale Größe der Diskurs-Einheiten, welche über Sätze hinausgehen. Der Alltagsverstand sagt uns aber, daß ein interessantes Ereignis mehr als nur einen Satz benötigt und daß eine „Story" mindestens ein Ereignis betreffen sollte. Sehr wahrscheinlich sollte eine Einheit für eine Leselektion eine komplette Episode umfassen.

Redundanz des Textes

CARTERETTE und JONES (1963) haben gezeigt, daß die ersten Lesebücher der Kinder beträchtlich redundanter sind als sogar ganz einfache Texte für Erwachsene. Das Ausmaß der Redundanz ist mit der Schwierigkeit verbunden und unterscheidet sich auf den verschiedenen Klassenniveaus. Die Länge der Wörter und deren Wiederholung tragen zur Redundanz bei. Die ersten Lesebücher sind hochredundant (kurze Wörter und ein kleines Vokabular mit vielen Wiederholungen), währenddem die Lesebücher der fünften Klasse sich der Redundanz eines durchschnittlichen Textes für Erwachsene nähert. Es stellt sich die Frage, welches die Beziehung zwischen der Redundanz der Lesebuchtexte und derjenigen, welche die Kinder für sich selber wählen würden, ist.

JONES und CARTERETTE (1963) suchten zu bestimmen, welches

Redundanzniveau Lesematerial aufweist, das Kinder vorziehen. Die Auswahl wurde aus einer großen Stichprobe von Ratings getroffen, welche Bibliothekare des ganzen Landes auf der Basis der Zirkulation und dem Erfolg von „Geschichtenstunden" anstellten. Die Bücher wurden dann zufällig aus dem besten Neuntel auf drei Niveaus gewählt (Niveau 1: Kindergarten bis zur zweiten und dritten Klasse; Niveau 3: zweite oder dritte bis zur fünften Klasse; Niveau 5: vierte bis sechste Klasse). Niveau 1 war leicht redundanter als die andern. Bei der Wortlänge wurde keine Regelmäßigkeit festgestellt. Aber die Länge der Sätze zeigte eine regelmäßige Zunahme. Die Redundanz auf dem ersten Niveau war beträchtlich kleiner als die in den Lesebüchern der ersten oder zweiten Klasse. Demzufolge scheinen Kinder eine Sprache vorzuziehen, die weniger redundant ist als diejenige ihrer Lesebücher. Ob ein hohes Niveau der Redundanz für das Lernen optimal ist, ist übrigens nicht bekannt, aber zumindest fraglich. Die mittlere Wortlänge schien bei der Wahl der Kinder keine Rolle zu spielen, obwohl sie in zwei Serien von Lesebüchern ähnlich und langsam ansteigt (CARTERETTE & JONES 1964). Die mittlere Satzlänge war in den beiden Serien ähnlich und nahm langsam zu. Sie war aber bei der freien Wahl der Kinder bedeutend größer. Die beiden Forscher legen den Schluß nahe, daß es bei den Lesebüchern eine unerwünschte Beschränkung der Wortlänge gibt und daß die Lesebücher auf dem ersten Niveau zu redundant sein könnten, um interessant zu sein.

Die Beschränkung der Satzlänge geht mit einer Beschränkung der grammatikalischen Formen einher. Wie wir aber gesehen haben, ist die natürliche Sprache der Kinder in der ersten Klasse reich an Formen und linguistischen Strukturen und recht flexibel im Gebrauch. Dieser Reichtum mag auf dem ersten Niveau nicht kongruent sein mit den Lesebüchern.

Der Inhalt der Lesebücher

Daß der Inhalt der Texte für die Motivation sogar des beginnenden Lesers eine Rolle spielt oder spielen könnte, gilt als sicher. Das Kind muß herausfinden, daß sie „etwas sagen", das es wissen möchte, etwas, das einen Sinn, eine Beziehung zu seinem Leben hat, oder seine Phantasie anspricht. BLOM, WAITE und ZIMET (1970) führten eine Analyse des motivationalen Gehalts der ersten Lesebücher durch. Drei Themen, welche zusammen 47% der Geschichten ausmachten, wurden als „echtes Leben mit positiven Emotionen", „aktives Spiel", und „Lieblingstiere" kodiert. Sie hatten ein Happy-End (wenn sie eines hatten) und wurden als Pollyanna-ähnlich[7] und ansprechend beschrieben. Die Charaktere, welche in den Geschichten vorkamen, waren beschränkt, die meisten waren Kinder, Mutter und Vater und Tiere. Ältere Kinder kamen selten vor, so daß die Leser (wenn sie sich mit Personen der Geschichte identifizieren sollten), sich nur mit gleichaltrigen oder sogar jüngern Kindern identifizieren konnten. In mehr als der Hälfte der Geschichten kam nur die Kernfamilie vor.

Eine ältere Arbeit von CHILD, POTTER und LEVINE (1946) stützt diese Resultate. Ihre Analysen der Geschichtstypen (Tiergeschichten, Märchen, Heldengeschichten und Geschichten aus dem Alltag) ergab, daß die Alltagsgeschichten weitaus das Übergewicht hatten, obwohl sie Geschichten für die dritte Klasse untersuchten. Die „Pollyanna"-Qualität wurde auch von ihnen festgestellt.

> „Aus der Sicht des Lesers ist der hauptsächlichste Defekt ihr – wie man es nennen könnte – unrealistischer Optimismus ... Für Kinder, welche in ihrem alltäglichen Leben Mißerfolg kennengelernt haben, mag das leichte Erreichen von Zielen wie der Ernährung und der Aufnahme in Gruppen, wie sie in den Lesebüchern vorkommen, so unrealistisch erscheinen, daß sie kaum einen Effekt auf ihr Streben nach solchen Zielen ausüben ..." (S. 45).

Ein ähnlicher fehlender Realitätsbezug wurde bei der Diskussion der „infavoidance"[8] besprochen.

> „Während der Gehalt dieser Bücher ein gutes Stück den Wunsch nach Leistung und Erfolg im Wettbewerb fördern mag, gibt es unter diesen Kindern sehr wenige – vielleicht die Mehrheit – welche in einem Wettbewerb öfters unterliegen und wenige Hinweise, wie solche Kinder einen befriedigenden Weg finden, ihren Mißerfolg zu verarbeiten" (CHILD et al. S. 45).

Die Studie von CHILD et al. beschäftigte sich mit den Bedürfnissen und Motiven der Kinder, wie sie in den Lesebüchern angesprochen und dargestellt werden. Dies ist sehr wichtig für die gesamte Frage der Motivation des Lesens, wie es oben in diesem Kapitel diskutiert worden ist. Das potentielle Fehlen von schwarzen Kindern, Kindern, die nicht der Mittelklasse angehören, vaterlosen Familien und von Kindern, welche die Frustrationen des Mißerfolgs erleben, ist seit ei-

---

[7] „Pollyanna" ist der Titel und die Hauptfigur eines Kinderromans von E. H. PORTER.

[8] „Infavoidance" ist ein Ausdruck von MURRAY (siehe MURRAY, BARRETT, HOMBURGER et al. 1938) für Ängste, Scheu, Verlegenheit und Angst vor dem Wettbewerb, welche mit dem Selbstbewußtsein zusammenhängen.

nigen Jahren ein wichtiger Gegenstand der Überlegung geworden. Neue Lesebücher entstanden, in welchen städtische Siedlungen und Personen, die aus mehr als nur einem ethnischen Hintergrund stammten, vorkamen. BLOM et al. (1970) führte eine Inhalts-Analyse einer Serie von Büchern durch, in welchen mehr ethnische Gruppen vorkommen und verglich die Resultate mit den traditionellen Buchserien. Der Vergleich der Themen und Personen zeigte an, daß „die städtischen Serien wie die Standardserien die Pollyanna-ähnlichen Geschichten betonten, wobei sie die familienzentrierten Aktivitäten etwas stärker hervorhoben". Es kamen mehr städtische und dafür weniger ländliche Siedlungen als in den traditionellen Serien vor.

Hingegen endeten mehr städtische Geschichten mit einem Mißerfolg als die ländlichen (bei denen doppelt so viele mit einem Erfolg endeten). Wahrlich eine zweifelhafte Verbesserung.

Seit dieser Studie sind andere multiethnische, städtische Serien erschienen, die verschiedene Grade der Zielerreichung beschreiben. Kulturelle Werte und Attitüden können in einigen der multiethnischen Lesebücher erscheinen – und tun es anscheinend auch. Ein Vergleich zwischen weißen und schwarzen sechsjährigen Knaben und ihren Vätern einer Serie (WAITE 1968) ergab, daß der schwarze Knabe als athletisch, weniger intelligent, impulsiv, ablenkbar und als Objekt des Humors geschildert wurde, während der weiße Knabe reflexiv, intelligenter und sicherer im Umgang geschildert wurde. Die Väter unterschieden sich ebenso in charakteristischer, stereotyper Weise. Das sind ernste Unzulänglichkeiten, welche verbessert werden können und auch müssen. BLOM et al. berichten auch über Resultate, welche die Wahl von Bibliotheks-Büchern von Erstkläßlern betreffen. Ihre Vorlieben unterschieden sich deutlich von den Gehalten der in der ersten Klasse verwendeten Lesetexte. Städtische Geschichten und Geschichten aus anderen Umgebungen wurden im Gegensatz zu Geschichten mit kindlichen Personen in vorstädtischen Siedlungen oft gewählt. Wenn der Inhalt einen motivationalen Einfluß auf den Lernprozeß für das Lesen hat – und wir meinen, daß das so ist – sollten die Kinder bald selber das Lesematerial wählen können.

Die Rolle der Bilder

Beinahe alle Lesebücher enthalten Bilder. Was ist die Funktion der Bilder in Hinblick auf das Lesenlernen der Kinder? Das Kind hat lange, bevor es zu lesen beginnt, Bilder betrachtet und sie verstanden. Sie sind interessant und machen das Buch attraktiv. Können sie aber nicht vom Wunsch, die geschriebene Botschaft zu verstehen, ablenken, wenn sie dieselbe Information enthalten wie der Text? Wird das Kind durch das Bild nicht gehindert, die Aufmerksamkeit dem Text selber zuzuwenden?

Vielleicht kann ein Bild, das zusammen mit einem Wort präsentiert wird, die Aussprache des Wortes und die Bildung einer bedeutungsvollen Assoziation zwischen dem gedruckten und dem gesprochenen Wort erleichtern. Myrna SHURE von der Cornell Universität führte einen Vorversuch zu diesem Thema durch. Die Kinder eines Kindergartens bekamen Übungen im Lesen gewöhnlicher Wörter von drei Buchstaben *(cat, bed, dog)*, die auf Karten geschrieben waren. In einer Gruppe wurde das Wort vom entsprechenden Bild begleitet. In einer andern erschien es allein. Dabei wechselten Trainingsversuche, bei welchen der Versuchsleiter die Worte aussprach, wenn sie auf dem Bildschirm erschienen, mit Testversuchen ab, bei denen das Wort allein gezeigt und das Kind gefragt wurde, „was es ist". Die Bildergruppe machte signifikant mehr Fehler und brauchte länger, um das Kriterium zu erreichen, als die Gruppe ohne Bilder. Die bildliche Redundanz schien in diesem Sinne mehr zu stören als zu helfen. Ähnliche Resultate erhielt SAMUELS (1967), welcher dasselbe Vorgehen wählte. In einem Schulexperiment wurde eine Geschichte, begleitet von einer illustrativen Szene, präsentiert. SAMUELS (1970b) hat andere Nachweise angeführt, denen zufolge ein Bild den Prozeß des Lernens eines Vokabulars nicht unterstützt. Das Bild wird tendenziell als Hinweis benutzt. Sogar wenn man es nach und nach wegläßt, scheint es von geringem Wert zu sein, obwohl Lehrer ab und zu berichten, daß die Kinder Wörter (welche vorher unterrichtet wurden) schneller wiedererkennen, wenn ein Bild dabei ist. Ein experimenteller Nachweis, der kürzlich von E. GARBER (unveröffentl. Manuskript) gemacht wurde, zeigt, daß das der Fall ist.

Es ist oft gesagt worden, Illustrationen seien nützlich, weil sie das Verständnis des Gelesenen fördern. SAMUELS (1970b) gibt einen Überblick über Experimente zu diesem Thema, welche alle ein negatives Resultat zeigen. Er fand Arbeiten, in welchen hingegen berichtet wird, daß die Bilder Einstellungen beeinflussen. Beeinflussen sie aber die Einstellung gegenüber dem Lesen, weil sie eine Quelle der ästhetischen Freude sind? Dafür gibt es wenig objektive Nachweise. Dennoch lieben Kinder Bilderbücher. Es scheint, als könnte diese Einstellung etwas für das Lesenlernen abwerfen.

Die Kinder lieben Comic-strips, und wir kennen wenigstens ein Kind, das sich damit selber das Lesen beigebracht hat. Warum hat es dies getan, wenn doch die Geschichte in den Bildern enthalten ist?

Die Antwort mag lauten, daß die Geschichte nicht ganz in den Bildern enthalten war; sie ist (in guten Comics) mit den Kommentaren der Personen verwebt. Ausrufe wie „zowie“ oder „oops“, welche das Kind interessieren, sind in den Bildern oft nicht dargestellt. Ein Comic ohne geschriebene Botschaften hat selten Erfolg. Wie HOCHBERG (1968) betont, ist der Text wichtig. Er sagte auch, daß „Bilder-Text-Amalgame eigentlich Lehrmaschinen sind, denn sie bieten Informationen im vom Kind gewählten Rhythmus und selbstverstärkend dar“ (S. 131). Aber das ist nur das Ideal. Die meisten Comics tun dies nicht. Was zeichnet die erfolgreichen aus? Außer der einleitenden Arbeit von HOCHBERG (1964, 1968) kennen wir keine Forschung über dieses wichtige Problem. Tragen die Bilder in einem erfolgreichen illustrierten Text sequentielle und fundamentale Information bei, oder bilden sie nur einen stimmungsmäßigen Rahmen für die Geschichte, welche vom Text getragen wird? Diese Frage ist nicht beantwortet worden. Darum können wir die Frage nicht beantworten, ob für das Lernen die Bilder zusätzlich zum Text Informationen enthalten sollten, oder ob sie nur eine motivationale Funktion des Weckens von Interesse für den Text haben sollten. Sie könnten beispielsweise eine Frage stellen, die nur vom Text beantwortet wird.

Programme für den Erstleseunterricht

Es gibt hunderte von kommerziellen Programmen für den Erstleseunterricht. CHALL (1967) hat repräsentative Typen dieser Programme beschrieben und evaluiert. Die vorhandenen Programme können generell in zwei Klassen unterteilt werden. Die Ganzwortprogramme betonen beim Lesen die Gewinnung der Bedeutung. Die analytischen Dekodier-Programme betonen die Zuordnung von Buchstaben und Lauten. Die Unterschiede zwischen diesen Programmen sind groß. So können Dekodier- oder phonische Programme das System der Zuordnung von Schriftbild und Laut betonen und direkt instruieren, während intrinsische phonische Programme eine Geschichte als Rahmen für den phonischen Unterricht benützen. Kürzlich haben sogenannte linguistische Programme die Aufmerksamkeit auf sich wiederholende Buchstaben–Laut Muster wie *cat, rat, sat* gelenkt und diese direkt für den Unterricht und als Grundlage für Geschichten benützt. In linguistischen Programmen wird auch versucht, die natürlichen Laute zu erhalten. Die Lehrer werden darum vor Übungen gewarnt, in denen beispielsweise ein *b* wie in */buh/* vorkommt, denn der Laut buh kommt im Englischen nicht allein vor.

CHALL kommt nach der Übersicht zum Schluß, daß die phonischen Programme zu einem effizienteren Leseunterricht führen. Wie zu erwarten ist, weisen Kinder, welche mit dem Ganzwortprogramm unterrichtet worden sind, zu Beginn ein größeres Textverständnis auf. In der zweiten oder dritten Klasse ergibt ein spezifisches Dekodier-Training bessere Techniken für das Lesen neuer Wörter und für das Textverständnis.

Heute ist die Einteilung in Ganzwort und analytische (phonische) Programme überholt. Mehr und mehr sind die publizierten Programme eklektisch geworden – jedes hat ein Stück von jeder Technik, um wettbewerbsfähig zu sein. Aus diesem Grund sind die Effekte dieser Programme gewöhnlich nicht sehr verschieden. Wir ständen heute mit dem sozialen Problem des Lesenlernens gut da, wenn alle Kinder entsprechend den Normen sogar des am wenigsten erfolgreichen Programms lesen könnten.

„Phonisch" ist ein unklar definierter Begriff. Sein Ursprung liegt im Wort „Phonetik", obwohl kein uns bekanntes Programm dem Kind eine phonetische Analyse seiner Sprache beibringt. Phonisch ist eine Leerformel für die Bezeichnung eines Unterrichts geworden, der die Korrespondenz zwischen der geschriebenen und der gesprochenen Sprache behandelt. Und wie zu erwarten ist, gibt es viele solche Programme, entweder einzeln oder als Teil eines gesamten Programmes, welches unter diesem Titel ebenso dem andern Ansatz („reading for meaning") verpflichtet ist.

CHALL (1967) gab ihrem Buch den Untertitel „Die große Debatte". Wenn man bedenkt, daß diese Debatte seit der Kolonialzeit (MATHEWS 1966) läuft, gibt es keinen Grund, optimistisch zu sein. Wir wollen in der Folge gesondert drei Unterrichtsprogramme vorstellen. Sie befinden sich auf unterschiedlichen Entwicklungsstufen. Annahmen, Entscheidungen und Evaluationsdaten sind gewöhnlich verfügbar. Es scheint uns, daß diese Programme informativer sind als die vollständig ausgearbeiteten und breit verwendeten Programme, welche von CHALL ohnehin adäquat beschrieben worden sind.

Das Programm von Pittsburgh

Im Lernforschungs- und Entwicklungszentrum von Pittsburgh werden zur Zeit die ersten Stufen der Entwicklung eines zweiten Leseprogrammes für Kinder der ersten bis dritten Klasse ausgearbeitet (BECK & MITROFF 1972). Nach einem ersten Unterricht, der vom Lehrer erteilt wird, sieht das Programm vor, daß die Schüler die Lernschritte selber bestimmen. Das neue Erstklaßlesesystem (New

Primary Grades Reading System (NRS)) „ist ein adaptives System, welches den Kindern erlaubt, in verschiedenem Tempo vorzugehen, das verschiedene Wege zur Meisterung der Ziele ermöglicht und den Kindern die Möglichkeit verschafft, gleichzeitig verschiedene Dinge im selben Klassenzimmer zu tun" (S. 9). Für die Forscher ist das Lesen „die Wahrnehmung und das Verstehen einer geschriebenen Botschaft in einer Art, die parallel zur entsprechenden gesprochenen Botschaft verläuft" (aus CARROLL 1964, S. 336). Wir haben diese Annahme bereits oben angetroffen: Die Kinder sollen das Lesen bis zu dem Punkt beherrschen, in welchem es mit der gesprochenen Sprache symbiotisch ist.

Generell gesehen, liegt hier ein eklektisches Programm vor, obwohl hauptsächlich das Kodieren und die auf dem Text basierende Lautbildung betont wird. Die Verbindungen zwischen Lauten und Buchstaben werden direkt und isoliert unterrichtet. In den ersten Lektionen lernen die Kinder darum die Phoneme für *mt, s,* das harte *c* und kurze *a* reproduzieren. Die Sequenz der unterrichteten Buchstaben-Laut-Zuordnungen können auf verschiedene Weisen begründet werden. Dieses Programm wählt Buchstaben, aus welchen viele Wörter konstruiert werden können. Es trennt visuell und akustisch verwechselbare Elemente stark. Wir haben die Schwierigkeiten, welche kleine Kinder mit dem Segmentieren von Phonemen haben, bereits dargestellt (siehe das vorangehende Kapitel). Ein kritischer Punkt des frühen Leseunterrichts ist das Verbinden der isolierten Laute zu Gruppen und Wörtern. Das Verbinden wird als „Algorithmus" beigebracht, obwohl dieser Prozeß mysteriös und künstlich bleibt. Er erfordert grundlegend ein schnelles Aussprechen der Segmente, damit das Kind die Wörter erkennt. Die Forscher von Pittsburgh erheben den Anspruch, daß sie den Kindern beibringen können, beispielsweise das Wort *cat* aus /kuh/, /ah/, /tuh/ zusammenzusetzen.

Den Empfehlungen der Linguisten folgend, werden auch Gruppen wie *mat, fat* und *rat* präsentiert. Bei einem Transferwort wie *sat* wird die Aufmerksamkeit der Schüler durch die Anleitung des Lehrers auf den gemeinsamen VK Schlußteil und den Laut des beginnenden /s/ gerichtet. Gemäß operanten Konditionierungsprinzipien kann der Lehrer /s/ sagen und dann den Hinweis auf das s bis zum lautlosen Vorzeigen oder dem Hinzeigen auf das geschriebene s abbauen.

Nachdem das Kind elf Symbol-Laut Zuordnungen gelernt hat und diese zusammensetzen kann, geht das Unterrichtsmaterial zu Sätzen über. Die Forscher finden es „vernünftig, von einem Anfänger Verhaltensweisen zu verlangen, welche der Leistung eines geschulten Lesers nicht vollständig entsprechen“ (S. 31). Sie diskutieren jedoch die Probleme der Abgewöhnung von Verhaltensweisen, deren Komponenten mit dem ausgebildeten Verhalten inkompatibel sind, nicht. Nach den ersten Instruktionen des Lehrers arbeiten die Schüler selbständig mit Kassetten, Büchern, Geschichten, Spielen usw. weiter. Häufig durchgeführte, diagnostische Tests sagen dem Lehrer, ob das Kind auf das nächste Niveau weitergehen kann oder ob es dasselbe Material oder vergleichbares nochmals durcharbeiten sollte. Obwohl Möglichkeiten für den Gruppenunterricht vorgesehen sind, amtieren die Lehrer hauptsächlich als Anleiter und Helfer.

Das verstehende Lesen wird mit Geschichten eingeführt, die in Gruppen gelesen werden, wobei der Lehrer die Diskussion führen kann. Eine andere Methode setzt Kassetten und Arbeitshefte ein und läßt die Kinder Bilder, welche auf das beschriebene Thema Bezug nehmen, einkreisen oder ausmalen.

Man sollte das Programm von Pittsburgh heute korrekterweise noch nicht als System für das Lesenlehren bezeichnen. Es ist vielmehr ein detaillierter Entwurf für die Konstruktion eines solchen Programmes. Abgesehen von den ersten phonischen Beiträgen, entwickeln die Autoren nützliche und unorthodoxe Ideen. Es wird ein Programm resultieren, welches die Kinder in hohem Maße selbständig bearbeiten können. Haben sie in einem Abschnitt Erfolg oder Mißerfolg, so werden sie zu den nächsten Erfahrungen geleitet. Die Lehrer sind zuerst aktiv und werden dann mehr und mehr zu Helfern für die Kinder, die in ihrem eigenen Tempo fortschreiten. Für individuelle Entscheidungen des Lehrers bleibt wenig Platz – das Programm ist „lehrersicher“. Die Forscher rechtfertigen die starken und expliziten Zwänge, unter welchen die Lehrer arbeiten, mit den Erfordernissen des starken Ineinandergreifens der Tätigkeiten des Lehrers, der individuellen Kassetten und der Instruktionen der Arbeitsbücher. Noch ungelöst sind die schwierigen Aufgaben des Auswählens, Ausprobierens, Revidierens und Sequenzierens des Unterrichtsmateriales. Erst wenn dies geschehen ist, werden wir das Programm einschätzen können.

Das computer-unterstützte Leseprogramm von Stanford

Aus vielen Gründen haben spezielle Apparate und Verfahren, die das Lehren erleichtern sollen, keinen Anklang gefunden. Man hat Filme, Tonbänder, Apparate für die Darbietung von programmiertem Material, TV usw. als Allheilmittel propagiert. Nach dem ersten Enthusiasmus scheinen sie jedoch in die Abstellräume der Schulen verwiesen worden zu sein. Warum? Zum einen mögen sie überbewertet worden sein – der Natur der Bildung entsprechend, gibt es keinen einzelnen Ansatz und keine einzelne Technik, welche alle Probleme löst. Zum andern ließ die Qualität des Materials oft zu wünschen übrig. Die Kinder, welche an gut erzählte und professionell hergestellte farbige Fernsehfilme gewöhnt sind, mögen sich mit den Resultaten einer von Hand gehaltenen Kamera, einem nicht vertonten Schwarzweißfilm über die Eßgewohnheiten der Tonga verständlicherweise nicht anfreunden und langweilen sich. Am wichtigsten ist aber, daß die sogenannten visuellen Hilfen nicht grundlegend mit dem Instruktionsprogramm verbunden sind. Sie sind Materialien, welche der Lehrer wahlweise verwenden kann. Wir vermuten, daß ihr Wert stark von den Bemühungen des Lehrers abhängt, sie in den Unterricht einzugliedern. Als bloßes Anhängsel wird ihr Nutzen für die Schüler nicht klar.

Man sollte die programmierte Unterweisung nicht mit anderen audiovisuellen Mitteln in einen Topf werfen. Ursprünglich gehörten zu den programmierten Materialien auch die Apparate mit dazu. Mit der Zeit sind aber einfache Arbeitshefte und programmierte Tests verfügbar geworden. Die wichtigen Fragen betreffen dabei die geeignete Mischung von programmierten und anderen Materialien, der Eigenart der Studenten, für welche diese Präsentations- und Verstärkungstechniken bestimmt sind, die Materialien, die sich für diesen Zweck eignen, die Größe der Einheiten usw. Wir haben den Eindruck, daß der laute Ruf nach der programmierten Instruktion verklungen ist. Dennoch kann der programmierte Unterricht für einige Kinder an geeigneten Punkten ihrer Bildung nützlich sein.

Der Computer ist die jüngste Errungenschaft der Bildungstechnologie. Anderen Mitteln ist der Computer *theoretisch* Lichtjahre voraus. Dank seinem beinahe unendlichen Gedächtnis, seiner Flexibilität und Anpassungsfähigkeit an den Lernenden stellt er den eindrücklichsten technischen Fortschritt im Bildungswesen dar. Unglücklicherweise hat seine Verwendung die Erwartungen nicht erfüllt. Wir kommen auf die Gründe dafür über kurz im Detail zu sprechen. Heute gibt es zwei große computer-unterstützte Instruktionsprogramme, die entwickelt und evaluiert werden: Das Stanford-System und das Plato-System der Universität von Illinois. Eine abschließende Beurteilung dieser Programme ist verfrüht. Die Entwicklung war schwieriger als angenommen. Die Systeme werden nicht nur für das Lesen sondern auch für die Mathematik, die Logik, Statistik,

Mechanik usw. verwendet. Als ein Beispiel möchten wir das Stanford-CAI[9]-Programm für den Erstleseunterricht beschreiben.

Computer können auf verschiedenen Freiheitsgraden für die Interaktion oder den „Dialog" dem Studenten eingerichtet werden.

„Auf dem untersten Interaktionsniveau stehen jene Systeme, welche eine fixe, lineare Sequenz von Problemen präsentieren. Die Fehler der Studenten können auf verschiedene Arten korrigiert werden. Es werden aber keine Entscheidungen getroffen, welche den Fluß des Instruktionsmaterials in Abhängigkeit von den vorangehenden studentischen Reaktionen modifizieren. Man hat solche Systeme mit dem Stichwort ‚Drill und Übung' bezeichnet" (ATKINSON 1968, S. 225).

Am anderen Ende unserer Skala der Student-System-Interaktion sind die „dialogischen" Programme. Solche Programme werden an verschiedenen Universitäten und von industriellen Konzernen untersucht. Bis heute ist der Fortschritt aber extrem begrenzt geblieben. Das Ziel dieses dialogischen Ansatzes geht dahin, die bestmögliche Interaktion zwischen Student und System zu ermöglichen, wobei der Student seine Reaktionen in der Alltagssprache abgeben und unbeschränkt Fragen stellen kann. In generellen Übungen wird die vollständige Kontrolle über die Sequenz der Lernereignisse angestrebt.

„Tutor-Programme" liegen zwischen diesen beiden Extremen der Student-System-Interaktion. Diese Programme haben Entscheidungsmöglichkeiten und Verzweigungen, welche von einer einzigen Reaktion oder einer Teilmenge der vollzogenen Reaktionen zusammenhängen. Solche Programme erlauben den Studenten, aufgrund ihrer individuellen Leistungen einen separaten und unterschiedlichen Weg durch das Curriculum zu verfolgen. Bei einem Tutor-Programm ist die Wahrscheinlichkeit hoch, daß keine zwei Studenten exakt dieselbe Abfolge des Lehrmaterials bearbeiten. Die Reaktionen der Studenten sind jedoch in einem großen Ausmaße limitiert, weil sie aus einem bestimmten Angebot von Reaktionen auswählen müssen. Oder aber die Antworten müssen so konstruiert sein, daß eine relativ einfache Textanalyse für deren Evaluation genügt. Das CAI-Leseprogramm ist ein Tutor-Programm" (ATKINSON 1968, S. 226).

Zuerst wurden die Apparate für das CAI-Programm von Stanford ausgearbeitet. Jede Studentenkabine hat eine Kathodenstrahlenröh-

---

[9] CAI heißt „computer-assisted-instruction. (Anm. des Übers.)

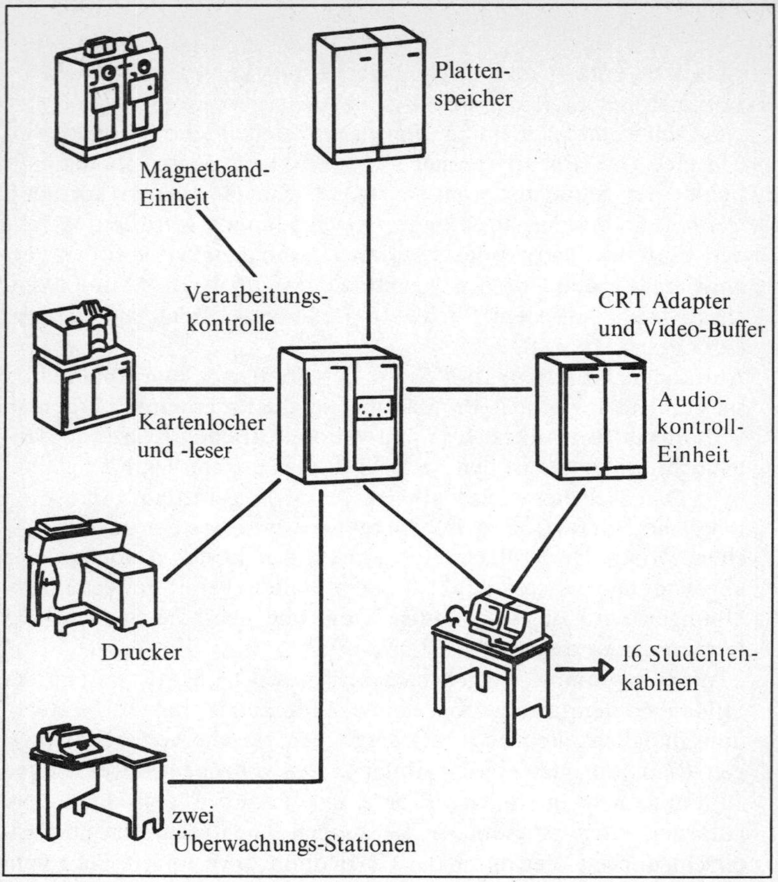

Abbildung 9–5. Datenverarbeitungssystem des CAI-Systems von Stanford. Aus: ATKINSON 1968, S. 226. Copyright 1968 by the American Psychological Association. Autorisierter Nachdruck.

re, einen Lichtstift, eine Schreibmaschine, eine Tonanlage und einen Diaprojektor. Die bescheidensten geläufigen Ausrüstungen schließen eine Schreibmaschine und eine Tonausrüstung ein. Abbildung 9–5 gibt eine schematische Darstellung dieses Systems.

Das Programm, mit dem das Kind pro Tag zwölf Minuten arbeitet, ist ein Zusatz zum gewöhnlichen Unterricht. Es ist vor allem ein Dekodierungstraining. Damit bleibt dem Lehrer die Aufgabe vorbehalten, die anderen Aspekte des Lesenlernens mit den Kindern selber zu üben. Das Ziel des CAI-Programms ist, die Kinder zu einer Assoziation zwischen dem Laut und einer graphischen Vorlage anzuleiten. Dabei wird angenommen, daß ein solches Lernen eine große Anzahl von gepaarten, assoziierten Präsentationen verlangt. Das Programm ist in sieben Stränge aufgeteilt: 0. Lesebereitschaft, I. Buchstabenidentifikation, II. Vokabular von (konkreten) Wörtern, III. Buchstabiermuster, IV. Lautbildung (phonics), V. Verstehen von Kategorien, VI. Verstehen von Sätzen.

Die Instruktion ist in dem Sinne individualisiert, als das Kind die zu bearbeitende Programmeinheit seiner gezeigten Leistung gemäß zugeteilt erhält. Wenn es nach verschiedenen Versuchen das erforderliche Kriterium nicht erreicht, wird die Antwort gegeben und die nächste Einheit vorgegeben. Ein Kind kann simultan an verschiedenen Einheiten arbeiten, sein Vorausschreiten in jeder Einheit ist aber unabhängig.

Am besten kann man die Übungen an einem Beispiel aus dem phonischen Programm ersehen, das in der Abbildung 9–6 (ATKINSON, FLETCHER, CHETIN & STAUFFER 1970, S. 26f.) wiedergegeben ist.

Es muß noch erwähnt werden, daß im Gegensatz zu dem Programm von Pittsburgh die Laute nicht isoliert präsentiert werden. Die Silbe ist die kleinste Einheit. Diese Entscheidungen hat man im Stanford-Programm aufgrund früherer Forschungen getroffen (z.B. ATKINSON & PAULSON 1972). Offensichtlich steckt ein überwältigender Aufwand in diesem Programm. Wenn die Antwort des Kindes korrekt ist, kann es mit der Bearbeitung der nächsten Übung fortfahren. Wenn es einen Fehler macht, muß ihn das Computerprogramm erkennen und den Lernenden zu einer Hilfsübung führen. Macht es einen andern Fehler, so ist im Programm eine andere Möglichkeit vorgesehen.

Viele Erzieher scheinen sich mit dem CAI-Programm nicht anfreunden zu können. „Der Prozeß ist unpersönlich", „das Kind wird in eine Fernsprechzelle eingeschlossen", „die Individualität der Kinder wird erstickt", „der Computer wird zu einer Lehrerarbeitslosigkeit führen". Die Forscher von Stanford haben sich seriös mit diesen Befürchtungen auseinandergesetzt. Das Kind verbringt zwölf Minuten pro Tag am Computer. Es ist ein Erwachsener dabei, der hilft und Fragen beantwortet. Das Programm ist stark individualisiert, weil die Lektion jedes Kindes auf den gezeigten Leistungen basiert und zwar sowohl auf den vorangegangenen Fragen als auch auf den Leistun-

Einheit IV-Lautbildung (Phonics). Wenn der Student gezeigt hat, daß er eine bestimmte Anzahl Wörter der Buchstabiereinheit meistert, indem er eine vorausbestimmte Anzahl von Aufgaben dieser Einheit abgeschlossen hat, beginnt er mit Einheit IV, den Lautbildungsübungen.

Wir möchten wieder betonen, daß alle Einheiten – obwohl sie sich aufeinander beziehen – unabhängig sind. Beispielsweise ist der Zugang zu Einheit III vom Durchlaufen der Einheit II abhängig. Hat der Student einmal mit einer Einheit begonnen, so kann er gemäß seiner Fähigkeit voranschreiten.

Die Übungen der Lautbildungseinheit konzentrieren sich auf die Anfangs- und Schlußkonsonanten und die mittleren Vokale. Der Unterschied zu herkömmlichen Lautbildungsübungen besteht jedoch darin, daß der Student die Laute der Konsonanten oder Vokale nicht isoliert wiederholen oder identifizieren muß. Die kleinste Einheit ist eine Diade, d. h. eine einzelne Vokal-Konsonant- oder Konsonant-Vokal-Kombination.

Die folgenden Übungen werden in Einheit IV verwendet:

Schlußkonsonanten	Vorlage	(Tonband)
Übung 1	im „Ausdruck“	
Das Programm druckt:	-IN -IT -IG	(Tippe /IG/ wie in der Vorlage)
Der Schüler tippt:	IG	
Das Programm druckt:	JA	
Das Programm druckt:	-IT -IN -IG	(Gut. Tippe /IT/ wie in der Vorlage)
Der Schüler tippt:	IT	
Das Programm druckt:	JA	
Das Programm druckt:	-IG -IN -IT	(Tippe /IN/ wie in *pumpkin*)
Der Schüler tippt:	IN	
Das Programm druckt:	JA	(Fabelhaft)

In der Übung 2 tippt der Schüler das gesamte Wort. Ein Beispiel der Übung 2 (Anfangskonsonanten) ist:

Übung 2	Vorlage auf dem Drucker	(Tonband)
Das Programm druckt:	DA- MA- HA- -D	(Tippe *mad*)
Der Schüler tippt:	MAD	
Das Programm druckt:	JA	(Gut!)
Das Programm druckt:	HA- DA- MA- -M	(Tippe *ham*)
Der Schüler tippt:	MAM	

Das Programm druckt:	////HAM	(Nein. Wir wollten *ham*)
Das Programm druckt:	DA- HA- MA- -D	(Tippe *dad*)
Der Schüler tippt:	DAD	
Das Programm druckt:	JA	(Gut)
Das Programm druckt:	MA- DA- HA- -LF	(Tippe *half*)
Der Schüler tippt:	HAT	
Das Programm druckt:	///HALF	(Nein. Wir wollten *half*)
Das Programm druckt:	HA- MA- DA- -D	(Tippe *mad*)
Der Schüler tippt:	MAD	

Abbildung 9–6. Phonische Übungen aus dem CAI-Programm von Stanford. Aus: ATKINSON, FLETCHER, CHETIN und STAUFFER 1970, S. 26.

gen der vorangegangenen Tage. Die Kinder scheinen diese Art des Vorgehens zu lieben, vielleicht schätzen sie auch die Abwechslung. Am wichtigsten ist jedoch, daß vor allem diejenigen Kinder CAI vorziehen, welche schlecht gewesen sind. Geschlechtsunterschiede (gewöhnlich machen die Mädchen raschere Fortschritte als die Knaben) gibt es nicht.

Funktioniert das Programm? Die Evaluation beschränkt sich auf 50 Kinder der ersten Klasse. Diese Kinder wurden mit dem „Stanford-Leistungstest" (Stanford Achievement Test), dem „California Cooperative Primary Test" und dem „CAI-Leseprojekt-Test" (CAI Reading Project Test) getestet. Es zeigte sich bei beinahe allen Subtests eine klare und eindrückliche Überlegenheit der CAI. Der Umstand, daß die CAI-Kinder auch bei Tests wie dem Satzverständnis besser waren als die Kontrollgruppen, mag darauf zurückgehen, daß ihre Lehrer sich auf diese Aspekte des Lesens konzentrierten, während der Computer die mehr mechanischen Teile des Unterrichts abdeckte. Der eindrücklichste Nachweis ist vielleicht der, daß die Kinder, welche den Computerunterricht bekommen hatten, ihren Vorsprung vor der Altersnorm im Schulleistungstest nach nur 5½ Monaten CAI-Lesetraining von 0.4 auf 0.7 Jahre erhöhten.

Zu guter Letzt wird der Entscheid über die Verwendung des CAI ein ökonomischer sein. „Die Kosten einer zwölfminütigen Sitzung pro Kind und pro Tag betragen etwa 40 Cents" (ATKINSON et al. 1970, S. 6). Eine oder zwei Seiten eines Arbeitsbuches kosten vergleichsweise einen oder zwei Cents. Sicherlich werden die Kosten von CAI kleiner, wenn der Computer zeitsparend eingesetzt wird, wobei eine große Anzahl von Kindern simultan verschiedene Gegenstände bearbeiten. Theoretisch ist die Computerwissenschaft in der Lage, solche Programme zusammenzustellen. Die Erstellung eines solchen Systems ist aber (wegen der Investitionskosten) noch nicht ausgeführt. Ebenso ist auch das Know-how für die Dialogmethode im Vergleich zum Drill – und zum Tutorsystem verfügbar. Seine Adaptation für die Bildung ist aber noch nicht weit fortgeschritten und momentan unerschwinglich.

Man kann zu dem Stanford CAI-Programm, wie es bis heute existiert, vieles sagen. Die Entscheidungen basieren auf der Forschung, d.h. man hat als Grundlage für die Schlußentscheidungen die Übungen experimentell variiert. Man hat die Gelegenheit für Grundlagenforschungen über den Leseprozeß genutzt (siehe die Studie von FLETCHER 1973). Die Wahl der Silbe als grundlegende Einheit des Unterrichts erscheint vernünftig. Die Rückmeldungen auf die Antworten des Kindes erfolgen unmittelbar. Die Lehrer können sofort Meldungen über den Fortschritt jedes einzelnen Schülers ausdrucken lassen. Auf der anderen Seite scheint man das Lesen als ein Lernen von paarweisen Assoziationen aufzufassen: „Eine effektive Art, diese Assoziation automatisch werden zu lassen, besteht darin, während kurzen intensiven Drillperioden viele Beispiele anzubieten, wobei die Studenten die Resultate ihrer Antworten sofort erfahren" (ATKINSON et al. 1970, S. 4). Es werden Buchstabenmuster präsentiert, augenscheinlich aber nicht in der Weise, daß die Kinder die regelhafte Struktur der englischen Orthographie in einer optimalen Weise aufbauen (obwohl niemand von uns diesen optimalen Weg kennt). Die dahinterstehende Philosophie scheint an der Annahme festzuhalten, daß das Lesenlernen aus dem Lernen einer großen Anzahl von Buchstaben-Laut-Assoziationen besteht.

Das Multiplan-Leseprogramm

Auch das Multiplan-Projekt basiert auf den Forschungen zum Leseprozeß, die wir in diesem Band zu einem guten Teil bereits vorgestellt haben. Aus verschiedenen Gründen entschied sich einer der Autoren (H. L.), verschiedene erste Klassen zu Demonstrationszwecken einzusetzen. Wir wollten unsere Forschungsresultate unter komplexen und natürlichen Schulbedingungen ausprobieren. Wo keine relevanten

Forschungsresultate vorlagen, leiteten wir die notwendigen Maßnahmen von unserer in Entstehung begriffenen Theorie des Lesens ab. Schließlich betrachteten wir die Unterrichtssituationen auch als Quellen für Forschungshypothesen, welche in Laboratoriumssituationen getestet werden konnten. Wenn wir auf unsere Tätigkeiten zurückblicken, würden wir heute einige Dinge anders machen, weil unsere Forschungsresultate auf eine Art schneller entstanden, als diese in den Unterricht übergeführt werden konnten. Zur selben Zeit änderten sich unsere Theorien über die Natur des Lesens. Der Unterricht hat aber eine bestimmte Trägheit, die die schnelle Adaptation neuer Resultate schwierig macht.

Das erste Jahr war ausschließlich dazu bestimmt, uns selber über die Realitäten des Leseunterrichts ins Bild zu setzen und Hypothesen zu suchen. Zu diesem Zweck wurde eine erste Klasse kontinuierlich von einem Psychologen und einem Linguisten beobachtet. Die kooperationsfreundliche Lehrerin wurde aufgefordert, ihren Unterricht so natürlich wie möglich fortzusetzen. In diesem Fall benützte die Lehrerin eine populäre Leseserie, welche die Worterkennung und die Extraktion von Bedeutung aus einem Text betonte. Als Forscher entschlossen wir uns, daß das Festhalten an einer der gängigen orthodoxen Lesemethoden unvorteilhaft wäre. Wir waren darauf vorbereitet, jede sich anbietende Methode zu gebrauchen, um unsere Theorien zu testen und den Kindern so effizient wie möglich das Lesen beizubringen.

Zu Beginn des zweiten Jahres waren wir für die Übernahme einer Klasse vorbereitet, in welcher wir für den Leseunterricht verantwortlich waren. Wir entwickelten den folgenden Leitfaden für die Entwicklung des Instruktionsmateriales und der Lehrmethoden (LEVIN & MITCHELL 1969, S. 3–5).

Die Leitlinien / Die sieben Punkte, welche wir unten anführen, bilden die Leitlinien für die Entwicklung des Unterrichtsprogrammes.

1. Ein Kind muß in den Leseunterricht bestimmte Fertigkeiten mitbringen. Sie enthalten zwei grundlegende Komponenten:

a. Verstehen, daß das Lesen ein Kommunikationsmittel und die Schrift ein Kode für Sprache ist.
b. Adäquate Diskriminationsfertigkeiten, sowohl visuell als auch auditiv.

Daraus leiteten wir ab, daß eine Einführung in die grundlegenden Begriffe des Dekodierens in einer dem Lesen vorangehenden Phase wünschbar wäre. Das wichtigste Ziel eines solchen Programmes sollte die Demonstration verschiedener Mittel des Kodierens sein, damit die Tatsache, daß das Schreiben ein flexibler, nützlicher Kode für die gesprochene Sprache ist, hervorgehoben werden konnte.

2. Der kompetente Leser benützt drei Informationstypen beim Lesen:
a. Phonologische (Buchstaben-Laut-Zuordnungen) und orthographische (Schreibmuster) Regeln.
b. Syntaktische Regeln (grammatikalische Strukturen).
c. Semantische Regeln (Bedeutung).

Von diesen Fähigkeiten besitzt der Leseanfänger bereits einige. Soweit er das gesprochene Englisch versteht, kann er Information benützen, welche von syntaktischen und semantischen Konstrukten stammen. Er muß diese nur auf das Lesen anwenden. Beispielsweise schränkt die grammatikalische Struktur von „Er stoppte seinen Wagen beim Rot- ...“ das, was folgt stark ein. In diesem Beispiel ist es sehr wahrscheinlich, daß das nächste Wort des Textes ein Substantiv ist. Darüber hinaus wird die Bedeutung dieser Worte die Fortsetzung stark beeinflussen. Es ist wahrscheinlich, daß das nächste Wort *Licht,* eher als *Gerechtigkeit,* sein wird.

Auf der anderen Seite muß der Leser die Buchstaben-Laut-Korrespondenzen lernen. Im vorhandenen Sprach- und im übrigen Verhalten des Kindes gibt es nichts, das auf diesen Aspekt der Leseaufgabe transferiert werden könnte.

Im Curriculum wird eine ausgewogene Entwicklung der drei Informationsarten vermittelt. Zu keinem Zeitpunkt sollte das lesenlernende Kind eine dieser Quellen zu Ungunsten der andern überbetonen. Der Leser muß diese Quellen flexibel verwenden können, damit bei verschiedenen Arten des Lesemateriales nötigenfalls die eine oder die andere Quelle stärker betont werden kann.

3. Der Leseanfänger sollte ein systematisches Training des Gebrauchs aller drei Informationstypen bekommen. Dies folgt aus der Annahme, daß beim Unterrichten einer komplexen Aufgabe es vorzuziehen ist, das Training mit der gesamten Aufgabe oder einer Annäherung zu beginnen. Dies ist besser, als jede Teilfertigkeit unabhängig zu trainieren und diese dann zu integrieren.
Das hat zur Folge, daß keine isolierten Buchstabier- oder Schreibprogramme durchgeführt werden sollten, sondern daß diese Instruktion voll in das Leseprogramm integriert werden muß.
a. Auf jeder Stufe sollte das Training in verschiedenen Kontexten mit breitgestreutem Material erfolgen.

b. Wegen der großen individuellen Fähigkeitsunterschiede mag zusätzliches Training für einige Schüler nötig werden.
Dieses kann der ursprünglichen Instruktion ähnlich sein oder in Subroutinen spezifische Anleitung für die Verwendung eines speziellen Informationstyps enthalten.

4. Das Kind muß wissen, daß es Variabilität gibt, d.h. es sollte ein „Set für Diversifikation" erwerben. In diesem Sinne sollte beispielsweise das Kind sehr früh in beide Korrespondenzen eingeführt und trainiert werden, wenn mehr als ein Phonem durch ein einziges Graphem repräsentiert wird.

5. Das Kind sollte von Anfang an mit Sätzen umgehen, weil der Satz die minimale Einheit ist, welche 1. das Verstehen sichert und 2. alle drei Informationstypen aufweist. Daran schließt ein Differenzierungsmodell an, in dem der ganze Satz zuerst eingeführt und dann in seine Komponenten aufgeteilt wird.

6. Die Beziehung von Lesen und Sprache muß von Anfang an durch natürliche Intonation, Betonung des Lesens als Kommunikationsmittel usw. klar gemacht werden.

7. Das Klassenzimmer sollte ein „Klima des Lesenkönnens" aufweisen. Die Begegnung mit Sprache und mit Leseaktivitäten sollte nicht auf Perioden des formalen Unterrichts beschränkt sein. Man sollte dem Leseanfänger auch zeigen, was geübtes Lesen ist. Dies könnte durch häufiges Vorlesen von interessanten Texten geschehen.
Das Curriculum sollte auf der Annahme aufbauen, daß die Kinder mit reichen Sprachfähigkeiten in den Leseunterricht kommen, auf welchen dieser aufbauen sollte. Darüber hinaus kann die Lesefertigkeit nicht einfach durch formale Instruktion erworben werden. Sie wird auch durch informellen Kontakt mit verschiedenen Aktivitäten und Materialien im Schulzimmer gefördert.

Die Verwendung von Bildergeschichten, Klassenzeitungen, Vorlagen, Diskussionen und anderen Mitteln, welche die Kommunikation unterstützen, sollte den direkten Unterricht begleiten, um die Entwicklung der Sprach- und Lesefertigkeit zu fördern.

Unsere grundlegende Annahme geht dahin, daß der geübte Leser Informationen aus einem Text extrahiert und daß er sowohl Kenntnisse über die Bedeutung und die Grammatik des Textes wie auch über die Korrespondenz zwischen der Schrift und dem Sprechen hat. Er benützt diese Informationsquellen parallel, indem er manchmal den einen oder den anderen Aspekt in Abhängigkeit von der Aufgabe und seinen Fähigkeiten einsetzt. Wir haben die Annahme gemacht, daß – soweit wie möglich – das erste Lesen mit den Informationsquellen bekannt machen soll, welche auch der erwachsene Leser benützt, obwohl die Kinder diese Information nicht mit demselben Geschick ausnützen können wie die Erwachsenen. Mit anderen Worten wollten wir uns dem Modell der Erwachsenen von Anfang an annähern. Die Schulung der einzelnen Komponenten der Lesefertigkeit führt zum Problem der Integration der Komponenten in eine einzige verschmolzene Fertigkeit weiter. Wir haben bei der Analyse der Lesefehler gesehen, daß der Leseanfänger semantische, grammatikalische und graphische Informationen benützt. Die Aufgabe ist also nicht, die eine vor den anderen zu betonen, sondern schwache Aspekte dieser Fertigkeiten zu verstärken und sie simultan zu brauchen, wie dies der geübte Leser tut.

Zu Beginn waren wir nicht sicher, ob die Kinder verstanden, was es heißt, zu lesen. Verstanden sie, daß die Schrift in einer gewissen systematischen Art ein Kode für die gesprochene Sprache ist? Wir führten eine Serie von „Kodierungsspielen" durch, die uns recht nutzvoll schienen. Die Schüler setzten Lichtblitze oder Trommelschläge für die Übermittlung von Botschaften ein. Diesen lag die wichtige Einsicht zugrunde, daß der Sender und der Empfänger im Kode übereinstimmen müssen. Die Permanenz der Schrift wurde gezeigt, indem jedes Kind ein Logogramm für seinen Namen erfand. Die Effizienz des Alphabetes wurde augenscheinlich, wenn ein Jimmy und ein Jerry bemerkten, daß ihre Logogramme auf der Basis der gemeinsamen Laute vereinfacht werden konnten. Auch zeigte sich von selbst, daß das Behalten von 30 Logogrammen (eines für jedes Kind in der Klasse) schwierig war. Das Kodierspiel wurde mit einer Anzahl von Kindern der ersten Klasse durchgeführt, darunter mit zwei Klassen aus Harlem. Es wurde als Übung der dem Lesen vorgeordneten Fertigkeiten auch in einem Kindergarten durchgeführt. Unseren vorläufigen Eindrücken zufolge haben diese Aktivitäten erfolgreich die Idee des alphabetischen Schreibsystems und – auf einem rudimentären Niveau – diejenige der Entsprechung von Schrift und Sprache vermittelt.

Die grundlegende Einheit des Unterrichts war der Satz. Der Satz als Unterrichtseinheit wurde von Comenius, 1657, vorgeschlagen und zuerst von Farnham in Binghamton, New York, um 1870 ausgewertet (zitiert nach Huey, 1908, S. 272–273). Die Kinder bildeten Sätze, welche die Lehrer auf die Tafel oder in Arbeitshefte schrieben. Dies war gut für Kinder, die die Sätze bereits lesen konnten. Mit den anderen Kindern, welche bei den Wörtern oder Sätzen Hilfe brauchten, übten die Lehrer. Das Programm nutzte alle sich bietenden Gelegenheiten. Während der ersten Wochen unterschied es sich wenig von den klassischen Programmen, welche das Wiedererkennen von Wörtern und dann die Bedeutung der Sätze betonen. Als die Sätze beispielsweise Anlaß zur Einführung der orthographischen Regeln waren, wurden spezielle Bücher geschrieben oder kommerzielle Bücher eingesetzt. Die Instruktion ging von höheren zu niedrigen Ordnungseinheiten über. Die Sätze wurden in Phrasen analysiert. Eine Übung konnte die folgenden Sätze enthalten:

John rannte hinter der roten Kuh her. (John ran after the red cow.)

Jane sah die blaue Fliege. (Jane saw the blue fly.)

Die Phrasenstruktur wurde durch die Untersuchung von Satzgruppen gelehrt:

John rannte hinter der blauen Fliege her. (John ran after the blue fly.)

Jane sah die rote Kuh. (Jane saw the red cow.)

Die Buchstaben-Laut-Zuordnungen wurden mit den Anfangsbuchstaben und Lauten von *John* und *Jane* eingeführt. In jedem Fall wurde der Satz von den Kindern gebildet oder ihnen vorgelegt; anschließend wertete der Lehrer einige Elemente der Sätze aus, dann wurde der Satz zusammengesetzt. Wir sind der Ansicht, daß auf diese Art die Kinder soviel Information parallel gebrauchen konnten, als es ihre Fertigkeiten erlaubten.

Im zweiten Jahr unseres Experimentes bemerkten wir, daß die Lehrer bezüglich des Buchstaben-Laut-Zuordnungs-Programms mehr Führung benötigten. Wieder konstruierten wir das Programm um Sätze herum. Die Sätze waren aber sorgfältig ausgewählt, damit Korrespondenzen unterrichtet werden konnten. Es ist in Abbildung 9–7 (siehe LEVIN & MITCHELL 1969, S. 95–100) dargestellt. Wir besprechen im folgenden einige Charakteristika: Kontrastive Formen wurden zusammen präsentiert: *mat, mate.* Ein Teil des Programmes betraf die Morphologie. Es wurden gemeinsame Sprech/Schreibmuster in Anfangs- und Schlußpositionen präsentiert. Man analysierte mehrsilbige Wörter. Früh wurde auch die distributionale[10] Variation

[10] Der Begründer der Distributionslehre ist Z. S. HARRIS (Methods in structural linguistics, Chicago 1951), der „die sprachlichen Elemente allein aus ihrer Distribution, d. h. aus ihrer Umgebung und Verteilung ... erkennen will“ (G. HELBIG, Geschichte der neueren Sprachwissenschaft, München 1971, S. 80). (Anm. d. Hrsg.)

der Konsonanten und Vokale gelehrt. Generell handelt es sich um ein ausgeklügeltes Programm, das den Lernenden Möglichkeiten des Entdeckens von Regeln des geschriebenen Englischen geben will.

Ein Programm dieses Typs verlangt von den Lehrern einen großen Einsatz, denn es mußte viel neues Material entwickelt werden. Wir bezweifeln, ob das Projekt ohne die Hilfe der Forschungsgruppe möglich gewesen wäre. Neben den spezifischen Instruktionsmethoden, Büchern, Arbeitsheften, Übungen usw. benützten wir jede Gelegenheit, um das Lesen für die Kinder intrinsisch belohnend zu gestalten. Botschaften und Notizen wurden übliche Kommunikationsmittel. Die Schüler wurden mit Lesematerial bekanntgemacht, welches weit über ihren Fähigkeiten, aber auch beträchtlich verlockender als das übliche Lesematerial war. Interessante Geschichten wurden auf Band aufgenommen. Die Kinder konnten sie hören und anhand bestimmter Hinweise auf dem Band die Seiten des entsprechenden Textbuches selber wenden. Die Kinder liebten es besonders, in Gruppen, mit Kopfhörern und dem Buch vor sich, die Geschichten zu hören. Im ganzen Raum gab es geschriebene Anweisungen und Botschaften. Wir fanden heraus, daß Schreibmaschinen und Druckerpressen stark motivieren. Die Kinder kopierten ihre Bücher auf Schreibmaschinen, ergänzten Geschichten oder tippten ab und zu einfach kontrastive Buchstaben wie *b* und *d*.

Sequenz

I Buchstaben-Laut-Entsprechungen	II Begründung	III Lektionen
d m s a Buchstaben bedeuten Laute. Hier steht jeder Buchstabe für einen Laut. Buchstaben, ebenso wie Laute, kommen in verschiedenen Positionen im Wort vor.	Buchstaben gewählt aufgrund von: graphischem Kontrast, Erzeugung des phonetischen Kontrasts (hohe Häufigkeit in Wörtern des ersten Jahrs und Kombinationsmöglichkeit mit gleichzeitig eingeführtem Wortschatz)	1. *d, s* mit kurzem *a* 2. *d, s, m* mit kurzem *a* 3. *d, m*

Sequenz		
I Buchstaben-Laut-Entsprechungen	II Begründung	III Lektionen
Reihenfolge ist wichtig. Nicht explizit: Selbstlaute sind phonetisch und bezüglich ihrer Distribution verschieden. Z. B. können nur Selbstlaute im Rahmen *s-t* eingefügt werden.	NB Arbeitsbegriffe: Wort Satz Anfang und Ende	
t	Regelmäßigkeit und Worterzeugung in vorangehenden Buchstaben- und Lautmustern	4. *t*
i	Erzeugung von Wörtern	5. Kurzes *i* mit *d, s, m, t*
e als Marker für *a* und *i* (make, mine)	Erzeugung des Musters und Begriff	6. Langes *a, i*
Ein Buchstabe kann mehr als einen Laut bedeuten. Ein anderer Buchstabe kann den richtigen Laut signalisieren. Der markierende Buchstabe bedeutet selbst keinen Laut.	NB Mediales *e* wird nicht früh eingeführt, denn es ist nicht worterzeugend, besonders in *eKe*-Mustern.	
Morphologische Endungen	Mehrzahl und dritte Person Einzahl der Gegenwart werden durch *s* markiert.	7. Mehrzahl, Übereinstimmung Verb-Subjekt

Sequenz		
I Buchstaben-Laut-Entsprechungen	II Begründung	III Lektionen
s in *sits, hats*	Der Lehrer vernachlässigt die *s/z*-Unterscheidung bei der Lauterzeugung. Darbietung im Kontext, z.B. 1. *mat*; 2. *mats.*	
n	Gesetzmäßigkeit und Worterzeugung, speziell in Endstellung und mit dem Marker *e* in *VKe*-Mustern.	9. *n* in Anfangsposition
sh Eine Kombination von zwei Buchstaben kann einen Laut bedeuten.	Erzeugung von Wörtern. NB Das *h* ist noch nicht allein vorgekommen. Die Kombination *sh* kommt mit dem Marker *e* nicht vor.	10. *sh* in Anfangs- und Endposition 8c. Zwischen *sh* und *ch* unterscheiden 8d. *s* und *sh* 8e. *wh* und *sh*
Morphologisches *-es*: *dishes, dashes*	Nützlichkeit. Die neue Form der Mehrzahl und der dritten Person Einzahl der Gegenwart.	(Siehe Lektion 7. *s* und *es* zusammen behandelt.)
p	Erzeugung, besonders mit Marker *e.* Wiederholung früherer Begriffe. An diesem Punkt sind die Leistungen mit bisherigem Material hoch. Gewöhnliche neue Buchstaben sollten rasch assimiliert werden.	11. *p* in Anfangsposition mit kurzem *a* 8a. *b* und *p* 8b. *f* und *p*

Sequenz		
I Buchstaben-Laut-Entsprechungen	II Begründung	III Lektionen
Morphologische Endungen *ing, ed*	Erzeugen zweisilbiger Wörter.	12. *ed, ing*
Zweisilbige Wörter. Bekannte Buchstaben-Laut-Muster kommen in längeren Wörtern vor.	Der Lehrer zeigt dies nur anschaulich, indem er Wörter darbietet. Die Kinder brauchen sie nicht lesen zu können, sondern sollen bloß die partielle Identität mit bekannten Wörtern erkennen.	13. Zweisilbige Wörter. Bekannte Muster in längeren Wörtern.
o-oKe	Erzeugung von Wörtern.	14. *o* in medialer Position 15. *o* kontrastiert mit *a, i* 16. Langes *o*
ch, tch Paare dieses Typs sind positionale graphische Varianten eines Lautes.	Erzeugung (*tch* nur mit kurzen Selbstlauten). An diesem Punkt sollen andere positionale Varianten dargeboten werden, in einsilbigen Wörtern, z. B. mi*ss*, *s*it.	17. *ch* in Anfangsposition mit kurzem *a, i, o* 18. *ch* in Anfangsposition mit langem *a, i, o* 19. *tch* mit kurzem *a, i* 8c. *sh* und *ch* 8f. *wh* und *ch* 8j. *th* und *ch*

Sequenz		
I Buchstaben-Laut-Entsprechungen	II Begründung	III Lektionen
wh	Nicht worterzeugend für den hier eingeführten Wortschatz, aber wichtig wegen seines Vorkommens in einer kleinen Zahl von sehr häufigen Wörtern.	20. *wh* mit kurzem *a, o* 8e. *wh* und *sh* 8f. *wh* und *ch* 8g. *s* und *f* 8h. *th* und *f*
ss	Erzeugung	21. *ss* mit kurzem *a, i, o*
f, ff *u*	Erzeugung	22. *f* mit kurzem *u*
b	Erzeugung	23. *b* *b* und *d* *b* und *p*
h	Erzeugung	23. *h* 8a. *h* und *th* 8l. *h* und *f*
th (stimmlos)	Nicht sehr worterzeugend, aber gesetzmäßig. NB Stimmhaftes *th* wird nicht speziell eingeführt, denn es kommt in häufigen Funktionswörtern vor; *the* wie in *bathe* wird nicht eingeführt.	23. *th* 8h. *th* und *f* 8n. *th* und *sh* 8j. *th* und *ch* 8k. *h* und *th*

Sequenz		
I Buchstaben-Laut-Entsprechungen	II Begründung	III Lektionen
y	Worterzeugend in Endposition, besonders im Muster VK, K, *y* und -VK, *y*. taffy pony daddy baby Bobby shady Sammy tiny	*
Weitere zweisilbige Wörter	Lange Wörter, die nicht auf *y* enden, die aber mit bekannten Mustern beginnen, werden eingeführt. Kinder sollen Teile identifizieren und feststellen, daß sie bekannt sind. chatter fantastic chipmunk battle chimney bottle	*
u, uKe	Erzeugung. Wenige Wörter im erweiterten Wortschatz erfordern /yuw/ statt /uw/, z. B. *mute.* Lehrer betont diese nicht besonders.	24. Langes *u*
ng	Erzeugung	24. Langes *u* mit *ng*
Weitere zweisilbige Wörter	Keine Unterscheidung zwischen dem Auftreten von /g/ in *finger,* im Gegensatz zu *singer.*	*

Sequenz		
I Buchstaben-Laut-Entsprechungen	II Begründung	III Lektionen
l nur in Anfangsposition	Erzeugung. Schluß-*l* hinausgeschoben, da es den vorangehenden Selbstlaut beeinflußt, z. B. *fall, pull.*	8l. *l* und *r* 8m. *l* und *w*
r nur in Anfangsposition	Erzeugung, aber Schluß-*r* später behandelt aus gleichem Grund wie *l.*	8l. *l* und *r*
Verbindungen bekannter Buchstaben mit *l* und *r* am Wortanfang. *sl, dr, tr, pr, pl, fr, fl, br, bl*	Erzeugung von Wörtern	25. Der Konsonant vermischt sich mit *l* und *r.* 26. Verbindungen von *p, f, b* mit *l* 27. *pl, fl, bl* mit langem *a, i, o, u* 28. Verbindungen mit *r*
Weitere zweisilbige Wörter	Erzeugung	*
e und *ee*	Kurzes *e* wird von hier an zur Worterzeugung benützt. Da *eKe* nicht worterzeugend ist, wird *ee* als sein langes Gegenstück eingeführt.	29. Kurzes *e, ee*
Konsonantenverbindungen am Wortende *nt, st, sk, ft*	Worterzeugend, besonders mit *e.*	31. Konsonantenverbindungen am Wortende *nt, st, nd, ft*

Sequenz		
I Buchstaben-Laut-Entsprechungen	II Begründung	III Lektionen
w	Regelmäßig, *wa* hier vernachlässigt.	32. *w* 8m. *l* und *w*
ck	Worterzeugend und regelmäßig.	33. *ck*
c, k	Nur „hartes" /k/ benützt, denn /s/ und /j/ sind nicht produktiv. Zusammen eingeführt.	8n. *k* und *c* (visuell) 8o. *k* und *g*
ke	Worterzeugend mit langen Selbstlauten.	34. *ke*
g	Nur /g/. *ge,* und siehe Lektion 8o, oben.	
x *v, ve*	Eingeführt, um von jedem Buchstaben mindestens einen Lautwert zu liefern.	35. *x* in Schlußposition, *v* in Anfangsposition, *ve* in Schlußposition.
y *z, zz* *qu* *j*		36. *y, z, zz, ze, qu, j*

* Im Plan skizziert, aber in den durchgeführten Lektionen nicht enthalten.

Es fehlen: Selbstlaute vor *l* und *r*; Selbstlaut-Digraphen (außer *ee*); „weiches" *c* und *g*; viele seltene Buchstaben-Laut-Entsprechungen, z. B. *ch* = /k/; Ableitungssuffixe; viele Konsonantenverbindungen.

Abbildung 9–7. Lehrprogramm für die Zuordnung von Buchstaben und Laut. Aus LEVIN und MITCHELL, 1969, S. 95–100.

Schließlich gelangten wir nach mehreren Jahren des Schneidens und Zusammensetzens zu einem Programm, mit welchem die meisten Erstkläßler das Lesen lernten. Wie andere auch, hatten wir mit Kindern der Mittelschicht mehr Erfolg als mit Kindern der Unterschicht. Das Programm war theoretisch fundiert, wenigstens so weit, als die Theorie (und die entsprechende Forschung) bereits existierte. Das Programm ist nicht „lehrersicher". Ganz im Gegenteil. Die Lehrer waren bei der Formulierung der Theorie und der Ziele des Programms beteiligt und wurden ermutigt, jede Gelegenheit zur Verbesserung zu ergreifen. Vieles wurde auch dem Urteil der Lehrer überlassen. Die Forscher nahmen jede Idee auf, die im Hinblick auf die Ziele des Programms sinnvoll war; sie wilderten zu diesem Zweck ohne Skrupel in den Reservaten der Ganzwort-Theoretiker, der Linguisten, der Analytiker oder irgendeiner anderen Religion.

Es ist fair, zu fragen, ob dieses Programm besser ist als ein anderes. Frei herausgesprochen – wir wissen es nicht. Es war eine Demonstration und nicht ein experimentelles Programm. Und sogar wenn es letzteres wäre, würde es uns schwer fallen, eine geeignete Kontrollgruppe zu wählen. Wir bleiben mit dem bescheidenen Anspruch zurück, daß die Kinder das Lesen lernten und daß viele Methoden und Materialien aufgearbeitet worden sind, welche die Lehrer auf irgendeine Art nutzen können. Für unsere Zwecke sind wir zufrieden, wenn wir Lehrer sehen, die sich der Natur des Lesens bewußt sind, ihre Methoden und Materialien sinnvoll wählen und einsetzen und nicht von irgendwelchen Vorschriften, wie das Lesen gelehrt werden muß, tyrannisiert werden.

Zusammenfassung

Das Lesenlernen besteht aus dem Lernen eines Systems von Regeln und Strategien zur Extraktion von Information aus Texten. Das kognitive Lernen dieser Art ist selbstreguliert, d. h. es werden jene Strategien gelernt, welche Information effizient extrahieren. Die Neugier des Kindes ist die beste Motivationsquelle. In vielen Leseprogrammen wird angenommen, das Lesen sei die Bildung von S-R-Assoziationen, für welche externe Verstärkung nutzvoll sei. Soweit wir sehen, kann ein Programm der externen Belohnung und Bestrafung das Verstehen nicht fördern, u. a. darum, weil das richtige Verhalten zuerst auftauchen muß, ehe es verstärkt werden kann. Unter gewissen Umständen kann externe Verstärkung nützlich sein, z. B. um die Kinder so lange bei der Aufgabe zu halten, bis die intrinsische Motivation entsteht.

Wir haben uns in diesem Kapitel mit dem Problem befaßt, was auf den frühen Stufen der Lesefertigkeit gelernt werden muß. Die Fehler, welche die Kinder machen, geben Auskunft über ihre Lesestrategien. Die häufigsten Fehler sind Substitutionen, d.h. die Kinder erfinden Wörter für jene, welche tatsächlich geschrieben stehen. Ungefähr 90% der Substitutionen erhalten die Grammatik und den Sinn des Satzes bis zu dem Punkt, an dem der Fehler gemacht wird. Wenn das folgende Lesen mit dem Substitutionsfehler unsinnige Aussagen ergibt, gehen die intelligenten Kinder zurück und korrigieren die Fehler. Es kommt ein Punkt, an dem die Kinder realisieren, daß das Lesen mit der graphischen Vorlage übereinstimmen muß. Wenn das Kind ein Wort nicht entschlüsseln kann, sagt es nichts. Später hängen die Fehler sowohl vom Schriftbild des Wortes als auch von seiner Bedeutung ab. Die frühen, fehlererzeugenden Lesestrategien scheinen die folgenden Formen anzunehmen:

1. Substituiere irgendein Wort, das einen Sinn ergibt (gewöhnlich ein Wort, das früher im Text vorgekommen ist);
2. untersuche die graphische Vorlage und sage nichts, wenn du den Text nicht entschlüsseln kannst;
3. beziehe das gelesene Wort sowohl auf die graphischen Merkmale als auch auf den Umstand, ob das Wort in den Satz paßt.

Es ist für den Leseanfänger schwierig, sowohl die graphischen als auch die semantischen Informationen zur selben Zeit zu verarbeiten. Das Ziel, eine einzige Einheit zu finden, anhand derer das Lesen unterrichtet werden kann, scheint falsch zu sein. Die Instruktion sollte in dem Sinne „multiplan" sein, als das Kind sich auf der Ebene der Sätze, Wörter, Silben, Buchstabengruppen usw. bewegt, wobei man dem Niveau, auf dem es Schwierigkeiten hat, spezielle Aufmerksamkeit schenken wird. Die Unterrichtseinheiten sollten immer in größere Kontexte eingeordnet werden, damit die verfügbare, redundante Information genutzt werden kann. Es ist nachgewiesen, daß Relationen innerhalb des Wortes für die Generalisierung auf neue Wörter gelehrt werden müssen, obwohl noch nicht klar ist, welches die beste Methode für diese Analyse ist. Es gibt einige Hinweise darauf, daß die Betonung von relationalen Sprech/Schreibmustern und der regelmäßigen internalen Wortstrukturen nützlich ist. Die Leser verbessern ihre Fertigkeit der Buchstaben-Laut-Zuordnung bis in die High-School hinein noch lange, nachdem der formelle Unterricht aufgehört hat. Es ist wichtig, daß die Kinder die Struktur innerhalb der Wörter beachten, wie dies gute Leser tun.

Wie werden die Sprech/Schreibmuster gelernt? Das einfache Vermitteln von Regeln funktioniert nicht. In der dritten Klasse scheinen Kinder einige Kenntnisse der Strukturen entwickelt zu haben, die sie auch auf neue Items übertragen können. Jüngere Kinder können aus einem Unterricht profitieren, der generell die Suche nach invarianten Mustern fördert. Der Lerner muß aber mit der Zeit die nützlichen Strukturen selber entdecken, wozu er Zeit, Übungsgelegenheiten und aktives Suchen braucht.

Die gesprochene Sprache der Kinder ist variantenreicher und komplexer als die grammatikalischen Formen, welche in den Lesebüchern erscheinen. Darüber hinaus scheinen die Kinder weniger redundantes Material, als ihre Bücher anbieten, vorzuziehen. Man kann die Atmosphäre der Lesebücher am besten als diejenige des Kinderbuches „Pollyanna" bezeichnen. Das trifft auch auf die neuen Lesebücher mit ethnischen Themen zu. Die spärliche experimentelle Forschung über die Beziehung zwischen Illustrationen und dem Lernen von Wörtern zeigt die Überlegenheit des nicht illustrierten Wortes. Man sollte den ästhetischen und semantischen Beitrag von Bildern jedoch nicht voreilig in Abrede stellen.

Schließlich haben wir drei Leseprogramme, die zur Zeit entwickelt werden, beschrieben: Das Programm der Universität von Pittsburgh, das computer-unterstützte Leseprogramm von Stanford und das Multiplan-Projekt.

Kapitel 10

Der Übergang zum geübten Lesen

Das Lesenlernen dauert viele Jahre, vielleicht solange, als das Vokabular und das Wissen über die Welt zunehmen – also das ganze Leben lang. Der Lernbeginn hat notwendigerweise stark mit der Technik des Prozesses zu tun – mit dem Lernen des Dekodierens, wie einige sagen würden, obwohl beim Lesen mehr als dieses beteiligt ist. Mit der Beachtung der Technik des Prozesses beziehen wir uns auf die sogenannten „Oberflächen-Aspekte": Extraktion der graphischen und orthographischen Information, Augenbewegungen in der richtigen Folge, Produktion der korrekten, phonetischen Muster. Damit ist aber das Verständnis nicht ausgeschlossen. Selbstverständlich verstehen die Kinder dieses Alters die Rede und nicht nur Sätze, sondern Rede von der Länge eines Diskurses. Tatsächlich hat RAMANAUSKAS (1972) herausgefunden, daß retardierte Kinder ein fehlendes Wort eines Satzes besser ergänzen konnten, wenn der Satz im größeren Kontext eines Abschnittes eingebettet war. Wie die frühen Fehler der Wortsubstitutionen klar zeigen, bringen die Kinder das Verstehen des Gesprochenen in die Aufgabe des Lesens ein. Aber wenn sie lernen, daß die graphische Information einbezogen werden muß, kommt die „Technik" ins Spiel. Wir sehen (und das tut auch das Kind), daß die gleichzeitige Entnahme aller relevanten Information ein Problem ist, für dessen Lösung die meisten Kinder einige Zeit brauchen.

Wir wollen bei der Behandlung des Überganges zum geübten Lesen beachten, wie sich alle Aspekte dieser Aktivität entwickeln und – hoffentlich – zusammengesetzt werden: wie die Orthographie beim Buchstabieren entsteht, wie die Subvokalisation reduziert wird, wie sich die Augenbewegungsmuster entwickeln, wie die syntaktische Information wirkungsvoll genützt wird und schließlich, wie sich das Verständnis des geschriebenen Textes entwickelt.

Schreiben und Lesen

Man hat oft als selbstverständlich angenommen, daß das Schreiben und das Lesen wenn nicht denselben, so doch reziproke Aspekte desselben Prozesses betreffen. Gewöhnlich werden Wahrnehmung und Produktion der Rede als reziproke Prozesse betrachtet. CARROLL (1966) schreibt: „Die Tatsache, daß beim Lernen der Sprache das

Lernen des Verstehens der Rede und das Sprechenlernen parallele Prozesse sind, spricht für das parallele Unterrichten des Lesens und Schreibens" (S. 579). Es ist nicht einfach, dem zu widersprechen, besonders weil wir im ersten Kapitel gesehen haben, daß Kinder ganz spontan zu schreiben beginnen und zum Schreiben von Wörtern und Sätzen fortschreiten, wobei sie von sich aus die Qualität der Produkte verbessern. Einige Kinder haben sogar ihre eigenen Buchstabiersysteme entwickelt, weil sie schreiben wollten.

Sind aber das Lesen und das Schreiben – oder genauer das Lesen und das Erzeugen eines Schriftbildes – wirklich reziprok, zwei Aspekte desselben Prozesses? Wir bezweifeln es. Vom Standpunkt der Voraussagbarkeit aus sind die Regeln für das Aussprechen eines gelesenen Wortes nicht notwendigerweise (und nicht einmal sehr oft) reversibel. Ein Kind kann alle Buchstabenmuster (FRIES 1962) gut zusammengefaßt in kontrastiven Sets erlernen und wissen, daß ein *e* zusammen mit *at ate* macht und demzufolge das *a* als ein langer Vokal ausgesprochen wird. Diese Kenntnis erlaubt es ihm aber dennoch nicht, *eight* zu buchstabieren. Ausgezeichnete Leser können manchmal sehr schlecht schreiben. Der Unterschied zwischen dem Lesen und der Rechtschreibung ist analog dem Unterschied zwischen dem Wiedererkennen und dem Reproduzieren, welches den Psychologen zufolge unterschiedliche Prozesse sind. Das Wiedererkennen ist der einfachere Prozeß in dem Sinne, als weniger Information für die Unterscheidung und Identifikation einer (bereits vorhandenen) Vorlage benötigt wird als für die Produktion selber. Ein Wort kann erkannt werden, ohne daß man die vollständige R-cht-schr-b-ng weiß.

Eine Überbetonung der phonischen Lesemethode (Lautiermethode) läuft Gefahr, schlechte Schreiber hervorzubringen. Dies ist speziell dann der Fall, wenn eine Eins-zu-eins-Zuordnung der Buchstaben und der Laute betont wird. Es ist nur zu einfach, Beispiele dieser Fehlerquelle anzuführen. Daß ein Paar (oder ein Trio) von Homophonen unterschiedlich geschrieben wird, ist eine alte Klage und Frustration der Rechtschreibreformer. Es muß aber daran erinnert werden, daß die unterschiedliche Schreibweise der Homophone ihre unterschiedliche Bedeutung zeigt und die geschriebene Sprache bereichert, obwohl sie diese nicht vereinfacht. Unserer Ansicht nach sollte in den frühen Übergangsstufen des Lesens die Rechtschreibung nicht stark betont werden. Es ist besser, gut lesen und etwas Sinnvolles schreiben zu können – sogar wenn die Rechtschreibung noch zu wünschen übrig läßt. Häufig kommt einem guten Leser im Verlaufe des Lernens die Rechtschreibung von selber.

In den Übergangsstufen werden oft verbale Regeln der Rechtschreibung beigebracht (z. B. Regeln über das *i* vor einem *e* ausgenommen nach einem *c*, wie in *believe* vs. *receive*). Während deren Übung die Rechtschreibung verbessern kann, gibt es keinen Nachweis dafür, daß damit auch das Lesen verbessert wird. HANNA, HANNA, HODGES und RUDORF (1966) untersuchten die Möglichkeit der Vermittlung von phonetischen Regeln, welche die Kinder befähigen sollten, korrekt gehörte Wörter korrekt zu schreiben. Sie kamen mit Hilfe eines Computers auf eine Gruppe von 200 Regeln, die, konsequent gebraucht, die korrekte Rechtschreibung von ungefähr 80% der englischen Phoneme erlaubten. Wie aber SIMON und SIMON (1973) betonen, enthalten Wörter mehr als ein Phonem, und sie schätzten, daß diese Regeln allein das Schreiben von nur ungefähr der Hälfte (49,87%) der 17009 am meisten verwendeten englischen Wörter ermöglichen würde.

Die Autoren führen an, daß wir öfters die Korrektheit oder Inkorrektheit der Rechtschreibung erkennen, ohne die korrekte Rechtschreibung *reproduzieren* zu können. In diesem Falle kann man verschiedene mögliche Schreibweisen aufschreiben und sehen, ob man darunter die korrekte erkennen kann. Dies gleicht dem versuchsweisen Aussprechen eines Wortes, um zu sehen, ob es eine regelmäßige, bekannte Aussprache und Bedeutung hat. In einem Diagramm der beiden Prozesse (siehe Abbildung 10–1) wird angenommen, daß wir über zwei Arten von „Generatoren" verfügen, einen Schrift-Generator und einen Aussprache-Generator. Wie die Autoren anführen, wird ein gehörtes Wort Phonem um Phonem dekodiert und Buchstabe um Buchstabe rekodiert, aber auf dem Niveau des ganzen Wortes erkannt.

Dieses Verfahren, wie auch dasjenige von HANNA et al. (1966), eine direkte phonetische Rechtschreibung mit 200 Regeln, kann durch morphemische Information modifiziert oder ergänzt werden. Morphemische Komponenten oder Wörter (Stämme, Präfixe, Suffixe usw.) können als solche erkannt werden und einen Beitrag zur Information über die Schreibweise leisten. Weil die englische Rechtschreibung tatsächlich ein morphophonemisches System ist (siehe VENEZKY, 1970 b), ist das ein nützliches Vorgehen und erspart es uns die Arbeit des mechanischen Lernens von tausenden, individuellen Schreibweisen.

SIMON und SIMON (1973) arbeiteten ein Computerprogramm aus, das zwei der oben beschriebenen Prozesse simuliert – den direkten, phonetischen Prozeß mit den Regeln und ihren vorgeschlagenen Generator-Test-Prozeß. Sie testeten ihr Programm auf die Fähigkeit, Rechtschreibefehler vorauszusagen, die tatsächlich von einer Stichprobe von 50 Schülern einer vierten Klasse gemacht worden waren. Die phonetischen und Regelalgorithmen (von HANNA et al.) buchstabierten 26,6% falsch; die Kinder 8,4% einer Liste von 30 neuen Wörtern (die im Unterricht noch nicht durchgenommen worden waren). Bei schwierigeren Wörtern auf der Stufe einer höheren Klasse war der Algorithmus nicht besser.

Zwei dieser Wörter, *indefinite* und *infinite*, wurden vom Algorithmus als *indefanate* und *infanate* buchstabiert; wenn er fähig gewesen wäre, morphemische Information und Transformationsrelationen (z.B. das eingebettete Wort *finite*) einzubeziehen, hätte er diese Fehler nicht gemacht. Die menschlichen Schreibfehler waren vorwiegend falsch verstandene, phonetische Schreibweisen, wobei einige Fehler auf die inkorrekte Verwendung der morphemischen Information (z.B. *temperary* anstatt *temporary*) zurückgingen. Der Nachweis war recht schlüssig, daß das Unterrichten des Algorithmus den Kindern der vierten Klasse wenig helfen würde, Wörter zu schreiben, die sie noch nicht konnten.

Das Programm von SIMON ist ebenfalls grundlegend phonetisch und konditional. Es generiert aber mehr als eine Art des Schreibens für ein Phonem eines Wortes. Es wählt dann mit einem Selektionsprozeß unter diesen Alternativen aus. Dieser Prozeß wendet Tests an, die von der Worterkennungsinformation stammen und vergleicht, bis eine Zuordnung oder eine Annäherung gefunden ist. Die Analyse des falschen Buchstabierens von solchen Wörtern wie *knowledge* (Wissen) und *responsible* (verantwortlich) zeigten, daß das Simulationsprogramm durch einfache Änderungen modifiziert werden konnte, um häufig vorkommende, fehlerhafte Schreibweisen zu produzieren. Die Autoren schlossen daraus, daß ein großer Teil des Schreibverhaltens der Viertkläßler erklärt werden könnte, indem man Hypothesen über ihre Verwendung eines phonetischen Generators kombiniert mit einem Wiedererkennungstest formuliert. Sie erklären aber, daß ihre Resultate keine Aussagen über die beste Art des Rechtschreibeunterrichtes machen. Sie vermuten, daß bei Rechtschreibe-Unsicherheiten die wertvollste phonetische Übung im Generieren von möglichen alternativen Repräsentationen und dem folgenden Test durch das Wiedererkennen sei. Die Rechtschreibung sollte dabei auf Wörter beschränkt werden, die im Lesevokabular der Schüler geläufig sind, so daß der Wiedererkennungstest eine optimale Wirkung erhält.

Diese Ansicht impliziert klar, daß das Lesen dem Schreiben, min-

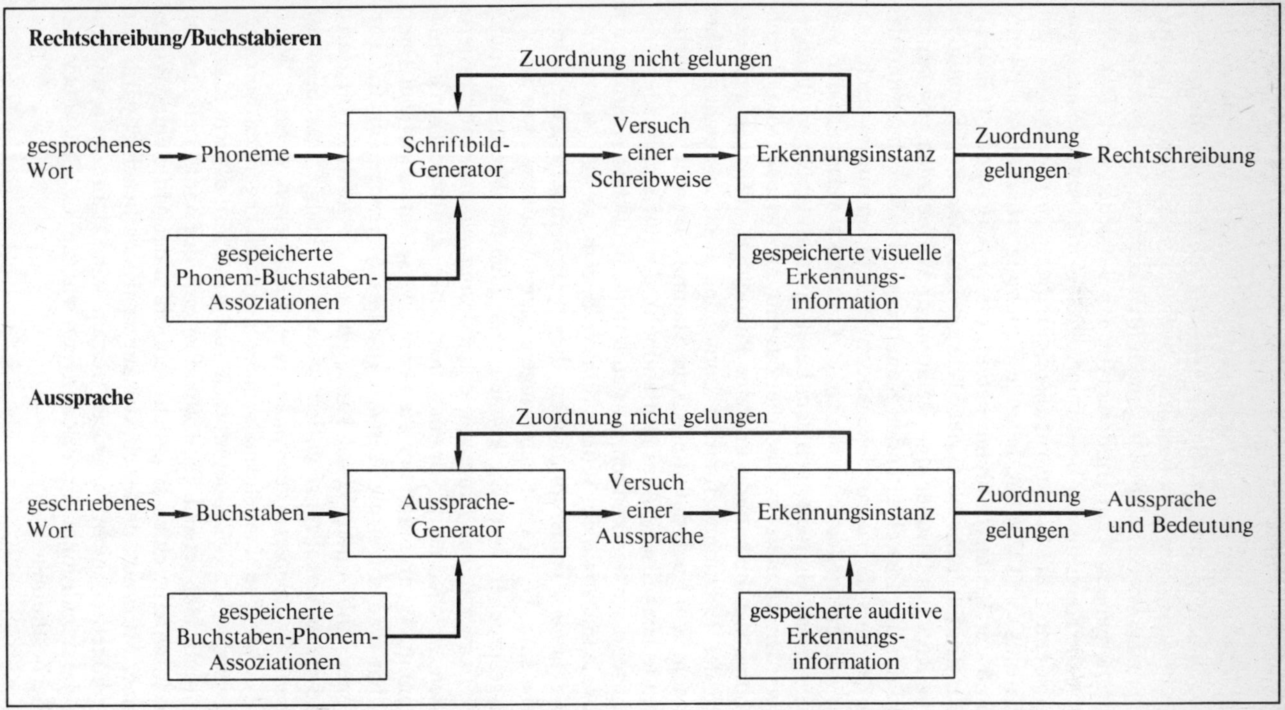

Abbildung 10–1. Diagramme zweier möglicher Prozesse der Generierung der Rechtschreibung. Aus: SIMON und SIMON 1973, S. 6. © 1973 by American Educational Research Association, Washington, D. C.

destens jedoch dem Rechtschreibdrill vorangehen sollte. Man kann diesem Vorschlag anfügen, daß Rechtschreibeübungen, die die Regeln und Buchstaben stark beachten, zu einem Verlust an Sinnhaftigkeit oder zu einer verbalen Sättigung führen können, die – wenn auch nur vorübergehend – ein Hindernis für das Verstehen sind. Das Verständnis, die Kenntnis der Bedeutung eines Wortes sowie seines Kontextes, ist eine Hilfe für das richtige Schreiben.

C. CHOMSKY (1970) hat die enge Beziehung zwischen der Phonologie und der Rechtschreibung betont, die N. CHOMSKY (1970) als ideal für das Englische beschrieb. Wie gewinnt man aber Kenntnisse über die Repräsentationen und Relationen? Wir nehmen gewöhnlich an, daß mit den fortschreitenden Kenntnissen des Sprechens und des Lesevokabulars die zugrundeliegenden Relationen automatisch aufgebaut werden; vielleicht ist das so. C. CHOMSKY vermutet, daß von einem gewissen Moment nach dem Lesebeginn an Übungen durchgeführt werden können, welche die Zuordnung zwischen der Rechtschreibung, der Bedeutung und der Phonologie aufzeigen und den Erwerb der Relationen für den Lernenden leichter machen. Man bringt dem Kind bei, daß die Wörter Stammformen haben (zugrundeliegende lexikalische Repräsentationen), die auf verschiedene Arten verändert werden können, was zu unterschiedlichen Aussprachen der Vokale innerhalb des Wortes führt (z. B. *courage – courageous, relative – relation*). Transformationen, die oft eine Änderung der betonten Silbe eines Wortes mit sich bringen, sagen dem Leser, wie der Vokal ausgesprochen wird. Sie können aber auch der Rechtschreibung dienen. Es ist z. B. bei Wörtern wie *janitor und manager* oft schwierig zu wissen, welcher Vokal vor einem *r* in einer agentiven Transformation kommt. Wenn man aber die Schreibweise der adjektiven Form kennt, hat man sofort die Antwort *(janitorial, managerial)*. Ein verschliffener, unbetonter Vokal kann, phonetisch gesehen, oft durch beinahe jeden Vokal repräsentiert werden. So könnte beispielsweise *competent* als *compatent, compitent* usw. geschrieben werden. Wenn man aber an eine Transformation des zugrundeliegenden Stammes denkt, welche den Vokal betont (z. B. *compete*), wird es recht klar, wie es sein muß. Der verschliffene Vokal ist eine der häufigsten Quellen der Rechtschreibefehler. Er taucht sehr oft in der Mitte eines Wortes oder einer Silbe auf, dem Teil, der am wenigsten beachtet wird, und da er phonetisch nicht festgelegt werden kann, kann man ihn nur durch die konditionalen Beziehungen, wie sie C. CHOMSKY beschreibt, bestimmen.

„Eine andere nützliche Übung", schreibt C. CHOMSKY, „betrifft Konsonanten, die in einem Wort stumm sind, in einem anderen aber ausgesprochen werden" (z. B. *sign-signal, soften-soft*). Man kann dem Kind Beispiele eines Wortes geben, in welchem die Konsonanten nicht ausgesprochen werden und „es auffordern, an ähnliche Wörter zu denken, in welchen der stumme Konsonant phonetisch aufgedeckt wird" (1970, S. 305). Sie meint, daß eine gute Art, Rechtschreibefehler zu behandeln, darin bestehe, „mit dem Kind nach systematischen Gründen zu suchen, warum das Wort gerade so geschrieben werden muß" (S. 307ff.). Ein gutes Beispiel ist *medisin,* welches „das *s* verliert und ein *c* erwirbt, wenn es mit *medical* verbunden wird".

Es ist offensichtlich, daß solche Übungen ein entsprechendes Vokabular benötigen. Aber wahrscheinlich ist es ein guter Gedanke, den Sinn und die transformationalen Relationen der Wörter als Schreibhilfe einzusetzen. Die Schreibweise führt nach der Ansicht CHOMSKYS „den Leser direkt zu den Bedeutung tragenden Items, die er identifizieren muß, ohne daß dabei eine Abstraktion von oberflächlichen und irrelevanten phonetischen Details nötig wird" (C. CHOMSKY 1970, S. 294). Diese Auffassung von der englischen Orthographie ist wohl nur für den geübten Leser möglich, der –

> „wenn er liest – nicht das sucht und erkennt, was üblicherweise Graphem-Phonem-Korrespondenz genannt wird, sondern eher die Korrespondenz der geschriebenen Symbole mit der abstrakten lexikalischen Schreibweise (lexical spelling) der Wörter. Die Buchstaben repräsentieren Segmente der lexikalischen Schreibweise, nicht Laute ... Die Aufgabe des Lesers wird durch die Tatsache erleichtert, daß die Orthographie eng mit ihrer lexikalischen Repräsentation zusammenhängt" (S. 296).

Damit das Kind zu komplexeren Stadien des Lesens fortschreiten kann, muß es seine frühen Hypothesen, die Regeln der individuellen Graphem-Phonem-Korrespondenz aufgeben und lernen, die geschriebenen Symbole als mit abstrakteren lexikalischen Schreibweisen korrespondierend zu interpretieren. Normalerweise ist es fähig, diesen Übergang ohne Hilfe zu vollziehen, wenn es reift und Erfahrung sowohl mit der Lautstruktur seiner Sprache als auch mit dem Lesen gewinnt. Es mag jedoch sein, daß die Schwierigkeiten, die man bei einigen schlechten Lesern antrifft, damit verbunden sind, daß sie diesen schwierigen Übergang nicht vollzogen haben (S. 297).

Das Unterrichten der Beziehungen der Wörter, die Erweiterung des Vokabulars und das Aufzeigen der verschiedenen Zusammensetzungen mit dem Stamm eines Wortes (dessen Transformation) in verschiedenen bedeutungsvollen Kontexten kann eine gute Art sein, den Kindern während der Periode des Überganges zum geübten Lesen das Schreiben beizubringen.

Die Subvokalisation beim Lesen

Die meisten geübten Leser werden sich ab und zu während des Lesens der Vokalisation bewußt. Manchmal liest man absichtlich laut, beispielsweise wenn man ein Gedicht oder einen eindrücklichen Prosatext auskosten will. Aber das Sprechen kann weniger offensichtlich am Lesen beteiligt sein; Flüstern oder Lippenbewegungen oder ein Gefühl von Spannung um Lippen oder Kehlkopf gehören dazu. Einige Leser sprechen von einem Sprachstrom, der durch ihren Kopf geht und oft lästig und schwierig abzustellen ist. Die Vokalisation beim Lesen oder einer anderen mentalen Aktivität hat viele Namen: Subvokalisation, subvokales Sprechen, inneres Sprechen, implizites Sprechen, stummes Sprechen, verdeckte orale Reaktionen usw. Viele dieser Ausdrücke werden gleichbedeutend gebraucht, obwohl es bei einigen von ihnen implizite theoretische Konnotationen gibt. Wir wählen für unsere Zwecke den Ausdruck „Subvokalisation", der für das Sprechen steht, das von hörbaren Lauten (z. B. Flüstern) über Bewegungen der Sprechmuskulatur, die stark verstärkt werden müssen, um entdeckt zu werden, bis zu dem Extrem des impliziten Sprechens geht, das physikalisch nicht mehr beobachtet werden kann. Der springende Punkt daran ist, daß der Leser gewöhnlich keine Laute bilden möchte, dies aber auf gewissen Stufen doch tut.

Das Studium der Subvokalisation berührt verschiedene klassische, psychologische Probleme. So lautet das Diktum von WATSON (1930, S. 243), daß „der Ausdruck ‚Denken' alles wörtliche Verhalten jedwelcher Art abdecken sollte, das subvokal geschieht". Die Idee der Theorie eines motorischen Bewußtseins hat die frühe Erforschung der Subvokalisation stark beeinflußt und hält in ihrer Wirkung weiter an (für zeitgemäße Zusammenfassungen siehe SOKOLOV, 1972 und MCGUIGAN, 1970). Moderne Theoretiker, die sich mit dem Kurzzeitgedächtnis befassen, beschäftigen sich mit der Transformation des Inputs von der visuellen zu irgendeiner auditiven Form (für eine Übersicht über die relevante Literatur siehe GIBSON, 1971). Es gibt auch eine ausführliche Literatur über die subvokalen Begleiterscheinungen des Problemlösens (SOKOLOV, 1972). Keines dieser Probleme ist ein eigentliches Leseproblem. Man fordert die Versuchspersonen auf, Buchstaben oder Zahlenreihen zu lernen, Problemlöseaufgaben von verschiedener Schwierigkeit zu bearbeiten oder bestimmte Ziele zu suchen, die visuell oder akustisch verdeckt sind. Weil alle diese Aufgaben nicht das Lesen betreffen, hat die entsprechende Forschung wenig zum Verstehen des Leseprozesses beizutragen. Viel Literatur über die Subvokalisation geht über den Rahmen der Diskussion des Lesens hinaus.

Wie wir im zwölften Kapitel sehen werden, erscheint die Subvokalisation in einigen Theorien des Leseprozesses wieder. Der Ansicht einiger Theoretiker zufolge ist eine der Stufen des Lesens das phonetische Rekodieren, d.h. die Übersetzung des Textes in Laute oder deren Surrogate, aber wir verschieben diese Diskussion der Subvokalisation auf später, wenn wir die verschiedenen Theorien des Lesens miteinander vergleichen werden. In diesem Abschnitt beschäftigen wir uns mit den Bedingungen, unter welchen die Subvokalisation beim Lesen auftritt und dem Wechsel, dem dieses Phänomen mit dem Alter unterliegt. Dann schildern wir die verschiedenen experimentellen Techniken, die ausprobiert worden sind, um die Subvokalisation zu reduzieren.

Es scheint seltsam, ist aber dennoch wahr, daß es beinahe unmöglich ist (und vielleicht auch bedeutungslos) anzugeben, wie rasch ein Text gelesen wird. Sicherlich trägt die Schwierigkeit oder die Bekanntheit des Lesematerials dazu bei. Die Ziele des Lesens – oberflächliches Überfliegen oder das Behalten – spielen natürlich eine Rolle. Erwachsene sprechen ungefähr 170–200 Wörter pro Minute. Dies ist nicht weit vom oberflächlichen Lesen entfernt (ungefähr 200–300 Wörter pro Minute nach TINKER, 1965). Als klinisches Problem ist die Subvokalisation gut beschrieben. Wenn die Wortrate beim Lesen einfacher Texte abnimmt, versuchen die Logopäden, die Subvokalisation zu eliminieren. In anderen Fällen führen die Leser bewußt die Subvokalisation herbei, um das Lesen zu verlangsamen und sich auf den Text zu konzentrieren. Aber die Subvokalisation ist nicht nur ein Mittel, das Lesen zu verlangsamen, sondern sie fügt auch die Redundanz einer anderen Modalität hinzu.

Die Folgerung scheint zu sein, daß der Leser jedes Symbol, das er im Text auffindet, entweder motorisch oder auditiv in Laut übersetzt. Das mag für Leser zutreffen, die beim Lesen die Lippen bewegen, und wenn man die kulturelle Stereotypie beachtet, derzufolge nur halbgebildete Leser die Lippen bewegen, versteht man, daß in solchen Fällen oft Logopäden hinzugezogen werden. Man tut aber gut daran, sich zu erinnern, daß sogar geübte Leser oft ihre Lippen bewegen, speziell, wie wir beobachtet haben, wenn sie einen fremdsprachlichen Text lesen.

Es ist unserer Ansicht nach unnütz, Stellung zu beziehen zu der Behauptung, daß das Lesen *immer* die Subvokalisation mit einbeziehe und daß das direkte Erfassen der Bedeutung eines Textes unmöglich sei. Die Anforderungen der Aufgaben und die individuellen Differenzen sind zu vielfältig. Dennoch ist die Aussage von HUEY (1908) charakteristisch:

> „Soweit es mir bekannt ist, ist die Tatsache des inneren Sprechens als ein Teil des stummen Lesens von niemandem, der sich experimentell mit dem Leseprozeß befaßt hat, bestritten worden. ... Theoretisch ist rein visuelles Lesen zwar möglich. SECOR hat in einer Studie, die an der Cornell-Universität durchgeführt wurde, herausgefunden, daß einige Leser visuell lesen konnten, während sie gleichzeitig pfiffen oder eine andere motorische Tätigkeit ausübten, die sie am inneren Sprechen gehindert hätte ... Aber obwohl es ab und zu einen Leser geben mag, bei dem das innere Sprechen nicht bemerkt werden kann, und obwohl es in den meisten von uns eine verkürzte und unvollständige Sprache (speech) gibt, ist es doch ganz sicher, daß das innere Hören und/oder Aussprechen dessen, was gelesen wird, ein grundlegender Teil des Lesens der meisten Leute ist, so wie sie eben gewöhnlich und tatsächlich lesen" (S. 117f.).

HUEY (1908) führte selber einige Experimente durch, in welchen seine Versuchspersonen (alles Erwachsene) aufgefordert wurden, einen interessanten Roman „so zu lesen, wie sie wollen", oder „sich selber alles zu erzählen", oder „laut zu lesen", oder sich vorzustellen, „wie es tönen würde", während sie lesen. Die meisten Leser sagten, sie sprächen „in Gedanken" aus („up in the head"). Das innere Sprechen bestand aus einer Kombination von auditiven und motorischen Elementen, welche von der Art abhing, wie sich die Versuchspersonen gewöhnlich etwas vorstellten. Die Subvokalisation war *nicht* lautes Lesen, das 66% langsamer als das stumme Lesen war. Die Subvokalisation beim Lesen unterscheidet sich vom Sprechen. HUEY zitiert DODGE, demzufolge die Subvokalisation sowohl während des Einals auch während des Ausatmens geschieht und die Brust sowie die Kehlkopfmuskeln nicht aktiv sind. Es gibt ein Verwischen der Wörter, nur die Wortanfänge werden ausgesprochen, und beim schnellsten Lesen werden gewisse Wörter nicht ausgesprochen. Es ist wichtig, von diesem introspektiven Material festzuhalten, daß sich die Subvokalisation deutlich vom lauten Sprechen und von der vollständigen Sprache (auch wenn diese nicht hörbar ist) unterscheidet. Es wäre ein Fehler, diese verschiedenen Prozesse gleichzusetzen. Auch bringt das Nachdenken über die Subvokalisation die motorischen Komponenten des Sprechens mit dem Hören des Textes zusammen. Die Bedingungen mögen sehr verschieden sein – aber unsere Information über diesen Punkt ist mager.

Der Abbau der Subvokalisation

Hardyck und seine Mitarbeiter (Hardyck, Petrinovich & Ellsworth 1966) berichten von einer dramatischen Demonstration einer vollständigen Reduzierung der Subvokalisation. Zu diesem Zwecke wurden 17 Versuchspersonen einer College-Klasse ausgewählt. Viele dieser Personen, die Nachhilfeunterricht im Lesen erhielten, realisierten nicht, daß die Subvokalisation ein Problem ihrer Leseschwierigkeiten war. Diese Studenten konnten bei Subvokalisation 150 Wörter pro Minute eines ziemlich einfachen Textes lesen – ein tiefes Niveau. Hardyck plazierte Oberflächenelektroden in der Nähe des Kehlkopfes der Versuchspersonen, damit die Muskelbewegungen dieser Zone entdeckt werden konnten. Man nennt die Technik, mit der Muskelbewegungen gemessen und aufgezeichnet werden, Elektromyographie (EMG). Die EMG-Signale wurden in hörbare Signale umgesetzt, welche die Leser über Kopfhörer hören konnten. Die Anweisungen waren einfach: Lesen Sie so, daß kein Signal über die Kopfhörer kommt. Das Signal bestand aus einem statischen Rauschen. Die Versuchspersonen wurden aufgefordert, einfaches Material zu lesen, mit dem Lesen aufzuhören, wieder zu beginnen usw.

Schon das Resultat einer einzigen Sitzung war eindeutig. „Bei allen Fällen genügte eine Feed-back-Sitzung, damit die Subvokalisation vollständig aufhörte" (S. 1468). In Abbildung 10–2 sind einige typische EMG-Aufzeichnungen wiedergegeben. Nach dieser einen Sitzung konnte auch nach einem und sogar nach drei Monaten keine Subvokalisation mehr nachgewiesen werden. Obwohl die Demonstration an sich klar ist, führt sie doch zu Fragen, die nur von weiteren Experimenten beantwortet werden könnten: Welchen Einfluß hatte die Reduzierung der Subvokalisation auf das Lesen? Gab es eine Beziehung zur Art des Lesematerials? Gab es einen generellen Entspannungseffekt oder ging die Reduzierung auf die Rückmeldung von dem Kehlkopfgebiet selber zurück?

In einem folgenden Experiment arbeiteten Hardyck und Petrinovich (1967; 1970) mit 18 Studenten des ersten Studienjahres, die

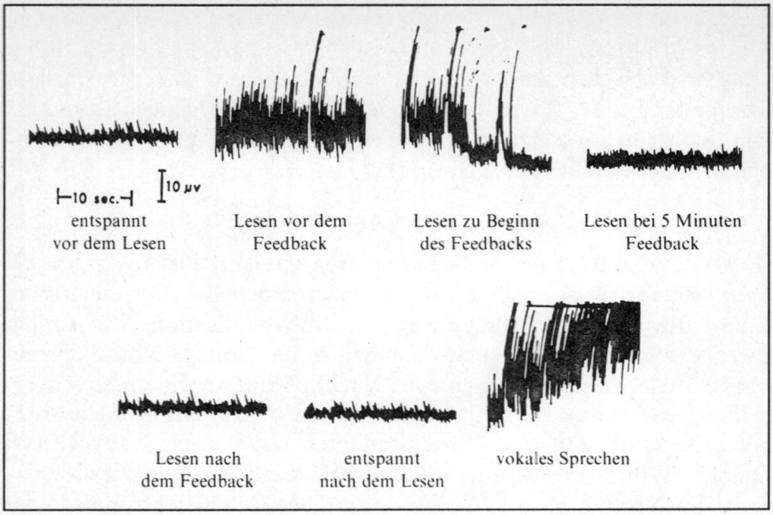

Abbildung 10–2. Laryngale Elektromyogramme. Aus: HARDYCK, PETRINOVICH und ELLSWORTH 1966, S. 1467. Copyright 1966 by the American Association for the Advancement of Science.

Nachhilfeunterricht im Englischen erhielten. Das Lesematerial bestand aus zwei Essays, die von den Englischlehrern als gleich interessant, aber in bezug auf das Verständnis als unterschiedlich schwierig beurteilt wurden. Die eine Gruppe las, während EMG-Aufzeichnungen vom Kehlkopfgebiet, dem Kinn, den Lippen und dem rechten Unterarmbeugemuskel gemacht wurden. Eine zweite Gruppe wurde, wie in der oben genannten Studie, aufgefordert, die Tonsignale zu vermeiden. Die Kontrollbedingung war dieselbe, wie bei der Feedback-Gruppe, ausgenommen, daß die Versuchspersonen die akustischen Signale vermeiden mußten, die von der Muskelaktivität des Vorderarmes stammten.

Wie uns auch andere Befunde zeigen werden, nimmt die EMG-Aktivität bei allen Bedingungen mit der Schwierigkeit der Aufgabe zu. Die EMG-Aufzeichnungen des Kehlkopf- und Kinn-Lippengebietes stimmten am meisten mit dem Schwierigkeitsniveau überein, diejenigen der Armmuskeln am wenigsten. Wenn durch die Rückmeldungen die Aktivitäten des Kehlkopfgebietes vermindert wurden, litt darunter das Verständnis der schwierigen Textpassagen. Dieser Effekt beschränkte sich auf die Aktivität des Kehlkopfgebietes.

Die Autoren meinten, dieser Befund bestätige eine Mediationstheorie des Verständnisses, derzufolge das Begreifen der Bedeutung eines Leseabschnittes motorische Aspekte der Subvokalisation umfaßt. Warum litt aber das Verständnis der leichten Passagen nicht, wenn das Verständnis propriozeptive Unterstützung von der Sprechmuskulatur benötigt? Es ist eine merkwürdige Behauptung, daß das Verständnis durch das Sprechen vermittelt werde, das die willkürlichen Symbol-Laut-Bedeutungs-Relationen unterstützt (HARDYCK & PETRINOVICH 1967). Werden diese Assoziationen erst aktiv, wenn die Versuchsperson schwieriges Material liest? Welcher Mechanismus funktioniert denn bei leicht verständlichem Text, der auch willkürliche Symbol-Laut-Assoziationen aufweist, die irgendwie vermittelt werden müssen, wenn nicht durch ein Feed-back der Subvokalisation? Unserer Ansicht nach ist in diesem Experiment folgendes passiert: Wenn die Versuchsperson die Aufmerksamkeit einerseits auf das Verstehen des schwierigen Textes und andererseits auf die Kopfhörer, die keine Töne erzeugen durften, richten mußte, litt das Verständnis. Augenscheinlich konnte beim Lesen des schwierigen Textes der Ton mit demselben Erfolg wie beim Lesen unter anderen Bedingungen unterdrückt werden.

Die dramatische Demonstration von HARDYCK et al. (1966), derzufolge ein kurzes Training zur Reduktion der EMG einen unmittelbaren und langdauernden Effekt auf die Subvokalisation hatte (obwohl sich dadurch das Verstehen von schwierigem Text verringerte) ist nicht unwidersprochen geblieben. MCGUIGAN (1970) benützte operante Konditionierungstechniken mit sechs Versuchspersonen, die gewöhnlich Subvokalisationen mit einer hohen Amplitude zeigten. Die Versuchspersonen waren 7 bis 19 Jahre alt. Der Altersunterschied wurde bei der Analyse nicht in Betracht gezogen; die individuellen Kurven gleichen sich jedoch sehr stark. Das operante Programm wurde für jede Versuchsperson einzeln entworfen, so daß die Anzahl der Versuche unter den verschiedenen Trainingsbedingungen variierte. An der Zunge, den Lippen, dem Kinn, an der mit der Rede verbundenen Muskulatur also, sowie am Genick, an den Armen und den Beinen wurden Elektroden befestigt. Damit konnte auch das elektrische Potential der anderen, nicht mit der Rede verbundenen Muskulatur, gemessen werden. Wenn die Aktivität der Sprechmuskeln beim Lesen eine gewisse Grenze erreichte, hörten die Versuchspersonen einen unangenehmen Ton. Die Aufgabe der Versuchspersonen war, dieses Geräusch zu reduzieren. Keine der Versuchspersonen fand heraus, daß der Ton in Beziehung beispielsweise zum Ausmaß der Aktivität des Kinnes war. Wenn man ihnen die Beziehung zwischen dem Ton und den Kinn-, Lippen- oder Zungenaktivitäten bekanntgab, fielen die EMG's der Versuchspersonen stark ab. Die Kontrollelektroden z. B. an den Beinen reagierten nicht auf die Trainingsmaßnahmen. Die Wirkung beschränkte sich eindeutig auf die Muskeln des Sprechapparates.

Bis zu diesem Punkt wiederholen diese Resultate diejenigen von HARDYCK, obwohl das Training mehr Versuche benötigte. Die Auswirkungen des Trainings waren jedoch kurzlebig. Bereits beim ersten Versuch, bei welchem die Versuchsleiter den Ton wegließen, kehrte die Subvokalisation bis auf das Prätest-Niveau zurück. Es gab keinen Nachweis, daß irgendeine der Versuchspersonen die Subvokalisation ohne externe Verstärkung reduzierte. Außerdem nahm bei einer geringeren Subvokalisation die Leserate zu, ohne daß ein Verlust des Verständnisses festgestellt werden konnte.

Um das Bild weiter zu komplizieren: AARONS (1971) fand, daß kleine Gruppen Erwachsener mit starker oder schwacher Subvokalisation für ein Feed-back-Training empfänglich waren und die Reduktion der Subvokalisation über die Trainingsversuche hinaus andauerte. Die Gründe für die sich widersprechenden Resultate sind nicht mysteriös. Wenn man den Versuchspersonen sagt, daß sie die Subvokalisation vermindern können und dadurch bessere Leser werden, hat der auditive Feedback der Muskelaktivität des Sprechens einen schnellen und andauernden Effekt. Die gegenteiligen Resultate von McGUIGAN scheinen auf die Unterschiede bei den Anweisungen und der Motivation der Leser zurückzugehen.

Subvokalisation und die Schwierigkeit der Leseaufgabe

Es wird allgemein beobachtet, daß bei den meisten geübten Lesern die Subvokalisation zunimmt, wenn der Text schwierig wird. Die Erforschung dieses Problems erfordert unabhängige Einschätzungen der Schwierigkeit eines Textes in Beziehung zur Lesefertigkeit. Eine nützliche Methode besteht darin, die Subvokalisation von Versuchspersonen zu messen, die einen fremdsprachlichen Text lesen oder übersetzen. FAABORG-ANDERSON und EDFELDT (1958) fanden heraus, daß bei dänischen und schwedischen Erwachsenen die EMG größere Amplituden zeigten, wenn sie fremde Sprachen lasen, besonders wenn sie hierin nicht geübt waren. Nach dieser Vorstudie führte EDFELDT (1960) eine der sorgfältigsten Studien des Lesens und der Subvokalisation durch, die es in der Literatur gibt.

EDFELDT, der in einer medizinischen Umgebung arbeitete, konnte

Elektroden benützen, die direkt in die Sprechmuskulatur eingeführt werden konnten, im Gegensatz zu den meisten Forschern auf diesem Gebiet, die Oberflächenelektroden benützten. Die Oberflächenelektroden sind aber anfällig auf Artefakte der oberflächlichen Muskelaktivität und demzufolge aufgrund ihrer Lage weniger präzise. Die Versuchspersonen von EDFELDT waren Studenten der Universität von Stockholm, die sowohl leichte wie schwierige Textpassagen als auch klar gedruckte und verschwommene Texte lasen. Die elektrische Aktivität der Sprechmuskeln nahm im Vergleich zu leichten bei schwierigen Texten zu, und die deutliche Schrift wurde mit weniger Subvokalisation gelesen als die verschwommene. Abbildung 10–3 zeigt ein Beispiel der EMG-Aufzeichnungen von EDFELDT. Das Ausmaß der elektrischen Aktivität wird klarer, wenn man die EMG-Kurve über einen Zeitabschnitt integriert.

Man kann die Schwierigkeit gut manipulieren und die begleitende Subvokalisation erforschen, indem man die Schwierigkeitsstufen der Texte variiert. Eine andere Variation der Aufgabe besteht darin, die Versuchspersonen etwas lesen zu lassen, während man sie auf verschiedene Arten abzulenken versucht (MCGUIGAN & RODIER 1968). Die Studenten eines Colleges lasen still unter folgenden Bedingungen: keine externe Stimulation, simultanes Vorlesen eines Prosatextes bei gleichzeitigem stillen Lesen, Prosa rückwärts gelesen, Lärm. Am Vorderarm, dem Kinn und in der Nähe der Zungenspitze wurden Oberflächenelektroden befestigt.

Die EMG's zeigten allgemein eine größere Amplitude, wenn ein Prosatext vorwärts und rückwärts vorgelesen wurde, nicht aber bei Lärm. Ferner hatten diese experimentellen Bedingungen nur geringe Wirkung auf die Muskelpotentiale, die am Unterarm gemessen wurden. Die Wirkungen beschränken sich also auf den Sprechmechanismus. Die Deutung dieser Resultate ist klar. Unter störenden Bedingungen dient die Subvokalisation dazu, die Aufmerksamkeit auf die Aufgabe des Lesens zu konzentrieren. Es wäre interessant, Kinder beim Erledigen von Hausaufgaben bei eingeschaltetem Radio zu beobachten. Musik sollte sie nicht groß stören, während Rede die Subvokalisation erhöhen sollte.

SOKOLOV (1972) hat das ausführlichste Programm über die Subvokalisation durchgeführt. Er konzentrierte sich aber auf das Problemlösen und das Zuhören und führte – für unsere Zwecke unglücklicherweise – nur wenige Experimente über das stille Lesen durch. In einigen Experimenten übersetzten seine Versuchspersonen verschieden schwierige englische Texte ins Russische. Die russischen Univer-

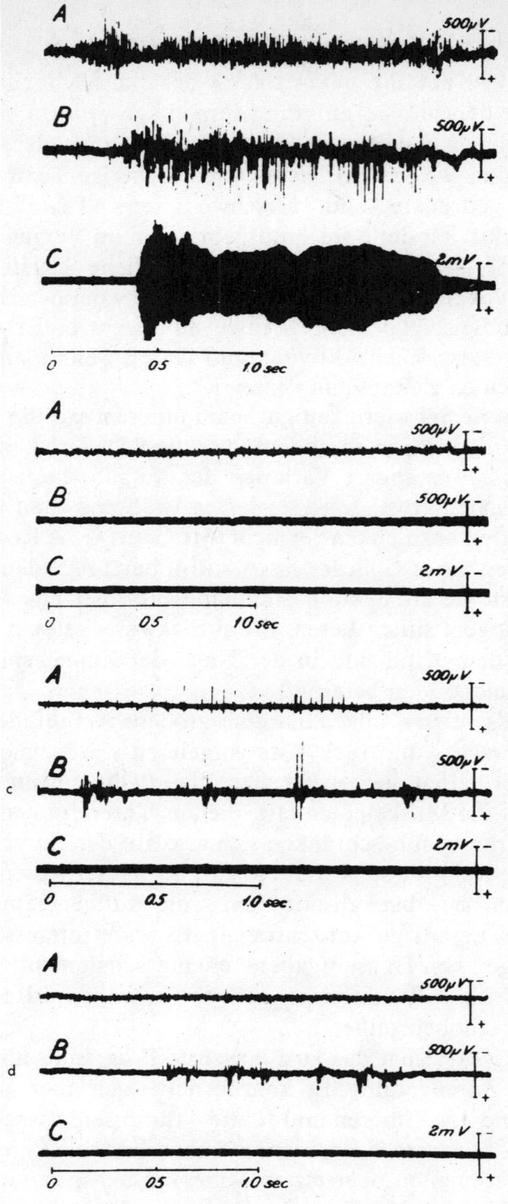
A
500µV
B
500µV
C
2mV
0
0.5
1.0 sec
c
d

sitätsstudenten unterschieden sich in ihren Fähigkeiten: einige hatten erst ein Jahr, andere schon fünf Jahre Englisch studiert. Eine Reihe von Studien beschäftigte sich mit konkurrierenden Aufgaben, die mit der Subvokalisation interferierten: Festhalten der Zunge zwischen den Zähnen, fortwährendes Aussprechen der Silben „lala“, Rezitieren des Gedichtes von PUSCHKIN „Der Schneesturm bedeckt den Himmel mit Dunkelheit“. SOKOLOV zählte die korrekt übersetzten, semantischen Einheiten. Routine, mechanische Aufgaben wie das Festhalten der Zunge und das Aufsagen von Silben hatten wenig Wirkung. Das Rezitieren eines Gedichtes interferierte mit der Geschwindigkeit und der Genauigkeit der Übersetzung bei allen Studenten. SOKOLOV führte bei der Übersetzungsaufgabe EMG Studien durch, wobei Elektroden an der Zunge und den Muskeln der Unterlippe befestigt wurden. Seine Versuchspersonen, wiederum Universitätsstudenten, lasen einen Kontrolltext in Russisch und zwei englische Prosastücke, die als unterschiedlich schwierig beurteilt waren. Es gab große individuelle Unterschiede in der Geschwindigkeit des stillen Lesens und der Stärke der elektrischen Aktivität der Sprechmuskeln. Weil SOKOLOV glaubt, daß das Denken unabdingbar von der Subvokalisation begleitet wird, war es schwierig für ihn, die individuellen Unterschiede zu erklären. Hinsichtlich der russischen Textpassage eines Studenten schreibt er: „Wenn dieselbe Versuchsperson den russischen Text wieder liest, ist die motorische Sprechregung sehr schwach (es gibt sogar Momente, wo sie ganz verschwindet)“ (S. 210).

Im Gegensatz dazu ergibt sich aus dem wiederholten Lesen mit der Anweisung „Lies den Text aufmerksamer nochmals durch!“ oder „Präge ihn dir besser ein!“ eine Intensivierung der motorischen Sprechregungen, verglichen mit dem ersten Lesen des Textes ohne Anweisungen dieser Art (S. 210).

Wie bei andern Ergebnissen ergaben sich auch hier aus schwierigeren Übersetzungen größere Amplituden der EMG, d.h. eine größere elektrische Aktivität der Sprechmuskulatur. Anderseits zeigten amerikanische Studenten, die Französisch studierten, keine Unterschiede in den Bewegungen der Lippe und des Kinns, wenn sie in den beiden Sprachen lasen (MCGUIGAN, KELLER & STANTON 1964).

◀ Abbildung 10–3. Elektrische Aktivität beim Lesen. Aus: EDFELDT 1960, S. 66f. Alle Rechte vorbehalten.

Zum Schluß wollen wir daran erinnern, daß die Verminderung der Subvokalisation bei schwierigem Lesematerial eine Verminderung des Verständnisses mit sich brachte (HARDYCK & PETRINOVICH 1970).

Die verschiedenen Studien stimmen darin überein, daß die Subvokalisation sich erhöht, je schwieriger die Leseaufgabe wird. (Sei es wegen der Schwierigkeit des Textes an sich, oder weil konkurrierendes Verhalten eingeführt wird.) SOKOLOV macht deutlich, daß die Anweisungen, die den Versuchspersonen gegeben werden, berücksichtigt werden müssen. Die Forschung verhält sich neutral, was den Wert der Subvokalisation für das Lesen betrifft, oder die Frage, ob alles Lesen von der Subvokalisation begleitet sei.

Die Entwicklung der Subvokalisation

Es scheint oft, daß das Gesumme in den ersten und zweiten Klassen in Perioden des „stillen", individuellen Lesens dem Umstand zuzuschreiben ist, daß die Kinder für sich selber lesen. Für einige Kinder scheint das private Lesen offensichtlich lautes Lesen zu sein, andere Kinder flüstern, wieder andere bewegen ihre Lippen. Wenn wir einigen zitierten Forschungsergebnissen glauben wollen, produziert jeder Leser einige Ersatzlaute, die mittels Messungen des elektrischen Potentials der Sprechmuskulatur entdeckt werden können. Die Erzieher haben sich heftig darüber gestritten, ob Subvokalisation beim Lesen „gut" oder „schlecht" sei. Wenn man die Frage so stellt, führt das nur zu verstärkter Polemik. Die Forschungsfragen hingegen sind beantwortbar. Unter welchen Umständen tritt bei Kindern die Subvokalisation beim Lesen auf? Welche Charakteristika haben Kinder, die Subvokalisation aufweisen oder nicht aufweisen? Welches sind die Konsequenzen für die Geschwindigkeit des Lesens und das Verständnis? Hängt die Subvokalisation mit den Aufgaben des Überfliegens, des Studierens, des sich Einprägens zusammen?

EDFELDT (1960) schrieb eine ausgezeichnete Zusammenfassung der pädagogischen Auseinandersetzungen. Einige Erzieher sind im Grunde der Ansicht, die Subvokalisation rühre daher, daß wir die Kinder hartnäckig lehrten, laut zu lesen. Das offensichtliche Experiment läge darin, den Kindern von Anfang an das stille Lesen beizubringen. Die gegenteilige Ansicht behauptet, die Subvokalisation erlaube den Kindern, die Bedeutung des Gelesenen „tiefer" zu erfassen, weil die Sprache ursprünglich oral sei. Subvokalisation zeige an, daß der Leser während des Lesens über den Inhalt nachdenke, eine Ansicht, der SOKOLOV (1972) zustimmen würde.

Leider besteht ein Mangel an Daten über die Entwicklung der Subvokalisation beim Übergang zum geübten Lesen. In einem Experiment mit Primarschülern arbeitete man mit schwierigem und leichtem Lesematerial (McGuigan, Keller & Stanton 1964). Die Amplitude der Kinn- und Lippenbewegungen stieg von der Vor-Leseperiode (prereading period) zur Leseperiode an und nahm dann während einer Nach-Leseperiode ab. Unglücklicherweise sind diese Daten bezüglich der Klassenniveaus, der Lesefertigkeit oder der Schwierigkeit des Textes nicht unterteilt. Ausgewählte Versuchspersonen (mittleres Alter zehn Jahre), die anfangs eine hohe Subvokalisation zeigten, wurden nach zwei und drei Jahren wieder getestet. Im zweiten Jahr nahmen die EMG's der Lippen und des Kinns deutlich ab bis auf die Stufe von College-Studenten, die in der ursprünglichen Studie mitgemacht hatten (McGuigan & Bailey 1969). Ebenso verschwand im Laufe der zwei bis drei Jahre jenes gelegentliche Flüstern vollständig, das ursprünglich so laut gewesen war, daß es hatte mit dem Tonband aufgenommen werden können. Aarons (1971) zitiert Crandell und McGuigan (1967), denen zufolge die subvokale Aktivität zwischen dem Alter von zehn und dreizehn Jahren abnimmt.

Abschließende Bemerkungen

Wir haben uns in diesem Abschnitt mit den Bedingungen beschäftigt, unter welchen die Subvokalisation beim Lesen stattfindet. Eine umfassendere Fragestellung, wie wir sie im 12. Kapitel über die Theorien des Lesens behandeln werden, beschäftigt sich damit, ob das Lesen ohne jede Artikulation stattfinden könne. Man trifft beispielsweise Aussagen an wie „... wenn das Kind das Wort anschaut, sagt es etwas zu sich selber, hört sich selber zu und wiederholt dann, was es gehört hat" (Conrad 1972, S. 205). Und später: „oder äußern wir die Sprechlaute, hören ihnen zu und verstehen, was wir gehört haben?" (S. 206). Unserer Ansicht nach, die wir hier vorwegnehmen wollen, kann die Vokalisation das Lesen begleiten, ist aber nicht unabdingbar und hängt vom Text, der Leseaufgabe und der Fertigkeit des Lesers ab.

„Subvokalisation" ist ein Ausdruck, der verschiedene Verhaltensweisen umfaßt. Der Grenzfall ist das laute Lesen, das kaum Subvokalisation genannt werden kann, aber den eindeutigen Nachweis bringt, daß der Leser beim Lesen Laute erzeugt. Verschiedene Studien berichten, daß das laute Lesen keinen Einfluß auf das Verstehen habe (Conrad 1971; Poulton & Brown 1967; Rogers 1937).

Auf der nächsten Stufe befinden sich das klar beobachtbare Flüstern und die Lippen- und Zungenbewegungen beim Lesen (siehe FLAVELL 1970, für den Nachweis dieser Verhaltensweisen beim Problemlösen). Eine andere verhaltensmäßige Aufgabe besteht darin, Reaktionen einzuführen, die mit der Subvokalisation konkurrieren (SOKOLOV 1972; MCGUIGAN & RODIER 1968; PINTNER 1913). Stark mechanische Aufgaben, wie das Wiederholen von „lala" haben wenig Wirkung auf das Lesen. Das Rezitieren von Gedichten während des Lesens bewirkt eine Verminderung der Lesegeschwindigkeit und des Verständnisses (SOKOLOV 1972). Wir deuten letzteres nicht als Unterdrückung der Subvokalisation, sondern als Ergebnis der Interferenz zwischen zwei anspruchsvollen kognitiven Aufgaben.

Die Gültigkeit der EMG-Technik wird dadurch bestärkt, daß das Lesen – wie auch andere verbale Aufgaben – die Amplitude der elektrischen Aktivität *nur* bei der Sprechmuskulatur erhöht. Das Lesen von Wörtern mit labialen Lauten bewirkte im Vergleich zu nichtlabialen Segmenten eine größere EMG-Amplitude der Lippen (LOCKE & FEHR 1970). Ferner nahmen MCGUIGAN, KELLER und STANTON (1964) schwache Vokalisationen einiger Versuchspersonen auf Band auf. Die betreffenden Kinder zeigten bei verschiedenen Aufgaben eine größere EMG-Amplitude. Allgemein hat die EMG-Technik wesentlich zur Erforschung der Subvokalisation beim Lesen sowie anderer mentaler Aufgaben beigetragen.

Augenbewegungen beim Lesen

Die Messungen der Augenbewegungen beim Lesen oder bei anderen visuellen Aufgaben wurden als Schlüssel zur Welt der individuellen Leseerfahrung begrüßt. Es erstaunt nicht, daß seit dem Beginn des Jahrhunderts zahlreiche Studien über die Augenbewegungen, die mit verschiedenen Aspekten des Lesens und Merkmalen der Leser verbunden sind, durchgeführt wurden. Die Durchführungen der Augenbewegungsaufnahmen sind sehr komplex geworden und die Variablen, die von diesen Aufnahmen abgeleitet worden sind, haben eine eigene Terminologie geschaffen. Es mag nützlich sein, die am häufigsten vorkommenden Variablen zu definieren und die Meßvorrichtungen zu beschreiben.

Man nehme einen Bleistift, halte ihn vertikal, bewege ihn gleichmäßig von links nach rechts und fixiere dabei das obere Ende. Die Augenbewegung, die dem Bleistiftende folgt, ist gleichförmig und linear und wird *Verfolgungsbewegung* (pursuit movement) genannt.

Als nächstes schaue man im Raum herum. Man betrachte abwechslungsweise das Fenster, die Türe, den Schreibtisch, den Fußboden, den Stuhl, das Bild usw. Die Augen machen dabei eine Serie von „Hüpf“-Bewegungen. Man hält bei der Fixierung eines Objektes inne und geht dann zu einem andern Objekt über. Die Zeit, während der man bei einem Objekt verbleibt, variiert wahrscheinlich von Objekt zu Objekt. Auch die Größe der Bewegung, die Distanz zwischen dem Pult und dem Stuhl beispielsweise, kann variieren. Diese Augenbewegungen werden sakkadisch genannt, und eine einzelne Bewegung von einem Fixierungspunkt zu einem andern wird eine *Sakkade* genannt. Die Augenbewegungen, die wir beim Lesen antreffen, sind sakkadische Bewegungen, deren Ziel es ist, die Fovea des Auges, d.h. den Punkt mit der größten Schärfe, auf den Buchstaben (oder Wörtern) ruhen zu lassen, welche der Leser anschauen möchte.

Die sakkadische Bewegung kann in zwei grundlegende Komponenten unterteilt werden: die eigentliche Bewegung und die Pause oder Fixierung, welche der Bewegung vorausgeht und sie abschließt. Die Sakkade ist eine ballistische Bewegung genannt worden (HOCHBERG 1970). Der Betrachter „wirft“ seine Augen bewußt auf ein bestimmtes Gebiet, um dort nur noch kleine Anpassungen zu machen, damit die gewünschte Vorlage maximal klar wird. Während der Sakkade ist die Sicht nicht sehr gut, obwohl ein heller Blitz während der Augenbewegung entdeckt werden kann (VOLKMANN, SCHICH & RIGGS 1968). Man hat früher angenommen, der Leser sei während der sakkadischen Bewegungen momentan blind. Die jüngere Forschung hat aber die Möglichkeit aufgezeigt, daß der Text (obwohl reduziert) sichtbar bleibt (VOLKMANN 1962).

Neben der sakkadischen Bewegung und der Fixierungspause gibt es als weitere Seh-Variable des Lesens die *Regressionsbewegung*, die eine Sakkade zu einem vorangegangenen Teil des Textes ist.

Abbildung 10–4 zeigt die üblichsten Messungen der Augenbewegungen. Leser A macht fünf Fixierungspausen auf dieser Zeile. Die Länge der Sakkaden variiert. Es gibt keine Regressionen. Die Pausenzeiten variieren von 120 bis 240 msek. Es gibt eine Andeutung, daß die Pausen am Anfang und am Schluß der Zeile etwas dichter aufeinanderfolgen. Man hat den Eindruck, daß Leser A gleichförmig von links nach rechts las. Im Vergleich dazu machte Leser B auf derselben Zeile mehr als doppelt so viele Fixierungen. Die Sakkaden sind offensichtlich kürzer. Mit wenigen Ausnahmen wird für alle Pausen mehr Zeit aufgewendet. Leser B zeigt eine beträchtliche Anzahl Regressionen. Man beachte, daß der Leser von Fixierungspunkt

1 zu 2 und dann zurück zu 3 und 4 springt. Die Sakkade von 4 zu 5 ist lange. Dann gibt es eine kürzere Augenbewegung zu 6 gefolgt von einer komplexen Serie von Regressionen nach der linken Seite der Zeile, als ob der Leser nachträglich die Lücken mit Stoff füllen müßte, der ihm entgangen war. Die längste Fixierungspause, beinahe eine halbe Sekunde, erscheint am Punkt 6, von dem aus Leser B ein komplexes Muster von regressiven Augenbewegungen startet. Wir werden auf diese Abbildung zurückkommen, wenn wir die Augenbewegungen von guten und schlechten Lesern diskutieren.

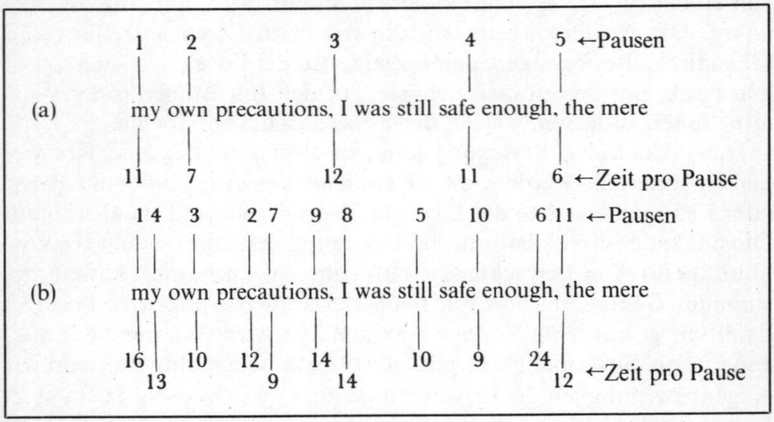

Abbildung 10-4. Ort der Fixierungspausen während des Lesens (a) bei einem guten erwachsenen Leser, (b) bei einem schlechten erwachsenen Leser. Die Zahlen oberhalb der Zeilen zeigen die Sequenz der Fixierungen, diejenigen darunter geben die Zeit jeder Fixierung in Fünfzigsteln einer Sekunde an. Aus: TINKER 1965, S. 61. ©1965 University of Minnesota.

Die Technologie des Messens der Augenbewegungen

Es gibt einige ausgezeichnete Übersichten über die Literatur der Augenbewegungen von TINKER (1946, 1958 und 1965), auf die wir uns im folgenden stark beziehen.

Die Technik der Aufzeichnung der Augenbewegungen hat viele Fortschritte gemacht, hat sich aber nicht grundlegend verändert. Anfangs beobachteten die Forscher einfach die Anzahl der Sakkaden, welche der Leser machte. Ein System von Spiegeln wurde so arrangiert, daß der Forscher die Augen des Lesers sehen und die Anzahl der Bewegungen zählen konnte. Oder es wurde ein Teleskop verwendet, um die Augen der Versuchspersonen aus Distanz zu beobachten. Manchmal erlaubte auch ein Guckloch im Lesematerial dem Versuchsleiter das Zählen der Sakkaden. Auf diese Weise ergaben sich einfache Variablen, wie z. B. die Anzahl Fixierungen pro Zeile.

Die nächste Generation versuchte, die Bewegungen mit Hilfe von Geräten aufzuzeichnen, die direkt an den Augen befestigt waren (AHRENS 1891). Ein Stift, der auf dem Augapfel befestigt war, zog auf einer geschwärzten Trommel eine Spur. Es muß sehr schwierig gewesen sein, diese Aufzeichnung der Augenbewegung mit dem Text zu koordinieren.

Den wichtigsten technologischen Fortschritt bei der Aufnahme der Augenbewegungen brachten die photographischen Techniken. Zuerst wurde ein Punkt auf der Hornhaut des Auges angebracht. Anschließend fotografierte man die Bewegungen dieses Punktes. Dann wurde ein Lichtstrahl auf die Augen des Lesers gerichtet und die Reflexion dieses Lichtes von der Hornhaut auf einem photographischen Film oder später einem bewegten Film festgehalten, dessen Bildfolge genau gezählt werden konnte. Der Text konnte auf dem Film eingeblendet werden. Alle modernen Techniken benützen die Hornhaut-Reflexionstechnik in dieser oder einer anderen Form (z. B. MACKWORTH 1968). Durch den Einsatz mehrerer Lichtstrahlen, die von verschiedenen Teilen des Auges reflektiert werden, wurden die Messungen präziser. Die Reflexionen können direkt von einem Computer aufgenommen werden (MCCONKIE & RAYNER 1973). Die Reflexionsmethode verlangt jedoch, daß der Kopf des Lesers unbewegt sei. Diese Künstlichkeit stimmt einen bezüglich der Verallgemeinerung auf eine normale Lesesituation mit frei beweglichem Kopf skeptisch, obwohl TINKER (1965) glaubt, daß sich der Leser leicht an die Bedingungen der Meßmaßnahmen anpasse.

Angesichts der vielen technischen Fortschritte der Augenbewegungsmessungen ist es interessant (und ein bißchen ironisch) anzumerken, daß alle grundlegenden Informationen darüber, wie sich die Augen beim Lesen verhalten, mit den frühen primitiven Apparaturen entdeckt worden sind und diese Tatsachen heute noch gelten (siehe z. B. WOODWORTH 1938). Die neuen Apparaturen eröffnen jedoch neue Forschungsmöglichkeiten, beispielsweise die Kontrolle der Exposition eines Textes als Funktion der Augenbewegungen.

Augenbewegungen und Typen des Lesemateriales

Bei verschiedensten Lesematerialien werden ungefähr 6% der Zeit von Augenbewegungen und 94% von Fixierungspausen beansprucht.

TINKER (1965, S. 70) hat Prosa von verschiedener Schwierigkeit (inklusive Prüfungstexte) miteinander verglichen. Seine Resultate sind in Tabelle 10–1 wiedergegeben. Die Pausen stehen in Beziehung zu der Schwierigkeit des Textes (siehe Tabelle 10–2), was heißt, daß die Fixierungszeit nicht einfach nur das Aufnehmen des Textes, sondern auch das Denken einbezieht.

In Tabelle 10–2 sind nicht nur die Resultate von TINKER, sondern auch Daten von anderen Studien enthalten, die in diesem Punkt alle ähnlich sind: Die Dauer der Pausen wird vom Inhalt und der Anforderung der Prosa beträchtlich beeinflußt.

Wenn wir annehmen, daß das Lesen fremder Sprachen der Schwierigkeit der Aufgabe einigermaßen vergleichbar ist, so decken sich die Ergebnisse mit den Daten in Tabelle 10–2. JUDD und BUSWELL (1922) fanden heraus, daß bei guten Studenten einer Highschool im dritten Jahre das Lesen von Französisch und Latein dem mühsamen Englisch schlechter Leser ähnlich war. Es gab mehr und längere Pausen pro Zeile und viel mehr Regressionen.

Tabelle 10–1. Zeitlicher Prozentanteil der Pausen und Bewegungen beim Lesen.

Art des Lesestoffes (in verschiedenen Zeilenlängen gelesen)	Prozentanteil der Lesezeit	
	Bewegungen	Pausen
Sehr leichte Prosa		
stilles Lesen (25-Pica Zeile)	9,6	90,4
lautes Lesen (25-Pica Zeile)	6,2	93,8
Leichte erzählende Prosa		
9-Pica Zeile	6,4	93,6
19-Pica Zeile	8,1	91,9
40-Pica Zeile	8,5	91,5
Schwierige wissenschaftliche Prosa (25-Pica Zeile)	7,3	92,7
algebraische Probleme mit Formeln (20-Pica Zeile)	5,3	94,7
kleine Geschwindigkeit eines Lesetests (19-Pica Zeile)	7,9	92,1
Multiple-choice Examenstexte (25-Pica Zeile)	6,2	93,8
Durchschnitt	7,3	92,7

Aus: TINKER 1965, S. 69. © 1965 by University of Minnesota.

Tabelle 10–2. Dauer der Pausen beim Lesen

Lesestoff	Anzahl Leser	Durchschnitt in Millisek.	Prozentsatz der Variabilität
Experiment von TINKER			
leichte Prosa	77	217,0	12,9
leichter Lesetest	57	217,8	12,6
wissenschaftliche Prosa	77	230,8	12,2
Experiment von SISSON			
leichte Erzählung	60	226,6	12,2
wissenschaftliche Prosa	60	236,4	12,8
Experiment von FRANDSEN			
wissenschaftliche Prosa	66	243,4	10,4
wahr-falsch Items	66	270,6	17,4
Ergänzungstest Items	66	323,6	25,8
Multiple-choice Test Items	66	281,2	14,9
Analogietest Items	66	296,6	13,3
falsche-Wörter-Test Items	66	298,6	12,7

Aus: TINKER, 1965, S. 40. Originaldaten aus TINKER (1939), SISSON (1936), FRANDSEN (1934). © 1965 by University of Minnesota.

BUSWELL (1926) fand, daß beim Addieren von Zahlenreihen Kinder, die in Arithmetik nicht gut waren, chaotische Augenbewegungsmuster zeigten, während Erwachsene und Kinder, die gut addieren konnten, kurze und regelmäßige Pausen einschalteten und eine oder zwei Zahlen auf einmal fixierten. Interessant zu beobachten ist das Lesen von Aufgaben, die sowohl Wörter als auch Zahlen enthalten. Die augenscheinliche Schwierigkeit beim Lesen von Zahlen mag weniger mit dem Wiedererkennen dieser Symbole an sich als mit deren Stellung bezüglich der Schwierigkeit der Aufgabe zu tun haben. Das Lesen von Formeln gleicht dem Lesen von Wörtern. Wenn die Formel bekannt ist und einen einheitlichen Charakter hat (H_2O) wird sie wie ein Wort fixiert, speziell wenn sie sich in einem Kontext befindet, welcher das Auffassen der Bedeutung erleichtert (REBERT 1932). Ohne Kontext oder wenn das Lesen eine Analyse der Formel erfordert, muß womöglich jeder Bestandteil fixiert werden. „Wie bei den Zahlen sind die Augenbewegungen beim Lesen von Formeln vom Zweck der Aufgabe, vom Ziel, auf das hin das Lesen sich richtet, beeinflußt“ (TINKER 1965, S. 98).

Verschiedene neuere Studien, die von linguistischen Analysen beeinflußt sind, haben die Augenbewegungen beim Lesen in Verbindung mit der grammatikalischen Struktur der Sätze gebracht (WANAT 1971; MEHLER, BEVER & CAREY 1967). Wir werden auf diese Studien zu sprechen kommen, wenn wir später in diesem Kapitel speziell die grammatikalische Struktur und das Lesen behandeln.

Entwicklungsmäßige Veränderungen bei den Augenbewegungen

TINKER (1965) berichtet von einer bemerkenswerten Ähnlichkeit bei den Schilderungen der entwicklungsmäßigen Augenbewegungsveränderungen, die verschiedene Forscher gegeben haben. Die meisten Augenbewegungen werden bis zur vierten Klasse stabil. Die Häufigkeit der Fixierungen, die Dauer der Pausen und die Anzahl der Regressionen nehmen von der ersten bis zur vierten Klasse merklich ab. Dann gibt es bis zur High-School wenig Veränderungen; während der High-School kommt es gelegentlich zu einigen kleineren Verbesserungen. Bei leichtem Lesestoff sind Pausen von 240–250 msek. befriedigend. Diese Zeiten werden am Ende der vierten Klasse erreicht. Die mechanischen okulomotorischen Aspekte des Lesens erreichen früh ein hohes Niveau, so daß spätere Veränderungen auf die Einstellung gegenüber dem Lesen, die Schwierigkeit des Stoffes, die Leichtigkeit des Verstehens usw. zurückzuführen sind. Mit andern Worten kann die zunehmende Lesetüchtigkeit, die mit der Übung kommt, nicht den mechanischen, peripheren Aspekten des Leseprozesses zugeschrieben werden.

Gute Leser unterscheiden sich von schlechtern, gleichaltrigen Lesern in beinahe allen Messungen der Augenbewegungen. Man kann ein schneller Leser sein, indem man entweder weniger Fixierungen oder während der Fixierungen kürzere Pausen macht. Die Dauer der Pausen scheint eine hervorstechende und am wenigsten variable Charakteristik der geübten Leser zu sein. Geübte Leser passen sich dem Lesestoff besser an; ihre Fixierungsmuster und Pausen stehen in Beziehung zum Verstehen des Textes (WALKER 1938). Schlechte Leser benützen hingegen dieselben okulo-motorischen Muster ungeachtet der Natur des Textes.

Die Augenbewegungsmuster scheinen spezifisch zum Lesen zu gehören und nicht einfach auf andere visuelle Aufgaben übertragbar zu sein (PETERSON 1969). In einem Experiment wurden Kindern einer dritten Klasse mit einem Tachistoskop Zahlen und Buchstaben gezeigt, die so arrangiert waren, daß sie in verschiedenen Richtungen gelesen werden konnten: von links nach rechts, diagonal usw. Typischerweise wurden sie unregelmäßig gelesen: jede Präsentation zeigte ein anderes Muster. Es gab einen Hinweis, daß Kinder, die mit phonischen Methoden das Lesen gelernt hatten, die Vorlagen von links nach rechts lasen, aber dieser Effekt war nur gering.

Periphere Wahrnehmung

Der Text, der auf die Fovea fällt, wird am klarsten gesehen. Während einer Fixierungspause sieht der Leser eine Fläche (nicht einen Punkt) klar. Diese klare Fläche erstreckt sich über sieben bis zehn Buchstabenräume. In der Peripherie können Bewegungen und Helligkeitskontraste entdeckt werden. Es ist schwierig zu verstehen, wie die periphere Wahrnehmung den Leseprozeß unterstützt, denn der Leser kann, abgesehen von den Räumen zwischen den Wörtern und den Längen und Formen der Wörter, dadurch wenig nützliche Information erhalten. HOCHBERG (1970) betrachtet die periphere Wahrnehmung als eine wichtige Quelle der Entscheidung, wohin das Auge sich während der nächsten Sakkade bewegen soll, d.h. für die Entscheidung, wo der nächste Fixierungspunkt sein wird. Diese Frage spielt für die Theorien des Lesens eine wichtige Rolle. In einem indirekten Test von HOCHBERGS Theorie mußten Kinder der zweiten und fünften Klasse einen Text lesen, dessen Wortzwischenräume mit buchstabenähnlichen, bedeutungslosen Symbolen gefüllt waren (HOCHBERG, LEVIN & FRAIL, unveröffentl.). Die älteren Kinder wurden von diesen gefüllten Räumen mehr gebremst als diejenigen der zweiten Klasse. Das Ergebnis wurde so gedeutet, daß jüngere Kinder Wort um Wort lesen, während ältere die Wortzwischenräume, die peripher wahrgenommen werden, benützen, um ihre Augen über Einheiten, die größer als ein Wort sind, bewegen zu können.

Die Betonung der Rolle der peripheren Wahrnehmung beim Lesen geht gewöhnlich mit einer Theorie einher, derzufolge der Leseprozeß als sukzessive Voraussagen über die Natur des Textes erklärt wird (siehe Kapitel 12; DODGE 1907). DEARBORN (1906) dachte, daß eine längere Fixierungspause von kürzeren Pausen gefolgt werde und daß die längere Pause der peripheren Wahrnehmung erlaube, das Lesen über den folgenden Text zu leiten. Die Annahme, daß die Pausen einem lang-kurz-kurz-lang Muster folgen, ist nicht bestätigt worden (SISSON 1936).

In einem neuen Forschungsprogramm von MCCONKIE werden ausgeklügelte, elektronische Methoden und ein Computer eingesetzt, um die Natur der Verarbeitung der zentralen und der peripheren

Wahrnehmung zu erforschen (McConkie & Rayner 1973). Die Versuchspersonen waren geübte Leser im High-School Alter. Sie lasen einen Text, der auf einen fernsehähnlichen Bildschirm projiziert wurde, wobei ihre Augenbewegungen aufgezeichnet wurden. Ein Gebiet um den Fixierungspunkt herum war klar gedruckt. Der Text zu beiden Seiten des klaren Gebietes war auf verschiedene Arten verstümmelt, indem beispielsweise jeder Buchstabe durch ein X ersetzt wurde. Während einer Sakkade wurde der Text außerhalb des klaren Fensters geändert. Es gibt einen deutlichen Effekt, der auf die Größe der Fenster zurückzuführen ist, d.h. auf die Größe der klaren, nicht verstümmelten Textfläche. Diese Resultate implizieren, daß die Leser gewöhnlich periphere Wahrnehmung benützen (Poulton 1962). Die Information über die Wortformen wird nicht weiter als über neun Räume zu jeder Seite der Fixierung benützt. Die Versuchspersonen nahmen Buchstabeninformationen über zehn oder elf Buchstaben vom Fixierungspunkt weg auf. Die Wortlänge beeinflußt das Lesen weiter in der Peripherie als die Wortform oder spezifische Buchstabenidentifikation.

Als ein Teil des Forschungsprogrammes von McConkie hat Rayner (1974) kürzlich über eine Studie der peripheren Wahrnehmung beim Lesen berichtet. Das Experiment wies viele Charakteristika einer normalen Lesesituation auf. Die Versuchspersonen waren zehn Erwachsene, die Abschnitte lasen, welche auf einer Kathodenstrahlenröhre präsentiert wurden. Die Augenbewegungen wurden aufgezeichnet. Zusätzlich kontrollierten die Versuchsleiter mit einem Computer verschiedene Aspekte der Stimulusvorlage. Rayner beschrieb den Zweck seiner Forschung wie folgt:

> „Wenn der Leser einen bestimmten Buchstaben fixiert – gibt es dann gewisse Gebiete in seiner Peripherie, aus denen er verschiedene Arten nützlicher Information gewinnen kann? Genauer gefragt: gibt es über die Fläche der maximalen, visuellen Klarheit hinaus, periphere Schlüssel wie Wortlänge, Wortform, Anfangs- und Schlußbuchstaben usw., die einen Leser befähigen, einen Text schneller zu verarbeiten, als wenn diese Schlüssel nicht verfügbar wären? Diese Studie untersuchte das Ausmaß, in welchem zwei Typen der peripheren Schlüssel, (1) Wortform und (2) Anfangs- und Schlußbuchstaben, von geübten Lesern benützt werden" (S. 30).

Das Vorgehen war ingeniös und verdient eine detaillierte Beschreibung. In einem Satz eines vorgelegten Abschnittes wurde ein einzelnes Wort als kritische Wortposition ausgesucht. Alle Sätze, welche das Zielwort enthielten, hatten die Form Subjekt + Verb + Objekt + präpositionale Phrase. Im Originalsatz konnte das kritische Wort verschiedene Formen annehmen. Beispielsweise gab es den Satz „The robbers guarded the —— with their guns". (Die Räuber bewachten den/die —— mit ihren Gewehren.) Das ursprüngliche Wort *palace* (Palast) konnte in der kritischen Position stehen. Bei einer anderen Variante wurde das Wort *police* (Polizei) in diese Position gesetzt, eine Alternative, welche die Wortlänge, die Umrißlinie, den ersten und die letzten Buchstaben beibehielt und einen vernünftigen Satz abgab. Ferner konnten drei weitere Formen in der kritischen Position erscheinen. Eine war ein Nichtwort *(pcluce)*, das den ersten und die letzten Buchstaben und die Wortform beibehielt; eine andere Form behielt nur den ersten und die letzten Buchstaben des ursprünglichen Wortes bei *(pyctce)*; die letzte Variante wies nur dieselbe Wortform wie das Original auf *(qcluec)*.

Wenn die Augen des Lesers eine festgelegte Grenze auf der Zeile, welche das kritische Wort enthielt, kreuzten, beließ der Computer entweder das ursprüngliche Wort, oder er setzte für die alternativen Wörter wieder das Original ein (z.B. *palace*). Das Auswechseln fand während der sakkadischen Bewegung statt, so daß es sehr wahrscheinlich die meisten Leser nicht entdeckten.

Folgende Annahme liegt diesem Experiment zugrunde: wenn die periphere und zentrale Information sich unterscheiden, würde die Entdeckung des Unterschieds sich in längeren Fixierungen des Zielwortes zeigen. Die Lokalisierung der Grenze variierte von einem Raum von neun Buchstaben links vom ersten Buchstaben des kritischen Wortes bis zum vierten Buchstaben des Wortes selber. Die Versuchsperson konnte ihre Sakkade sogar weiter links beginnen. Wenn ihr Auge aber die Grenze kreuzte, wurde überall (ausgenommen bei den Kontrollbedingungen) das Wort gewechselt.

Wir wollen aus den reichen Daten dieses Experimentes zwei Variablen zur Diskussion auswählen: (1) die Dauer der letzten Fixierung vor dem Überschreiten der Grenze und (2) die Länge der Fixierung des kritischen Wortes, nachdem die Grenze gekreuzt wurde und das Wort seine normale Form annahm. Vor dem Kreuzen der Grenze gibt es längere Fixierungen bei Nichtwörtern als bei Wörtern. Dieser Effekt erscheint aber nur in der Nachbarschaft des kritischen Wortes selber, d.h. von einem bis vier Buchstabenräumen links des Wortes. Diese Resultate zeigen an, daß der Leser ungefähr innerhalb einem Winkelgrad realisiert, daß es rechts von seiner Fixierung eine Seltsamkeit gibt, wobei er aber nur zwischen Wort und Nichtwort unterscheidet, was man daraus ersieht, daß zwischen verschiedenen Typen der Nichtwörter kein Unterschied gemacht wird.

Was die Fixierungszeiten für das kritische Wort selber betrifft, zeigten die Daten von RAYNER an, daß Information über die Wortform und über die ersten und letzten Buchstaben vom Leser ungefähr ab sieben bis zwölf Buchstabenräumen in der Peripherie aufgenommen werden, daß aber das Erkennen des Wortes nur ungefähr ab einem bis sechs Buchstabenräumen rechts des Fixierungspunktes beginnt.

Ein detailliertes Forschungsprogramm, das diese Techniken benützt, verspricht neue Informationen über die Augenbewegungen und das Lesen – und zwar zum ersten Mal seit mehr als einem halben Jahrhundert.

Training der Augenbewegungen

In keinem Gebiet war die Verwechslung zwischen Korrelation und Kausalität offensichtlicher als bei den klinischen Folgerungen, die aus der Erforschung der Augenbewegungen gezogen wurden. Weil gute Leser lange Sakkaden, weniger Fixierungen, weniger Regressionen und kürzere Pausen aufweisen, wurde die Hypothese aufgestellt, daß es schlechten Lesern nütze, wenn man ihnen die besagte Art der Augenbewegungen beibringe. Das trifft jedoch nicht zu. Die Augenbewegungen resultieren aus der Lesetüchtigkeit, nicht umgekehrt.

Grammatikalische Struktur und Bedeutung

In diesem Teil betrachten wir die Belege für die Benützung grammatikalischer Satzstrukturen beim Lesen. Die meisten grammatikalischen Variationen werden die Oberflächenstrukturen der Sätze betreffen, speziell die unmittelbare Konstituentenanalyse der Sätze. Einige Forschungen beziehen das Konzept der Tiefenstrukturen der Sätze ein.

Orthographische Regeln beschreiben die Art, in der Buchstaben zusammengesetzt werden, um Silben, Morpheme und Wörter zu bilden. Die Grammatik ist ein Set von Regeln, die Morpheme und Wörter zu akzeptablen Sätzen formen (CHOMSKY 1965). So bildet sie ein komplexes Set von invarianten Beziehungen innerhalb der Sprache, welche der Leser benützt. Wir kommen auf unsere Theorie darüber, wie das grammatikalische Niveau mit den Wörtern interagiere, um das Lesen zu erleichtern, in einem späteren Abschnitt dieses Kapitels zu sprechen. Vorerst fragen wir nach den Tatsachen.

Historische Anmerkung zu der Fixier-Sprech-Spanne (Eye-Voice Span, EVS)

In diesem Abschnitt werden zwar verschiedene experimentelle Methoden diskutiert, aber die Fixier-Sprech-Spanne wird am häufigsten erwähnt. Darum ist die Beschreibung ihrer Methode und des historischen Ursprungs nützlich. Außerdem können einige frühe Studien im Rahmen unserer Untersuchung interpretiert werden, obwohl sie sich nicht ausdrücklich auf die Grammatik und das Lesen beziehen.

Beim lauten Lesen ist die EVS die Distanz (meistens in Worten gemessen), um welche die Augen der Stimme voraus sind. Damit ein Leser normal betonen kann, muß er Information über den Satz haben, die sich rechts von dem Wort befindet, das er gerade vorliest. Das Studium dieser Spanne geht historisch auf die Jahrhundertwende zurück. Die Forschung beschäftigte sich meistens mit dem Vergleich von guten und schlechten Lesern und mit den altersbedingten Veränderungen der Spanne. QUANTZ beschrieb die Technik 1897 als erster. Seine Methode war bestechend einfach. Er deckte die Seite an einer vorbestimmten Stelle ab und forderte die Versuchsperson auf, so viel wie möglich weiter laut zu lesen. Dies ist in der einen oder andern Form immer noch die geläufigste Methode: Eine Versuchsperson liest laut, dann wird der Text weggenommen, indem man das Licht ablöscht, die Linse eines Projektors abdeckt usw. Eine zweite Methode bestand darin, simultan die Stimme und die Augenbewegungen aufzuzeichnen und beide Messungen mit dem Text zu korrelieren.

Gemessen am Stand der Technik um 1920, erscheint die Aufgabe von überwältigender Schwierigkeit. Zwischen den klassischen Arbeiten von QUANTZ (1897) und BUSWELL (1920) gab es wenige publizierte Arbeiten über die EVS. In den zwanziger und den dreißiger Jahren und auch wieder ab 1960 gab es eine Fülle entsprechender Studien, wobei seit 1960 die EVS für die Erforschung einer anderen Seite des Problems, nämlich der Wirkung der grammatikalischen Struktur des Textes auf die Natur der EVS, verwendet wurde. Wir konzentrieren uns auf die späteren Studien. Natürlich konnten auch die frühen Studien den Einfluß der Natur des Textes nicht ganz ignorieren.

Ein Ergebnis war durchgehend gleich: die EVS nimmt mit dem Alter zu (BUSWELL 1920; TINKER 1965). Sie wird auch stark von der Schwierigkeit des Lesestoffes beeinflußt (BUSWELL 1920; ANDERSON 1937, FAIRBANKS 1937; STONE 1941). Je schwieriger der Text, desto kürzer die EVS.

Es gab Aufregung und Verwirrung darüber, ob die Position in der *Zeile* die EVS beeinflusse. Sowohl BUSWELL (1920) wie auch FAIRBANKS (1937) fanden, daß die Position innerhalb des *Satzes* die EVS beeinflußte, daß sie zu Beginn des Satzes am längsten und am Schluß am kürzesten war. Wir werden Anlaß haben, die Implikationen dieses Ergebnisses zu bemängeln; die Autoren stellten die richtigen Fragen zum Satz statt zur typographischen Zeile. Die Interpretation der Natur des Leseprozesses von BUSWELL war für das Jahr 1920 sehr fortschrittlich:

> „Die Tatsache, daß die EVS je nach Position im Satz variiert, ist von beträchtlicher Bedeutung. Wenn die Spanne nur je nach Position innerhalb der Zeile variieren würde, wie die Studie von QUANTZ angab, wären die bestimmenden Faktoren rein mechanisch und von der Druckart des Textes bestimmt. In diesem Falle wäre die Kontrolle der Spanne eine Angelegenheit der mechanischen Buchherstellung und unabhängig von jedem Unterrichtsfaktor. Wenn die Spanne aber je nach Position im Satz variiert, ist es klar, daß der Bedeutungsinhalt erkannt wird und daß die EVS mehr von gedanklichen Einheiten als von den gedruckten Einheiten der Zeilen bestimmt wird. Die Position innerhalb der Zeile mag als untergeordneter Faktor wirksam sein ... die Differenzen, die auf die Position innerhalb des Satzes zurückgehen, sind jedoch viel wichtiger" (S. 48, 50).

BUSWELL nimmt mit seiner Ausrichtung auf den bedeutungsvollen Satz als Einflußfaktor der EVS die Betonung der grammatikalischen Determinanten voraus. Er vermutet, daß die EVS „dem Geist erlaubt, eine große Einheit der *Bedeutung* zu erfassen und zu interpretieren, bevor die Stimme diese ausdrücken muß" (S. 41). Die übrige frühe Erforschung der EVS kann kurz zusammengefaßt werden. Bei guten und schlechten Lesern, die anhand eines standardisierten Lesetests ausgewählt wurden, fand BUSWELL (1920), daß gute Leser längere EVS haben und schneller lesen. Wenn man die Leserate als Kriterium für gute und schlechte Leser braucht, ist die EVS länger bei guten (schnellen) Lesern als bei langsamen (schlechten) Lesern (QUANTZ 1897; MORTON 1964a; LEVIN & TURNER 1968).

Die Entwicklung der Nutzung der grammatikalischen Struktur

Die Kinder lernen auf einer gewissen Stufe, die orthographische Struktur der Wörter zu benützen – eine Grammatik der Wörter sozusagen. Die Kenntnis der Invarianten innerhalb der Wörter erlaubt den Lesern, Einheiten einer höheren Ordnung zu bilden, welche die

Leseaufgabe vereinfachen. In diesem Abschnitt beschäftigen wir uns mit einer analogen Frage: zu welchem Zeitpunkt in ihrer Entwicklung lernen die Kinder, daß Gruppen von Wörtern Einheiten bilden und daß solche Einheiten das Lesen erleichtern können?

Es ist vernünftig, aus den ältern Studien über Augenbewegungen und EVS zu folgern, daß die grammatikalische Struktur von älteren Kindern und von geübten Lesern benutzt wird. Die Augenbewegungen werden mit dem Alter leistungsfähiger und die EVS länger. Man kann diese Resultate nicht erklären ohne die Folgerung, daß die älteren Kinder die Invarianten der höheren Ordnung benützen, ausgenommen man nehme an, daß sie immer noch kleinere Einheiten benützen, aber ihre Augen schneller über den Text bewegen. Aber die beschränkte Geschwindigkeit der Sakkaden und die verhältnismäßig lange Zeit, die für die Fixierungspausen verwendet wird, lassen diese Erklärung unwahrscheinlich erscheinen. Wahrscheinlich machen die Leser weniger und kürzere Pausen, und wir können vermuten, daß die Position der Pausen wenigstens teilweise durch die Natur des Textes bestimmt wird. Leider ging diese frühe Forschung der Zusammenarbeit von Linguistik und Psychologie voraus, und ohne klare Angaben über die Texte können wir nur spekulieren.

Ein direkter Test der grammatikalischen Natur der Sätze und des Lesens war in einem Experiment enthalten, in dem Kinder der zweiten, vierten, sechsten, achten und zehnten Klasse und Gymnasiasten (college undergraduates) mitmachten (LEVIN & TURNER 1968). Vier Satztypen wurden verwendet:

1. Aktive Sätze, in welchen jede Phrase zwei Wörter enthielt.
2. Aktive Sätze, die aus Phrasen von drei Wörtern bestanden.
3. Passive Sätze, die aus Phrasen von drei Wörtern bestanden.
4. Aktive Sätze, die aus Phrasen von vier Wörtern bestanden.

Beispielsweise konnte ein aktiver Satz, der aus Phrasen von drei Wörtern bestand, lauten: „The big boy carrying two toys ran very fast to his home“ (Zwei Spielsachen haltend rannte der große Knabe sehr schnell zu seinem Heim). Die EVS wurde untersucht, indem man das Licht zwischen allen möglichen Wörtern der ersten beiden Phrasen ablöschte. Zusätzlich zu den 48 Testsätzen gab es acht ungegliederte Wortlisten als Kontrolle über die Wirkungen der Satzstruktur im allgemeinen.

Die Sätze enthielten so viele Phrasen, daß nach dem Ausschalten des Lichtes jeweils mindestens zehn Wörter des Satzes übrigblieben. Für die Sechstkläßler und alle älteren Kinder war jeder Satz in einem „Abschnitt“ von vier unverbundenen Sätzen eingebettet; bei den

Schülern der zweiten und vierten Klasse enthielten diese Abschnitte zwei Sätze. Ein Set der Sätze war aus dem Vokabular eines Lesebuches der zweiten Klasse gebildet und wurde für die Kinder der zweiten und vierten Klasse gebraucht. Ein anderes Set war aus dem Vokabular eines Lesebuches der sechsten Klasse zusammengestellt und wurde für die Kinder der sechsten Klasse und alle älteren Versuchspersonen verwendet.

Die Versuchspersonen wurden aufgefordert, in einem normalen Tempo oder in einem Tempo zu lesen, in welchem sie laut aus einem Geschichtenbuch lesen würden. Dann wurde das Licht angezündet und die Versuchsperson begann, den Abschnitt laut zu lesen. Nachdem das Licht abgelöscht worden war, wurde die Versuchsperson aufgefordert, alle Wörter zu nennen, die sie nach dem zuletzt ausgesprochenen Wort noch gesehen hatte.

Die Befunde zeigen allgemein den Einfluß der grammatikalischen Struktur in überzeugender Weise. Über alle Alter und Satztypen hinweg war die durchschnittliche Fixier-Sprech-Spanne bei unstrukturierten Wortlisten 2.19 Wörter im Vergleich zu durchschnittlich 3.91 Wörtern bei Sätzen – ein sehr bedeutungsvoller Unterschied. Dieses Resultat wiederholte sich bei einer Studie mit Erwachsenen, wobei die Wortlisten eine EVS von 2.0 Wörtern ergaben (LEVIN & KAPLAN 1968). Mit anderen Worten ist die EVS ohne Satzstruktur kurz und mit zwei Wörtern erstaunlich konstant – ungeachtet des Alters und der Fertigkeit der Leser. In diesem allgemeinen Sinne wird die Hypothese über die Wirkung der grammatikalischen Struktur bestätigt.

Es bleibt jedoch noch zu beantworten, in welchem Alter die Struktur zuerst ausgenützt wird und wie sich die verschiedenartigen Satzstrukturen auswirken. Die Studie von LEVIN und TURNER zeigt, daß die durchschnittliche EVS die Tendenz hat, mit dem Alter zuzunehmen: Kinder der zweiten Klasse 3.19 Wörter, der vierten Klasse 4.41, der sechsten Klasse 2.66[1], der achten 4.18, der zehnten 2.95, Erwachsene 5.02 Wörter. Die langsamen Leser der zweiten Klasse hatten eine mittlere Spanne von 2.74 Wörtern, ein Resultat, das den 2.19 Wörtern bei den Wortlisten am nächsten kommt. Sie zeigten aber immer noch einige Verwendung der grammatikalischen Struktur. In

[1] Die Versuchspersonen waren Freiwillige. Aus uns unverständlichen Gründen weichen die Daten der Sechstkläßler stark ab. Wir vermuten, daß die Kinder die Aufgabe nicht ernst nahmen. Darum wurde diese Klasse bei der weitern Analyse ausgelassen.

diesem Sinne machten sogar die jüngsten und schlechtesten Leser Gebrauch von der Satzstruktur beim Lesen.

SCHLESINGER (1968) stellte die Hypothese auf, daß die Phrase die Einheit des Dekodierens sei, d. h. daß geübte Leser Sätze in Phraseneinheiten zusammensetzten. Seine Voraussagen wurden durch Hebräisch sprechende Erwachsene bestätigt. In der Praxis bedeutet diese Voraussage, daß sich die berichteten Spannen bis zu den Phrasengrenzen erstrecken. Ein Ziel der Studie von LEVIN und TURNER (1968) war, diese Annahme bezüglich der Entwicklung zu untersuchen. Um bei den Versuchspersonen eine entsprechende signifikante Tendenz zu überprüfen, wurde festgehalten[2], wie oft sie bei jedem Satztyp bis zum Ende der Phrase lasen. Bei den Versuchspersonen (ausgenommen bei den Kindern der 2. Klasse) endeten die Spannen so oft am Ende einer Phrase, daß dies kein Zufall sein konnte. Anders ausgedrückt setzten die Leser ab der vierten Klasse das oral Gelesene in Phraseneinheiten zusammen. Diese Tendenz wurde aber zwischen der vierten Klasse und dem Erwachsenenalter nicht stärker. RESNICK (1970) fand bei Erwachsenen einen stärkeren Effekt als bei Kindern. Wir können daraus schließen, daß die Kinder der zweiten Klasse immer noch Wort um Wort oder wenigstens in Wortgruppen lasen, die nicht mit den Phrasen übereinstimmten. Es sei daran erinnert, daß die Erforschung der Augenbewegung zeigte, daß die Augenbewegungsmuster beim Lesen von der vierten Klasse an denjenigen der Erwachsenen ähnlich werden (TINKER 1965).

Außer den 492 Malen, bei welchen die Versuchspersonen bis zu den Phrasengrenzen lasen, wenn diese *nicht* mit den EVS-Grenzen übereinstimmten, änderten die Leser auch 107 mal die Satzstruktur oder das letzte Wort so, daß eine Phrasengrenze entstand. Wenn beispielsweise die letzte Phrase lautete „next to the house" („neben dem Hause"), würde eine Versuchsperson vielleicht „next door" („nebenan") lesen.

Es gab eine interessante Interaktion zwischen dem Niveau der Klasse und der Länge der Phrasen. Die Länge der Spannen ist bei den Kindern der zweiten Klasse ungeachtet der Phrasenlänge ungefähr gleich. Bei Kindern der vierten Klasse und ältern Versuchspersonen ist die Spanne bei Phrasen von drei Wörtern länger als bei solchen von zwei oder vier Wörtern. Eine mögliche Erklärung für dieses Resultat ist, daß, wenn das Licht bei einer Phrase von zwei Wörtern

---

2 Siehe den Originaltext und LEVIN und KAPLAN (1968) für die Korrekturen bezüglich der Anzahl erwarteter Spannen, die an Phasengrenzen enden.

ausgeht, das Vervollständigen dieser und der nächsten Phrase eine maximale Spanne von vier Wörtern ergibt. Umgekehrt, wenn das Licht bei einer Phrase von vier Wörtern ausgeht, übersteigt die mögliche Spanne beim Vervollständigen sowohl der Ziel- als auch der folgenden Phrase die Kapazität der Versuchsperson. Phrasen von drei Wörtern sind darum optimal, weil ihre Vervollständigung und das Zufügen der nächsten Phrase von drei Wörtern gesamthaft noch innerhalb einer möglichen Vorwärts-Spanne liegt.

Schließlich wiederholten diese Studien auch die Resultate, die bezüglich der schnellen und langsamen Leser gewonnen worden waren. Die Lesegeschwindigkeit wurde als Zeit (Wörter pro Sekunde) gemessen, welche die Versuchsperson bei abgeschaltetem Licht benötigte. Schnelle Leser hatten längere Spannen, was mit der Forschung über die Augenbewegungen und den frühen Experimenten über die EVS übereinstimmt. Schnelle Leser beendeten ihre Spannen auch öfter bei Phrasengrenzen als langsame. Wenn wir die Lesegeschwindigkeit als Lesefähigkeit interpretieren, benützen bessere Leser die grammatikalische Struktur mehr.

Eine andere Studie, die entwicklungsmäßige Vergleiche einschloß, wurde zu einem ganz anderen Zweck durchgeführt: Man wollte sehen, ob sich die Länge der Spannen ändert, wenn das Kind angewiesen wird, (1) normal zu lesen, als ob es laut oder für einen Freund lese, (2) sorgfältig zu lesen, um sich auf anschließende Fragen vorzubereiten, (3) durchzulesen, um das Wesentliche zu erfassen. Die Versuchspersonen waren je 15 Schüler der zweiten, vierten, neunten und elften Klasse. Der Lesestoff bestand aus zusammenhängenden Texten, die aus Lesebüchern der zweiten (für die jüngeren Versuchspersonen) oder der zehnten Klasse (für die ältesten beiden Klassen) stammten. Die kritische Position, bei welcher das Licht abgeschaltet wurde, befand sich immer am Punkt der wichtigsten natürlichen Pause zwischen der Subjekt- und Verbphrase. Jedes Kind war seine eigene Vergleichsperson, indem es Abschnitte nach vorhergehender Anweisung unter allen drei Bedingungen las (LEVIN & COHN 1968).

Im allgemeinen hatten die älteren Kinder längere Spannen, wie sich das auch bei den früheren Studien gezeigt hatte. Das sorgfältige Lesen brachte die kürzesten Spannen (3.69 über alle Klassen hinweg) gefolgt vom normalen Lesen (3.97 Wörter) und dem Überfliegen, welches die längsten Spannen ergab (4.14 Wörter). Die Anweisungen hatten bei allen vier Klassen dieselbe Wirkung, was anzeigt, daß bei dieser Studie sogar die Kinder der zweiten Klasse fähig waren, den Anweisungen entsprechend zu handeln. In allen Klassen hatten schnellere Leser größere Spannen. Die Leserate hing jedoch nicht von den drei Zwecken des Lesens ab. In jedem Alter steigerten die Kinder ihre Spannen nicht durch schnelleres Lesen, sondern wahrscheinlich durch eine Verkürzung der Fixierungspausen und weniger Regressionen. Dies ist eine Folgerung aus den Daten, weil wir keine direkten Messungen der Augenbewegungen haben. Die Resultate passen aber gut zu denjenigen ANDERSONS (1937), der die Augenbewegungen von guten und schlechten Lesern gemessen hat.

Zusammengefaßt geben die Daten an, daß Kinder von der vierten Klasse an fähig sind, beim Lesen Gewinn aus der grammatikalischen Struktur zu ziehen und den Gebrauch dieser Struktur mit zunehmendem Alter verbessern. Gute Leser verwenden die Grammatik geschickter zur Vereinfachung der Leseaufgabe. Unglücklicherweise stammen die entwicklungsmäßigen Daten nur aus der Erforschung der Fixier-Sprech-Spanne. Die Resultate stimmen aber mit vernünftigen Folgerungen, die aus der Studie der Augenbewegungen gezogen werden können, überein. Wir kommen nun auf den Nachweis des Einflusses der Grammatik auf das Lesen der Erwachsenen zu sprechen, wobei wir sowohl einige spezifische grammatikalische Konstruktionen, wie auch die Ergebnisse verschiedener Techniken berücksichtigen können.

Grammatik und Lesen bei Erwachsenen

Der einfachste Vergleich, den man bei der Entwicklung der Funktion der Grammatik machen kann, besteht darin, die grammatikalische Organisation mit einer fehlenden Organisation zu vergleichen, d.h. mit einer Liste von Wörtern, die sich nicht aufeinander beziehen. Die grammatikalische Struktur führt zu längeren Fixier-Sprech-Spannen im Englischen (LEVIN & TURNER 1968; LEVIN & KAPLAN 1968; LAWSON 1961; MORTON 1964a) im Hebräischen (SCHLESINGER 1968) und im Japanischen (CLARK 1972). Die Grammatik beeinflußt auch das Gedächtnis (z.B. EPSTEIN 1967) und die Wahrnehmung von Sätzen (z.B. TULVING & GOLD 1963). Die Phrasen dienen als Einheiten des Lesens (LEVIN & TURNER 1968; LEVIN & KAPLAN 1968; SCHLESINGER 1968). Ein professioneller Leser pausierte am häufigsten an Grenzen der Oberflächenphrasen (BROWN & MIRON 1971). Die Oberflächenphrasen scheinen eine einheitliche Charakteristik zu haben, wobei die Einheiten vielleicht von den akzentuierten Konturen der Phrasen gebildet werden und die Phrasen oft Bedeutungseinheiten mitteilen. Tatsächlich würde der Ausdruck, das Lesen finde in „Bedeutungseinheiten" statt (z.B. BUSWELL 1920) heute unter dem Einfluß der modernen Linguistik anders formuliert: man spricht von der Phrasenstruktur der Sätze. Bei Anwendung der Probetechnik (probe technique) sind die Latenzen über Phrasengrenzen hinaus am längsten (z. B. BLUMENTHAL 1967), und Klick-Studien (click studies) zeigen die psychologische Realität der Phrasen an (z. B. FODOR & BEVER 1965).

Soweit zeigen die Resultate an, daß die regelhaften Zusammenhänge (constraints) oder die Verbundenheit der Elemente innerhalb der Phrasen stärker sind als über die Phrasengrenzen hinweg. So kommen wir denn zu der Frage, ob der Grad der Regelhaftigkeit – eher als einfach das Vorliegen oder Nichtvorliegen von Regeln – das Lesen beeinflusse. Weil es gewichtige Beweise für solche Zusammenhänge innerhalb des Satzes gibt, ist es wahrscheinlich, daß die Leser diese benützen.

Die erwachsenen Versuchspersonen von MORTON (1964a) lasen acht verschiedene Abschnitte von statistisch dem Englischen angenäherten Texten, sowie einen Prosa-Abschnitt. Die Approximation ans Englische auf einer niederen Ordnungsstufe besteht hauptsächlich aus zufälligen Wortlisten. Mit zunehmender Annäherung (z. B. auf der 5. oder 6. Stufe) scheinen die Texte grammatikalische und Bedeutungsqualitäten des normalen Englischen zu haben, oder der Leser beginnt wenigstens, diese so zu interpretieren. Je mehr sich der Text dem Englischen annähert, desto mehr nimmt auch die Lesegeschwindigkeit zu, wobei der unveränderte englische Text am schnellsten gelesen wird. Die Fixier-Sprech-Spanne steht ebenfalls in Beziehung zur Annäherung des Textes an das Englische, wobei die ersten drei Stufen eine Spanne von ungefähr 2.0 Wörtern erzielten. Dieses Resultat, wir erinnern daran, war das Resultat bei Wortlisten (LEVIN & TURNER 1968; LEVIN & KAPLAN 1968).

Die Verwendung von statistischen Annäherungen ans Englische in Forschungen dieser Art ist unbefriedigend, weil die Annahme gemacht wird, daß mit der zunehmenden Approximation der Text stärker zusammenhänge. Es ist aber nicht klar, was in diesem Kontext stärker „zusammenhängend" (constrained), heißt. Der Text sieht aus und tönt auch mehr wie Englisch, so daß der Leser oft idiosynkratisch fähig ist, dem Text eine Bedeutung aufzuerlegen. Die Auffassung der Grammatik als stochastischer Prozeß, der von links nach rechts determiniert ist, hat sich jedoch nicht als fruchtbar herausgestellt. Wir ziehen es vor, wenn die Zusammenhänge für die jeweils vorliegenden Texte *ad hoc* bestimmt werden und die Effekte im Lesen von mehr oder weniger regelhaften Texten mit echten englischen

Sätzen studiert werden. Die nächsten Studien folgen diesem Modell.

In einer Studie von LEVIN und KAPLAN (1968) wurden zwei Klassen von Sätzen ausgewählt, von denen man wußte, daß die Zusammenhänge verschieden verteilt waren. CLARK (1965) hatte vorher bei einem Vergleich aktiver und passiver Sätze herausgefunden, daß der hintere Teil der passiven Sätze, aus einem Verb und dem Agenten bestehend, stark mit dem ersten Teil des Satzes, dem Objekt, zusammenhängt. Das traf auf die korrespondierenden Teile der aktiven Sätze nicht zu, bei welchen der hintere Teil, das Verb und das Objekt, relativ unabhängig vom ersten Teil, dem Agenten, waren.

LEVIN und KAPLAN vermuteten darum, daß – wenn die Fixier-Sprech-Spanne auf die Zusammenhänge innerhalb der Sätze anspricht – die Spanne gegen die Mitte der passiven Form zunehmen sollte. Eine solche Zunahme dürfte jedoch bei den aktiven Formen nicht festgestellt werden können. Die Versuchspersonen waren 18 College-Studenten. Vier Satztypen enthielten den Zielsatz:

1. Aktive Sätze, die aus Phrasen von vier Wörtern gebildet waren.
2. Passive Sätze aus Phrasen von vier Wörtern.
3. Aktive Sätze aus Phrasen von fünf Wörtern.
4. Passive Sätze aus Phrasen von fünf Wörtern.

Die Sätze wurden so konstruiert, daß die erste Hälfte sowohl der aktiven wie der passiven Sätze strukturell identisch war. Beispielsweise lautete der Satz

passiv:
The cute chubby boy was slowly being wheeled by the maid along the narrow lane to the country store.
(Der süße, pausbäckige Knabe wurde von der Magd langsam den schmalen Weg entlang zum ländlichen Laden geschoben.)
aktiv:
The brash tall man was certainly being loud at the meeting of the new group on the main campus.
(Der dreiste, große Mann war beim Treffen der neuen Gruppe auf dem Hauptcampus wirklich laut.)

Jeder Satz war in einem separaten Abschnitt von entweder vier oder fünf unverbundenen Sätzen eingebettet. An verschiedenen Punkten wurden Fixier-Sprech-Spannen gemessen, wobei man nach dem dritten Wort begann und nach jedem folgenden Wort wieder maß bis zur „by“ Phrase in den passiven Sätzen und dem korrespondierenden Punkt (Anfang der präpositionalen Phrase) in den aktiven Sätzen.

Diese Punkte wurden „Licht-aus" Positionen oder *kritische Positionen* genannt.

Die Paragraphen wurden auf einen kleinen Glasbildschirm projiziert, der sich unmittelbar vor der Versuchsperson befand, so daß diese die Zeilen mit minimalen Kopfbewegungen lesen konnte. Nachdem die Versuchsperson die Wörter nach der kritischen Position, an die sie sich erinnerte, berichtet hatte, führte sie einen Wiedererkennungstest durch, der Wörter enthielt, die entweder im Zielsatz nach den kritischen Positionen vorkamen oder auch nicht. Dieser Test diente sowohl der Kontrolle des Ratens als auch jeglicher Tendenz, im Bericht Wörter zurückzuhalten.

Man hat an der Fixier-Sprech-Spanne gelegentlich kritisiert, sie sei einfach ein Ratespiel, bei dem die Versuchspersonen die Wörter erraten, die im Satz nach dem kritischen Punkt stehen. Im Wiedererkennungstest nannten die Versuchspersonen aber auf 1000 Wörter nur eines, das im Satz tatsächlich nicht mehr vorkam. Diese winzige Rate von $\frac{1}{1000}$ zeigt an, daß bei dem Vorgehen das zufällige Raten keine Rolle spielt.

Abbildung 10–5 zeigt die EVS in Wörtern für die verschiedenen kritischen Positionen in den Phrasen von fünf Wörtern der aktiven und der passiven Sätze. Die Daten der Phrasen von vier Wörtern sind ähnlich. Ebenso sind auch die Daten des Wiedererkennens denjenigen der Erinnerung (recall) ähnlich.

Bei den kritischen Positionen der aktiven Sätze gibt es keine Unterschiede. Bei den passiven Sätzen unterscheiden sich die Positionen 1 bis 6 nicht voneinander, Position 7 und 8 unterscheiden sich aber stark von den ersteren. Beim Vergleich der beiden Satztypen unterscheiden sich die passiven von den aktiven Sätzen bei den Positionen 1 bis 6 nicht. Bei den Positionen 7 und 8 tun sie dies aber. Die Resultate zeigen, daß die Fixier-Sprech-Spannen bei passiven Sätzen an dem Punkt länger werden, in dem sich die aktiven und die passiven Sätze zu unterscheiden beginnen. Diese Resultate unterstützen die wichtigste Hypothese, derzufolge die Größe der Satzstücke (chunks), welche die Leser beim Überfliegen beachten (use in scanning), mit den Zusammenhängen innerhalb der Sätze korrelieren.

Diese bestätigenden Resultate basieren jedoch nur auf zwei Satztypen, einfachen aktiven und passiven, und bieten darum nur ein schwaches Fundament für die Verallgemeinerung, daß diejenigen Satzteile, welche grammatikalisch stärker zusammenhängen, in längeren Einheiten gelesen werden. Darum haben LEVIN, GROSSMANN, KAPLAN und YANG (1972) diese Hypothese geprüft, indem sie links

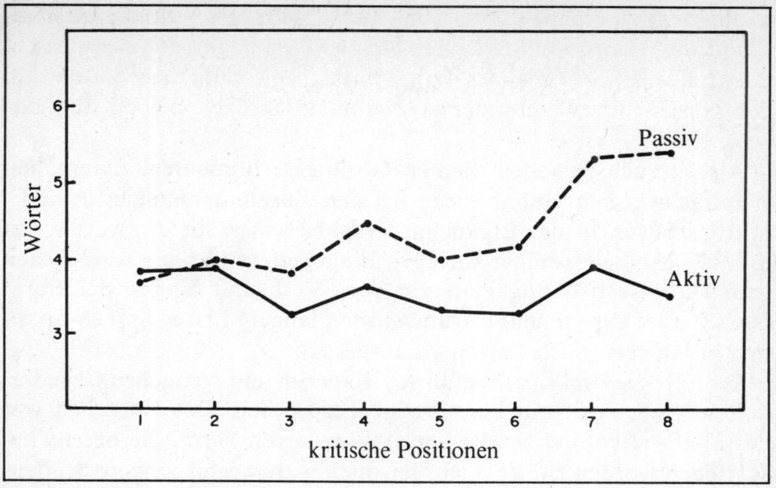

Abbildung 10-5. Durchschnittliches Erinnern von Wörtern nach kritischen Positionen bei der Messung der Fixier-Sprech-Spanne (EVS). Aus: LEVIN und KAPLAN 1970, S. 256. ©1970 by Basic Books, Inc., Publishers, N. Y.

und rechts eingebettete Sätze verglichen. Links eingebettete (LE) Sätze enthalten adjektivische Modifikatoren zwischen dem Subjekt und dem Hauptverb des Satzes; rechts eingebettete (RE) Sätze haben die Modifikatoren im Prädikat, d.h. in der Verbphrase des Satzes. Ein einfacher LE-Satz ist: „The cake that she made won the prize" (Der Kuchen, den sie machte, gewann den Preis). Umgeschrieben als RE-Satz lautet er: „She made the cake that won the prize" (Sie machte den Kuchen, der den Preis gewann).

Die Analyse der Zusammenhänge (constraint analysis) bei aktiven und passiven Sätzen (CLARK 1965) existierte bereits, als die Forschung über das Lesen durchgeführt wurde. Bei den RE- und LE-Sätzen bestand der erste Schritt in der Bestimmung der Intrasatz-Zusammenhänge. Als diese einmal bekannt waren, verlief die Forschung gleich wie die frühere: Man untersuchte die Größe der Fixier-Sprech-Spanne an verschiedenen Punkten der RE- und LE-Sätze (LEVIN et al. 1972).

Bei der Analyse der Zusammenhänge wurde ein modifiziertes Lükken-Ergänzungsverfahren (cloze procedure) benützt. In einer standardisierten Aufgabe (TAYLOR 1953) wurden typische Wörter eines Textes ausgelassen und die Versuchspersonen aufgefordert, das fehlende Wort zu ergänzen. Weil uns die *Voraussagbarkeit der grammatikalischen Formen* interessierte, war es nötig, Segmente auszulassen, die größer als ein einzelnes Wort waren. So konnte man die Anzahl der verschiedenen gefundenen grammatikalischen Typen abschätzen.

Als Versuchspersonen dienten 68 jüngere Studenten. Es ergaben sich nachweislich Unterschiede bei den Zusammenhängen der RE- und LE-Sätze. In der Ergänzungsaufgabe waren die Antworten auf die RE-Rahmen weniger variabel. Eingebettete Phrasen waren nach dem Hauptverb häufiger als vor dem Verb und hingen der Form nach stärker zusammen. Darum wurden längere Fixier-Sprech-Spannen in RE- als in LE-Sätzen vorausgesagt.

Da sich die drei durchgeführten Experimente weitgehend wiederholten, wollen wir nur eines davon besprechen. Das Vorgehen war dasselbe wie bei der Studie der aktiv-passiven Sätze, die bereits beschrieben worden ist. Versuchspersonen waren zehn jüngere Studenten. Die kritischen Positionen waren die folgenden:

LE:

Befor he died/the gangster/that/the police/shot/closed/the/door/ of the room near the kitchen. (Bevor er starb schloß der Gangster, den die Polizei erschoß, die Türe des Zimmers bei der Küche.)

RE:

After the meeting/the janitor/found/the magazine/that/the woman/left/on the chair in the hall. (Nach dem Treffen fand der Portier das Magazin, welches die Frau auf dem Stuhl in der Halle zurückgelassen hatte.)

Die Fixier-Sprech-Spannen waren wie erwartet in den RE-Sätzen länger als in den LE-Sätzen. Tatsächlich begannen sich die Kurven für die RE- und die LE-Sätze bei der zweiten kritischen Position zu unterscheiden (siehe Abbildung 10–6). Wie die Spannen der RE-Sätze zunehmen, nehmen diejenigen der LE-Sätze ab. Zusammen mit den Resultaten der aktiv-passiv-Sätze unterstützen diese Ergebnisse die Hypothese, daß die Zusammenhänge innerhalb der Sätze die Art bestimmen, in der die Sätze gelesen werden.

Während wir wissen, daß die Kinder von der vierten Klasse an beim Lesen fähig sind, aus der Phrasenstruktur Nutzen zu ziehen, ist es nicht klar, ob sie die Intrasatzzusammenhänge in derselben Art, wie wir es eben bei den Erwachsenen festgestellt haben, nützen können. Allgemein haben die Primarschüler längere Spannen bei passiven als bei aktiven Sätzen, obwohl es nicht klar ist, an welchem Punkt des Satzes die Spanne zunimmt (LEVIN & TURNER 1968).

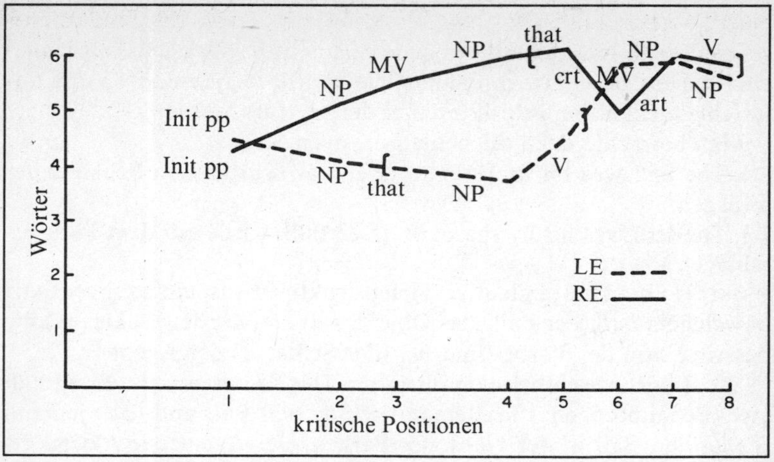

Abbildung 10–6. Erinnern nach kritischen Positionen bei der Messung der Fixier-Sprech-Spanne in links-eingebetteten und rechts-eingebetteten Sätzen. Aus: LEVIN, GROSSMANN, KAPLAN und YANG 1972, S. 37.

Eine andere Studie fand wenig Nachweis dafür, daß Primarschüler die Zusammenhänge ausnützen, weder in aktiven/passiven noch in LE/RE-Sätzen (GROSSMANN 1969). Das mag daher rühren, daß diese Strukturen in der Sprache der Kinder spät entwickelt werden. Dennoch liegt hier eine fruchtbare Aufgabe für die zukünftige Forschung vor.

Bisher haben wir einen einfachen Begriff der Grammatik benützt, jenen, der die Oberflächenstruktur eines Satzes beschreibt. Sätze, die eine gemeinsame Oberflächenstruktur aufweisen, können sich jedoch in ihrer Tiefenstruktur unterscheiden. Der Unterschied kann am besten an mehrdeutigen Sätzen eingesehen werden. Im geläufigsten Beispiel „Flying planes can be dangerous" (Fliegende Flugzeuge können gefährlich sein/Das Fliegen von Flugzeugen kann gefährlich sein) kann der Satz entweder als Handlung des Fliegens, die gefährlich ist, oder als fliegende Flugzeuge, die gefährlich sein können, interpretiert werden. Der Satz kann nur im Bezug auf eine andere Stufe der Analyse verstanden werden, welche jetzt gewöhnlich Tiefenstruktur genannt wird. Die Tiefenstruktur bezieht die mehrdeutige Oberflächenstruktur mittels Transformationsregeln auf eine unterliegende, eindeutige Form (CHOMSKY 1964). Es geht über den Gegenstand dieser Diskussion hinaus, auf die Argumente über die Nützlichkeit eines Tiefenstruktur-Niveaus der Analyse oder der Beziehung zwischen diesem Niveau und der Bedeutung einzugehen. Wir werden jedoch zeigen, daß Sätze mit ähnlichen Oberflächenstrukturen und unterschiedlichen Tiefenstrukturen anders gelesen werden.

Man betrachte dazu die beiden passiven Sätze:

(1) The ball was hit by the bat. (Der Ball wurde vom Schläger geschlagen.).

(2) The ball was hit by the park. (Der Ball wurde bei dem Park geschlagen.)

Satz (1) hat eine eindeutige Tiefenstruktur. Es ist ein passiver Satz, in welchem *ball* (der Ball) das Objekt, *was hit* (wurde geschlagen) die passive Form des Verbes und *bat* (der Schläger) der Agent ist.

Satz (2) ist wesentlich komplizierter. Der Satz ist passiv. Er enthält zwei Behauptungen: (2a) Jemand schlug den Ball und (2b) jemand schlug den Ball in der Nähe des Parkes. Der Agent der Aktion erscheint in (1); in (2) ist der Agent ausgelassen und durch ein Adverb des Ortes ersetzt.

In einem Experiment wurden zwei Gruppen von Sätzen entwickelt, wobei ein Mitglied eines Paares im Satzgefüge den Agenten aufwies und das andere nicht (Wanat & Levin 1968). Auch hier wurde die Fixier-Sprech-Spanne untersucht. Die Versuchspersonen waren 30 jüngere Studenten, die alle Satzformen lasen, dies aber in verschiedenen Sitzungen und mit vielen „Füll"-Sätzen taten. Das Vorgehen war identisch mit jenem der oben beschriebenen Studien. Es gab 16 Testsätze (acht Paare). Die kritischen Positionen erschienen am Anfang, in der Mitte und am Schluß des Zielsatzes. Die Hypothese war, daß Sätze des Typs (1) einfacher zu lesen seien als diejenigen vom Typ (2), weil der Leser im Fall (1) mehr Informationen hatte, um die Interpretation einzuschränken. Wir kommen auf diesen Umstand später zu sprechen, wenn wir die Funktion der grammatikalischen Struktur beim Lesen diskutieren. Eine andere Art, diese Hypothese zu interpretieren ist, daß Satz (1) weniger schwierig zu verstehen sei als (2), weil die Oberflächenstruktur direkt mit der Tiefenstruktur verbunden ist. Anders gesagt: die Einschränkung durch die Alternativen sei in (1) größer als in (2), weil eine größere Kongruenz mit der passiven Tiefenstruktur besteht, wenn der Agent eine Handlung begeht, als wenn der Agent ausgelassen ist und vom Leser ergänzt werden muß.

Wenn das Licht unmittelbar vor dem kritischen Wort (Agent oder Adverb) ausgeschaltet wurde, war die mittlere Spanne 5.81 Wörter bei den Sätzen, in welchen der Agent vorhanden war. Im Vergleich dazu waren es 5.21 Wörter bei den passiven Sätzen, in welchen er fehlte. Der Unterschied ist statistisch signifikant. Bei der Lichtaus-Position drei Wörter vor dem kritischen Wort gehen die Werte der Spannen in dieselbe Richtung, sind aber statistisch nicht signifikant. Wie dieses Experiment zeigt, können grammatikalische Zusammenhänge auf komplexere Weisen wirken als über die Oberflächenform der Sätze.

Grammatikalische Struktur und Augenbewegungen

In einer Studie von WANAT (1971) wurden die Augenbewegungen von Erwachsenen aufgezeichnet, welche die verschiedenen Satztypen lasen, von denen wir in Zusammenhang mit der Fixier-Sprech-Spanne berichtet haben. Zuerst einmal ist es interessant, die beiden Typen des Passivs, die wir oben beschrieben haben, zu betrachten. Die Sätze unterschieden sich nicht bei den Vorwärtsfixierungen, aber bei den regressiven Augenbewegungen. In den Sätzen, in welchen der Agent ausgelassen war, brauchten die Leser im Vergleich zu den Sätzen, in denen er vorhanden war, mehr Zeit für regressive Fixierungen und machten mehr Regressionen. Ferner gab es viele Regressionen nach dem Adverb, und diese Regressionen wurden in jenes Gebiet des Satzes zurückgemacht, in dem das Adverb erschien. Es ist, als habe die Struktur des Satzes den Leser auf die Suche nach dem Agenten der Handlung geführt, und als er merkte, daß die Phrase den Ort und nicht den Agenten bezeichnete, las er den Satz nochmals.

RE-Sätze, wir wiederholen es, wiesen mehr Intrasatzrelationen auf als LE-Sätze, und daher waren die Fixier-Sprech-Spannen länger bei RE-Formen. Die Daten der Augenbewegungen bestätigten diese Befunde. Es gab bei den Vorwärtsfixierungen der RE- und LE-Sätze keine Unterschiede. Aber die Pausenzeiten, d.h. die Länge der Zeit, die für jede Fixierung gebraucht wurde, war bei den LE-Sätzen länger als bei den RE-Sätzen, und diese längeren Zeiten wurden spezifisch für die links eingebettete Phrase gebraucht. In beiden Einbettungstypen benötigte das Hauptverb die längste Fixierungszeit, ein Ergebnis, das indirekt die semantische Analyse von CHAFE (1970) bestätigt. Diese ist um das Hauptverb des Satzes herum aufgebaut und betont die Rolle des Hauptverbes bei der Bestimmung der Komplexität des Satzes. KOLERS (1970) fand einen ähnlichen Nachweis für die Wichtigkeit des Hauptverbes beim Lesen. „Wenn der zweite Fünftel eines Hauptsatzes die Teile enthält, die mit dem Verb zu tun haben, so vermuten wir aufgrund unserer Daten, daß die Wahrnehmung der Relationen, die der Satz (bzw. das Verb, Anm. d. Ü.) stiftet, schwieriger ist, als die Wahrnehmung der in Beziehung gesetzten Dinge“ (S. 108).

Bei einfachen aktiven und passiven Sätzen ist der Vergleich zwischen der Fixier-Sprech-Spanne und den Augenbewegungsmustern nicht so klar wie bei den anderen oben beschriebenen Satztypen. Allgemein werden aktive Sätze fließender mit weniger und kürzeren Vorwärtsfixierungen und weniger Regressionen gelesen als einfache passive Sätze (WANAT 1971). Die einzige Ausnahme betrifft das Gebiet der *by*-Phrase, welche bei passiven Sätzen den Agenten der Handlung einführte und bei den aktiven Sätzen eine präpositionale, lokative Phrase war. Beispiele sind:

(3) The ship was beached by the helper in the storm. (Das Schiff wurde im Sturm vom Helfer auf den Strand gezogen.)

(4) The poet was writing in the studio of his home. (Der Dichter schrieb im Studio seines Heimes.)

Im Gebiet der *by*-Phrase gab es weniger und kürzere Regressionen bei den passiven als bei den aktiven Sätzen. Dies könnte die längeren Fixier-Sprech-Spannen um die Agent-Phrase in passiven Sätzen im Vergleich zu denselben Gebieten bei aktiven Sätzen erklären.

Die Arbeit von WANAT (1971) war eine sorgfältig ausgeführte Studie der Augenbewegungen in bezug auf die grammatikalische Struktur der Sätze. Das Lexikon der Sätze wurde kontrolliert, und soweit wie möglich wurden in den Sätzen, die verglichen werden sollten, dieselben Wörter verwendet. Jedoch variierten als Folge des Ziels der Studie die strukturellen Bestandteile der Sätze, was gewisse hypothetische Vergleiche ermöglichte. Allgemein gesehen paßten die Resultate der Fixier-Sprech-Spanne-Methode recht gut zu den Augenbewegungsmustern. Wo die Spannen lang waren, zeigten die Augenbewegungen weniger Fixierungen, kürzere Fixierungspausen und weniger Regressionen.

In einer Augenbewegungsstudie, die nicht unabhängig von den bereits diskutierten war, beobachteten MEHLER, BEVER und CAREY (1967) wie drei Arten von mehrdeutigen Aussagen gelesen wurden:

Mehrdeutigkeiten der Oberflächenstruktur:

(1) They gave her dog candies ... (Sie gaben ihrem Hund Plätzchen / Sie gaben ihr Hundeplätzchen)

(2) They told her cat stories ... (Sie erzählten ihrer Katze Geschichten / ... ihr Katzengeschichten)

Mehrdeutigkeiten sowohl der Oberflächen- wie der Tiefenstruktur:

(1) They are surprising authors ... (Sie sind überraschende Autoren / Sie überraschen Autoren)

(2) They are interesting farmers ... (Sie sind interessante Bauern / Sie interessieren Bauern)

Mehrdeutigkeiten der Tiefenstruktur

(1) the shooting of the hunters ... (Das Schießen/Erschießen der Jäger)

(2) the punching of the sisters ... (Das Boxen der Schwestern)

Die Versuchspersonen waren 40 College-Studenten. Es wurden nur die Vorwärtsfixierungen aufgezeichnet. Die bemerkenswertesten Unterschiede gab es hauptsächlich auf dem Niveau der Oberflächenstruktur. Die Konstituenten-Struktur ist wichtiger als das spezifische, lexikalische Item. Die Resultate können wie folgt zusammengefaßt werden: „Die Regel ist: *Fixiere die erste Hälfte jeder Konstituente*" (S. 216). Die Kritik WANATS (1971) an dieser Studie ist angebracht. Es gab eine größere Diversifikation der Fixierungen als die meisten anderen Studien gezeigt haben. Vorwärts-Fixierungen und Regressionen wurden nicht unterschieden. Dies ist insbesondere bei der Studie von mehrdeutigen Sätzen wichtig, wo wir viele Regressionen erwarten würden, die zur Erhellung der Sätze und zur Beseitigung der Mehrdeutigkeiten benötigt werden (WANAT & LEVIN 1968). Immerhin berührt diese Untersuchung ein wichtiges Problem, das mehr Forschung verdient: Das Lesen von Sätzen, die verschiedene Quellen der Mehrdeutigkeit enthalten.

Die grammatikalische Struktur ist ein Set von Regeln, welche das Erkennen der Elemente dieser Struktur erleichtern. Diese Ansicht wurde von SAWYER (1971) direkt getestet. Sie zeigte Sätze, bei denen gewisse Teile klar lesbar und andere durcktechnisch verwischt waren. Die Autorin schuf acht Grade der Verwischung, so daß – wenn die Grammatik einen Einfluß ausübte – die verwischten Teile unter schlechteren Bedingungen erkannt werden sollten, wenn die Grammatik diesen Teil des Satzes beeinflußte (constrained). Abbildung 10–7 zeigt die acht Grade der Verwischung. In Übereinstimmung mit vorangegangenen Studien wurden die *by*+Agent-Phrasen bei passiven Sätzen unter schlechteren Bedingungen als vergleichbare präpositionale Phrasen bei aktiven Sätzen erkannt. Der Vergleich der passiven Sätze, in denen der Agent entweder vorhanden oder ausgelassen war, bestätigte die früheren Resultate nicht. *By*-Phrasen, die einen Ort einführten, wurden leichter erkannt als solche, die Agenten einführten. Schließlich waren die Leser imstande, die Existenz von RE-Phrasen unter schlechteren physikalischen Bedingungen zu erkennen als LE-Phrasen. Bei dieser Aufgabe, die sich von den Fixier-Sprech-Spannen und den Augenbewegungsstudien unterscheidet,

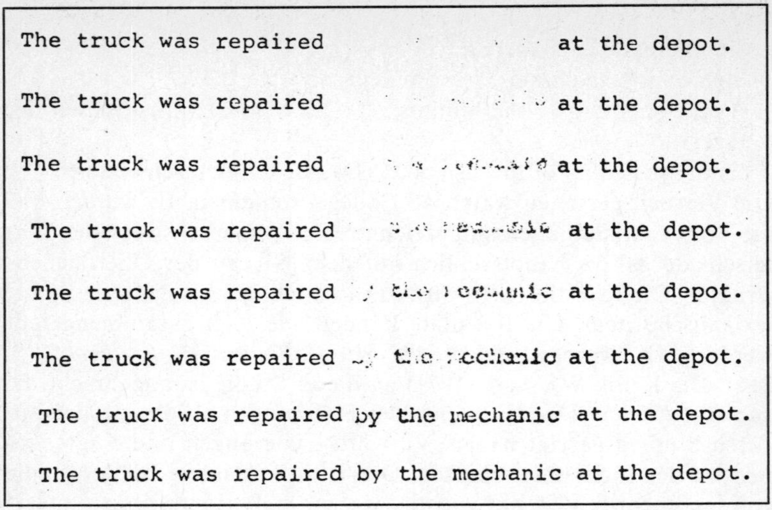

Abbildung 10–7. Sätze, bei denen die *by* + Agent Phrase verschieden stark verwischt ist. Aus: SAWYER 1971, S. 19.

wurde die Beziehung zwischen der Grammatik und dem Lesen generell bestätigt. Es bleibt dennoch viel über die Natur der Aufgabe bei der Verwendung von grammatikalischen Formen innerhalb eines Satzes zu lernen übrig.

Wie funktioniert die grammatikalische Struktur?

Es ist gegenwärtig eine populäre Annahme, daß die grammatikalische Struktur das Lesen beeinflusse, indem sie eine Basis für Voraussagen über den folgenden Text biete. Wir werden Gelegenheit haben, diese Theorie des Lesens im zwölften Kapitel zu diskutieren, wo wir verschiedene Modelle des Leseprozesses vergleichen. In einem gewissen Sinne ist dieses Buch voller Beispiele für die Effizienz der grammatikalischen Struktur. Um ein Beispiel zu geben: Kinder, die gerade mit dem Lesen beginnen, machen Fehler, welche die Grammatikalität der Sätze erhalten (WEBER 1970), wie dies auch Erwachsene tun (KOLERS 1970). Die Funktionen der Grammatik im Lesen sind überall zu finden. Die Frage ist: „Wie funktioniert die Grammatik?"

Die geschriebene Sprache kann auf verschiedenen Niveaus analysiert werden: denjenigen der Buchstaben, Buchstabengruppen, Silben Morpheme, Wörter, Phrasen, Sätze und des Diskurses. Ein geübter Leser profitiert von den Regeln der verschiedenen Niveaus oft parallel. Grammatik ist ein mittleres Niveau, das die untergeordneten Invarianten umfaßt. Die Grammatik bildet den *Kontext* für die untergeordneten Einheiten. Es gibt vielfache Beweise dafür, daß der Kontext die Alternativen unter den untergeordneten Einheiten einschränkt. Die Zusammenhangs-Funktion der grammatikalischen Regeln verbessert das Lesen der untergeordneten Einheiten, welche von diesen Regeln beherrscht werden. Die Verbesserung entsteht durch die geringere Aufmerksamkeit, welche die einzelnen Einheiten bekommen, was bedeutet, daß weniger Fixierungen, kürzere Fixierungspausen und weniger Regressionen nötig sind.

Der Kontext ist nur dann wirkungsvoll, wenn er für die Identifikation eines Wortes relevant ist, und Grammatik ist definitionsgemäß relevant für die Identifikation der Wörter, welche die betreffende grammatikalische Struktur bilden. Außer der Relevanz des Kontextes ist auch dessen Länge wichtig. Unabhängige Beiträge über Länge des Kontextes und Relevanz für die Wortidentifikation sind in Abbildung 10–8 (TULVING & GOLD 1963) zu sehen. Die Längenzunahme des Kontextes schränkt die möglichen Alternativen ein (ABORN, RUBENSTEIN & STERLING 1959). Wenn wir annehmen, daß die Satzenden mehr grammatikalischen Kontext als die Anfänge bieten, können wir sehen, warum die Lesefehler über die letzten $^3/_5$ der Sätze abnehmen (KOLERS 1970), und warum am Schluß der Sätze in einem Lücken-Ergänzungsverfahren (cloze) öfter richtig geraten wird (MILLER & COLEMAN 1967).

Der Kontext und die Länge der Projektion der Wörter fügen zur Bestimmung der Wortart nichts hinzu (TULVING, MANDLER & BAUMEL 1964). Obwohl die Autoren nicht mutmaßen über die Beziehung zwischen dem Vorhandensein eines Kontextes und der Länge der Projektion der Wörter, die für eine richtige Interpretation benötigt wird, kann man vernünftigerweise annehmen, daß die Funktion interaktiv ist. D. h.: der grammatikalische Kontext erleichtert die Wortidentifikation, die ihrerseits den relevanten Kontext für die folgenden Wortidentifikationen bereichert. MORTON (1964b) sagt es gut: „Mit anderen Worten reduziert das Vorhandensein eines Kontextes die Anzahl der visuellen Reize, die für die richtige Identifikation eines Wortes nötig sind“ (S. 176).

Man könnte an beliebig vielen Beispielen zeigen, daß die grammatikalische Struktur den Kontext bildet, der verschiedene mit dem Lesen verbundene Verhaltensweisen erleichtert. LEVIN, FORD und BECKWITH (1968) stellten High-School Studenten die Aufgabe, die korrekte Aussprache für homographisch geschriebene Wörter zu

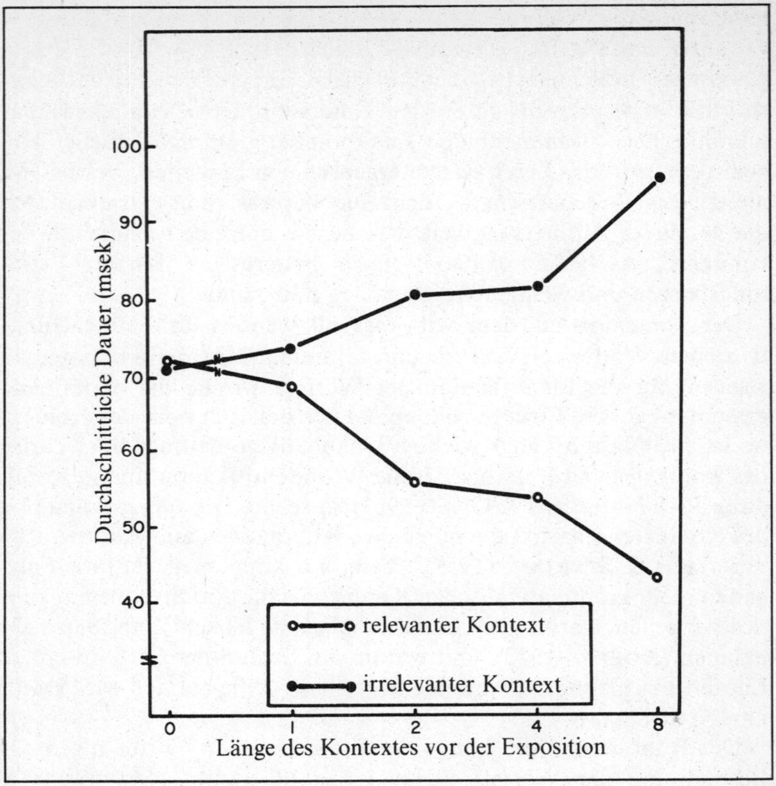

Abbildung 10–8. Die Wirkung der Länge des vorangegangenen Kontextes auf die Wortidentifikation. Aus: TULVING und GOLD 1963, S. 322. Copyright 1963 by the American Psychological Association. Nachdruck mit Erlaubnis.

wählen, z. B. *sow*-/so/oder/saU/, *present*-/présent/oder/presént/ (sow = säen oder Sau; present = gegenwärtig/ Geschenk oder darbieten, vorstellen). Die Aussprache hängt vom Kontext des Homographen ab. Es wurde die Latenz für das Lesen des Homographen mit vorangestellten Synonymen und mit grammatikalischen Schlüsseln bestimmt. Je zwei Dias wurden nacheinander präsentiert. Jedes zeigte entweder ein Kontextwort oder ein Zielwort. So konnte ein Paar *pig-sow* (Schwein-Sau) und ein anderes *to-sow* (säen) sein. Der Homograph wurde schneller ausgesprochen, wenn das vorangehende Kontextwort als grammatikalischer Schlüssel diente, als wenn es ein Hinweis auf die Bedeutung war. In beiden Fällen war die Aussprache schneller, als wenn kein relevanter Kontext vorhanden war. Diese Resultate werden am Besten dahingehend interpretiert, daß ein geläufiger Zweiwort-Ausdruck schneller ausgesprochen wird, wenn der Kontext die Bedeutung nahelegt, die Wortfolge aber unüblich ist. Die High-School Studenten fanden es leichter, den Ausdruck „to presént" (darbieten, vorstellen) als die Wortfolge „gift present" (Geschenk) auszusprechen.

Um ein letztes Beispiel zu geben: Drittkläßler, welche über eine Satzstruktur verfügten, lösten Anagramme schneller (wenn sie einen Hinweis bekamen) als Kinder, die über die grammatikalische Struktur nicht verfügten (GIBSON, TENNEY & SHARABANY 1971).

Die enge Beziehung zwischen der Grammatik und dem Lesen bildet unserer Ansicht nach den Kontext, welcher das schnellere Verarbeiten der einzelnen grammatikalischen Einheiten ermöglicht. Ferner ergibt die Grammatik den Bezugsrahmen für das Verstehen des Textes, auf welches wir nun zu sprechen kommen.

Das Verstehen des Textes

Dekodierung vs. Verständnis

Wir haben oben von der „Technik" des Leseprozesses, manchmal Dekodierung genannt, gesprochen, die die Beachtung der graphischen und orthographischen Information, Übersetzung in Sprechlaute (vokal oder subvokal) und korrekte Augenbewegungen über den Text umfaßt. Bevor die Aufmerksamkeit stark auf die zu erfassende Bedeutung konzentriert werden kann, müssen diese Prozesse geläufig und automatisch sein, denn wie wir gesehen haben, findet es besonders der Leseanfänger schwierig, alle diese Aktivitäten gleichzeitig auszuführen. Aber nehmen wir an, ein Kind habe die Stufe des schnellen Dekodierens erreicht. Ist damit sichergestellt, daß die Bedeutung nun mühelos entnommen werden kann? Wenn dem so wäre, müßte die Rate des Absuchens (scanning) der Wörter nach einem Buchstaben oder einem Zielwort positiv mit der Leseleistung verbunden sein. Mehrere Experimente machen aber klar, daß dies nicht der Fall ist.

KATZ und WICKLUND (1971) überprüften die Absuchrate von guten und schlechten Lesern einer fünften Klasse. Sätze von zwei, drei oder fünf Wörtern Länge wurden den Kindern vorgelegt, und sie bekamen Anweisung zu berichten, ob ein Zielwort darin sei. Das Zielwort war in 50% der Sätze vorhanden und erschien beliebig verteilt in allen möglichen Positionen des Satzes. Bei den anderen 50% der Sätze erschien an derselben Stelle ein falsches Zielwort, das mit demselben Buchstaben begann. Zudem wurde jeder grammatikalische Satz so umgestellt, daß ein nicht grammatikalischer entstand, wobei die Zielwörter in derselben Art eingefügt wurden. Sowohl gute wie schlechte Leser brauchten länger, um einen Dreiwort-Satz als einen Zweiwort-Satz abzusuchen. Zwischen der Satzlänge und der Lesefähigkeit gab es keine Beziehung. Grammatik machte keinen Unterschied. Man schloß daraus, daß sich gute und schlechte Leser in der Fähigkeit des Absuchens, des Transformierens und des Wortzuordnens – in andern Worten in der Mechanik des Prozesses – nicht unterschieden. Dieselben Autoren (1972) verglichen gute und schlechte Leser der zweiten und sechsten Klasse bezüglich der Fähigkeit, eine Reihe von beliebig ausgewählten Zielbuchstaben abzusuchen und fanden auch hier keinen Unterschied, der auf die Lesefähigkeit zurückzuführen war.

LESLIE und CALFEE (1971) führten mit Kindern der zweiten, vierten und sechsten Klasse sowie College-Studenten, die eine gute oder schlechte Lesefertigkeit aufwiesen, einen Versuch über das visuelle Absuchen durch. Die Versuchspersonen suchten eine Liste von zehn Wörtern nach einem Zielwort ab. Einige Listen enthielten kein Zielwort. Die hauptsächlichste Auswirkung der Klassenstufe war eine Änderung der Suchrate, die von der zweiten Klasse bis zum College stetig zunahm. Aber die Auswirkung des Leseniveaus war unbedeutend und trat in keine Interaktion. Die Autoren schlossen daraus: „Der Absuchprozeß unterscheidet in diesem Experiment die retardierten Leser nicht von den besseren Alterskameraden“ (S. 171).

Während das Absuchen auch ohne verbale Dekodierung stattfinden kann, muß sich doch bezüglich der Wort-Suchaufgabe dieses Typs von der zweiten Klasse bis ins College etwas entwickeln. Augenscheinlich handelt es sich jedoch dabei um eine oberflächliche Fertigkeit, die keinen Unterschied zwischen guten und schlechten Lesern ausmacht. Die Vermutung liegt nahe, daß das Verstehen und die Segmentation größerer syntaktischer, kritischer Einheiten wie Phrasen etwas mit dem Unterschied zu tun haben, obwohl auch auf dem Niveau des einzelnen Wortes noch ein größerer Unterschied vorhanden sein kann. Dieser wird von der Art der Verarbeitung, d.h. der Verwendung von konditionalen Regeln und der Extraktion der Bedeutung abhängen. Die Extraktion der Bedeutung aus einem geschriebenen Wort kommt nicht sofort und automatisch mit der Dekodierfähigkeit, was wir wohl aus der Tatsache schließen dürfen, daß Kinder besser mit Bildern als mit Wörtern umgehen.

Extraktion der Bedeutung aus Wörtern und Bildern

Gibson, Barron und Garber (1972) führten ein Experiment durch, in dem Kinder (der zweiten, vierten und sechsten Klasse) und Erwachsene bezüglich der Urteile über kategoriale Identität verglichen wurden, wenn man ihnen Paare von Wörtern, Bildern sowie Wörtern und Bildern zeigte. Die Wortpaare waren mit Klein- und Großbuchstaben geschrieben, und die Bilder des entsprechenden Gegenstandes (z.B. einer Katze) waren von verschiedenen Standpunkten aufgenommen, so daß physikalische Zuordnungen nicht möglich waren: die Versuchspersonen sollten auf der Basis der Bedeutung zuordnen. Besonders die Kinder der zweiten Klasse verhielten sich anders als die Erwachsenen. Sie waren beim Zuordnen der Bilderpaare, die derselben Kategorie angehörten, schneller, während die Erwachsenen die Wortpaare schneller zuordneten. Bei den Bild-Wort-Paaren, deren Vergleich am meisten Zeit beanspruchte, zeigte sich eine relative Abnahme der Entscheidungslatenz von der zweiten bis zur sechsten Klasse. Wahrscheinlich konnte (sobald das mechanische Dekodieren das Verstehen zuließ) eine abstrakte Bedeutung, die sowohl das Wort wie auch das Bild betraf, aus dem Wort extrahiert werden – weder ein Bild (image) noch ein Wort, sondern abstrakte semantische Merkmale, die gleichermaßen beiden zugrundelagen.

Lynch und Rohwer (1971) verglichen das Lernen von paarweisen Assoziationen bei Wörtern und Bildern, wobei manchmal eine satzartige Verbindung zwischen Angehörigen eines Paares gegeben wurde. Die Versuchspersonen waren Schüler der sechsten Klasse. Sowohl das Lernen der Assoziationen wie auch der Reaktionen war offensichtlich vom Stoff beeinflußt. Die Bilder waren eine leichtere Aufgabe: sie wurden leichter wiedererkannt, und zu ihnen bildete sich leichter ein bedeutungsvolles Verhältnis. Das ist eines der vielen Experimente, die zeigen, daß bei Kindern Bilder leichter in gelernte Beziehungen eingehen. Die Situation ändert sich jedoch bei den Erwachsenen, vor allem, wenn die Beziehungen Ereignisse und regelmäßige Strukturen betreffen.

In diesem Zusammenhang ist ein anderes Experiment von Matz und Rohwer (1971) von Bedeutung. Rohwer (1967) hatte herausgefunden, daß, obgleich Kinder von hohem und tiefem sozioökonomischen Status (SÖS) sich beim Lernen von Substantivpaaren nicht unterschieden, schwarze Schüler von tiefem Status einen geschriebenen Text dennoch schlecht verstanden. MATZ und ROHWER dachten, daß Bilder für die Zusammenfassung der Ideen eines Satzes („unitizing" ideas in text) nützlich sein könnten, d. h. Textsegmente in eine Sequenz von Nebensätzen und Sätzen bringen könnten. Dementsprechend stellten sie Texte zusammen, die sich um ein zentrales Thema gruppierten und deren Sätze sequentiell miteinander verbunden waren. Damit konnten Schlußfolgerungsmuster gebildet werden, die einfache Voraussagen erlaubten, die zwar im Text enthalten aber nicht ausgedrückt waren. Es gab vier Folgerungsstufen, je nach der Distanz der zwei miteinander zu verbindenden Sätze. (Mehrere Sätze mußten in Betracht gezogen werden.) Gleichzeitig wurden auch bildhafte Versionen vorbereitet, wobei die Bilder kumulativ den Sätzen des Textes entsprachen. Die Versuchspersonen wurden mit der einen oder anderen Art der Vorlage (nur Sätze versus Sätze mit Bildern) getestet, wobei sie Ja-Nein-Fragen über Folgerungen beantworten mußten, und zwar sowohl bei vorhandener wie fehlender Vorlage.

Die Versuchspersonen waren Viertkläßler, schwarze Schüler von einem tiefen sozioökonomischen Status und weiße Kinder von einem hohen. Ob die Vorlage bei der Beantwortung der Frage zugegen war, beeinflußte die Leistung nicht. Hingegen wirkten alle anderen Variablen. Die Fehler nahmen mit dem Niveau der Fragen zu und die Art der Vorlage interagierte signifikant mit dem sozioökonomischen Status. Abbildung 10–9 zeigt die Resultate. Die illustrierte Vorlage ergab bei der Gruppe von tiefem Status weniger Fehler. Ihre Leistungen waren gerade so gut wie diejenigen der weißen Kinder bei verbaler Vorlage und besser als deren Leistung bei der illustrierten Vorlage. Bei der verbalen Vorlage war jedoch die Testleistung der schwarzen Kinder schlecht. Diese Studie legt nahe, welches der optimale Nutzen von Bildern in Zusammenhang mit einem Text sein könnte: nicht eine eins- zu- eins Zuordnung der Wörter und Bilder, die möglicherweise zu einem Ignorieren des weniger hervorstechenden Wortes führt, sondern Illustrationen zu dem Text, welche die Ideen bedeutungsvoll gruppieren und eine Organisation zeigen, die auf den Text angewandt werden kann.

Daß mangelndes Verstehen eines geschriebenen Textes nicht unbedingt mit einem Mißerfolg bei der Extraktion der Bedeutung zusammenfällt, wird in einem anderen Experiment bestätigt (MACKWORTH 1972). Bei dieser Untersuchung wurden Kinder, die Leseschwierigkeiten hatten, mit einem Test über die Verarbeitung von bildhaftem Material geprüft. Man zeigte den Kindern, die als schlechte Leser bekannt waren, ein ziemlich komplexes Bild, das dann weggenommen

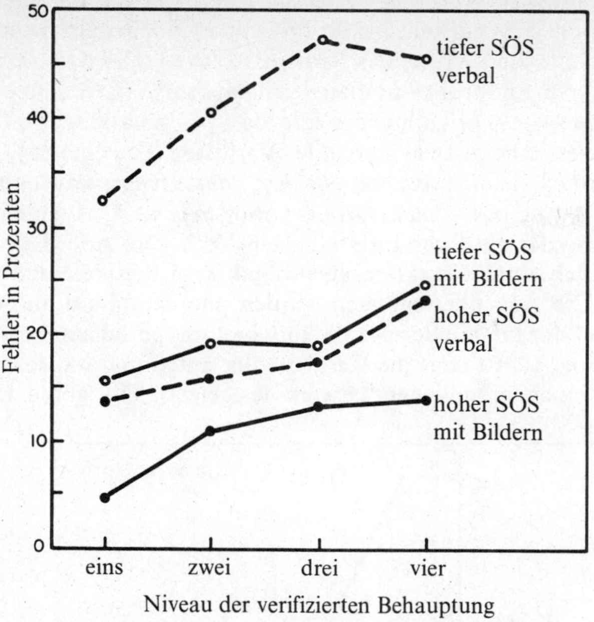

Abbildung 10–9. Schlußfolgerungen aus illustriertem vs. rein verbalem Material von schwarzen und weißen Lesern von verschiedenem sozioökonomischem Status (SÖS). Daten aus: MATZ und ROHWER 1971; Darstellung aus: FRASE, in CARROLL und FREEDLE 1972, S. 353.

wurde. Dann zeigte man ein anderes, das bis auf eine einzelne Änderung gleich war. Das Kind wurde aufgefordert, auf die Stelle hinzuweisen, wo sich etwas geändert hatte. Das Alter der getesteten Kinder reichte vom Kindergarten bis zur sechsten Klasse. Während vom Kindergarten bis zur dritten Klasse eine merkliche Verbesserung stattfand, gab es innerhalb jeder Altersgruppe zwischen guten und schlechten Lesern absolut keinen Unterschied. Schlechte Leser brauchten jedoch länger, um Wörter und Bilder einander zuzuordnen.

Das Verstehen von Phrasen, Sätzen und Diskurs

MACKWORTH (1972) führte ein anderes Experiment mit guten und schlechten Lesern durch, welches er „die Aufgabe mit dem fehlenden

Wort" („missing word task") nannte. Die Fähigkeit der Kinder, einzelne Sätze zu verstehen, wurde untersucht, indem man sie aufforderte, ein fehlendes Wort eines Satzes zu suchen. Die Sätze erschienen am unteren Ende eines projizierten Diapositivs (z. B. „He could not carry the —— "/Er konnte den/die/das —— nicht tragen). Oberhalb des Satzes standen zwei getrennte Wortlisten. Die eine enthielt Substantive (z. B. *books, year, sky/Bücher, Jahr, Himmel*) die andere Verben (z. B. *ran, threw, makes/rannte, warf, macht*). Das fehlende Wort war entweder ein Substantiv oder ein Verb. Die Anordnung wurde vorher den Kindern erklärt, ebenso gab man Beispiele und übte mit ihnen. Die Augenbewegungen wurden photographiert und die Zeit, während der die Kinder auf die falsche Gruppe schauten, gemessen. Abbildung 10–10 zeigt die Resultate der guten und schlechten Leser (durch einen mündlichen Lesetest festgelegt). Die guten Leser be-

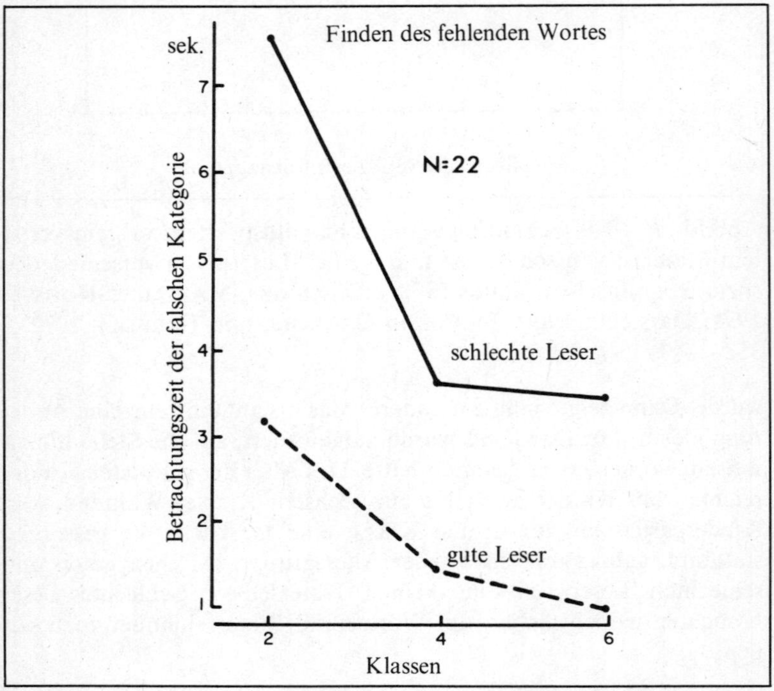

Abbildung 10–10. Messung des Verstehens anhand des Ergänzens von Sätzen durch gute und schlechte Leser. Aus: MACKWORTH 1972.

trachteten die falsche Kategorie weniger als halb so lang wie die schlechten. Der vielleicht interessanteste Aspekt dieser Daten ist der sehr starke Zeitabfall bei beiden Gruppen zwischen der zweiten und der vierten Klasse. Aber die schlechten Leser, die reichlich Raum zur Verbesserung hatten, zeigten zwischen der vierten und sechsten Klasse wenig Änderungen.

In der Aufgabe von MACKWORTH ist es möglich, daß nicht nur das Verstehen der schlechten Leser nicht gut klappte. Sie könnten auch Probleme auf dem mehr mechanischen Niveau gehabt haben. Aber andere Studien zeugen für die Tatsache, daß es schlechte Leser gibt, die ganz gute „Dekodierer" sind. Sie haben die mechanischen Aspekte der Aufgabe gelernt, verarbeiten den Text aber offensichtlich Wort für Wort und benützen die kontextuellen semantischen Relationen und die syntaktische Information nicht. CROMER (1970) bestimmt eine Form der Leseschwierigkeit als mangelndes Organisieren des Lesestoffs zu bedeutungsvollen Einheiten. Er teilte eine Gruppe von schlechten Lesern eines Junior College in eine „Differenz-Gruppe" und eine „Defizit-Gruppe". Die Kinder der Differenzgruppe hatten genügend Intelligenz, Sprache und Vokabular, zeigten aber beim Verstehen Schwierigkeiten – wahrscheinlich weil sie Wort für Wort lasen und Phrasen und größere Einheiten nicht einbezogen. Die Kinder der Defizit-Gruppe verstanden schlecht, weil sie spezifische Mängel im Vokabular hatten. CROMER führte ein Experiment mit drei Gruppen von Versuchspersonen durch, einer Differenz-Gruppe, einer Defizit-Gruppe und einer Gruppe guter Leser. Einige Geschichten wurden ausgewählt und auf vier verschiedene Arten präsentiert. Jede war mit einem Multiple-choice Verständnistest versehen. Die vier Arten waren:

1. Normale Sätze	*The cow jumped over the moon* (Die Kuh sprang über den Mond)		
2. Einzelne Wörter	*The* *cow* *jumped* *over* *the* *moon*	(Die Kuh sprang über den Mond)	
3. Phrasen	*The cow jumped* (Die Kuh sprang	*over the moon* über den Mond)	
4. Fragmentierte Gruppierungen:	*The cow* (Die Kuh	*jumped over the* sprang über den	*moon* Mond)

Es wurde vermutet, daß die Gruppierung in Phrasen das Verständnis der schlechten Leser der Differenzgruppe aber nicht derjenigen der Defizitgruppe oder der guten Leser verbessern würde (die den Text wahrscheinlich bereits zu bedeutungsvollen Einheiten ordneten). Bei der Wort für Wort Präsentation wurde erwartet, daß die Defizitgruppe und die guten Leser den Text weniger gut verstehen würden, daß es aber für die Differenzgruppe nichts ausmachen würde, weil man annahm, daß sie normalerweise auf diese Art liest.

Bei einem Vergleich der Anzahl der richtigen Antworten bezüglich der vier Präsentationsarten und der drei Gruppen zeigte es sich, daß die schlechten Leser überall weniger Fragen richtig beantworteten als die guten Leser. Die Differenzgruppe der schlechten Leser verstand aber bei der Präsentation in Phrasen mehr als bei den drei andern Präsentationsformen und war dabei annähernd gleich gut wie die guten Leser (die guten Leser waren am besten und zwar gleich gut bei den Sätzen und den Phrasen). Die Defizitgruppe der schlechten Leser beantwortete – verglichen mit ihrer schlechten Leistung bei der Präsentation der normalen Sätze – bei der Präsentation der einzelnen Wörter am meisten Fragen korrekt. Die Präsentation in Phrasen half ihnen nicht. Der Differenzgruppe jedoch, von der man erwartete, daß sie darum schlecht las, weil sie das Gelesene nicht aufgrund der Bedeutung ordnete, wurde geholfen, wenn man bedeutungsvolle Gruppierungen machte. Ihre Leistung war bei der Präsentation von normalen Sätzen und jener von einzelnen Wörtern ähnlich, was glaubhaft erscheinen läßt, daß sie normalerweise Wort für Wort lesen.

Man sollte beachten, daß sich diese drei Gruppen bezüglich der einfachen Wortidentifikation (dem lauten Lesen der Wörter bei der Präsentation der einzelnen Wörter) nicht unterschieden. Ihre Fähigkeit des Wortbenennens war gut. Die Defizitgruppe brauchte aber beträchtlich länger, um den Text laut zu lesen. Diese Tatsache legt den Schluß nahe, daß sie nicht nur mit dem Verstehen Mühe hatten, sondern auch nicht gelernt hatten, die Intrawort-Redundanz auszunützen. Dieser Mangel könnte dazu beitragen, daß sie nicht adäquat mit bedeutungsvollen Einheiten umgehen konnten, ganz einfach, weil sie zu langsam lasen. Die konditionalen Intrawort-Redundanzen müssen für geübtes Lesen gemeistert werden können, und diese Studie enthält unausgesprochen die Warnung, daß das Beibringen der einzelnen Wortidentifikation gefährlich sein könnte. So könnte die Gewohnheit gebildet werden, nur Wort für Wort zu lesen statt mit Hilfe von Phrasen und Einheiten, die nach Bedeutung und linguistischer Struktur organisiert sind. Wiederum scheint ein Vorgehen auf mehreren Ebenen gerechtfertigt zu sein.

Dieselbe Überlegung, welche die Studie von CROMER leitete, war die Grundlage für zwei weitere Experimente mit guten und schlechten Lesern der fünften Klasse. OAKAN, WIENER und CROMER (1971) vermuteten, daß eine adäquate Wortidentifikation für das Verstehen eines geschriebenen Texts nicht ausreicht. Sie gaben Versuchspersonen, deren Alter und IQ's vergleichbar waren, die sich aber in der Lesefertigkeit unterschieden, vier Präsentationstypen einer Geschichte. Dann wurden sie darüber abgefragt. Zwei Präsentationsformen waren auditiv. In dem einen Fall wurde die Geschichte von einem guten Leser laut gelesen und für die Präsentation auf Band aufgenommen. Im anderen Fall wurde die Geschichte laut von einem schlechten Leser gelesen und mit allen Zögerungen, falschen Anfängen, Fehlern, Auslassungen usw. aufgenommen, wobei die Fehler jedoch vom Versuchsleiter korrigiert wurden. Die beiden visuellen Präsentationen entsprachen den auditiven; die eine war ein sauber getippter regelmäßiger Text, die andere eine getippte Wiedergabe der Version eines schlechten Lesers. Vor dem Beginn des Experimentes wurden die schlechten Leser darin geübt, die einzelnen Wörter zu bestimmen, die in den Geschichten vorkamen.

Das interessanteste Resultat war, daß die guten Leser das beste Verständnis bei der guten visuellen Präsentation zeigten. Das vorangehende Üben der Wortbestimmung half ihnen also wenig. Das Erfassen der Bedeutung eines geschriebenen Texts – sogar wenn alle Wörter erkannt werden – betrifft offensichtlich nicht denselben Prozeß wie das Erfassen der Bedeutung aus der Rede, was die schlechten Leser recht gut konnten.

Ein Experiment von STEINER, WIENER und CROMER (1971) untersuchte die Wirkung, die ein Verständnistraining bei guten und schlechten Lesern der fünften Klasse hatte. Das Verständnistraining, das für die Hälfte der Aufgaben (trials) gegeben wurde, bestand darin, daß der Versuchsperson die frei wiedergegebene Zusammenfassung einer Geschichte vorgelesen wurde, welche die Versuchsperson nachher lesen mußte. Die Geschichte wurde sowohl richtig in Abschnitten angeordnet, wie auch Wort für Wort auf einer Rolle präsentiert, die weiter aufgerollt wurde, wenn das Kind das Wort gelesen hatte. Nach diesen Präsentationstypen wurden Testfragen gestellt. Tatsächlich nahm die Fehlerrate mit dem Verständnistraining bei den guten Lesern zu; bei den schlechten Lesern ergab sich keine bedeutende Änderung. Bei der Einzelwortpräsentation nahm nach dem Verständnistraining die Fehlerrate ab. Gute Leser machten Antizipationsfehler, die bei dieser Präsentation sinnvoll waren und bestimmten oft statt einzelner Wörter ganze Phrasen, in denen sie trotz der Einzelwortpräsentation ihren Output ordneten. Im Gegensatz dazu schienen die schlechten Leser diese Wörter „als isolierte, unverbundene Posten einer Serie" (S. 511) zu empfinden.

Wir möchten daran erinnern, daß Organisation als kognitive Strategie in unserem Zusammenhang sowohl das Erinnern als auch die Extraktion der Bedeutung aus einem Text betrifft. Diese beiden Aktivitäten sind in den meisten schulischen Aufgaben miteinander verbunden. In einem Experiment von Smirnov, Istomina et al. (1971/72) wurden junge Schüler darin geschult, einem Text die Hauptideen zu entnehmen, eine Zusammenfassung zu umreißen und diese in einer zweiten Phase zum Zwecke des Einprägens zu verwenden. Die Zusammenfassung eines erzählenden Textes oder einer Geschichte wurde zuerst in Gruppendiskussionen gemacht und dann selbständig von jedem Kind der zweiten bis sechsten Klasse, wobei sich eine zunehmende Verbesserung im Erfassen der hauptsächlichsten Punkte eines Textes ergab. Die Schulung umfaßte das Abfragen und das Beantworten von Fragen über die logischen Subjekte und Prädikate der Texte. Nach und nach wurde den Kindern beigebracht, die Ideen in abgekürzter und verallgemeinerter Form und mit unter- und überordnender Gliederung auszudrücken. Die Analyse eines Textes und die Zusammenfassung einer Geschichte war offenbar sogar schon den Kindern der zweiten Klasse möglich, aber sie benützten diese Technik nicht automatisch als ein Mittel für das Einprägen, während die Viert- und Sechstkläßler das taten. Es ist interessant, daß die Instruktion die umgekehrte Richtung verlangte – eine spätere Dekodierung der Zusammenfassung – damit ein gutes Verständnis und eine gute Verhaltensleistung resultierten.

Kurz: Die jungen Leser müssen lernen, die kritischen Informationen eines geschriebenen Diskurses auszuwählen, ob nun die Information gut geordnet sei oder nicht. Sie müssen sich zudem der Beziehungen der Sätze untereinander bewußt werden, auch wenn diese oft beträchtlich weit voneinander entfernt vorkommen und die Information aus verschiedenen Aussagen kombiniert werden muß. Frase (1972) bezieht sich in seiner Forschung auf „Aussagestufen" („levels of assertion"). Stufe 1 ist einfach eine Aussage des Textes in einem Satz. Stufe 2 bezieht zwei Sätze ein usw. Die verschiedenen Wissensniveaus können verschiedene neue und wahre Aussagen generieren, die im Text selber nicht enthalten sind. FRASE und seine Kollegen stellten für die Kinder eine einfache Geschichte zusammen, die verschiedene Aussagestufen enthielt. Die Geschichte wurde Kindern der zweiten, vierten, fünften und sechsten Klasse vorgegeben, wobei der Text immer verfügbar war. Die Kinder mußten fünf Fragen mit dem Ankreuzen eines *Ja* oder *Nein* beantworten. Es gab drei Aussagestufen, und die Beziehungen waren einfache Entsprechungen. Auf der ersten Aussagestufe konnte ein Satz beispielsweise lauten „The small thing was red" („Das kleine Ding war rot"). Dann folgte z.B. „The red thing was a bag" („Das rote Ding war eine Tasche") – ebenfalls eine Aussage auf der ersten Stufe. Dann gab man den Kindern Aussagen der zweiten Stufe „Das kleine Ding war eine Tasche" (ein Satz, der nicht im Text stand), und die Kinder mußten entscheiden, ob dies richtig oder falsch sei. Die Reihenfolge in den Sätzen war anders als im Text, im einen Fall bezüglich der beiden hauptsächlichen Konzepte geordnet und im anderen bezüglich kontrastiver Attribute. Im dritten Fall war die Reihenfolge durcheinander. Bei den beiden geordneten Abschnitten war der Unterschied der korrekten Antworten klein. Die Reihenfolge „durcheinander" brachte aber eine schlechtere Leistung, besonders bei den Aussagen der höheren Stufe. Im großen und ganzen fiel die Leistung bei der Beantwortung der Fragen um etwa 20%, wenn Aussagen der zweiten Stufe verarbeitet werden mußten (siehe Abbildung 10–11). Unterschichtkinder schnitten beträchtlich weniger gut ab als Kinder aus der Mittelschicht; bei beiden Gruppen gab es mit zunehmendem Alter eine Verbesserung, und zwar bei den Kindern aus der Mittelschicht hauptsächlich bei den Aussagen der höheren Stufen.

FRASE führte ein zweites ähnliches Experiment mit Stadtkindern durch. Dabei machte er die Kinder vor dem Lesen darauf aufmerksam, daß sie auf bestimmte kritische Konzepte achten sollten, was eine Verbesserung zur Folge hatte. Der Leser muß schon früh in einem Text entscheiden, was relevant ist. FRASE nahm an, daß die Hinweise die Kinder dazu führten, dies zu tun. Welches sind die kritischen Anhaltspunkte eines Textes, und wie lernt der Leser den Inhalt daraufhin zu analysieren? Diese Frage wird bei der folgenden Diskussion über die Verwendung der grammatikalischen Struktur beim Lesen wieder aufgenommen.

Bevor wir im nächsten Kapitel zu der Diskussion des Lernens aus dem Lesen kommen, wäre es wohl angebracht, hier einmal innezuhalten und uns zu fragen, was Verstehen eigentlich ist. Ist es Extraktion der Bedeutung von Wörtern oder eines Wortes in bezug auf ein

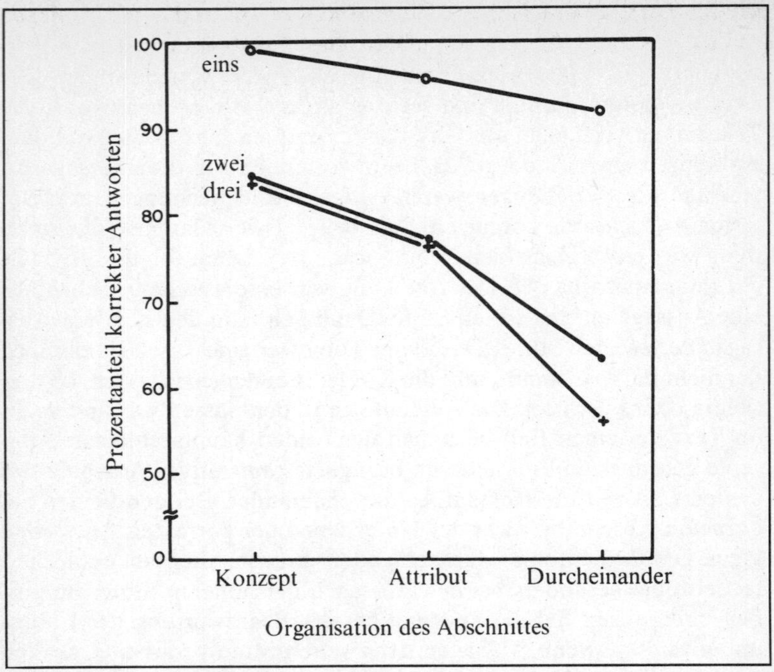

Abbildung 10–11. Wirkungen der Textordnung und der Aussagestufe. Aus: FRASE, in CARROLL und FREEDLE 1972, S. 350.

anderes – Semantik? ist es die Wahrnehmung der Syntax – Subjekt, Prädikat, Phrasenstruktur? In einem Satz wie „Der Butler tat es“ gibt es ein Subjekt und ein Prädikat, einen Agenten und eine Aktion, die syntaktische Informationen abgeben, welche für das Verstehen nötig sind. Der Satz beantwortet auch die Frage „Wer tat es“, indem semantische Information (belebt, menschlich, männlich, ein Bediensteter, ein Butler) gegeben wird. Wir wissen aber immer noch nicht, was der Butler tat. Nehmen wir nun an, der Satz sei in einem größeren eingebettet: „Die Detektive verdächtigten den Gangster, aber der Butler tat es“. Der Satz sagt uns nicht genau, was er tat, aber wir schließen immerhin daraus, daß es ein Delikt war, womöglich ein Mord. Viele der neuesten Arbeiten über das Verstehen von Sätzen und Satzsequenzen betonen die Rolle des erschlossenen Wissens (z. B. BRANSFORD, BARCLAY & FRANKS 1972; BARCLAY 1973; siehe auch das nächste Kapitel). Was erschlossen wird, ist semantische oder syntaktische Information, die nicht direkt gegeben ist. Man kann die Rolle des Schlußfolgerns für das Verstehen gar nicht genug betonen. Das Verstehen des Gelesenen – außer bei oberflächlichen Texten – ist wie Denken, ein komplexer, kognitiver Prozeß.

Inhalt und Verstehen

An dieser Stelle möchten wir zum Inhalt des Lesestoffes für Kinder und der Ermutigung ihres Verständnisses einige Binsenwahrheiten erwähnen. In den frühen Stadien des Lesens sollte der Inhalt, wie das letzte Kapitel betont hat, für das Kind interessant und innerhalb seines Erfahrungsbereiches sein. Er sollte in einem Sprachstil verfaßt sein, der dem Kind adäquat ist. Sobald die Kinder aber die mechanischen Probleme des Lesens meistern und zeigen, daß sie das Gelesene verstehen, scheint es wichtig zu sein, den Bereich der Inhalte auszuweiten. Die Kinder freuen sich an Geschichten über Leute aus anderen Ländern, Märchen und Phantasiefiguren (für Amerika sind „POGO und ALBERT" und die Tiere von „SWAMPLAND" Beispiele par excellence). Lesestoff, der die Vorstellungskraft der Kinder anspricht und großes Interesse auslöst, scheint das Verstehenwollen stark anzuspornen.

Neben dem Wecken der Neugier und des Interesses wird es jedoch wichtig – gerade bei geläufigen mechanischen Prozessen – den Kindern eine große Vielfalt von Inhalten zu vermitteln. Geschichten sind gut, um das Interesse der Kinder zu wecken und sie zu unterhalten. Als heranwachsende Jugendliche und als Erwachsene lesen wir jedoch zu viel mehr Zwecken als nur zur Unterhaltung (mehr wohl zu anderen Zwecken). Die Lesestrategien ändern sich aber mit den Zwecken. Sobald ein Kind die grundlegenden Komponenten der Lesetechnik beherrscht, scheint es möglich, nach und nach verschiedene Arten von Lesestoff einzuführen: Listen der Personen, die im Raum anwesend sind, die gedruckte Gebrauchsanweisung eines Apparates, Einladung zu einer Geburtstagsparty, die von einem Kind der Klasse formuliert und den andern abgegeben wird, eine einfache Anleitung zur Herstellung beispielsweise einer Puppe, ein Telephonbuch, um Namen und Zahlen nachzuschlagen („Wieviele Personen in dem Telephonbuch haben denselben Namen wie du?"), Wegbeschreibungen, um irgendwohin zu gehen (an einen Ort, den die Kinder kennen, oder zu dem sie hingehen wollen) und eine entsprechende Landkarte etc. Selbstverständlich benötigen auch andere Fächer wie die Geographie und die Arithmetik das Lesen. Darum sollte Geschriebenes (vielleicht zuerst in kleinen Einheiten) in Gebieten eingeführt werden, in denen das Lesen ein Werkzeug des Lernens wird.

Wir haben im letzten Kapitel untersucht, wie die oralen Sprachmuster der Kinder mit den Sprachmustern von Texten zusammenpassen, bzw. nicht zusammenpassen. Es ist beim Übergang zum geübten Lesen immer noch nötig, sich dieser Beziehung bewußt zu sein. Das Verständnis wird durch vertraute Satzstrukturen unterstützt, und es ist klar, daß die syntaktischen Muster, die das Kind wirklich braucht (und diejenigen, in welchen seine Eltern zu ihm sprechen) die vertrautesten sind. TATHAM (1970) bereitete Sätze vor, die auf zwei verschiedenen Stufen der syntaktischen Komplexität lagen. Er forderte Kinder der zweiten und vierten Klasse auf, sie zu lesen. Dann wurde das Verständnis gemessen, indem die Kinder aus drei alternativen Interpretationen der Bedeutung des Satzes zu wählen hatten. TATHAM stellte fest, daß das Verstehen allgemein bei den Sätzen besser war, die syntaktisch mit häufigen Mustern der mündlichen Sprache übereinstimmten. Früher oder später in der Erziehung der Kinder beginnen diese Muster zu divergieren, und der Schreibstil mag sich von dem gesprochenen Muster unterscheiden. Solange das Verstehen aber noch ein Problem ist, scheint ein gewisser Grad der Übereinstimmung wünschenswert.

Zusammenfassung

Dieses Kapitel behandelte einige Probleme, die sich beim Übergang zum geübten Lesen ergeben. Das Lesen und das Schreiben (spelling) entsprechen den psychologischen Prozessen des Wiedererkennens (recognition) und des Erinnerns (recall). Sogar für einfache Wörter braucht es viele phonetische Regeln, und man hat geschätzt, daß diese Regeln die korrekte Schreibweise von nur ungefähr der Hälfte der 17000 gebräuchlichsten englischen Wörter erlauben. Wir können oft erkennen, ob eine Schreibweise korrekt oder unkorrekt ist, ohne diese aus dem Gedächtnis abrufen zu können. Wir können dabei so vorgehen, daß wir verschiedene mögliche Schreibweisen aufschreiben und sehen, ob wir darunter die richtige erkennen.

Unter gewissen Umständen tritt beim Lesen bei den meisten Personen die Subvokalisation auf. Sie kann vom hörbaren Flüstern bis zur Veränderung in den elektrischen Kräften des Kehlkopfbereichs, des Kinns, der Lippen oder der Zunge reichen, welche nur mit einer starken Verstärkung festgestellt werden können. Die letztgenannte Technik wird Elektromyographie (EMG) genannt. Die Subvokalisation kann so störend sein, daß die Geschwindigkeit des Lesens auf diejenige des lauten Sprechens verlangsamt wird. Die Subvokalisation kann verringert werden, indem man die EMG-Signale hörbar macht (ein Laut, der wie Lärm klingt). Man weist dann den Leser an, dieses Signal zu vermeiden. Diese Technik scheint schnell zu funktionieren und langdauernde Resultate zu bringen, vorausgesetzt, die Versuchspersonen verstehen die Technik und sind stark motiviert, ihre Lesefertigkeit zu verbessern. Wenn man bei schlechten Lesern die Subvokalisation verringert, so leidet ihr Verständnis des Textes.

Die Subvokalisation beim Lesen interagiert mit der Schwierigkeit des Textverständnisses oder mit konkurrierenden Verhaltensweisen wie dem Zuhören einer Geschichte. Kinder subvokalisieren mehr als Erwachsene, aber es ist wenig über die Entwicklung der Subvokalisation bekannt.

Beim Lesen bewegen sich die Augen in Sprüngen: sogenannte „Sakkaden". Deren Zweck ist es, die Fovea der Augen, das Gebiet der größten Schärfe, auf jenes Textstück zu richten, das der Leser anschauen möchte. Ein Leser kann Vorwärtssakkaden machen oder Regressionsbewegungen, um einen Abschnitt des Textes nochmals zu lesen. Ungefähr 6% der Zeit werden für Augenbewegungen und 94% für Fixierungspausen gebraucht. Ist der Text schwierig, macht der Leser mehr Fixierungen, kürzere sakkadische Bewegungen, längere Fixierungspausen und mehr Regressionsbewegungen.

Das Augenbewegungsverhalten wird größtenteils von der vierten Klasse an stabil. Da die mechanischen, okulomotorischen Aspekte des Lesens früh gut beherrscht werden, sind die späteren Veränderungen im Leseverhalten der Einstellung dem Lesen gegenüber, der Schwierigkeit des Lesestoffes, der Leichtigkeit des Verstehens usw. zuzuschreiben. Die Augenbewegungen von geübten Lesern sind flexibel und passen sich der Natur des Stoffes und der Aufgabe an. Wenn der fixierte Textteil von klarem Text umgeben ist, wird das Lesen erleichtert, was die Vermutung nahelegt, daß die periphere Wahrnehmung beim geübten Lesen mitwirke. Wir wissen aber weder genau, welche Information in der Peripherie enthalten ist, noch wie sie vom Leser genützt wird. Semantische Information ist nur in der unmittelbaren Peripherie enthalten. Es hat sich als nutzlos erwiesen, das Lesen verbessern zu wollen, indem man die schlechten Leser lehrt, ihre Augenbewegungen jenen der guten Leser anzugleichen.

Der nächste Abschnitt des Kapitels behandelte den Einfluß der Grammatik auf das Lesen. Die am häufigsten verwendete Technik war die Fixier-Sprech-Spanne (eye-voice-span, EVS). Sie bezieht sich auf die Anzahl der im Text folgenden Wörter, die eine Versuchsperson noch nennen kann, nachdem der Text weggenommen wurde.

Von der vierten Klasse an sind die Fixier-Sprech-Spannen bei Sätzen länger als die bei Wortlisten, was bedeutet, daß die Kinder beginnen, von der grammatikalischen Struktur zu profitieren und zwar irgendwann zwischen der zweiten und vierten Klasse. Von der vierten Klasse an gibt es eine Tendenz, die berichteten Spannen bei einer Phrasengrenze zu beenden; das ist besonders bei guten Lesern so. Zweitkläßler setzen ihr Gelesenes noch nicht zu Phraseneinheiten zusammen. Bei Erwachsenen sind die Spannen in denjenigen Teilen der Sätze am längsten, die am stärksten zusammenhängen. Die Spannen sind länger im *by* + Agent Teil von passiven Sätzen im Vergleich zu aktiven Sätzen mit *by*. Ferner sind die Spannen länger bei rechts eingebetteten (RE) im Gegensatz zu links eingebetteten (LE) Sätzen. Passive Sätze, die eine Bestimmung des Ortes und implizite Agenten enthalten, erzielen viel kürzere Spannen als einfache passive Sätze: *by (near) the park (bei dem Park)* verglichen mit *by the bat (durch den Schläger)*

Im allgemeinen bestätigen die Augenbewegungen die Resultate der Fixier-Sprech-Spanne. Das Wort *park* (Park) im obigen Beispiel verursachte mehr Regressionen als das Wort *bat* (Schläger). Die Fixierungspausen waren bei LE-Sätzen im Vergleich zu RE-Sätzen länger. Wir vermuten, daß die grammatikalische Struktur, indem sie die Anzahl der Alternativen reduziert, einen relevanten Kontext schafft, der eine leichtere Bestimmung der Einheiten (Wörter und Phrasen) erlaubt, aus welchen der Satz gebildet wird.

Wenn ein Kind schnell dekodieren kann – kann es dann auch ohne weitere Schwierigkeiten die Bedeutung entnehmen? Gute und schlechte Leser unterscheiden sich nicht unbedingt bei der Übertragung des geschriebenen Wortes in das Sprechen, d. h. bei der Technik des Lesens. Mehr als einfach zu dekodieren, ist es notwendig, größere Einheiten zu verwenden und Folgerungen aus dem Text zu ziehen. So können geübte Dekodierer, die nicht gelernt haben, den Text zu strukturieren, bezüglich des Verstehens immer noch schlechte Leser sein. Sie brauchen Hilfe, damit sie lernen können, aus dem Lesen zu lernen. Damit beschäftigen wir uns im nächsten Kapitel.

Kapitel 11

Aus dem Lesen lernen

Wörter erkennen lernen einerseits und Text (auf dem Niveau der Phrase, des Satzes oder des Abschnitts eines Diskurses) verstehen lernen andererseits sind nicht dasselbe, wie wir im vorangehenden Kapitel gesehen haben. Relationen der Bedeutung und der Syntax zwischen Wörtern ergeben ein anderes Informationsniveau als Wörter alleine. Es gibt weit weniger Grundlagenforschung über Faktoren, die das Verstehen von Sätzen und längeren Abschnitten eines Lesetextes beeinflussen, als wir über die Faktoren wissen, welche das Erkennen einzelner Wörter betreffen. Warum ist dies so? Zwei Gründe drängen sich auf. Erstens ist es schwieriger, in einem Textabschnitt Einheiten zu definieren und zu unterteilen, welche die Information enthalten; und zweitens haben wir wenig Fortschritte in der Richtung einer Theorie des Verstehens gemacht, obwohl ein neues Buch (Carroll & Freedle 1972) vielversprechende Anfänge macht. Wir versuchen in diesem Kapitel das Problem des Lernens aus dem Lesen zu analysieren, indem wir sowohl auf offene Fragen, die es noch zu beantworten gilt, hinweisen, wie auch die bereits existierende Forschung zu behandeln.

Was gehört zum Lernen aus dem Lesen?

Die Extraktion relevanter Information

Man kann wohl sagen, daß die meiste ältere Forschung über das Lernen aus dem Lesen einfach schaute, wieviel eine Versuchsperson vom Gelesenen behielt (manchmal wörtlich, manchmal durch freie Wiedergabe und manchmal durch das Beantworten von Fragen geprüft). Es ist aber klar, daß das Lernen aus dem Lesen viel mehr umfaßt als nur das Erinnern. Das mechanische Auswendiglernen (rote memorizing) ist wahrscheinlich eine mögliche Erinnerungsform. In den letzten Jahren ist es aber klar geworden, daß sogar das Erinnern von Listen paarweiser Assoziationen Organisation verlangt und am leichtesten geschieht, wenn dem Lernenden eine sinnvolle Struktur zur Verfügung steht, die er der Aufgabe unterlegen kann. Die Notwendigkeit, Bedeutung zu extrahieren, wird noch wichtiger bei einem Abschnitt, der eine Botschaft enthält – einen Bericht über ein Ereignis, eine Aussage, die wahr sein kann oder nicht, eine Anweisung, die es auszuführen gilt, Hinweise, wie man den Bestimmungsort findet usw. Der Lernende muß aus der Botschaft Informationen gewinnen und darüber hinaus die relevante Information auswählen, die oft in einen größeren Kontext eingebettet ist, welcher sein Gedächtnis vielleicht überlasten und ihn sogar verwirren kann (die Information über ein ganzes Untergrundbahnsystem beispielsweise, wenn er nur an einen bestimmten Ort gehen will). Es gibt zwei Aspekte der Extraktion der relevanten Information: die Wahl der kritischen Merkmale und Relationen durch das Ausfiltern der redundanten oder störenden Anteile und das Verstehen der kritischen Relationen, wenn sie gefunden sind. Zu wissen, was wichtig ist, ist ein Teil des Verstehens aber nicht alles. Es ist für den jungen Leser auch nicht selbstverständlich, daß es eine Ökonomie des Lernens gibt, d.h., daß er lernen muß, Dinge, welche er nicht benötigt oder nicht wissen möchte, leicht zu übergehen, die gewünschte Information von der ungewünschten zu trennen und dann die ausgewählte richtig zu verarbeiten.

Assimilation an früheres Wissen oder kognitive Strukturen

Das Wissen eines Individuums über die Welt und seine Theorien darüber (naiv oder gebildet) werden dauernd weiter ausgebildet. Es handelt sich aber nicht um eine Anhäufung von miteinander unverbundenen Informationsteilen. Neue Information wird geordnet in ein bestehendes System eingefügt. Das gehört zum Verstehen dessen, was man liest. Dieser Prozeß gleicht bis zu einem gewissen Grad dem Assimilationskonzept von Piaget: neue Erfahrung „nährt" das Schema, wird daran assimiliert. Umgekehrt paßt sich auch das Schema an neue Erfahrungen an. Wir denken jetzt nicht an sensomotorische Schematas sondern an Kenntnisse, die man durch das Lesen eines Buches gewinnt. Sir Frederick BARTLETT (1932) betonte, daß nicht jeder neue Akt des „Wahrnehmens und Erkennens" als ein individuelles und spezifisches Ereignis behalten werden könne, sondern von einem Schema beeinflußt und assimiliert werde. BARTLETT kam auf diesen Gedanken bei der Ausarbeitung einer Theorie des Erinnerns, welche auf der freien Wiedergabe von bedeutungsvollen Prosapassagen basierte. Er mochte allerdings den Ausdruck „Schema" nicht, weil er fand, daß er zu statisch und unveränderbar scheine. „Ein Organismus", schrieb er „muß irgendwie die Fähigkeit erwerben, sich gegen die eigenen Schemata zu wenden und diese neu zu formen" (S. 206). Eine neue Tatsache wird auf jeden Fall ein Teil einer „organisierten Menge der Erfahrung". Es ist zweifelhaft, ob eine wirklich isolierte Tatsache mehr als nur oberflächlich vom Leser verstanden wird (vergleichbar beispielsweise dem Beantworten einer Quiz-Frage). Wenn die Tatsache neu und bedeutungsvoll ist, ist es wahrscheinlicher, daß sie die bestehende Wissensstruktur eines Individuums verändert und in diesem Sinn verstanden wird. Oder aber sie vergrößert den Bereich der kognitiven Struktur, indem sie vielleicht unter- und übergeordnete Relationen der Struktur verschiebt. Wenn man beispielsweise in einer Zeitung einen Artikel über ein kürzlich entdecktes Tier läse, welches viele Charakteristika der Säugetiere aufweise, aber mit Federn bedeckt sei, würde man entweder diese Meldung nicht glauben, sie nicht verstehen oder sein System der Kenntnisse über solche Tiere ändern. Die Geschichte der Wissenschaft ist eine kontinuierliche Geschichte der Assimilation neuen Wissens durch die Revision des Wissenssystems. Spektakuläre Fälle sind die Kopernikanische Revolution, die Evolutionstheorie und die Relativitätstheorie. Alle diese bezogen bekannte Tatsachen ein, assimilierten sie aber mit neuen und bildeten eine neue übergeordnete Struktur. Etwas ähnliches passiert im kleineren Maßstab uns allen, wenn wir etwas Neues lernen.

Diese Idee ist auf viele verschiedene Arten ausgedrückt worden. Olson (1972, S. 141) bemerkte beispielsweise, daß „die Sprache einen Kontext mit sich zieht, der den Bezugsrahmen für künftige Erfahrung bildet"; und die Sprache, wenn sie sich entwickelt, „ist nicht *frei* vom wahrgenommenen Kontext; nach und nach widerspiegelt sie einen immer weiteren Kontext; der Kontext ist dann der gegenwärtige plus der historische, nicht nur der unmittelbare" (S. 148). Dies wird immer deutlicher, wenn ein Kind älter wird und fähiger, das, was es liest, in die konstant sich erweiternden und differenzierenden kognitiven Strukturen einzufügen. Carroll betont ebenfalls, daß es wichtig sei zu untersuchen, wie ein Sprachbenützer (sagen wir: ein Leser) die Information verarbeite, „um sie in seine früheren Kenntnisse oder kognitive Struktur zu assimilieren oder zu integrieren" (1972a, S. 14).

Chafe (1972, S. 50ff.) spricht in etwas anderer Art von „an die Oberfläche holen" (foregrounding) einer semantischen Einheit. Gewisse Konzepte sind in einem gewissen Moment im Geiste des Lesers scharf umrissen (in sharp focus); so kommt die neue Information in einen semantischen Rahmen, welcher das Verstehen erlaubt. „Um eine andere Metapher zu gebrauchen, können wir uns das, was in einem Diskurs vor sich geht, als Beschreibung der Zustände und Ereignisse vorstellen, die auf einer Bühne stattfinden. Wir können dann sagen, daß bei jedem einzelnen Teil eines Diskurses bestimmte Dinge „auf der Bühne“ sind. Alles, was auf der Bühne ist, ist das, was ich an der Oberfläche (foregrounded) nenne“. Das an die Oberfläche holen (foregrounding) ist nicht dasselbe wie das Einfügen neuer Information in ein ganzes Wissenssystem. Mehr als eine Art der Verarbeitung der neuen Information ist es eine notwendige und unmittelbarere Vorbereitung des Verstehens.

Das Erinnern

Wenn etwas aus dem Lesen gelernt wird, nehmen wir an, daß es dann auch eine Weile im Gedächtnis behalten werde. (Mindestens solange, bis das Gelernte angewendet werden kann, wenn nicht länger.) Wenn aber die Information, die aus dem Text gewonnen worden ist, in das bereits existierende Wissenssystem des Individuums eingefügt wird, so versteht sich, daß das, was letzten Endes wiedergegeben wird, sich stark vom Input, den der Text vorlegt, unterscheiden kann. Wie verschiedene Studien gezeigt haben (z. B. BRANSFORD & FRANKS 1971; SACHS 1967) kann die Oberflächensyntax des Textes bei der Reproduktion transformiert werden, während der semantische Inhalt getreu behalten wird. Der Lernende mag fähig sein, die Information angemessen wiederzugeben, und zwar mit anderen Wörtern als denjenigen des Textes. Wir sind in diesem Fall erst recht überzeugt, daß er das Gelesene verstanden und wirklich etwas gelernt hat.

Andererseits stellt dieser Aspekt des Erinnerungsprozesses Probleme für die Erforschung dessen, was beim Lesen gelernt wird. Was soll gemessen werden? Was kann gezählt werden, wenn die Wörter selber nicht exakt bestimmt werden können? Dieses Problem muß sorgfältig behandelt werden und wird im folgenden Abschnitt diskutiert. Das Maß kann sehr spezifisch sein, wenn beispielsweise eine Formel aus dem Gedächtnis wiedergegeben werden muß. In vielen Fällen ist es aber wichtig zu beachten, ob das Lernen kreativ war und über die vorgegebene Information hinausführte.

Das Schlußfolgern aus Texten

Bereits 1917 hat THORNDIKE in einem Artikel mit dem Titel „Lesen als Überlegen“ („Reading as Reasoning“) herausgestrichen, daß das Verstehen sogar eines ziemlich einfachen Textes (um die darin enthaltenen Ideen auf Fragen hin wiedergeben zu können), ein aktiver Prozeß der Auswahl und sogar des Schlußfolgerns sei, welcher Verständnis für die verschiedenen miteinander in Beziehung stehenden Konzepte voraussetze.

> „Das Verstehen eines Paragraphen ist wie das Problemlösen in der Mathematik. Es besteht aus der Auswahl der richtigen Elemente der Situation und deren Zusammensetzen in den richtigen Relationen und mit dem richtigen Maß an Gewichtigkeit, Einfluß und Nachdruck. Der Geist wird sozusagen von jedem einzelnen Wort eines Abschnittes herausgefordert. Er muß auswählen, unterdrükken, mildern, betonen, korrelieren und organisieren und all dies unter dem Einfluß der richtigen Einstellung auf Zwecke oder Anforderungen" (S. 329).

Er überprüfte Fehler, welche Schüler bei der Beantwortung von Fragen über den Inhalt bestimmter Paragraphen gemacht hatten. Ein Paragraph konnte lauten:

> „John hatte zwei Brüder, die beide groß waren. Ihre Namen waren Will und Fred. Johns Schwester, die klein war, hieß Mary. John mochte Fred von allen am liebsten. Alle diese Kinder, ausgenommen Will, hatten rote Haare. Er hatte braune Haare" (S. 329).

Die Frage war: „Wer hatte rote Haare?". $\frac{1}{5}$ der Kinder der sechsten, siebten und achten Klasse dachten, Will habe rote Haare; ungefähr $\frac{2}{5}$ der Kinder der dritten, vierten und fünften Klasse ebenso. Wörter wie *ausgenommen* (except) und *obwohl* (although) machen beim Lesen oft Schwierigkeiten, und zwar sogar wenn der Schüler weiß, was das Wort bedeutet. THORNDIKE dachte, daß Kinder oft Fehler machten, nicht weil sie unfähig waren, sich an gelesene Tatsachen und Grundsätze zu erinnern, sondern weil sie diese nie verstanden hatten. Er dachte, um Antworten zu finden, sollte das stille das laute Lesen ersetzen, denn er nahm an, daß letzteres die Beurteilung des Gelesenen erschwere. Er schloß: „Vielleicht ist es das Lesen von Geschichten außerhalb der Schule und das Studium der Geographie, der Geschichte usw., das viele Kinder dazu bringt, wirklich lesen zu lernen" (S. 332).

Das Schlußfolgern aus klar gegebenen Konzepten und das Sehen von Implikationen werden in vielen der jüngsten Theorien des Verstehens betont, die wir im folgenden behandeln werden. OLSON z.B. sagt, daß „neue Kenntnisse von älteren abgeleitet werden können, indem man die Implikationen einer Aussage abliest. Einmal erworben, sind diese Fertigkeiten wichtige Instrumente für die weitere Selbstbildung der Kinder" (1972, S. 164).

Die Anwendung des aus dem Lesen gewonnenen Wissens

Die Schwierigkeit des Lernens aus dem Lesen besteht in der Fähigkeit, das Gelernte richtig zu verwenden. Das Bedürfnis kann ein unmittelbares sein. Man liest zum Beispiel Anweisungen, um einen Kuchen oder ein Flugzeugmodell zu machen, um etwas zu reparieren, z. B. um ein Rad auszuwechseln, um die Bedienung eines neuen Gerätes zu lernen, z. B. einer Kamera oder eines Tonbandes, oder auch einfach um den Hinweisschildern eines Picknickplatzes zu folgen. Die wirklich wichtige Leistung ist aber die Übertragung des gewonnenen Wissens auf eine neue Situation. Das Ziel des Geometrieschülers ist es, anhand der vorher studierten Axiome und Prinzipien neue Geometrieaufgaben zu lösen. Die Neustrukturierung des eigenen Wissenssystems aufgrund des Gelesenen findet nur so weit statt, als sie dazu dient, ökonomisch und richtig mit einem neuen Problem umzugehen. Wir sind damit wieder bei den Problemen des Schlußfolgerns und natürlich des Transfers angelangt. Das Lernen aus dem Lesen ist für die meisten von uns ein wichtiges Mittel, um unser Wissen zu verallgemeinern und somit auf neue Situationen anzuwenden.

Die Anwendung des aus einem Text gewonnenen Wissens benötigt beinahe immer mehr Vorgänge als das Lesen und Verstehen der Wörter auf der Seite. Sie kann das Schlußfolgern verlangen, wie beispielsweise beim Lösen einer geometrischen Aufgabe. Sie kann auch etwa die vorstellungsmäßige Ausarbeitung der gegebenen Tatsachen verlangen. Man betrachte hierzu ein Beispiel: das Lesen der Instruktionen und Betrachten der Illustrationen, die ein Schnittmuster begleiten. Die Illustrationen haben nicht dieselbe Größe wie das Schnittmuster, und das Zusammensetzen der Stücke – angenommen man habe sie richtig zugeschnitten – verlangt eine Vorstellung des Prozesses. Wie bekommt man den Ärmel an den richtigen Platz? Sogar die Illustration macht das Gesamtschema der Beziehungen und Handlungen nicht klar, die dazu führen, daß der rechte Ärmel in der rechten Armhöhle mit der rechten Stoffseite nach außen befestigt wird. Die visuelle Vorstellung ist für die Anwendung des Wissens oft nützlich. Einige abstrakte Konzepte (wie die Zeit etwa) jedoch können schlecht dargestellt werden und müssen doch angewandt werden. Die Länge der Fixierungspausen stellt einen weiteren Nachweis dar, daß der Leser nicht einfach den Text erkennt, sondern auch darüber nachdenkt (siehe Kapitel 10).

Das Lernen aus dem Lesen ist darum nicht einfach ein Akt des sich Erinnerns und des wörtlichen Wiedergebens auf eine Examensfrage des Lehrers. Die Theorien zum Verstehen des Gelesenen, die wir nun beschreiben werden, sind Versuche, dieses sehr komplexe Problem in den Griff zu bekommen.

Selektive Extraktion von Information

Die Einstellung auf die Aufgabe

Wie THORNDIKE im oben genannten Zitat formulierte, muß der Leser auswählen, unterdrücken, in Beziehung setzen und organisieren unter dem Einfluß einer bestimmten Einstellung auf den Zweck, um dessentwegen er liest. Die Psychologen der Würzburger Schule unter der Führung von KÜLPE betonten die Bedeutung der *Aufgabe,* die man sich selber stellt und zeigten deren Wichtigkeit in manchen Experimenten. Es gibt ein berühmtes Beispiel einer Versuchsperson, welche in einem Laboratorium vor einer Memoriertrommel saß und 40 mal Bilder einer Liste von sinnlosen Silben vorgeführt bekam. Als man sie aufforderte, diese wiederzugeben, sagte sie: „Oh, ich wußte nicht, daß ich sie hätte lernen sollen". „Beiläufiges Lernen" erfolgt sehr häufig in den ersten Lebensjahren, ist aber nicht eigentlich zwecklos. „Das Schullernen" ist gewöhnlich stark absichtlich und wird oft als Gegensatz zum beiläufigen Lernen gesehen. Der Leser kann jedoch untergeordnet und verdeckt seine eigenen Ziele haben.

POSTMAN und SENDERS (1946) verglichen absichtliches und sogenanntes beiläufiges Lernen bei verschiedenen Bedingungen. Die Versuchspersonen (College Studenten) mußten einen Abschnitt einer Kurzgeschichte von TSCHECHOW nach sechs verschiedenen Anweisungen lesen:

1. Die Versuchspersonen wurden aufgefordert, den Text zum Zweck der Zeitmessung zu lesen, einfach damit man schauen könne, wie lang man dafür benötige.
2. Man sagte den Versuchspersonen, sie sollten den Text sehr sorgfältig lesen, weil man ihr „allgemeines Verständnis" des Stoffes prüfen werde.
3. Man sagte den Versuchspersonen, sie nähmen an einem Gedächtnisexperiment teil und würden nachher auf „spezifische Sequenzen von Ereignissen der Geschichte" geprüft.
4. Man sagte den Versuchspersonen, sie würden auf „Details des Inhalts" geprüft.
5. Man sagte ihnen, sie würden auf „Details der Wortwahl" geprüft.
6. Man sagte den Versuchspersonen, sie würden auf „Details der physikalischen Erscheinung" geprüft. (Einige Fehler, wie z. B. der Rechtschreibung sowie Tippfehler, wurden zu diesem Zweck in den Text eingefügt.)

Die Versuchspersonen lasen in ihrem eigenen Tempo. Es gab jedoch ein Zeitlimit von 90 Sekunden, das gut genügte.

Nach drei Minuten wurden alle Versuchspersonen mit einem Multiple-choice Fragebogen von 50 Fragen getestet. Zehn Fragen überprüften das allgemeine Verständnis, zehn die Sequenz der Ereignisse der Geschichte, zehn die Details des Inhalts, zehn die Wortwahl und zehn das Erinnern der physikalischen Details. Die Fragebogen wurden bezüglich der Anzahl der richtig erkannten Items jeder Fragekategorie ausgewertet, wobei jede Kategorie mit einer Anweisung korrespondierte. Davon ausgenommen war nur die erste Anweisung (die „beiläufige" Bedingung). Die Resultate aller anderen Anweisungen wurden in Beziehung mit dieser einen gesetzt, von der man annahm, daß sie das zufällige Lernen repräsentiere. Die Werte variierten als Funktion der verschiedenen Anweisungen, der verschiedenen Fragekategorien und der Interaktion der beiden. Die ausdrückliche Anweisung beeinflußte das, was gelernt wurde. Aber es wurden doch auch andere Dinge gelernt. Der Autor meinte, daß „verdeckte" (covert) Anweisungen aufgezeigt werden konnten, und daß sie in bezug auf die ausdrücklichen Anweisungen variierten.

Beispielsweise resultierte bei Anweisung 1 aus der verdeckten Anweisung, daß die betreffenden Versuchspersonen die Fragen zum allgemeinen Verständnis des Stoffes am besten beantworten konnten. Ihr allgemeines Verständnis war tatsächlich gerade so gut wie das der Versuchspersonen, welche Anweisung 2 erhalten hatten. Aber die Versuchspersonen, die Anweisung 2 erhalten hatten, erinnerten sich besser an die Sequenzen der Ereignisse, jedoch weniger gut an die Details der Wortwahl und der physikalischen Erscheinung. Im ganzen gesehen gab es bei den spezifischeren Anweisungen eine Art Konstanz der aufgenommenen Information. Beispielsweise wurde die physikalische Erscheinung bei entsprechender Anweisung gut behalten. Dies geschah jedoch auf Kosten aller anderen Details. Überall ging aber das allgemeine Verständnis, eine Art „allgegenwärtige Offenheit des Verstehens", ein „Drang, die Erfahrung zusammenhängend und sinnvoll zu machen", nicht verloren. Das Lernen und das Gedächtnis, schlossen die Autoren, sind nie ganz an jene Stoffe gebunden, die man dem Studenten zu lernen gegeben hat.[1] Beiläufiges

---

[1] T. A. Ryan (1970, S. 187) bezweifelte die Schlußfolgerungen des Autors bezüglich der auswählenden Wirkung der Anweisungen. Dieser letzte Schluß scheint uns aber gerechtfertigt zu sein.

Lernen erscheint nicht aufs Geratewohl, sondern ist vielmehr eine allgemeine Einstellung, „die Umwelt zu verstehen, und zu strukturieren".

Man unterdrückt oder verwirft daher nicht alle Erfahrungen, die nicht dem unmittelbaren Zweck dienen. Andererseits wählt man aus, und wenn einem eine bestimmte Lernaufgabe gestellt wird, oder man sie sich selber stellt, paßt man die Strategien an, um die relevante Information zu bekommen und über deren Bedeutung im Lichte dessen, was man wissen will, nachzudenken. Gute Leser passen ihre Lesetechniken der Art der Aufgabe am besten an. Es gibt ein „Lernen des Lernens" in der Entwicklung der kognitiven Strategien. Ein Kind sucht nicht automatisch nach relevanten Antworten und bringt sie hervor, wie man aus dem Beispiel von Thorndike ersehen kann. Für das Lernen aus dem Lesen ist aber die Auswahl der Information wesentlich.

Was wird extrahiert?

Die nächsten Fragen lauten: was muß ein Leser extrahieren? Für welche Stufe oder welchen Aspekt der Information interessiert er sich? Wörter enthalten viele Informationsarten: graphische, orthographische, phonologische, syntaktische und semantische. Wenn wir aber über das Lernen aus dem Lesen sprechen, denken wir selten an die Information auf der Stufe des einzelnen Wortes. Die Informationseinheiten sind größer. Sie sind Berichte über Ereignisse, Aussagen, Behauptungen – Einheiten, welche semantische und syntaktische Beziehungen enthalten. Wenn wir das Lernen aus dem Lesen erforschen wollen, müssen diese Einheiten zählbar sein. Wie groß sollen sie aber sein? Wie entscheiden wir, welche untergeordnete Einheiten sie enthalten sollen?

Man kann linguistische Einheiten mit empirischen Methoden definieren, obwohl man in diesem Fall einige Vorbehalte gegenüber der intuitiven Gültigkeit haben muß. R. E. JOHNSON (1970) ließ College-Studenten ein erzählendes Prosastück („Krieg der Geister" von BARTLETT, 1932) in Einheiten einteilen, nach welchen eine Pause möglich war („pause acceptibility" units). Die Lokalisierung einer Pause wurde dann als gültig angenommen, wenn die Hälfte der studentischen Stichprobe mit der Pause einverstanden war. Anschließend wurde der Abschnitt anderen Versuchspersonen vorgelegt, wobei diagonale Querstriche die Einheiten abtrennten (als Pausen definiert). Sie wurden aufgefordert, unwichtige Einheiten zu eliminieren. Wie oft jede Einheit beibehalten wurde, wurde als Maß ihrer „strukturellen Wichtigkeit", als eine linguistische Einheit, betrachtet. Andere Versuchspersonen mußten dann die Geschichte zweimal selbständig durchlesen, um sie dann wiedergeben zu können. Für die verbale Wiedergabe benützte man „milde Kriterien" (lenient criterion). Die Wiedergabe wurde nach 15 Min., 7 Tagen, und 21 Tagen gemessen, und man erhielt im wesentlichen dieselben Ergebnisse: Die strukturelle Wichtigkeit der verbalen Einheiten war positiv mit der Wiedergabe verbunden. Das Experiment wurde dann ein drittes Mal wiederholt, indem man das Resultat Schritt für Schritt präsentierte (jede linguistische Einheit wurde einmal separat projiziert). Wiederum kam dasselbe grundlegende Resultat heraus. Die Versuchspersonen entschieden offensichtlich sofort, was wichtig war, und die Wiedergabe war von der „strukturellen Wichtigkeit" der Einheit beeinflußt. Die einzige Schwierigkeit, welche bezüglich dieses interessanten Resultates bleibt, ist die Frage, was man nun unter einer „strukturellen Wichtigkeit" einer Einheit zu verstehen hat.

CARROLL (1972a) definiert die „linguistischen Elemente" als jede linguistische Einheit, die in dem Sinn eine Bedeutung aufweist, als „eine oder mehrere Regeln oder Konventionen bestimmt werden können, welche die Beziehung dieser Einheit zu einem Konzept oder einer Klasse von Erfahrungen betreffen, die von Mitgliedern einer Sprechgemeinschaft entwickelt wurden". Beispiele könnten Morpheme, grammatikalische Konstruktionen usw. sein, die konkrete oder auch abstrakte Bedeutungen enthalten. Solche Einheiten könnten aber zu klein sein, um dem Leser die Information zu geben, welche ein ganzer Abschnitt eines Textes vermittelt. CARROLL vermutet, daß „die Gesamtbedeutung einer Äußerung etwas mit der Relation des Satzes oder des Diskurses zu dessen gesamten Kontext zu tun hat" (S. 12). Man muß die Bedeutung der kleineren Einheiten wahrnehmen – aber im Licht des größeren Kontextes.

Niemand würde diese ausgesprochen vernünftige Schlußfolgerung abstreiten. Es bleibt uns aber immer noch das Problem der zu verwendenden Einheit, wenn etwas gemessen werden soll. CHAFE (1972) schlägt in seinem Essay „Die Struktur des Diskurses und das menschliche Wissen" semantische Einheiten vor, die grundlegend aus einem Verb und einem oder mehreren Substantiven bestehen, die in Beziehung zu dem Verb stehen, z.B. als Agent, Erleidender (patient), Nutznießer (beneficiary) (siehe FILLMORE 1968). Irgend ein semantischer Rahmen (frame work) scheint für unsere Einheiten des Diskurses unentbehrlich zu sein, wenn wir über das Lernen aus dem Lesen sprechen wollen. Alle Forscher, die sich in jüngster Zeit mit dem Problem der Struktur des Diskurses auseinandergesetzt haben und es bearbeiten, scheinen das für selbstverständlich zu halten. SIMMONS (1972) beispielsweise, der eine Netzstruktur beschrieb, um den Bedeutungsinhalt sprachlicher Aussagen darzustellen, benützte die Kasus-Grammatik von FILLMORE für seine Analyse. „Eine semantische Struktur", erklärt er, „ist *ein System von unzweideutigen Repräsentationen der Bedeutung, welche durch logische Relationen miteinander verbunden sind*" (SIMMONS, 1972, S. 72).

Was sich hier abzeichnet, ist – soweit es unser Thema angeht – ein Bedürfnis nach einer Theorie des Verstehens, die eine Bestimmung vernünftiger Einheiten erlaubt, mit welchen das Verstehen gemessen werden kann. Lernen ohne zu verstehen ist eine fruchtlose Übung, an welcher wir nicht interessiert sind. Wir wollen uns darum nun diesem außerordentlich schwierigen Problem zuwenden.

Das Verstehen messen

Was ist Verstehen?

Die Frage, was Verstehen sei, erscheint vielleicht überflüssig, weil wir alle einen intuitiven Begriff davon haben. Wir verstehen die Bedeutung eines Wortes, eines Satzes, oder eines Abschnittes, wenn wir das Vorhaben des Schreibenden erfassen und die Botschaft erfolgreich mit dem größeren Kontext unseres eigenen Wissenssystems in Beziehung setzen. Einige Autoren würden darauf beharren, daß das Verstehen erfordere, daß der Leser die Botschaft aus der Information des Textes „konstruiere" und sie irgendeiner schematischen Komponente zuordne, die er bereits in seiner kognitiven Struktur habe. Wenn das wörtlich so wäre, könnte man kaum einsehen, wie wir überhaupt irgend eine neue Information aus einem Lesetext gewinnen können. Gibt es aber jemanden, der diese Fähigkeit bestreitet? Der Leser kann die syntaktische Struktur verändern, um sie einer einfacheren ihr zugrundeliegenden Struktur anzupassen. Dies geschieht aber nur, um der Bedeutung näherzukommen. Letztlich muß die Bedeutung zu etwas in der Welt in Beziehung stehen, das vom Absender der Botschaft kommentiert werden kann. Damit ist die Erwartung verknüpft, daß der Leser über eine ähnliche Erfahrung verfüge, welche ein gemeinsames Vokabular ergebe, gemeinsame Wortmerkmale und bestimmbare Beziehungen der Art, wie wir sie im vorangehenden Abschnitt über die linguistischen Einheiten besprachen – kurz, eine gemeinsame semantische und grammatikalische Notation eines Ereignisses. Alle diese Merkmale können aber auf unzählige Arten neu kombiniert werden, um neue Information zu erzielen. Der Leser ist somit vor die Aufgabe gestellt, die wesentliche Information auszuwählen, die Einheiten in eine Sequenz zu bringen und sie logisch miteinander zu verbinden.

Paul KOLERS (1970) argumentiert, daß jemand, der die Sprache, die er liest, kennt, die Konzepte wahrnimmt, welche die Wörter repräsentieren und nicht nur die Wörter selber. Er gab den Nachweis für diese Idee in einem Experiment mit zweisprachigen Versuchspersonen (KOLERS, 1966). Er gab zweisprachigen Personen (Französisch-Englisch) Textabschnitte wie den folgenden, sowie vergleichbare Abschnitte rein Englisch oder Französisch:

> „Son cheval, suivi by two hounds, en marchant d'un pas égal, made resound the earth. Drops of ice se collaient à son cloak. A wind strong soufflait. Un côté of the horizon s'éclaircit, et, in the whiteness de crépuscule, he saw des lapins sautillant au edge of their burrows" (S. 359).

Nachdem alle die Abschnitte gelesen hatten (wobei jedermann dieselbe Zeit zur Verfügung hatte), wurden sie auf das Verstehen geprüft. Die Versuchspersonen waren fähig, sowohl die gemischten Abschnitte als auch die beiden einsprachigen zu verstehen. Sie wurden auch aufgefordert, einen der gemischten Abschnitte laut zu lesen, und ihre Fehler wurden beobachtet. Übersetzungsfehler erschienen häufig nach einer Sequenz in der einen der beiden Sprachen und zwar sowohl durch Verharren in der gerade gelesenen Sprache als auch durch verfrühten Übergang in die andere Sprache. Diese Fehler ließen vermuten, daß die Leser die Wörter aufgrund ihrer Bedeutung und des Kontextes der Passage behandelten.

Die Bemerkungen von William JAMES über das Verstehen in seiner klassischen Beschreibung des Gedankenstromes lassen sich genauso auf das Lesen anwenden wie auf das Denken oder Sprechen.

> „Jetzt glaube ich, daß in allen Fällen, wo Wörter *verstanden* werden, die Gesamtidee gewöhnlich da sein kann und da ist, nicht nur bevor und nachdem die Phrase gesprochen worden ist, sondern auch während jedes einzelne Wort geäußert wird. Sie bildet den Oberton, den Wiederschein, den äußeren Rand der Wörter, *so wie sie in dem Satz gesprochen werden.* Sie ist nie abwesend; kein Wort in einem verstandenen Satz kommt nur als Lärm ins Bewußtsein. Wir fühlen ihre Bedeutung im Vorbeigehen; und obwohl unser Objekt von einem zum anderen Moment differiert bezüglich seines Kerns oder Mittelpunktes, bleibt es sich doch durch das ganze Segment des Stromes hindurch *ähnlich.* Dasselbe Objekt wird überall

> erkannt, hier von dem Gesichtspunkt dieses Wortes, wenn wir dies so nennen wollen, dort vom Gesichtspunkt eines anderen. Und in unserem Fühlen jedes Wortes ertönt ein Echo oder liegt ein Vorgeschmack jedes anderen. Das Bewußtsein der „Idee" und dasjenige der Wörter sind damit gleichermaßen substantiell. Sie sind aus demselben Geist-Stoff („mind-stuff") und bilden einen ununterbrochenen Strom" (William JAMES, Principles, 1890, Vol. 1, S. 281ff.).

Den heutigen Studenten, die sich mit dem Leseprozeß befassen, gefallen die Einsichten dieses Zitates immer noch. Wer aber wie wir den Leselernprozeß erforschen will, fühlt ein Bedürfnis nach einem spezifischeren Modell, das Aspekte des Textinhaltes, wie z.B. dessen stilistische Lesbarkeit und die Komplexität der Ideen, die Aufgabe des Lesers und einige mögliche meßbare Resultate, derart miteinander verbindet, daß man in einem Experiment Variablen manipulieren kann. Die frühen Theorien des Verstehens beim Lesen konzentrierten sich auf die Beschreibung von potentiellen Teilfertigkeiten, wie das wörtliche Verstehen des Autors, das Erkennen des Gefühls oder der Stimmung des Autors, das Verstehen seines „Tones" und seiner „Haltung" gegenüber dem Leser, und das Erkennen seiner Absicht (siehe I. A. RICHARDS, 1929). Mit dem Aufkommen der Faktoranalyse wurden Tests ausgearbeitet, um die Anzahl der vermuteten Teilfertigkeiten zu messen (Hunderte davon wurden vom einen oder anderen Autoren aufgelistet, selbstverständlich mit vielen Überschneidungen). Mit großen Gruppen von Studenten-Stichproben wurden Tests der Teilfertigkeiten durchgeführt. Man erhielt Korrelationsmatrixen der Tests, und die hauptsächlichsten Faktoren (jeder hoffentlich vom anderen unterschieden), welche die Varianz innerhalb der Matrix erklärten, wurden analysiert und benannt.

Die jüngste große Studie dieser Art stammt von DAVIS (1968) („uniqueness" analysis). Er führte eine kreuzvalidierte „Isolierungs-Analyse" durch, mit der er versuchte, den Prozentsatz der alleinigen Varianz jeder der wichtigsten meßbaren Fertigkeiten des Verstehens bei erwachsenen Lesern zu identifizieren. Die getesteten Versuchspersonen waren Schüler der 12. Klasse von gymnasialen High-Schools. Acht Tests wurden durchgeführt, die hochentwickelte und sehr knifflige Items enthielten, wie z. B. das folgende:

> Only the adult male cricket chirps. On a summer night, they sing by the thousand in unison, so that the forest seems to pulsate and the tiny unseen orchestra becomes its very voice.

„Its“ (in der letzten Zeile) bezieht sich auf:
A. „adult male cricket“ (erwachsene, männliche Grille)
B. „summer night“ (Sommernacht)
C. „forest“ (Wald)
D. „tiny unseen orchestra“ (kleines, unsichtbares Orchester) (S. 512)

DAVIS hob hervor, daß die innere Gültigkeit der Items wesentlich war, daß „diese Studie mit der psychologischen Einsicht steht und fällt, welche die benützten Items charakterisiert“ (S. 513).

Die Studie von DAVIS identifizierte fünf Fertigkeiten, die von hervorragender Bedeutung sind für das Verstehen des Gelesenen. Aufgelistet in der Reihenfolge des Ausmaßes, in dem sie die Varianz voraussagten, lauten sie: Gedächtnis für die Wortbedeutung, Schlußfolgern aus dem Inhalt, Folgen der Struktur eines Abschnittes, Erkennen der Absicht des Schreibenden, seiner Haltung, seines Tons und seiner Stimmung, Beantworten von Fragen, die explizit oder in Paraphrasen gestellt werden. Die ersten beiden Fertigkeiten erklären einen weit höheren Prozentsatz der Varianz als die anderen drei. Die Studie betont die Wichtigkeit der Kenntnisse der Wortbedeutung und was DAVIS (1944) früher „das Überlegen beim Lesen“ („reasoning in reading“) nannte, und sie macht klar, daß das Konzept des Verständnisses sehr komplex und keine „einheitliche mentale Fertigkeit oder Operation“ ist, wie DAVIS sagt.

Die Faktorenanalyse eignet sich nicht sehr gut für die experimentelle Erforschung der Rolle der Faktoren, welche das Verstehen potentiell beeinflussen. Es gab auf diesem Gebiet tatsächlich einen großen Mangel an Forschungen, bis kürzlich zwei neue Ansätze, die Analyse der Informationsverarbeitung und die Psycholinguistik, begannen, neue Modelle des Verstehens auszuarbeiten, die für die Zukunft viel versprechen. Die Psycholinguisten und die Linguisten haben sich nicht nur für die Analyse der Sätze, sondern auch für jene des bedeutungsvollen Diskurses, d.h. für längere Abschnitte, zu interessieren begonnen. Der gegenwärtige Aufschwung des Interesses an der Semantik ist besonders einflußreich geworden und wird uns wahrscheinlich bald ermöglichen, bedeutungsvolle linguistische Einheiten zu messen, und zwar sowohl in präsentierten Vorlagen als auch im Aufgenommenen. Obwohl diese Techniken noch sehr jung sind, haben CARROLL und FREEDLE (1972) einige Artikel, die der einen oder anderen oder beiden Methoden folgen, in einem Band gesammelt, auf den wir uns bei der Darstellung einiger illustrativer Modelle stützen.

Wir besprechen zuerst ein Informationsverarbeitungs- und Stufenmodell des Verstehens. Es ist kürzlich von den beiden Autoren CHASE und CLARK (1972) sowie von TRABASSO (1972) beschrieben und getestet worden. Nach TRABASSO wird das Verstehen

> „als eine Menge psychologischer Prozesse betrachtet, die aus einer Reihe mentaler Operationen bestehen und die die linguistische Information vom Empfang bis zu einer offenen Entscheidung verarbeiten. Zwei hauptsächliche Operationen werden festgestellt: (1) die *Kodierung (encoding)* der Information in innere Repräsentationen und (2) der *Vergleich (comparing)* dieser Repräsentationen ... Verstehen tritt dann auf, wenn die inneren Repräsentationen zugeordnet sind. Die offenkundige Reaktion (wahr) ist ein Endresultat des Aktes des Verstehens" (TRABASSO 1972, S. 113).

Stufentheorien wie diese nehmen an, daß die Sequenz der beteiligten Prozesse Zeit brauche. Also wird experimentelle Manipulation der Oberflächenstrukturen eines Satzes – wenn ein Subjekt und ein bestimmtes Ereignis, dem es zugeordnet werden muß, vorhanden sind – den Kodierungs- und Vergleichprozeß in meßbarer Art betreffen und daher das Überprüfen der Hypothese ermöglichen. TRABASSO gibt als Beispiel eine Aufgabe der Verifikation eines Satzes, bei der eine Versuchsperson aufgefordert wird, einen Satz (z. B. „Der Ball ist rot.") mit einem Bild zu vergleichen. Man zeigt dann ein Bild eines Balles, der entweder rot oder blau ist. Der Satz kann auch anders lauten (z. B. „Der Ball ist nicht rot"). Die Verarbeitungszeit kann als länger oder kürzer vorausgesagt werden je nach der Anzahl der Operationen des Kodierens (encoding), des Zuordnens, des Rekodierens (z. B. von negativ zu positiv), die benötigt werden. Ein Unterbrechen des Verstehens könnte erscheinen, wenn in der Sequenz der Stufen eine Komponente fehlt.

Hier eine etwas stark vereinfachte Darstellung der Verarbeitungssequenz: die Versuchsperson liest zuerst den Satz und kodiert ihn in die Form einer inneren Repräsentation. Ist der Satz als eine Negation ausgedrückt, kann die Kodierung „falsch" als ein separates Attribut einschließen. Auf Stufe zwei wird das Bild in eine ähnliche Form kodiert. Die Versuchsperson muß dann die zwei Repräsentationen einander zuordnen um zu sehen, ob sie aufeinander passen, wobei die Möglichkeit besteht, daß eine Rekodierung nötig wird. Auf der letzten Stufe erscheint das Resultat des Vergleichs als eine Reaktion („wahr" oder „falsch").

CHASE und CLARK (1972) berichten von einer Anzahl Experimente, in welchen eine Versuchsperson Sätze wie „Das Kreuz befindet sich über dem Stern" einem Bild zuordnete, das eine korrespondierende Darstellung aufwies oder auch nicht (z. B. ‡). Sechzehn verschiedene Satz-Bildvorlagen wurden präsentiert. Die Versuchspersonen schauten zuerst den Satz und dann das Bild an und machten eine wahr-falsch Entscheidung, wobei die Zeit gemessen wurde. Die Latenzen wurden auf einen Test der Voraussagen hin analysiert, welcher auf dem Dekodieren, dem Vergleich und dem Rekodieren von Variablen in Abhängigkeit von den verschiedenen Relationen zwischen den Sätzen und den Bildern basierte. Dabei wurde beispielsweise angenommen, daß negative Aussagen mehr Kodierungszeit benötigen als positive. „Darüber" und „darunter" wurden als spezielle Relationen angesehen; folglich würde „nicht darunter" auf einer gewissen Stufe in „darüber" transformiert. Es ist aber zweifelhaft, ob diese Transformation stattfand. CHASE und CLARK schlossen aufgrund ihres Modelles und der Experimente, daß das Verstehen sowohl von Bildern wie auch von Sätzen letztlich im selben symbolischen System repräsentiert ist, in dem es weniger eine Entsprechung als eine semantische Gleichheit einer abstrakten Bedeutung gibt.

Zusätzlich zum Rekodier- oder Transformationstyp des Modells, das oben beschrieben worden ist, schilderte TRABASSO eine andere Form, bei welcher der Prozeß eine Veränderung im „Wahrheits-"Index brachte, sobald Widersprüche entdeckt wurden (z. B. die Änderung von einer negativen zu einer positiven Aussage). Das Kodieren (encoding) und der Vergleich waren aber immer noch die wesentlichen Prozesse. Die Modelle wurden auf einige andere Aufgaben (z. B. die Konzeptidentifikation) und auf die Satzverifikation angewandt. Im ganzen gesehen scheint die Anwendbarkeit des Modells aber beschränkt zu sein. Die vorgeschlagenen Operationen scheinen nicht leicht auf das Verstehen und Lernen aus Diskurs anwendbar zu sein – zugegebenermaßen ein sehr schwieriges Problem.

Wir wenden uns nun einem sehr allgemeinen Modell zu, das sich dennoch als sehr nützlich erwiesen hat beim Messen dessen, was von einem Prosaabschnitt von beträchtlicher Länge (im Gegensatz zu den sehr kurzen Sätzen im oben beschriebenen Werk) gelernt und behalten wird. DAWES (1966) interessierte sich für das Problem, wie aus dem Lesen Wissen erworben wird. Er kam zu der Annahme, daß sinnvolle deklarative Aussagen Mengenrelationen behaupten, und zwar speziell zwischen einer Subjekt- und deren Prädikatklasse. Die Relationen waren bei ihm Identität, Exklusion, Inklusion und Disjunktion. Die Mengerelationen umfassen, was in einem Abschnitt gesagt wird, und sie können auf mehr als eine Art ausgedrückt werden, so daß das Erinnern der Relationen nicht unbedingt spezifische verbale Einheiten oder auch nur eine bestimmte grammatikalische Struktur einschließen muß. DAWES nahm an, daß das Behalten oder Verdrehen des bedeutungsvollen Stoffes eines Abschnittes gemessen werden konnte, indem man das Wiedererkennen oder die Wiedergabe dieser Mengenrelationen testete. Je zwei Mengen können nur eine dieser Relationen aufweisen. Zwei Mengen haben eine „strukturierte“ Relation, wenn die Kenntnis, daß ein Objekt zu einer dieser Mengen gehört, gleichzeitig Auskunft darüber ergibt, ob es auch zur anderen Menge gehöre oder nicht (z. B. Identitäts- oder Teilmengenrelation). Man betrachte dazu die beiden Sätze „Alle Männer tragen Hosen“ und „Einige Mädchen tragen Hosen“. Wenn man weiß, daß jemand ein Mann ist, weiß man automatisch auch, daß er Hosen trägt. Die Kenntnis, daß jemand ein Mädchen ist, läßt diese Relation aber nicht zu. Die erste Aussage ist strukturiert (eingebettet), die zweite ist disjunktiv. DAWES nahm an, daß ein Leser die Struktur optimiert oder, was im Grunde dasselbe ist, die Information reduziert. (Dies wird von ihm aber „Vereinfachung“ genannt.) Wenn ein Leser eine disjunktive Relation fälschlich als eine eingebettete behält, hat er zwecks Verstärkung der semantischen Struktur „übergeneralisiert“. DAWES sagte voraus, daß Fehler des Übergeneralisierens über Fehler der Pseudodiskrimination (das Aufweichen der Struktur, indem man eine eingebettete Relation als eine disjunktive erinnert) dominieren. Er schrieb zwei Geschichten von der Länge eines durchschnittlichen Zeitungsartikels. Die eine war beispielsweise ein erfundenes soziopolitisches Problem, bei dem verschiedene Personengruppen und ihre Beziehungen so auftauchten, daß die eine Hälfte der zehn Relationen zwischen den Gruppen eingebettet und die andere disjunktiv war. Nachdem die Versuchspersonen (College-Studenten) die Geschichte gelesen hatten, stellte man ihnen Fragen. Die Antworten enthielten zwei Versionen zur Auswahl: eine mit der Behauptung einer disjunktiven und die andere mit der Behauptung einer eingebetteten Relation zwischen den beiden Mengen. Die Versuchspersonen wurden aufgefordert, beim Lesen der Geschichte über den Sachverhalt so nachzudenken, als müßten sie darüber abstimmen.

Ein Beispiel der Fragentypen, die den Versuchspersonen vorgelegt wurden, lautete wie folgt: „Kreuze die korrekte Alternative an: (a) Kein Farmer stimmte für den Bau des Kanals; (b) nicht alle, aber einige Farmer stimmten für den Bau des Kanals“ (S. 80). In diesem

Sinne bestand jede Aussage aus der Behauptung einer disjunktiven Relation (a) oder einer eingebetteten Relation (b), und die Versuchspersonen hatten zu wählen, welche korrekt ist.

DAWES fand heraus, daß das Erkennen der Relationen zwischen den Mengen beträchtlich höher war, als der Zufall es erlauben würde. Auch nach einem Intervall von drei Tagen nahm bei einer Wiederholung des Testes die Genauigkeit nicht ab. Fehler der „Vereinfachung" traten signifikant häufiger auf als die gegenteiligen Fehler. In diesem Sinne versuchten die Leser die Struktur zu optimieren. Ein zweites Experiment mit Tests der Wiedergabe erzielte im wesentlichen ähnliche Resultate. Die Versuchspersonen gaben grundlegende Relationen, und wenn sie sich irrten, neigten ihre Fehler dazu, die Struktur des Stoffes zu verstärken.

Ein anderes Modell des Verstehens stammt von C. H. FREDERIKSEN (1972). Er wollte speziell für die Repräsentation verbundener logischer Diskurse ein Modell entwickeln, das quantitative Ausdrücke messen konnte. Zuerst stellte sich das Problem der Einheit. Das kleinste Element eines semantischen Inhaltes war nach FREDERIKSEN das *Konzept.* Ein zweites Element des Inhaltes war eine *Relation* (einfache, zusammengesetzte oder eingebettete), die bezüglich zweier oder mehrerer Konzepte definiert war. Die Relationen können nach ihm auf verschiedene Arten klassifiziert werden, so z.B. nach den Kasusrelationen oder Ordnungsrelationen von FILLMORE (1968). Ein drittes Element des Inhalts ist die *Implikation,* definiert zwischen zwei oder mehr Propositionen (z.B. die „Wenn – dann-Relation"). Die vierte und komplexeste Klasse von Elementen wird als semantische *Struktur* bezeichnet, die aus Systemen von Relationen und Implikationen zusammengesetzt ist. Eine solche Struktur hat, grob gesehen, den Umfang eines Abschnittes.

Diese Inhaltseinheiten werden für verschiedene prozessuale Ereignisse verwendet: den Input, die Produktionsprozesse, die Verifikation, die Transformation, die Speicherung, das Abrufen (retrieval) und die Outputprozesse. Sie können mit dem Kontext der Aufgabe, die dem Leser gestellt ist, variieren. Produktionsprozesse können von der einfachen Produktion (wirklichkeitsgetreue Kodierung des Textes) bis zur schlußfolgenden und elaborativen Produktion reichen, wobei aus den letzten beiden semantische Elemente erzeugt werden können, die nicht im Text vorhanden sind.

Die oben skizzierten Hypothesen (die von FREDERIKSEN viel detaillierter präsentiert werden) führten zur Konstruktion eines Modells für Abschnitte eines Prosatextes in der Form von logischen Netzwerken. Dann wurde eine Methode der Auswertung von Protokollen der Versuchspersonen entwickelt, die eine auf einen Abschnitt bezogene Aufgabe gelöst hatten. Die Aufgaben wurden im Hinblick auf die Bestimmung der semantischen Elemente, der schlußfolgernden Prozesse und der diesen zugrundeliegenden kognitiven Operationen variiert. Man interessierte sich, *wie* die Versuchspersonen *welche Art* von Information extrahierten. Von den verschiedenen Aufgaben oder „Kontexten" wurde vorausgesagt, daß sie verschiedene kognitive Operationen provozierten, die auf den semantischen Kontext des Abschnittes angewendet wurden. So konnte die Natur und das Ausmaß der spezifischen Produktions-, Selektions-, Verifikations- und Transformationsprozesse im Zusammenhang mit den Instruktionen der Aufgabe beeinflußt werden.

Der ausgewählte Abschnitt war ein soziopolitischer Text, der von DAWES (s.o.) geschrieben worden war. Er beschrieb Interessenkonflikte zwischen verschiedenen Gruppen auf einer erfundenen Insel. Man präsentierte den Versuchspersonen unter drei Bedingungen und verschiedenen Instruktionen den Text einige Male ab Tonband. Bei Bedingung A wurden die Versuchspersonen angewiesen, sie müßten schriftlich nacherzählen, was sie gehört hätten, nicht aber eine wörtliche Wiedergabe versuchen. Bei Bedingung B sagte man den Versuchspersonen, sie nähmen an einer Untersuchung teil, welche das Problemlösen unter Verwendung von erinnertem, gehörtem Material betreffe. Man stellte ihnen ein spezifisches Problem, das sich auf den Text bezog und forderte sie auf, daran zu denken, wenn sie den Text hörten. Man erwartete von ihnen, daß sie so viele Lösungsmöglichkeiten wie möglich generierten und auch alle Information des Textes behielten. Bei Bedingung C stellte man wie bei B den Versuchspersonen ein Problem. Man sagte aber nichts über das Behalten der Information. Die Versuchspersonen bei A und B erzählten die Geschichte vier Mal wieder (nach jedem Abspielen des Textes). Die Versuchspersonen bei C erzählten sie nur nach dem vierten Versuch wieder. Alle Versuchspersonen wurden aufgefordert, aufgrund der gedächtnismäßigen Rekonstruktion Lösungen des Problems zu formulieren. In diesem Sinne wurde Bedingung A als inzidentelles Problemlösen, Bedingung C als beiläufiges Erinnern und Bedingung B als absichtliches Lernen im Hinblick auf das Problemlösen und das Erinnern betrachtet. Auch in dieser Studie wurde der Verstehenstest von DAWES durchgeführt, und eine Woche später wurden die Versuchspersonen aufgefordert, den Textabschnitt nochmals zu wiederholen.

Man erwartete, daß die Produktionsprozesse bei den drei Bedingungen variierten und sich mit dem wiederholten Abspielen änderten, daß wirklichkeitsgetreue Prozesse (veridical processes) mit der Zeit im Vergleich mit den schlußfolgernden und elaborierten Prozessen abnahmen. Ebenso nahm man an, daß diese Prozesse weniger häufig bei Bedingung C erschienen, wo nur ein Problem gestellt wurde. Abbildung 11–1 zeigt die absolute und relative Häufigkeit der Produktionstypen unter den drei Bedingungen. Wie erwartet, zeigten die Versuchspersonen bei Bedingung A (wiedererzählen, was sie gehört hatten) und B (alternative Lösungen und Gedächtnis) signifikant verschiedene Häufigkeiten der schlußfolgernden Produktion nach dem ersten Versuch; Bedingung A und B zeigten nur beim ersten Versuch eine signifikante Differenz der elaborativen Produktionen, und dieser Typ tendierte dazu abzunehmen. Die Versuchspersonen bei Bedingung C (nur Problemlöseinstruktion) zeigten im Vergleich zu den beiden anderen Gruppen bei beiden Wiedergabeversuchen weniger wirklichkeitsgetreue Produktionen. Die drei Gruppen unterschieden sich signifikant in der Anzahl der absoluten schlußfolgernden Produktionen (ausgezogene Linien der mittleren Darstellung). Bedingung C erzielte mehr elaborierte Produktionen als die anderen beiden und – da sie *nur* die Problemlöseinstruktion erhalten hatte – eine höhere relative Häufigkeit der schlußfolgernden Produktionen.

Wie im Experiment von Dawes tendierten die Versuchspersonen dazu, viel mehr Übergeneralisierungen als Pseudodiskriminationen zu produzieren. Das heißt, die Versuchspersonen tendierten ebenso dazu, die Struktur fälschlich zu vereinfachen, indem sie die Dinge eher in eine Beziehung brachten als Relationen abtrennten. Hinsichtlich dieser Tendenz war der Effekt der Instruktion sehr schwach.

Auf der Basis einer differenzierten Korrelationsmatrix fand Frederiksen für alle Versuchsbedingungen, daß die Häufigkeit der Produktion der wirklichkeitsgetreuen Relationen von den Denkoperationen der Versuchspersonen her voraussagbar war. Er schloß: „Diese Resultate scheinen anzuzeigen, daß das Generieren der relationalen Strukturen (anderer als der elaborativen) beim Verstehen und Erinnern eines Textes *notwendig* logische Operationen auf dem semantischen Kontext des Textes umfaßt." ... „Der Effekt der Versuchsbedingungen bestand teilweise in der Hervorrufung generativer Denkprozesse" (S. 242).

Weil die Versuchspersonen im Experiment von Frederiksen mehr einem Text zuhörten, als daß sie ihn lasen, sind die Schlußfolgerungen wahrscheinlich ebenso auf das Lesen wie auf das Zuhören

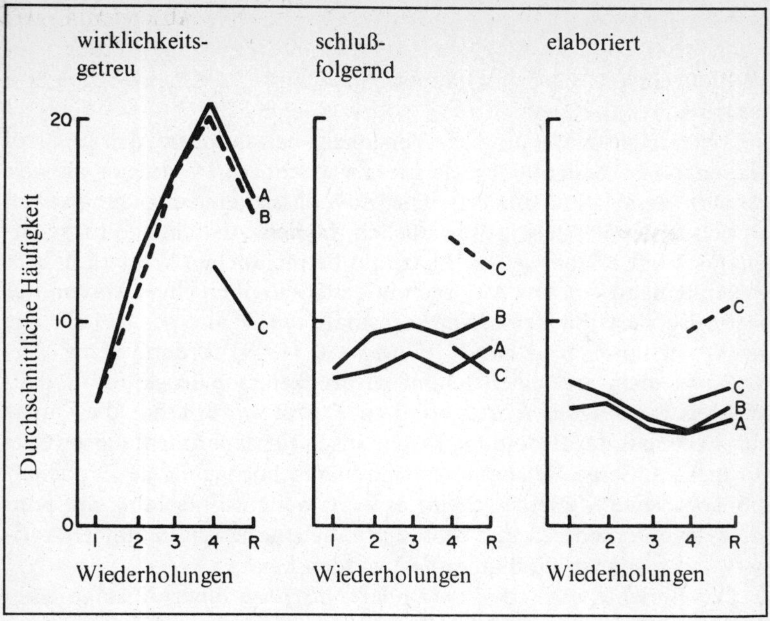

Abbildung 11–1. Variationen der Produktionsprozesse (wirklichkeitsgetreu, schlußfolgernd und elaboriert) bei drei Bedingungen und wiederholter Darbietung. Aus: C. H. FREDERIKSEN, in CARROLL und FREEDLE 1972, S. 229.

anwendbar, speziell, wenn man die Übereinstimmung mit den Resultaten von DAWES betrachtet. Was auch immer das Verstehen ist, das Lernen auf dem Niveau des Verstehens scheint mehr als nur die Wiedergabe der Oberflächenstruktur zu betreffen. Es ist ebenso augenscheinlich, daß zumindest die erwachsenen Lernenden motiviert sind, eine Struktur zu suchen.

Das Messen des Verstehens

Alle oben zitierten Studien machen klar, daß es nicht einfach ist, das Verstehen zu messen. Die wörtliche oder freie Wiedergabe genügt nicht, und beinahe jede Messung stellt die Frage nach der Gültigkeit, Zuverlässigkeit und Generalisierbarkeit auf einen anderen Stoff oder eine andere Aufgabe. CARROLL (1972/a) gibt eine ausgezeichnete Klassifikation und Diskussion der Tests des Verstehens, auf welche wir den Leser hinweisen wollen. Wir begnügen uns hier mit einer kurzen Diskussion der Art der Aufgaben, die verwendet werden können und stützen uns dabei hauptsächlich auf seine Klassifikation und einige seiner Beispiele.

Die einfachste Messung des Verstehens besteht darin, den Leser zu fragen, ob er versteht oder wie gut er versteht (von CARROLL als *subjektiver Bericht* klassifiziert). Die Zuverlässigkeit eines subjektiven Berichtes des Verstehens ist natürlich fraglich. Als schnelle Einschätzung scheint er aber seinen Platz und beträchtlichen Wert zu haben. Wenn jemand von uns Autoren mit dem Schreiben eines Abschnittes fertig ist, liest ihn der andere ernsthaft durch und schätzt ab, wie leicht verständlich er ist. T. V. MOORE (1919) forderte seine Versuchspersonen auf, einen Knopf zu drücken, sobald sie die Bedeutung eines gezeigten Wortes erfaßten. Damit war er fähig, die Latenz des Erfassens der Bedeutung systematisch für experimentelle Zwecke zu messen. Seine Versuchspersonen waren hochgebildete Erwachsene, aber seine Methode scheint es wert, weitere Forschung mit Kindern zu unternehmen und Stoff zu brauchen, dessen Parameter variiert und systematisch manipuliert werden kann.

Die Berichte über *Wahrheit* oder *Falschheit* einer Aussage eines kurzen Abschnittes sind häufig verwendet worden. Wie CARROLL aber hervorhebt, prüft diese Aussage vielleicht eher die früheren Kenntnisse des Individuums als sein Verstehen. Die Verifikation einer Aussage mit einer begleitenden Referenz, wie z.B. einem Bild, vermeidet diese spezielle Schwierigkeit (verlangt aber, daß das Bild eindeutig sei). Diese Techniken wurden in den oben geschilderten Experimenten von TRABASSO (1972) und CHASE und CLARK (1972) verwendet. Zwei Aussagen, beispielsweise grammatikalische Transformationen oder Paraphrasen, können einander hinsichtlich ihrer Äquivalenz zugeordnet werden. Die Formulierung einer guten Paraphrase präsentiert (wie ein eindeutiges Bild) ein Problem. Wie nahe muß eine Paraphrase der semantischen Gleichheit kommen, um äquivalente Gültigkeit zu haben? Intuitiv scheint das Erkennen einer Paraphrase der Kern des Verstehens zu sein. Die Methode mag mit Erfolg verwendet werden, wenn die Versuchsperson aufgefordert wird, die *beste* von verschiedenen Paraphrasen auszuwählen.

Wie CARROLL ausführt, hat man bei Intelligenztests oft das Befolgen von Anweisungen für die Durchführung einer Aufgabe verwendet. Wiederum scheint hier, intuitiv gesehen, eine valide Methode mit einer großen Generalisierbarkeit vorzuliegen. Wir müssen laufend Texte verstehen und geschriebenen Instruktionen folgen, vom Kochbuchrezept bis zum Steuerformular. Das Befolgen von Anweisungen ist auf verschiedenen Schwierigkeitsniveaus und weiten Gebieten durchführbar und kann bei gewissen Aufgaben stark motivierend sein (nicht das Ausfüllen der Steuerformulare, aber vielleicht eine Schatzsuche!).

Das *Ergänzen von fehlenden Wörtern* in Sätzen ist eine alte Aufgabe, die in klassischen Experimenten über die Effekte von Einstellungen und andern Variablen benützt worden ist. Man hat in diesem Zusammenhang oft von „Skelettwörtern" gesprochen. Seit diese Technik aber von TAYLOR (1957) als ein Maß der Lesbarkeit verwendet worden ist, hat man sie oft Lücken-Ergänzungs-(cloze-)Methode genannt (siehe S. 209). Man gibt der Versuchsperson einfach einen Textabschnitt mit einigen Leerstellen für fehlende Wörter und fordert sie auf, diese auszufüllen. COLEMAN und MILLER (1968) führten ein Experiment durch, bei dem sie eine solche Methode wählten, um die Information zu messen, welche der Leser aus einem Textabschnitt gewonnen hatte. Die Autoren verglichen diese Methode mit einer andern, die auf dem „Ratespiel" von SHANNON basierte. Sie wollten vor allem messen, wieviel *neue* Information ein Leser aus einem Textabschnitt gewann. Studenten des zweiten Jahres füllten einen Textabschnitt mit 30 ausgelassenen Wörtern aus. Die Hälfte der Versuchspersonen hatte den Abschnitt vorher gelesen, die andere jedoch nicht. Die Versuchspersonen, welche den Abschnitt nicht gelesen hatten, errieten 16.77 der Wörter; die Versuchspersonen, welche ihn gelesen hatten, füllten 18.62 Wörter korrekt aus – kein signifikanter Unterschied. Diese Methode maß demzufolge nicht den Informationsgewinn, sondern etwas, was die Versuchspersonen bereits wußten. Bei „bilateralen Zusammenhängen" (Kontext auf beiden Seiten) wurde aus dem vorgängigen Lesen des Abschnittes anscheinend wenig Information gewonnen. Bei der zweiten Methode wurde der Versuchsperson ein Wort präsentiert. Sie wurde dann aufgefordert zu raten, welches das folgende Wort sei. Wenn sie falsch riet, bekam sie das richtige Wort und versuchte das nächste zu erraten. Das Maß war die Anzahl der korrekten Voraussagen pro 100 Wörter. Nachdem der Abschnitt beendet war, durchging die Versuchsperson den Text noch einmal und riet jedes Wort. Der Unterschied in der Anzahl der korrekten Wörter bei den zwei Durchgängen war das Maß des Informationsgewinnes. Der durchschnittliche Informationsgewinn für einen 100-Wort-Abschnitt war 38,93 zusätzliche Wörter. Diese Methode schien also den wirklichen Informationsgewinn zu messen und nicht das einfache Raten vom Kontext her.

COLEMAN und MILLER bezogen den mit ihrer zweiten Methode gemessenen Informationsgewinn auf die gemessene Komplexität von 36 Prosapassagen (deren Komplexität sie anhand der Skores in der Lücken-Ergänzungs-(cloze-)Aufgabe ermittelten). Aus der Abbildung 11–2 scheint hervorzugehen, daß es ein optimales Niveau der Redundanz („cloze-Schwierigkeit") für den Informationsgewinn gibt. Dieses Niveau fand sich in Texten, die als passend für Schüler der fünften Klasse eingeschätzt wurden, und zwar nach einem anderen Maß der Redundanz. Die Kurve fällt gegen die leichten Passagen wegen des Deckeneffektes ab: Es gab keine genügende Möglichkeit für Gewinne. Obwohl das optimale Niveau für Studenten tief zu sein

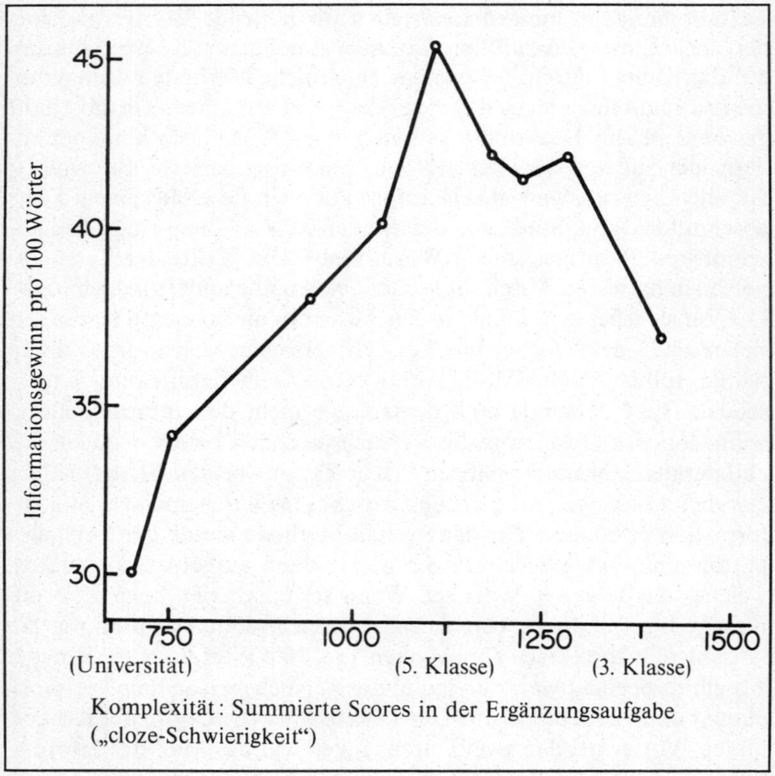

Abbildung 11–2. Informationsgewinn als Funktion der Komplexität. Aus: COLEMAN und MILLER 1968, S. 377. Nachdruck mit der Erlaubnis der Autoren und der International Reading Association.

scheint, wäre es doch unvernünftig, diese Resultate vorschnell zu generalisieren. Es gibt nämlich sicherlich bessere Methoden für das Studium des Informationsgewinns als das Raten des folgenden Wortes.

COLEMAN und MILLER benützten das Maß des Informationsgewinns auch für das Studium der Wirkung, die von gewissen Stileigenarten ausgeht. Abschnitte mit einem hohen Prozentsatz abstrakter Substantive und Verbsubstantivierungen (abstrakte Substantive, die von Verben abgeleitet sind) hatten eine Reduktion des Informationsgewinnes zur Folge. Die Satz- und die Nebensatzlänge korrelierte nur schwach mit dem Informationsgewinn. Hingegen hing die Anzahl Kerne[2] pro Abschnitt signifikant mit dem Informationsgewinn zusammen: Abschnitte mit wenigen Kernen übermittelten bei dieser Meßart die Information am besten. Das Vervollständigen eines Satzes, von dem nur das Subjekt gegeben ist und das gesamte Prädikat ergänzt werden muß (nicht unbedingt wörtlich), kommt dem Erfassen des Verstehens von wiedergegebenem Material näher und gleicht der Aufgabe des Fragenbeantwortens.

Das Beantworten von Fragen nach dem Studium eines Textes oder bei vorhandenem Text ist eine Methode, die überall angewendet wird. Die Fragen können die Form von Sätzen haben, die vervollständigt werden müssen, sie können in der Multiple-choice-Form geschrieben sein usw. Im letzteren Fall bieten oft die Fragen selber Anhaltspunkte für die Beantwortung und helfen der Versuchsperson auf den Sprung. Man kennt die Anekdote vom Studenten, der eine „Wahr-falsch Prüfung" ablegte und mit der besten Note abschloß, obwohl er den entsprechenden Kurs nie besucht hatte. Das Wiedererkennen von vorher studiertem Material kann von „alten" Kenntnissen, „common sense", Wortwahl und anderen Faktoren beeinflußt sein, welche zwar das Verstehen, sicherlich aber nicht das Lernen aus dem Lesen betreffen. Das Beantworten von Fragen, die eine Schlußfolgerung aus dem Gelesenen benötigen, ist eine gute Methode und scheint für die Messung des Verstehens an Bedeutung zu gewinnen.

Aufgrund der Annahme, daß das Ausmaß des behaltenen Stoffes eine direkte Funktion des Gelernten sei, ist die Reproduktion oder Wiedergabe von Sätzen oder Abschnitten (sowohl wörtlich als auch frei) bezeichnenderweise die am meisten verwendete Aufgabe gewesen. Ob die wörtliche Reproduktion ein gültiges Maß für das Verste-

---

[2] COLEMAN und MILLER definieren Kerne als „die einfachsten Einheiten, die grammatikalisch transformiert werden, um komplexere Sätze zu bilden" (S. 384).

hen sei, ist fraglich; die Gültigkeit der Wiedergabe durch Paraphrasierungen scheint davon abzuhängen, wie die Resultate ausgewertet werden. Die jüngsten Arbeiten gehen in die Richtung der Definition sinnvoller semantischer Einheiten und Propositionen, die nicht wörtlich reproduziert werden müssen und die (wenn auch nicht leicht) aus dem Protokoll der Wiedergabe einer Versuchsperson extrahiert werden können. Der Fortschritt in der Analyse des Diskurses kann ein neues Forschungsfeld über wie (und was) aus dem Lesen gelernt wird eröffnen. Im letzten Abschnitt über die Faktoren, welche das Verstehen und die Wiedergabe beeinflussen – das Lernen aus dem Lesen – wird es klar werden, wie nützlich solche Analysen für die weitere Forschung sein können.

Faktoren welche das Verstehen und das Behalten beeinflussen

Bei der Auswahl der gewünschten Information aus einem Text benützt der Leser – wie die oben beschriebenen Studien zeigen – am besten die Hinweise der Satzstruktur, der Satzrelationen und der logischen und semantischen Relationen des Inhalts. Das sind Faktoren, welche dem Text inhärent sind. Neben solchen Faktoren gibt es das Mittel der Anweisungen, die ausgesprochen dem Leser helfen sollen, die wichtigen Ideen zu extrahieren. Dazu gehören ausgewählte Fragen, die das Verstehen beim Durchgehen des Textes fortwährend überprüfen. Schließlich gibt es die mehr oder weniger strategischen Lernaktivitäten des Lesers selber. Sicherlich interagieren diese Faktoren beim normalen Leseverhalten. Es gibt viele Studien, welche die Rolle jedes einzelnen Faktors untersuchen und in einigen Fällen auch versuchen, dabei die anderen Faktoren zu kontrollieren. Viel entsprechendes Material, wie z. B. die Analyse des programmierten Unterrichts, geht über den Gegenstand dieses Buches hinaus. Einiges davon ist jedoch für die Probleme, die wir behandeln, geeignet.

Dem Text inhärente Faktoren

Wie ein Stoff geschrieben und als Text präsentiert wird – sein Stil, welcher Inhalt enthalten ist, was in Hinblick auf den Gegenstand ausgeklammert wird und sogar die physikalischen Merkmale der Präsentation – schafft Unterschiede in der Leichtigkeit, mit der ihn die Leser verstehen und folglich auch daraus lernen können. Wir wollen zuerst die generelle *linguistische Struktur* oder den Stil diskutieren, weil das letzte Kapitel intensiv die syntaktischen Merkmale der Sätze und die Rolle, welche sie beim Lesen spielen, darstellte. Auf der Stufe des Satzes wissen wir, daß das Leseverhalten (die Anzahl und die Länge der Pausen, die regressiven Augenbewegungen, die Länge der Fixier-Sprech-Spanne usw.) von verschiedenen Varianten der Satzkomplexität beeinflußt wird. Einige Transformationen eines Satzes werden leichter verstanden als andere (COLEMAN 1964) und einige leichter gelernt als andere (COLEMAN 1965). Regeln der „Lesbarkeit" (z.B. FLESCH 1949) [3] können auch als spezifische grammatikalische Transformationen formuliert werden, wie z.B. als Wechsel von einem Satz mit einer Substantivierung zu einer Version, welche das aktive Verb und zwei Teilsätze enthält. COLEMAN (1965) fand, daß die Verb-Transformationen leichter zu lernen waren als ihre Substantivierungen, aktive Versionen eines Satzes leichter als die passiven und nicht eingebettete Sätze leichter als ihre eingebetteten Gegenstücke. Die „einfachere" Version ergab häufig einen längeren Satz, was COLEMAN zum Schluß veranlaßte, daß die Lesbarkeit weniger von der Länge des Satzes als von derjenigen der Teilsätze abhänge. COLEMAN fand keine signifikanten Unterschiede zwischen der Substantivierung von Adjektiven und dem entsprechenden Satz mit den Adjektiven.

COLEMAN (1965) benützte in seinen Experimenten die Wiedergabe als abhängige Variable in drei Fällen (Substantivierung von Verben, aktiv-passiv Transformationen und Substantivierung von Adjektiven) und eine Ergänzungsmethode (nach einmaligem Lesen) für die eingebetteten/nicht eingebetteten Transformationen. Wie weit diese Maßnahmen die Verständlichkeit oder die Lernbarkeit des gegebenen Stoffes von Diskurs – Länge erfassen, ist nicht klar, und COLEMAN unterläßt eine Übergeneralisierung seiner Resultate. Er schloß, daß „einige grammatikalische Transformationen eines Satzes leichter verstanden werden als andere. Darum tut ein Schreibender (wenn sich sonst alles gleich bleibt) gut daran, die leichter verständliche Transformation zu wählen" (S. 340). Er fügte jedoch hinzu, daß „sich oft nicht alles gleich bleibt".

---

[3] Die sogenannten FLESCH-Punkte der Lesbarkeit erfreuten sich vor 25 Jahren einer großen Beliebtheit. In einem interessanten Artikel von STEVENS und STONE (1947) werden die Punkte für einige Psychologen mit teilweise überraschenden Resultaten vorgestellt. Die Punkte für KOFFKA waren niedriger (d.h. er war leichter lesbar) als diejenigen für William JAMES, dem Ideal aller psychologischen Autoren. STEVENS und STONE diskutieren dieses seltsame Resultat, das klar macht, daß ein guter Stil mehr ist als „Lesbarkeit". Die geschickte Verwendung bildhafter Ausdrücke beispielsweise wird von den Punkten nicht erfaßt.

Das Ausmaß des Gelernten aus einem Abschnitt von 200 Wörtern, wurde von RUBENSTEIN und ABORN (1958) mit der Lesbarkeit und dem Grad, in welchem konstituierende Wörter vorausgesagt werden konnten, verbunden. Die Lesbarkeit wurde nach FLESCH (1948) und mit der DALE-CHALL-Formel für die vorauszusagende Lesbarkeit (DALE & CHALL, 1948) gemessen. Die Voraussagbarkeit wurde mit einer Methode erhoben, bei welcher man den Versuchspersonen ein Wort gab und sie aufforderte, das nächste zu erraten. Wenn das nächste Wort falsch war, wurden sie korrigiert und aufgefordert, wiederum das nächste zu erraten usw. bis zum Ende des Abschnitts. Das Ausmaß des Gelernten wurde erhoben, indem man die Versuchspersonen (College-Studenten) anwies, sich den Abschnitt einzuprägen, ihnen die genaue Studierzeit bekanntgab und nachher eine sofortige Wiedergabe verlangte. Gemessen wurde soweit wie möglich die wörtliche Wiedergabe. Das mittlere Ausmaß des Gelernten pro Minute Studierzeit wurde als Lernwert genommen. Die Korrelationskoeffizienten der Variablen sind in Tabelle 11–1 dargestellt. Alle Werte sind signifikant miteinander verbunden. Man muß sich jedoch wieder fragen, wieviel ein Lernen dieser Art (unter genauer Zeitkontrolle und bei einer eher rigorosen wörtlichen Messung) mit dem Verstehen zu tun hat.

Tabelle 11–1. Korrelation zwischen Lesbarkeit, Voraussagbarkeit und Ausmaß des Gelernten.

	Lesbarkeit nach DALE-CHALL	Ausmaß des Gelernten	Voraussagbarkeit
Lesbarkeit nach FLESCH	.91	.61	.54
Lesbarkeit nach DALE-CHALL		.75	.60
Ausmaß des Gelernten			.73

Quelle: RUBENSTEIN und ABORN 1958, S. 30. © 1958 by the American Psychological Association. Nachdruck mit Erlaubnis.

Was passiert, wenn der Leser so schnell durch den Stoff geht, wie er möchte, wenn er ihn nach seiner eigenen Strategie studiert, und wenn das Lernen anders als anhand der Reproduktion gemessen wird? Rothkopf (1972) bezweifelte die Gültigkeit der Extrapolation von Studien über die Wirkungen von Bedeutung, Vertrautheit, Komplexität usw. beim Lernen im Laboratorium auf das eigenständige Lernen aus Prosatexten. Er wies darauf hin, daß klare Prüfungen der Hypothese, wonach Lernen und Leseleichtigkeit miteinander verbunden sind, selten sind und es schwierig ist, Studien zu finden, in welchen der Inhalt konstant behalten und die Lesbarkeit variiert wird. In einer Studie von Smith, Rothkopf und Koether (1970) wurden Daten über das Lernen aus zehn Abschnitten von je 1500 Wörtern erhoben. Die Texte glichen einander inhaltlich stark, stammten aber von verschiedenen Autoren und unterschieden sich darum in der Struktur und im Stil. Es wurden verschiedene Aspekte der Lesbarkeit (siehe Tabelle 11–2) gemessen. Eine Gruppe von Versuchspersonen las jeden Abschnitt. Das Ausmaß des Gelernten wurde mit einer „stimulierten" Wiedergabe (Kurzantwort-Fragen) und mit einem Test der freien Wiedergabe ermessen. Ein Merkmal des Inhalts, das Ausmaß des irrelevanten Stoffes, welcher nicht mit dem Lernziel verbunden war, variierte und wurde gemessen. Das Ausmaß des Gelernten wurde mit den verschiedenen Eigenschaften der Texte korreliert. Die Korrelationen sind in Tabelle 11–2 dargestellt.

Tabelle 11–2. Korrelation zwischen Textmerkmalen und Messungen der freien und stimulierten Wiedergabe von zehn inhaltlich einander angeglichenen 1500 Wort-Abschnitten.

Textmerkmale	stimulierte Wiedergabe	freie Wiedergabe
Lesbarkeit (Flesch)	.28	.30
Mittlere Satzlänge (Wörter)	–.21	.03
Mittlere Wortlänge (Silben pro 100 Wörter)	–.24	=.50
Anzahl Fachausdrücke	–.34	–.45
Häufigkeit der Fachausdrücke	–.31	–.41
Type/Token Verhältnis der Fachausdrücke	.06	.08
Anzahl der inzidentellen Fakten	–.59	–.71

Quelle: Rothkopf 1972, in Carroll und Freedle, S. 319. Originaldaten von Smith et al. 1970.

Im großen und ganzen sagten die stilistischen Merkmale des Textes, die gewöhnlich als Maß der Lesbarkeit angesehen werden, das

Lernen nicht sehr gut voraus. Die mittlere Wortlänge korrelierte -.50 mit der freien Wiedergabe. Die Korrelation der Wortlänge mit der Antwort auf Fragen war aber nur -.24, was nicht sehr eindrücklich ist. Der aussagestärkste Prädiktor war das einzige gemessene Inhaltsmerkmal: die Anzahl der enthaltenen irrelevanten oder zufälligen Fakten. Dasselbe Merkmal geht aus dem zitierten Abschnitt von THORNDIKE (siehe S. 239) hervor, der zu so vielen falschen Antworten führte. ROTHKOPF schloß, daß „die Satzkomplexität und lexikalische Faktoren, wie die Häufigkeit des Gebrauchs, *geringe* Wirkung haben auf das, was von Erwachsenen gelernt wird; die Studierzeit sei nicht beschränkt (S. 320).

Andere als die oben genannten Aspekte des Stils sind in den Stilbüchern und Anleitungen für das klare Schreiben oft berücksichtigt worden, und wir haben allgemein angenommen, daß sie das Verstehen und damit auch das Lernen aus dem Lesen unterstützten. Die Verwendung von „Schlüsselwörtern“, von Sätzen, die das folgende Thema zu Beginn eines Abschnittes ankündigen, und die Verwendung von parallelen Strukturen bei der Präsentation stark zusammenhängender Informationen sind Beispiele stilistischer Gebote. Wir haben aber beinahe keine Forschung gefunden über ihren Einfluß auf das Verstehen oder das Lernen. FREEDLE (1972) betont bei der Diskussion der Faktoren des Verstehens, wie wichtig es sei, das *Thema* zu kennen, damit man dem Wesentlichen eines gesprochenen oder geschriebenen Abschnittes folgen könne. Er führt aus, daß die Wirksamkeit von Schlüsselwörtern in einer einleitenden Bemerkung mit der Anzahl der inhaltlichen Alternativen, die im Kontext diskutiert werden, variiert. Schlüsselwörter signalisieren nicht immer einen einzelnen Gegenstand; FREEDLE schloß aus seiner Forschung, daß die Anzahl der Wörter, die eine Versuchsperson hören (oder lesen) mußte, um ein Thema zu identifizieren, von der potentiellen Anzahl der Alternativen des Kontextes abhing. Wahrscheinlich vergrößert jede Maßnahme, welche die Ungewißheit des Lesers bezüglich des Themas (oder anderer Aspekte des Diskurses) vermindert, die Chance des Verstehens. Je weniger Dinge ein Ding sein kann, desto besser ist die Chance, daß man es identifizieren kann. Hier können wir jedoch etwas hinzufügen. Wenn Schlüsselwörter in Überschriften eines Abschnittes die Alternativen nicht genügend reduzieren, sollten sie einen vorausgehenden vorbereitenden Kontext haben. Schreibende setzen oft viel zu viel Kenntnisse ihrer Leser voraus. Sie selber wissen, worüber sie sprechen und vergessen, daß sie die Grundlage geben müssen. Der Ausdruck von CHAFE (1972) dafür war „an die

Oberfläche bringen (foregrounding)". In einem schlecht geschriebenen Text wird das Verstehen besonders erschwert durch die Verwendung von Pronomen ohne adäquate Basis. Im Englischen besteht der größte Fehlgriff darin, das Wort „it" zu verwenden, ohne klar anzugeben, worauf es sich bezieht.

Eine zu diesem Thema gehörende Frage, die man hier stellen muß, ist, ob ein erwachsener Leser einen Sinn dafür hat, was einen Abschnitt ausmacht und ob er einen „thematischen" Satz richtig einschätzen kann, so daß dieser seine Aufgabe erfüllt. Glücklicherweise gibt es wenigstens eine kleine Anzahl wichtiger Forschungen dazu. Koen, Becker und Young (1969) führten Experimente durch, um den Grad zu bestimmen, in welchem Leser verschiedener Altersgruppen die Grenzen eines Abschnittes bestimmen konnten. Sie untersuchten, ob Abschnitte willkürliche semantische Einheiten seien, oder ob es einige formale Hinweise für ihre Abgrenzung gebe. Dazu wechselten sie die Wörter eines Prosaabschnittes mit sinnlosen Wörtern („paralogs") aus (siehe die sinnlose Version unten). Sie ließen dann ihre Versuchspersonen (Kinder der Elementarschule, der High-School und College-Studenten) die Grenzen der Abschnitte markieren und zwar in beiden Versionen. Morphologische Hinweise wie Wortendungen, die eine grammatikalische Rolle spielten (z.B. *ing, ed, s*), wie auch die Zeichensetzung wurden beibehalten. Hier Beispielsätze aus einem Abschnitt:

Englische Version:

Sloths have no right to be living on the earth today; they would be fitting inhabitants of Mars, where a year is over six hundred days long.

(Faulpelze haben kein Recht, heutzutage auf der Erde zu leben; sie wären gute Marsbewohner, wo ein Jahr über sechshundert Tage hat.)

Sinnlose Version:

Smars have no mirt to be lewling on the kust retab; they would be tibbing nonetants of Ness, where a reat is over nus cantron tels dan (S. 50).

Die College-Studenten markierten die Paragraphen recht konsistent. In allen elf Abschnitten (ausgenommen in einem) war die Übereinstimmung bei den englischen Texten größer als bei den sinnlosen Versionen (80% Übereinstimmung). Es gab jedoch sogar bei den sinnlosen Abschnitten eine beträchtliche Übereinstimmung und eine Korrelation von 0.71 zwischen der englischen und der sinnlosen Version des Abschnittes. Es zeigte sich eine Korrespondenz zwischen den

Markierungen der Abschnitte und den üblichen Satzgrenzen. Augenscheinlich tragen sowohl die semantischen Merkmale wie die formalen Markierungen – eine Art struktureller Hinweise – zur Wahrnehmung der Struktur des Abschnittes bei, und die Autoren schlossen, daß zwischen den beiden eine komplexe, interagierende Relation bestehe.

Entwicklungsmäßige Vergleiche zeigen eine regelmäßige Zunahme der Übereinstimmung der verschiedenen Versuchspersonen (interjudge consistency) als eine Funktion des zunehmenden Alters und der Bildung. Die jüngste Altersgruppe (7–8jährige) hatten augenscheinlich kein Konzept der Bedeutung eines Abschnittes und plazierten einen recht hohen Prozentsatz der Markierungen innerhalb der Sätze. Die Korrelation der Plazierung der Abschnittmarkierungen bei englischem Text reichte zwischen Kindern und College-Studenten von -.42 bei der jüngsten Gruppe bis -.85 bei den 14–16Jährigen. In der jüngsten Gruppe waren die Korrelationen sogar bei den sinnlosen Abschnitten größer als bei den englischen. Die Autoren schlossen daraus, daß diese Differenz mit der Aussage übereinstimme, wonach die syntaktische Entwicklung der semantischen vorangehe. Angesichts der spärlichen Kenntnisse über die Syntax der Abschnittstruktur sollte man mit Folgerungen vorsichtig sein, bevor man die Versuche nicht wiederholt und dabei die formale Struktur manipuliert hat.

In einer anderen Studie der Abschnittsanalyse von PFAFFLIN (1967) wurde untersucht, ob die Leser erste (thematische) Sätze von Abschnitten von zweiten Sätzen unterscheiden konnten. Die Autorin untersuchte auch, ob die Position innerhalb des Textes wichtig sei, d. h. ob der Abschnitt am Anfang, in der Mitte oder am Schluß eines Artikels stehe. Erwachsene Versuchspersonen wurden aufgefordert, Sätze zu identifizieren, die aus 22 Artikeln ausgewählt worden waren. Diese Sätze sollten als erste oder zweite Sätze eines Abschnittes identifiziert werden. Unter einer andern Bedingung sollten die Versuchspersonen sagen, ob die Sätze irgendwelche Verbindungen mit andern Sätzen aufwiesen. Die Autorin fand, daß diese Leser zwischen ersten und zweiten Sätzen eines Abschnittes tatsächlich mehr als zufällig unterscheiden konnten. Die Wahrscheinlichkeit der Identifikation eines ersten Satzes hing von der Stellung des Abschnittes innerhalb des Artikels ab. Die ersten Sätze der ersten Abschnitte wurden am ehesten identifiziert. Die Anzahl der wahrgenommenen „Verbindungen“ war aber bei zweiten Sätzen größer als bei den ersten, und bei den ersten Sätzen wurden mehr davon wahrgenommen, wenn der Abschnitt spät kam. Dieses Resultat bezüglich der Verbindungen (linkages) stimmt mit der Annahme über das „In-den-Vordergrund-bringen" (foregrounding) überein. Eine Verbindung setzt eine Einführung voraus. Eine Analyse des Materials, das von den Versuchspersonen als satzverbindend unterstrichen worden war, zeigte überwiegend Konstruktionen, die Substantive und Pronomen enthielten. Eine feinere Analyse, in der nur die von fünf oder mehr Versuchspersonen unterstrichenen Wörter untersucht wurden, ergab zwei generelle Typen von Verbindungen. Es waren Ausdrücke, die der Verbindung von Sätzen dienten, z. B. Konjunktionen, und Strukturen innerhalb eines Satzes, wie Adjektive und Relativ- und Possessivpronomen ohne im Satz vorkommende Referenten, oder aber Substantive, die durch den bestimmten Artikel modifiziert waren.

Die Analyse von PFAFFLIN zeigt, daß die erwachsenen Leser einen Begriff der Struktur des Diskurses haben, der ihnen erlaubt, zu beurteilen, was ein akzeptabler Stil ist. Die Manipulation des Stils des Diskurses bezüglich des Inhalts stellt eine mögliche Methode dar, mit der untersucht werden kann, wie gut Versuchspersonen bei verschiedenen Stilen an Inhalt lernen. Wir wenden uns nun einigen bahnbrechenden Experimenten dieses Typs zu.

MCCONKIE (1973) und seine Studenten haben ein Forschungsprogramm über das Behalten von Prosa von beträchtlicher Länge durchgeführt. Die chronologische Entwicklung dieses Programms illustriert die Probleme, welche früher in diesem Kapitel besprochen worden sind. Welches sind die relevanten Einheiten des Textes? Wie sind diese Einheiten organisiert: hierarchisch, in einem Netzwerk, usw.? Was sind angemessene Messungen des Gedächtnisses und des Verstehens?

Im ersten Experiment (KIRCHER 1971) wurden Texte präsentiert, die aus Sätzen bestanden, die von Beurteilern als zu zusammenhängenden Blöcken gehörend eingeschätzt worden waren. Die Versuchspersonen lasen entweder sechs verbundene oder gemischte Abschnitte, die einen Satz aus jedem der sechs Blöcke enthielten. Studenten lasen den Block oder die gemischten Formen dreimal und schrieben das Gelesene jedesmal frei nieder. Sowohl beim Block wie bei den gemischten Bedingungen nahm die Wiedergabe der Sätze mit den drei Versuchen zu, wenn auch die Zunahme bei der Blockversion beträchtlich größer war. Satzgruppierungen erschienen in den Blockabschnitten, nicht aber in den gemischten Versionen. Anders gesagt: wenn die Prosa in einer vernünftigen Weise organisiert war und eine bedeutungsvolle Struktur enthielt, behielten die Leser mehr; sie zeigten, daß sie die Organisation der Sätze kannten und gaben sie zusammenhängend wieder. Weil es bei der Wiedergabe der gemischten Abschnitte keine Gruppierung gab, wurde darin offensichtlich keine potentielle Organisation erkannt und benützt. Ob ein thematisierender Satz am Anfang oder am Ende eines Abschnittes kam, ergab absolut keinen Unterschied in der Wiedergabe. In diesem Fall war der thematische Satz einfach das Urteil des Autors über die Idee, unter welcher der Rest der Sätze des Abschnittes subsummiert werden konnten.

In einer zweiten Studie (McConkie 1973) wurde wieder die freie Wiedergabe gewählt. Die Prosa enthielt eine zeitliche Organisation, d.h. die College-Studenten hörten die Geschichte eines Helden in einer Version mit einer organisierten Folge von Ereignissen einer gewissen Zeitperiode. Diese Art der Organisation hatte geringe Wirkung auf die freie Wiedergabe der Prosa. Der Autor sagt: „Was es an Satzgruppierungen gab, basierte meist eher *auf den semantischen Relationen zwischen den Einheiten als auf der zeitlichen Sequenz, die im Abschnitt enthalten war*" (S. 4, Hervorhebung von den Autoren).

Die Forscher entschieden sich, als nächsten Schritt einen echten Prosatext zu verwenden, der die komplexen, komplizierten und oft subtilen, semantischen Relationen unverändert beibehielt. Zwei Abschnitte wurden in „Ideeneinheiten" eingeteilt, „die ein sinnvolles Stück Information enthielten ..., ob es nun aus einem Wort, einer Definition oder einer Phrase bestand" (Meyer & McConkie, im Druck). Die Ideeneinheiten wurden hierarchisch angeordnet wie bei einer Zusammenfassung eines Abschnittes. Dies konnte mit einer Beurteiler-Reliabilität von 91.5% durchgeführt werden. Verschiedene Indizes wurden von dieser Organisation der Prosapassagen abgeleitet. Die beiden für unsere Zwecke wichtigen waren der „hierarchische Tiefenwert" („hierarchy depth score"), der das Niveau der Einheit in der Hierarchie angab (die hauptsächliche Idee stand an der Spitze der Hierarchie), und der Wert der „darunterliegenden Einheiten" („units beneath score"), der angab, wieviele Items unterhalb einer gegebenen Einheit der Hierarchie rangierten. Schließlich wurde jede Ideeneinheit bezüglich ihrer Wichtigkeit für die Botschaft des Textes beurteilt.

Die Versuchspersonen (69 Erwachsene) hörten die beiden Abschnitte dreimal und schrieben jedesmal eine freie Wiedergabe. Die Ideen, welche in der logischen Struktur hoch rangierten oder mehr Einheiten unter sich hatten, wurden von mehr Versuchspersonen wiedergegeben. Wo eine Korrelation zwischen der Wiedergabe und der beurteilten Wichtigkeit der Idee vorhanden war, konnte sie auf die Position in der logischen Struktur des Abschnittes zurückgeführt werden. Wenn eine Idee wiedergegeben wurde, wurde die logisch darüberstehende in 70% der Fälle (verglichen mit der generellen Wiedergabe von 23%) wiedergegeben. Über die drei Versuche hinweg waren die Ideen, welche in der logischen Hierarchie am höchsten waren, am stabilsten. Schließlich schien das Gedächtnis bei der „echten" Prosa hauptsächlich im ersten Versuch von Einfluß zu sein, d.h. wenn der Zuhörer oder Leser die Bedeutung des Abschnittes erfaßt hatte, verbesserten Repetitionen seine Wiedergabe wenig.

Obwohl die Organisation und die Einteilung der experimentellen Abschnitte in Einheiten zuverlässig waren, waren sie doch intuitiv. Die Autoren fanden später heraus, daß ihre Organisation gut mit dem Schema der Diskursanalyse übereinstimmte, das von einem Linguisten (GRIMES 1972) entwickelt worden war. Das Schema von GRIMES ist von MEYER (1973) gut zusammengefaßt worden. Die semantische Grammatik des Autors produziert eine Baumstruktur, deren Knoten Inhaltswörter der Prosapassage enthalten. Die Linien zwischen den Knoten zeigen, wie der Inhalt organisiert ist, und Labels klassifizieren die Beziehungen zwischen den Knoten der Baumstruktur. MEYER (1973) fand, daß die Diskursanalyse von GRIMES einige Artefakte der früheren Forschung, die in der Studie von MEYER und MCCONKIE beschrieben sind, beseitigt und die Wiedergabe gut voraussagt.

Wir scheinen an einem vielversprechenden Punkt des Studiums des Diskurses und dessen Wiedergabe und Verständnis zu stehen. Verschiedene Pläne für die Analyse des Diskurses stehen auf frühen Stufen ihrer Entwicklung: jene von DAWES (1966), GRIMES (1972) FREDERIKSEN (1972) CROTHERS (1972) und anderen. Wir erwarten im nächsten Jahrzehnt schnelle Fortschritte auf diesem Gebiet.

Wir kommen nun nach der Erörterung des Stils auf den Inhalt zu sprechen. Weil Konzepte, die in den Inhalten eingeschlossen sind, notwendigerweise oft abstrakt und schwierig sind, können wir wenig über den Inhalt und das Lernen aus dem Lesen sagen, was sich nicht von selbst versteht. Wenn der Inhalt eines Textes schwierig ist (wenn man einmal den Stil aus dem Spiel läßt), stellt sich die Frage, ob man irgend etwas tun kann, um das Lernen aus dem Lesen zu unterstützen. Wir haben gesehen, daß man irrelevante Information eliminieren, d.h. auf den Kern der Sache kommen kann. Eine andere Maßnahme, einen schwierigen Inhalt verständlicher zu machen, besteht darin, Beispiele und Gleichnisse zu geben. Es ist nicht nötig, den Nachweis dafür zu geben, daß konkreter Stoff leichter verstanden wird als abstrakter. Es gibt reichlich Experimente, die beinahe jede abhängige Variable benützt haben, um zu zeigen, daß abstrakter verbaler Stoff über beinahe jeden Gegenstand schwieriger zu verstehen ist als konkreter. Die offensichtliche Folgerung daraus ist, daß man nicht mit konkreten Beispielen geizen sollte. Man kann versuchen, einer Klasse die Rolle der akustischen Einübung beim Kurzzeitgedächtnis beizubringen und dabei sehen, wie die Wörter auf taube Ohren stoßen. Sobald aber jemand sagt „Oh, Sie meinen das, was man tut, wenn man eine Telephonnummer abliest?" schaut jedes Gesicht verständnisvoll drein.

Manchmal sind konkrete Beispiele für sehr abstrakte Ideen sehr schwierig zu finden, und die Autoren müssen sich stark auf Umschreibungen stützen, welche die Kenntnisse des Lesers berücksichtigen. Die Umschreibung mit Metaphern ist besonders in der Wissenschaft eine häufig gebrauchte Methode. In der Psychologie gibt es viele (zu viele!) Beispiele: die Analogie der Telephonzentrale für die Konzeptualisierung des Nervensystems, die Röhren-Analogie (plumbing analogy) für einige motivationale Konzeptualisierungen und für ethnologische Systeme (z. B. Begriffe wie „Quelle" und „Drainage"), die Verdauungsanalogie für die PIAGET'schen Konzepte (z. B. „Ernährung", und „Assimilation") und „Bäume" und „Netze" für psycholinguistische Konzepte. Es gibt wohl kein wissenschaftliches Konzept, das keine Metapher hat. Vielleicht ist dies unvermeidlich, wenn man bedenkt, daß die fundamentale Quelle des Wissens über die Welt die Wahrnehmung ist – tatsächlich unsere einzige Quelle, es sei denn, wir akzeptierten die Annahme der angeborenen Ideen.

Oft machen die Autoren die Sache für den Leser schwierig, indem sie eine neue Terminologie erfinden. Die Einführung neuer Wörter mag notwendig sein, um der Verwechslung mit älteren Begriffsinhalten eines Wortes vorzubeugen, welche der Autor vermeiden will, weil er einen völlig neuen Gesichtspunkt einführen möchte. Er hat dafür ein geeignetes Mittel zur Verfügung, in diesem Fall ein Glossar. Ein Glossar konkretisiert die Begriffe nicht weiter, macht es dem Leser aber leicht, immer wieder nachzuschlagen, bis er die Begriffe kennt. Ein bekanntes Beispiel eines Psychologen, der viele neue Begriffe einführte und alte neu definierte, ist TOLMAN. Seinem Buch „Zielgerichtetes Verhalten bei Tieren und Menschen" (1932) (Purposive Behavior in Animals and Men, 1932) fügte er ein Glossar bei, ohne welches das Buch nicht verständlich wäre. Die Definitionen waren, wenn immer möglich, mit konkreten Bezügen versehen, wie das folgende Beispiel zeigt:

„*Manipulanda.* Manipulanda sind Charakteristiken von Objekten, die motorische Aktivitäten (Manipulationen) unterstützen (siehe Unterstützung des Verhaltens). Sie sind vom unabhängigen physikalischen Charakter der Objekte der Umwelt und von der Art des Reaktionsorgans des gegebenen Organismus abgeleitet. Sie sind Eigenheiten der Objekte der Umwelt wie Länge, Breite, Gewicht, Resistenz, Festigkeit, flüssiger Zustand usw. Diese Eigenheiten sind aber nicht als solche und an sich definiert, sondern in Ausdrücken der Reihenfolge und der Feinheit der Manipulationen, die sie bei einem gegebenen Organismus unterstützen. Sie sind ‚Draufstehbarkeiten', ‚Aufnehmbarkeiten', ‚Sitzgelegenheiten' usw. usw." (S. 448).

Aber „altes Wissen" wurde auch verwendet:

„*Kleinster Aufwand, Prinzip des.* Dieses Prinzip, das in verschiedenen Wissenschaften unter verschiedenen Namen auftaucht, bedeutet beim Studium des Verhaltens, daß die letzte Wahl zwischen alternativen Mitteln immer in Richtung eines minimalen Aufwandes physikalischer Energie tendiert.

Die These dieser Abhandlung ist, daß, wenn dies auch letztlich für das Verhalten wahr sein mag, es noch nicht bewiesen ist. Alles was man vorläufig tun kann, ist, in jeder Situationsdimension die Arten und Grade der Präferenzen, die experimentell aufgezeigt worden sind, aufzulisten" (S. 448).

Obwohl einige Ideen von Natur aus schwierig zu verstehen sind, interagiert der Stil mit dem Inhalt, wie wir oben bemerkt haben und kann das Verstehen des Inhaltes erleichtern. COLEMAN (1964) erreichte eine 25,2%ige Verbesserung des Verstehens (Beantworten von Fragen nach dem Lesen einer langen und schwierigen Prosapassage), indem er für einige Sätze einfachere Transformationen einsetzte. Er dachte, das Ausmaß der Verbesserung würde je nach Leser und Stoff variieren, schloß aber: „Diese Verbesserung ist dennoch erfreulich, denn die einzigen Änderungen, die gemacht wurden, betrafen die Funktions-Morpheme im grammatikalischen Rahmen: inhaltliche Morpheme wurden nicht durch weniger technische Synonyme ersetzt" (S. 187).

Graphische Mittel spielen eine Rolle sowohl bei der Klärung des Stils wie des Inhalts. Veranschaulichungen, wie etwa Beispiele, sind konkret oder wenigstens konkreter als ein sehr abstrakter Text. Veranschaulichungen variieren aber selber auf der Dimension Abstraktion-Konkretheit. Ein Schriftzeichen kann recht abstrakt sein und dennoch nützlich, weil es bezüglich des Textes redundant ist. Es vermittelt in visueller Form eine Repräsentation der verbalen Beschreibung oder sogar eines Konzeptes. Die Baumstrukturen illustrieren beispielsweise die Relationen innerhalb eines Satzes und geben dem Leser ein Bild der Struktur. Der praktische Wert von nicht bildhaften graphischen Illustrationen in wissenschaftlichen und populärwissenschaftlichen Texten ist schon dadurch erwiesen, daß sich die Forschung beharrlich darum bemüht, einen entsprechenden Ersatz für die Blinden zu finden.

In Zeitungen und vor allem in der Werbung werden typographische Merkmale des Textes manipuliert, um die Aufmerksamkeit des Lesers auf den entscheidenden Teil der Botschaft zu richten. Das Layout der Zeitungen und Prospekte ist eine bewußt gepflegte Kunst; aber vielleicht noch besser durchdacht ist das Design von Büchern. Die Variationen der Buchstabentypen, wie das Schreiben in Großbuchstaben und speziellen Schriften, fettgedruckte Buchstaben für die Titel usw. sind Mittel zum Zweck. Inwieweit sie aber einem Studenten helfen, muß noch erforscht werden.

Hershberger und Terry (1965) machten eine Studie über die Wirkung von typographischen „Fingerzeigen" sowohl bei konventionellen wie auch bei programmierten Texten bezüglich des Ausmaßes des Gelernten bei Schülern der achten Klasse. Der Text war eine Geschichtslektion, die für das Studium in verschiedenen Versionen präpariert wurde. Drei Versionen waren konventioneller Text und drei programmiert, wobei in Intervallen Fragebogen (quiz sheets) eingeschoben waren. Die Fragebogen enthielten Fragen über das Gelesene (Multiplechoice oder Vervollständigung) aber keine Antworten. Wenn der Schüler sie nicht beantworten konnte, mußte er zurückgehen und die Antwort suchen. Die wichtigste Variable war die typographische Form. Jede Version des Textes wurde in drei parallelen Formen vorbereitet. Eine enthielt außer denjenigen der Originalversion keine besonderen typographischen Hinweise. Eine zweite Version (einfache typographische Hinweise) unterschied das Wichtige vom weniger Wichtigen („enrichment") durch die Druckfarbe. Der wichtige Inhalt war rot gedruckt, der nicht unbedingt nötige Stoff, Beispiele usw., schwarz. Die dritte Version (komplexe typographische Hinweise) unterschied fünf Kategorien der eingeschätzten Wichtigkeit des Texts durch fünf Variationen der Typographie (Kombinationen von Unterstreichungen, Groß- und Kleinbuchstaben und verschiedenen Farben). Neue und ungewöhnliche Schlüsselwörter wurden beispielsweise alle in Großbuchstaben und rot gedruckt. Bekannte Schlüsselwörter und Aussagen wurden in Kleinbuchstaben rot und unterstrichen geschrieben usw., bis hin zu unwichtigen Aussagen, die in schwarzen Kleinbuchstaben gedruckt wurden.

Die komplexen typographischen Hinweise stellten sich weder für den programmierten noch für den konventionellen Text als wirksam heraus. Der Test, der nach dem selbständigen Studium gegeben wurde, schloß Fragen über den wichtigsten Inhalt wie auch über Nebensächlichkeiten ein. Die Kontrollgruppe (keine typographischen Hinweise) schnitt beim wichtigen wie beim nebensächlichen Stoff so gut oder besser ab als die Gruppe, die komplexe typographische Hinweise zur Verfügung hatte. Die einfachen typographischen Hinweise (Farbe der Buchstaben) brachten, verglichen mit den beiden andern Gruppen, eine bessere Leistung, und zwar beim wichtigen, nicht aber beim nebensächlichen Inhalt, bei dem die Leistung vergleichsweise sogar schwächer ausfiel. Während die einfachen Hinweise sowohl beim programmierten wie beim konventionellen Text das Lernen der wichtigen Items deutlich steigerte, war der Gewinn verglichen mit normalem Text doch nicht groß (ein Anstieg von 15.62 auf 16.56 korrekt beantwortete Fragen).

Der programmierte Text, der die Versuchspersonen beim Durchlesen abfragte, war besser als der konventionelle Text, und zwar ungeachtet der Typographie. Überprüfung nach dem Lesen einiger Seiten ist für das Lernen unter diesen Bedingungen von Wert. Es nützt auch, wenn sich der Lernende spontan selber prüft. Bei eingeschobenen Fragebogen nahm die Lesezeit der Studenten beträchtlich zu (verdoppelte sich). Das bessere Resultat wurde also nicht umsonst erreicht.

Maßnahmen für die Verbesserung des Lernens

Das Experiment von Hershberger und Terry hätte gut unter diesem Titel dargestellt werden können, weil begleitende Fragen eines der hauptsächlichsten Mittel für die Verbesserung des Lernens eines Studenten sind (ohne Änderung der Faktoren des Textes). Einige Experimente verwenden sogenannte „Hilfsfragen" („adjunct" questions). Dazu gehören diejenigen von Rothkopf und seinen Kollegen. Rothkopf (1965, 1968, 1969) prägte den Ausdruck „mathemagen" („mathemagenic"), um die Aktivitäten zu beschreiben, „die Lernen erzeugen" (1968, S. 116). Diese Aktivitäten schließen Aufmerksamkeit, Konzentration, Orientierung, Untersuchungsverhalten, Problemlösen, Erfinden von Einprägungshilfen und „andere Aktivitäten, die dem Denken gleichen“, ein. Wenn eine Versuchsperson von geschriebenem Material lernt, haben diese Aktivitäten die Funktion des Umsetzens (translation), der Segmentierung und des Verarbeitens. Die Umsetzung ist der mechanische Aspekt des Lesens (Absuchen, Dekodieren usw.). Die Segmentierung teilt den verbalen Stoff in Einheiten, wie z. B. syntaktische, ein; und die Verarbeitung schließt die anderen oben erwähnten Aktivitäten ein.

Ein typisches Experiment, das von diesem Ansatz abgeleitet ist, versuchte die Wirkung von „testähnlichen Ereignissen (testlike events)“ auf die Leistung in einem Nachtest zu messen (ROTHKOPF 1966, 1968; ROTHKOPF & BISBICOS 1967). Ein besonderes Merkmal der verwendeten Technik war, daß sie die Wirkung des direkten, wörtlichen Informationserwerbes aus Testfragen von den „mathemagenen“ Aktivitäten unterschied, welche die Versuchsperson von sich aus unternahm – im wesentlichen ein unspezifischer Trainingstransfer aus spontanen Lernaktivitäten. Man wählte lange Abschnitte eines Prosatextes aus, die viele Fakten enthielten (zwei Kapitel des Buches von Rachel CARSON „The Sea Around Us“). Aus dem Abschnitt wurden viele Fragen abgeleitet, die eine kurze Antwort verlangten. Die Fragen wurden so in zwei Untergruppen eingeteilt, daß kein direkter Transfer von den Antworten auf die Fragen der einen Gruppe zu den Fragen der anderen Gruppe möglich war. Dies wurde geprüft, indem man Versuchspersonen Antworten auf alle Fragen der einen Gruppe geben ließ und sie dann versuchen mußten, die Fragen der anderen Gruppe zu beantworten. Da sich aus diesem Vorgehen kein direkter Transfer ergab, konnte die eine Gruppe dieser Fragen als Hilfsfragen (adjunct question) während der Lernzeit und die andere als Nachtest verwendet werden um zu sehen, ob eine generelle Verbesserung des Lernens stattfand.

Ein Experiment wurde wie folgt durchgeführt. Die Versuchspersonen (College-Studenten) lasen einen langen Prosatext, wobei zwei schriftliche Fragen jeweils nach drei Seiten eingefügt waren. Es gab drei hauptsächliche Bedingungen: Eine Experimentalgruppe bekam Fragen über das, was sie anschließend *gerade lesen* würde; die andere bekam Fragen über das, was sie *gerade gelesen hatte*; und eine Kontrollgruppe bekam keine eingeschobenen Fragen. Zusätzlich zu dem, was die Versuchspersonen selber aus der Beantwortung der Fragen ableiten konnten, wurden keine Resultate vermittelt. Nach dem Studium wurden zwei Tests durchgeführt. Der eine maß den direkten Effekt der Hilfsfragen selber. Der andere gab die Fragen, welche die Versuchspersonen nicht gesehen hatten, um zu sehen, ob die eingeschobenen Fragen einen generellen Effekt auf das Lernverhalten hatten.

Abbildung 11–3 zeigt die Resultate des Nachtests. In der linken Hälfte der Darstellung werden die Resultate der drei Gruppen bezüglich der Fragen verglichen, die nicht zu den Hilfsfragen gehörten. Die

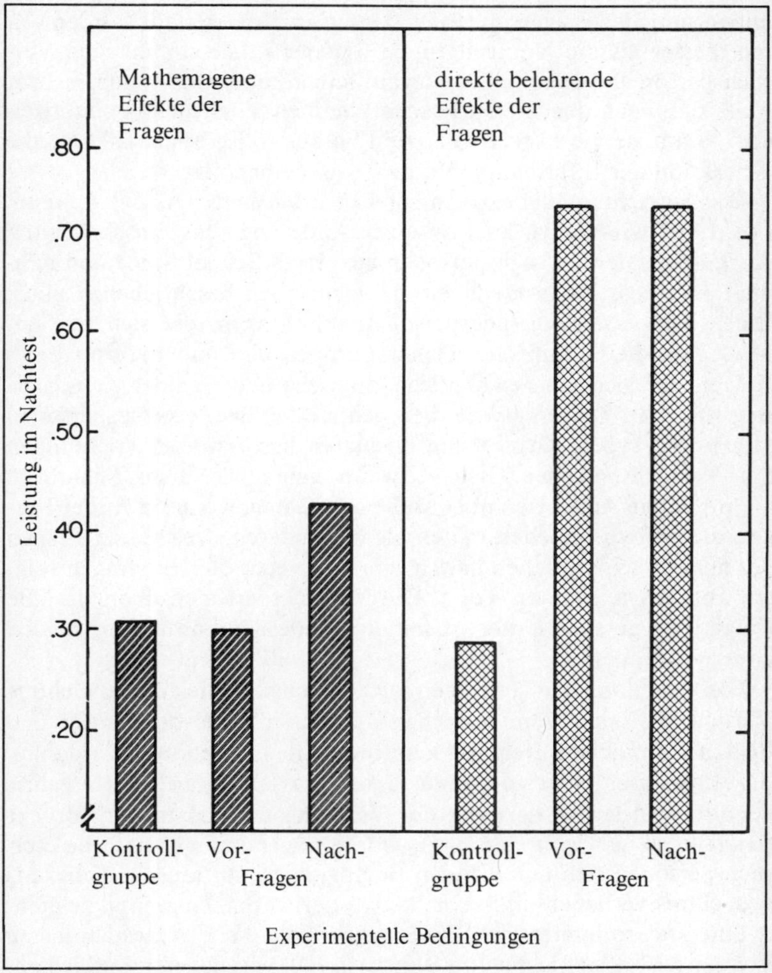

Abbildung 11–3. Resultate eines Nachtests. Vergleich der Effekte von Hilfsfragen, die in einen Text entweder vor oder nach relevanten Abschnitten eingeschoben wurden. Aus: ROTHKOPF 1968, S. 123.

Experimentalgruppe, welche die Fragen beantwortet hatte, die sich auf die drei gelesenen Seiten bezog, schnitt bedeutend besser ab als die andern beiden Gruppen, die sich nicht unterschieden. So wurden die „erleichternden mathemagenen Verhaltensweisen“ (1968, S. 122) nur von den Fragen gefördert, die nach dem gelesenen Text gestellt wurden. Beide Experimentalgruppen waren wie erwartet bei der Beantwortung der Fragen, die ihnen bereits im Text gestellt worden waren, besser als die Kontrollgruppe. Offensichtlich nimmt eine Versuchsperson alle Fakten, die relevant sein können, auf, wenn sie zwar weiß, daß nach dem Lesen Fragen kommen, aber nicht genau, welche. Wenn sie die Fragen aber zum voraus weiß, beschränkt sie die Extraktion der Information auf das, was sie benötigt.

Die Ausrichtung der experimentellen Fragen (ROTHKOPF & BISBICOS 1967) wirkte sich auch in einer Änderung und Einschränkung des Lernens der Versuchspersonen aus. High-School Studenten nahmen an einem Experiment teil, das dem oben beschriebenen glich. Eine Gruppe der Versuchspersonen sah Fragen, die sich nur auf Maße (wie die Distanz oder Daten) bezogen; eine andere Gruppe sah Fragen, die sich auf gewöhnliche englische Wörter oder technische Begriffe (z. B. *Taucherglocke*) bezogen; und einige Versuchspersonen sahen alle Typen. Die Fragen erzeugten bestimmte Ausrichtungen der Versuchspersonen. Beispielsweise gaben sie beim Schlußtest mehr richtige Antworten über Maße und Daten, wenn sie vorher Fragen dieses Typs gesehen hatten als die anderen, welche die Fragen des andern Typs gesehen hatten (vorausgesetzt, die Hilfsfragen folgten auf den relevanten Text). Die Versuchspersonen aber, die alle Fragetypen gesehen hatten, schnitten geradeso gut ab wie die beiden andern Gruppen.

Die Verteilung der Testfragen im Text scheint eine andere wichtige Variable zu sein. Wenn zwischen der Präsentation des Stoffes und dem „testähnlichen Ereignis“ kein Intervall eingeschoben wurde und die Antwort zu einer gut voraussagbaren konzeptionellen Kategorie gehörte, wurde die Leistung der Versuchspersonen niedergedrückt (ROTHKOPF & COKE 1963). Es wurde angenommen, daß die Versuchspersonen sich unter diesen Bedingungen nur auf das Kurzzeitgedächtnis verließen und keine aktive Lernverhaltensweisen zeigten.

Eine andere interessante Frage betrifft die Art des „testähnlichen Ereignisses“. ROTHKOPF und BLOOM (1970) verglichen mündlich gestellte Fragen mit schriftlichen. Die Gruppe, der ein Versuchsleiter Fragen mündlich stellte, schnitt in einem Kriterientest (mit Fragen, die sich auf den Text bezogen, aber vorher nicht gestellt worden waren) besser ab. Die Versuchspersonen waren High-School Studenten. Sie gaben bei der mündlichen Version die Antwort direkt dem Versuchsleiter und schrieben sie bei der anderen auf. Die persönliche Interaktion hatte offensichtlich eine Wirkung. Die Situation war aber etwas ungewöhnlich, weil die Versuchsperson in einer Zelle isoliert war und das Material auf Dias projiziert wurde.

Wie steht es mit dem Durchhalten des aktiven Lernverhaltens (mathemagene Aktivitäten), wenn zwar Hilfsfragen gestellt, diese aber in gewissen Textabschnitten ausgelassen werden? ROTHKOPF (1968) berichtet von Resultaten eines Experimentes, wo Hilfsfragen in gewissen Abschnitten eingeschlossen und in andern ausgelassen waren. Ein Nachtest erlaubte die Bewertung der Leistung bezüglich der verschiedenen Textabschnitte. Die Resultate der Messung (sowohl der Inspektionszeit wie des Lernens) zeigten, daß die Lernaktivitäten weniger wirksam waren, wenn die Fragen ausgelassen wurden; die Lernaktivitäten nahmen offenbar ab, wenn die äußere Unterstützung ausblieb.

Wir führen noch ein anderes Experiment über die Hilfsfragen an, weil die Versuchspersonen Kinder waren (im Gegensatz zu den oben geschilderten Studien). Vier Altersgruppen (dritte bis sechste Klasse) wurden verglichen (FARLEY & EISCHENS 1971). Zwei Abschnitte mit Prosamaterial wurden vorbereitet. Der Inhalt war derselbe für alle vier Klassen. Der dritten und vierten Klasse gab man aber eine leichte Version mit kurzen, einfachen Sätzen. Die Klassen 4, 5 und 6 hatten neun Hilfsfragen, die im ersten Abschnitt eingeschoben waren und sechs im zweiten (dem wichtigsten Testabschnitt). Ein Nachtest mit 25 Fragen wurde durchgeführt, wobei kein Item sich mit einer Hilfsfrage überschnitt. Er wurde unmittelbar nach der Leseperiode und dann wieder eine Woche später durchgeführt. Die dritte Klasse war in acht Gruppen eingeteilt, und die Anzahl der ihnen gestellten Hilfsfragen variierte (0 bis 9 im ersten Abschnitt und 0 bis 6 im zweiten). Bei den drei älteren Gruppen war die Leistung bei beiden Nachtests besser, wenn die Hilfsfragen in den Text eingefügt waren, als wenn keine Hilfsfragen gestellt wurden. Die Resultate für die dritte Klasse waren unklar. Nur eine Gruppe (mit neun Hilfsfragen im ersten Abschnitt und drei im zweiten) war besser als eine andere (nicht die Gruppe, die keine Hilfsfragen bekommen hatte). Es gab einige Anzeichen dafür, daß Hilfsfragen zu dicht gestellt werden können, um einen optimalen Wert zu haben (siehe auch FRASE 1969a).

Bisher ist wenig über die *Art* der Hilfsfragen gesagt worden, die in den Text eingeschoben werden. Offensichtlich könnte das, wonach der Leser gefragt wird oder wozu er aufgefordert wird, eine wichtige Rolle spielen, bei was und wieviel er lernt. WATTS und ANDERSON (zitiert bei FRASE 1972) fanden Anzeichen dafür, daß Fragen, welche die Anwendung von Prinzipien auf neue Beispiele verlangten, bessere Leistungen im Nachtest erzielten als Fragen, welche die Identifikation von Namen verlangten. Die Anwendung des Wissens auf neue Beispiele ist eine altehrwürdige Lehrmethode, für die es mindestens zwei gute Gründe gibt: sie verlangt, daß die Aufmerksamkeit auf die wichtigen Prinzipien gerichtet werde, und sie hält den Studenten dazu an, sein Verständnis zu überprüfen.

Zusätzlich zu den auf den Text bezogenen Fragen sind einige andere Maßnahmen, die das Lernen verbessern können, untersucht worden. KULHAVY (1972) gab Versuchspersonen Prosatexte, in welchen Testeinheiten („testable units") entweder unterstrichen oder vollständig mit schwarzer Tinte übermalt waren. Diese Items waren in einem Test enthalten, der ebensoviele andere Fragen enthielt, die in keiner Weise besonders hervorgehoben worden waren. Die übermalten Items erschienen an anderer Stelle im selben Abschnitt wieder, so daß die Versuchspersonen eine Basis für die Ergänzung der fehlenden Items hatten und nicht einfach vom Kontext her raten mußten. Es gab drei Instruktionsarten. Die Versuchspersonen mit der *offenen* Bedingung schrieben die hervorgehobenen Items (sowohl unterstrichen wie auch übermalt) am Fuß der Instruktionsseite nieder, die sie gerade lasen. Die Versuchspersonen mit der *verdeckten* Bedingung wurden aufgefordert, das Material zu lesen und die Aufmerksamkeit auf die hervorgehobenen Items zu richten. Die Versuchspersonen der Kontrollgruppe hatten einen unveränderten Text vor sich. Nur eine Gruppe, nämlich diejenige mit verdeckten Instruktionen und den unterstrichenen Items, schloß im Test der Wiedergabe besser ab als die andern. Die offene Reaktion beim Lesen unterbrach offenbar den Leseprozeß. Das Übermalen eines Items – auch wenn von der Versuchsperson nicht verlangt wurde, etwas damit anzufangen – verbesserte ihre Lernaktivitäten nicht.

Die Wirkung eines kurzen Titels oder eines Themas als Hilfe für die Versuchspersonen, einen Prosatext zu verstehen, wurde von DOOLING und LACHMAN (1971) und DOOLING und MULLET (1973) untersucht. Es wurden zwei Kurzgeschichten von je 77 Wörtern zusammengestellt, die ein vertrautes Thema hatten (z. B. die Entdeckung Amerikas durch Christoph Columbus). Das Aufnehmen der Bedeutung wurde durch die Wortwahl schwieriger gestaltet (z. B. wurde anstatt von den Namen der drei Schiffe, welche die Reise unternahmen, von „drei stämmigen Schwestern" gesprochen). Drei Versionen jedes Textes wurden angefertigt: eine mit korrekter Syntax und intakten Sätzen; eine mit einer zufälligen Anordnung von Phrasen und eine mit einer zufälligen Anordnung von Wörtern. Die Wörter wurden einzeln auf Karten geschrieben. Der einen Hälfte der Versuchspersonen wurde vorher das Thema bekannt gegeben, der andern Hälfte nicht. Die Leserate wurde mit Klicktönen gesteuert, wobei alle 1.5 Sekunden ein Wort gelesen werden mußte. Nach dem Lesen wurden die Versuchspersonen mit der freien Wiedergabe oder einem Wiedererkennungstest getestet (ob ein Wort im Text vorgekommen war oder nicht).

Sowohl die Vorkenntnis des Themas wie der syntaktische Zusammenhang verbesserte das Ausmaß der Wiedergabe. Beim Wiedererkennungstest machte die Vorkenntnis des Themas keinen großen Unterschied in der Gesamtleistung aus. Wenn jedoch nur die Wörter berücksichtigt wurden, die stark mit dem Thema verbunden waren, wurden mehr Wörter korrekt erkannt von der Gruppe, die das Thema kannte, und zwar besonders, wenn das Material in der korrekten Satzordnung gegeben wurde. DOOLING und MULLET (1973) führten ein ähnliches Experiment durch, indem sie einer Gruppe von Versuchspersonen den Titel gaben, bevor diese einen Text lasen. Einer zweiten Gruppe wurde der Titel nach dem Lesen des Textes mitgeteilt, und eine dritte bekam den Titel nicht zu wissen. Die freie Wiedergabe nach dem Lesen des Textes war bei der Gruppe besser, die den Titel vor dem Lesen vernommen hatte. Die andern beiden Gruppen unterschieden sich nicht. Um die Wiedergabe zu verbessern, mußte das Thema beim Lesen verfügbar sein. Das bessere Verstehen während des Lesens war wahrscheinlich die Ursache der verbesserten Wiedergabe.

Eine motivationale Maßnahme zur Verbesserung der Leserate besteht darin, den Leser für die Geschwindigkeit oder Genauigkeit zu belohnen. In einem Experiment fand man heraus, daß äußere Verstärkungen für die Lesegeschwindigkeit die Leserate um 50% verbesserte, wobei das Leistungsniveau im Nachtest erhalten blieb (MCCONKIE, RAYNER & MEYER 1971).

Eine andere Studie kombinierte Belohnung (payoff) mit verschiedenen Fragetypen, welche in einem Posttest gestellt wurden (MCCONKIE, RAYNER & WILSON, im Druck). Sechs Abschnitte, die bezüglich der Lesbarkeit gemacht waren, wurden von Studenten gelesen. Im Nachtest wurden nur die Fragen variiert, wobei jede Versuchsperson nur die Serie mit einem Fragentyp beantwortete. Die Fragen waren:

1. Tatsachenfragen, die spezifische, im Text ausdrücklich erwähnte Informationen testen sollten.
2. Zahlfragen, welche das Behalten der numerischen Information testeten.
3. Strukturfragen, wie z. B. nach der Stelle, an welcher ein bestimmter Gegenstand im Text erwähnt wurde und dem relativen Zeitaufwand, den man für diesen Gegenstand benötigte.
4. Fragen höherer Ordnung A: Der Leser wurde aufgefordert, einen Titel und die wichtigste Aussage des Autors zu nennen.
5. Fragen höherer Ordnung B: Der Leser gab einen Titel, die wichtigste Aussage und beantwortete drei weitere Fragen, welche Folgerungen aus dem Text verlangten.
6. Wiedererkennungsfragen, bei welchen der Leser zu entscheiden hatte, ob ein Wort oder eine Phrase im Text erschienen war.

Einer siebten, kombinierten Gruppe wurde von jedem Typus eine Frage gestellt. Der Versuchsperson wurde gesagt, ob die Antwort richtig war. Zudem erhielt sie Punkte für die Geschwindigkeit, mit der sie eine korrekte Reaktion zeigte. Die Punkte konnten später in Geld umgetauscht werden. Nach dem sechsten Abschnitt erhielten alle Versuchspersonen denselben Schlußtest, der aus jeweils fünf Fragen aller sechs Typen bestand.

Die Gruppe der Versuchspersonen, die aufgefordert worden war, auf die numerische Information zu achten, las den letzten Abschnitt schneller als alle andern Gruppen. Die Fragen höherer Ordnung und die kombinierten Fragen führten zum langsamsten Lesen. Die Gruppen unterschieden sich im Schlußtest in der Gesamtleistung d. h. bezüglich der Anzahl korrekt beantworteter Fragen nicht. Man könnte erwarten, daß nach dem Lesen des ersten Abschnittes und dessen Testfragen die Studenten beim weiteren Lesen selektiv den Typ der Information aufnehmen würden, der im Test benötigt worden war, denn wie ROTHKOPF und BISBICOS (1967) ja herausgefunden hatten, erzeugen Hilfsfragen ein Lernen, das mit den Kategorien der Fragen übereinstimmt. In dieser Studie waren die Gruppen jedoch nicht unbedingt bei der Beantwortung der Fragen besser, über die sie gelesen hatten. Interessanterweise entwickelten die Versuchspersonen, die lasen, um Schlußfolgerungen über den Stoff zu ziehen, eine Strategie des Beachtens der faktischen Details. Vielleicht wollten sie von den Details auf den Sinn der Fragen schließen. Vielleicht geben aber Fragen nach Folgerungen einfach wenig Hinweise für das selektive Lesen.

In einem folgenden Experiment der Autoren (McConkie et al., im Druck) wurde die Geschwindigkeit nicht betont, d.h. die Versuchspersonen wurden für korrekte Antworten ungeachtet der Geschwindigkeit belohnt. Es überrascht nicht, daß sie dann langsamer lasen und höhere Werte erzielten. Es gab kein spezifisches Gedächtnismuster, welches auf die Natur der Fragen zurückzuführen war. Die langsamere Rate erlaubte den Lesern, zusätzlich zu den Typen, auf welche die Fragen zielten, mehr beiläufig vermittelte Information aufzunehmen.

Die vorangehenden Experimente haben alle versucht, die Lernaktivitäten der Versuchspersonen während des Lesens zu beeinflussen. Wir kommen nun auf die Frage zu sprechen, welche kognitiven Strategien eine Person spontan beim Lesen benützt – vorausgesetzt, daß sie etwas lernen möchte. Wir können die Antwort gut geben, wenn wir über unser eigenes Leseverhalten nachdenken. Wir suchen nach Schlüsselwörtern, thematischen und zusammenfassenden Sätzen und unterstreichen diese vielleicht (wenn uns das Buch gehört). Wir schreiben Schlüsselbegriffe an den Rand. Wir fassen zusammen und machen Notizen. Smirnov und Zinchenko (1969) berichten von einigen Forschungen über die semantischen Gruppierungen, die Schulkinder beim Lesen machten. Smirnov ließ Kinder von der zweiten Klasse an Texte von verschiedener Struktur und Länge lesen und sich einprägen. Bei den Kindern der zweiten Klasse fand er keine bewußte semantische Gruppierung, und bei den Schülern der vierten bis sechsten Klasse nur wenig. Die Schüler der achten Klasse verwendeten einige Einprägetechniken planmäßiger und bewußter. Intelligente semantische Gruppierungen erschienen früher, wenn auch nicht bewußt. Der aktive Einsatz und die Erkenntnis, daß Klassifikation anhand der Bedeutung ökonomisch ist, sind die Prozesse, die sich entwickeln und reifen. Wir haben vorher die Rolle der „Bewußtseinserweiterung" bei der phonologischen Wahrnehmung und der Grammatik besprochen. Auch beim Verstehen der Bedeutung geschieht etwas ähnliches. Das Kind versteht, was gemeint ist, weiß aber noch nicht, daß es mit seinen Kenntnissen bewußt und ökonomisch umgehen kann. Smirnov sagt es so: „... obwohl sie zu den Fähigkeiten der Schüler gehört, ist die semantische Gruppierung noch nicht eine Einprägetechnik geworden ... Die semantische Gruppierung eines ungruppierten Texts bereitet ausnehmend große Schwierigkeiten und benötigt sogar bei vielen älteren Schülern die Hilfe des Versuchsleiters" (S. 480).

Wir haben im vorangehenden Kapitel im Zusammenhang mit der Diskussion der Entwicklung des Verstehens beim Übergang zum geübten Lesen die Schlußfolgerung als ein Ergebnis des Lesens diskutiert. Vor allem die Arbeit von FRASE (1972) betrifft diesen Gegenstand. FRASE hat ähnliche Experimente auch mit erwachsenen Lesern durchgeführt. Er untersuchte, inwieweit der erwachsene Leser über die Information des Textes hinausgeht. Wie oft kombinieren Leser die Informationen neu und in einer nützlichen Art? FRASE sprach von *Kenntnisstufen* als dem Produkt der Kombinationsprozesse. Stufe eins war einfach die Information, welche im Text gegeben war. Stufe zwei verlangte die Verarbeitung zweier Sätze des Textes, um zu einer Schlußfolgerung zu kommen usw. In einem typischen Experiment wurde ein Text zusammengestellt, aus welchem verschiedene Stufen der Schlußfolgerungen erzeugt werden konnten. Nach dem Lesen des Textes wurde der Leser getestet, indem man ihn aufforderte zu beurteilen, ob eine bestimmte Aussage sich aus dem Text ergebe oder nicht.

Man gab den Versuchspersonen verschiedene Texte, denen Sätze vorangestellt waren. Die Versuchspersonen wurden aufgefordert, während des Lesens der Texte zu entscheiden, ob die Sätze gültige Schlußfolgerungen seien. Nachdem alle Texte gelesen worden waren, wurden sie entfernt und die Versuchspersonen aufgefordert, alles niederzuschreiben, woran sie sich erinnern konnten. Dazu gehörten auch alle Folgerungen, die sie ziehen konnten. In einigen Fällen wurden auch Wiedererkennungstests durchgeführt, die sowohl gültige wie auch ungültige Behauptungen enthielten, welche verbale Klassen des Textes kombinierten. Die Resultate des Wiedergabetests zeigten, daß viel mehr Behauptungen des ersten Niveaus (die nur einen Satz erforderten) produziert wurden als solche, die Schlußfolgerungen aus zwei Sätzen verlangten. Je höher das Niveau der Behauptungen war, desto weniger tauchten sie in den Protokollen auf. Die Versuchspersonen waren fähig, Sätze zu geben, die im Text enthalten waren, generierten aber sehr wenige Behauptungen eines höheren Niveaus.

Zwei Experimente untersuchten die Wirkung der Verifikation von Aussagen auf verschiedenen Komplexitätsniveaus während des Lesens. Beide wiesen darauf hin, daß mit zunehmendem Niveau der Aussagen, die verifiziert werden mußten, mehr wiedergegeben wurde, wahrscheinlich weil bei den Aussagen des höhern Niveaus mehr Text geprüft werden mußte, damit sie verifiziert werden konnten. Es gab aber eine starke Tendenz, mehr Aussagen des Textes als Schlußfolgerungen zu produzieren. Zudem hatte das Aussagenniveau, das

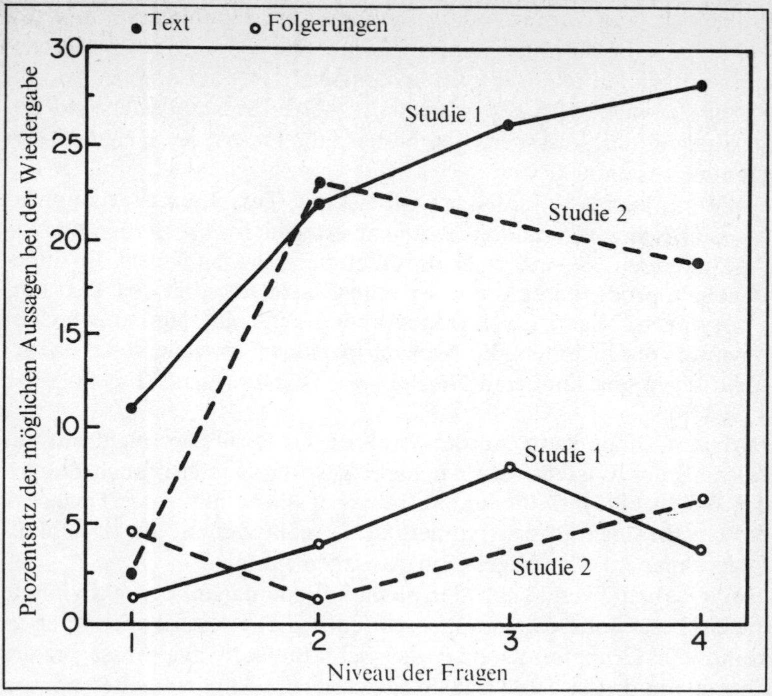

Abbildung 11–4. Produktion des Textes und die Folgerungen als Funktion des Fragenniveaus. Aus: FRASE 1972, in CARROLL und FREEDLE, S. 344.

während des Lesens verifiziert werden mußte, geringe Wirkung auf diese Differenz. Abbildung 11–4 illustriert beide Trends. Die Ergebnisse für die Anzahl der wiedergegebenen Folgerungen liegen sehr tief, wenn man bedenkt, daß die Versuchspersonen während des Lesens mit den möglichen Folgerungen konfrontiert worden waren.

Die Methode, mit der getestet wurde, konnte natürlich etwas ausmachen. FRASE fand in anderen Experimenten, daß sich zwischen Wiedererkennen und Wiedergabe ein Unterschied zeigte, wenn die Versuchspersonen die Gültigkeit von Textaussagen und Schlußfolgerungen beurteilen sollten: Das Wiedererkennen war besser. Die Analyse der wiedergegebenen Textitems zeigt, daß das Problem (die zu verifizierende Aussage) eine Wirkung auf die Wiedergabe hatte, denn die am häufigsten wiedergegebenen Items waren Komponenten einer

Problemslösung. FRASE untersuchte auch die Satzfolge und ihre Beziehung zur Schlußfolgerung und Wiedergabe, wenn den Versuchspersonen ein gut oder schlecht strukturierter Text vorgegeben wurde. Besser strukturierte Texte brachten bessere Kombinationen und Beurteilungen der Aussagen. Am besten faßt FRASE seine eigenen Ergebnisse zusammen:

> „Es war auch klar, daß das Ordnen eines Textes, um Verknüpfungen zwischen verwandten Sätzen zu erleichtern, die Lernergebnisse des höheren Niveaus wahrscheinlich beeinflussen würde. Im allgemeinen produzierten die Leser selten Sätze, die über den Text hinausgingen. Wenn die Struktur aber irgendwie sichtbar gemacht wurde, produzierten die Versuchspersonen so viele (oder mehr) Aussagen eines höheren Niveaus wie Textaussagen" (FRASE 1972, S. 348).

In diesem Sinne kann mit der Struktur des Lerntextes nicht nur das Ausmaß des Wissens, das ein Leser gewinnt, sondern auch die Art des Wissens beeinflußt werden. Je besser die Struktur des Textes ist, desto wahrscheinlicher stimuliert sie Lernaktivitäten, die zu Schlußfolgerungen aus den gegebenen Aussagen führen.

Wir haben zwei Typen der potentiell spontanen Lernaktivitäten, die ein Leser betreiben kann, beschrieben: Die Klassifikation oder semantische Gruppierung oder das Schlußfolgern aus Aussagen des Textes. Ein dritter Typ ist ebenso wichtig: die Anpassung des eigenen Lesestils an die Schwierigkeit sowohl des Inhalts als auch der strukturellen Merkmale des Textes. ROTHKOPF (1972) hat die Fähigkeit des Lesenlernenden untersucht, seine Art des Überprüfens den Merkmalen des Textes anzupassen. Es wurden zwei Versionen eines langen Textes über Thailand zusammengestellt, deren Inhalt grundsätzlich derselbe war. Die Lesbarkeit wurde aber geändert, indem man die durchschnittliche Satzlänge und Anzahl der Silben pro Wort variierte. Die eine Hälfte der Versuchspersonen las die ersten zehn der neunzehn Abschnitte in der normalen Version. Die andere Hälfte las sie zuerst in der schwierigeren. Die eine Hälfte jeder Gruppe las dann in der anderen Version weiter, die andere Hälfte beendigte den Text in der Version, in der sie zu lesen begonnen hatte. Jeder Abschnitt wurde auf einem Diapositiv gezeigt. Die Lesezeit (selber gesteuert), welche die Versuchsperson für jedes Dia benötigte, wurde gemessen. Nach dem Lesen wurde ein Test durchgeführt.

Abbildung 11–5 zeigt die Lesegeschwindigkeit. Der normale (leichte) Text wurde bei den ersten zehn Abschnitten viel schneller gelesen als der schwierigere. Die Versuchspersonen waren fähig, sich an die

Schwierigkeit des Stiles anzupassen, indem sie ihre Lesegeschwindigkeiten wechselten. Beim Lesen der normalen Abschnitte (Versuche 11–19, rechts) erreichten die Versuchspersonen, die mit dem schwierigen Text begonnen hatten, trotz abnehmender Lesegeschwindigkeit nicht die Rate der Leser, welche mit der normalen leichteren Version begonnen hatten. Mit anderen Worten: es bestand eine gewisse Tendenz, an der Rate festzuhalten, obwohl auch eine beträchtliche Anpassung stattfand. Diese Versuchspersonen lernten aber, wie es sich im Nachtest zeigte, auch etwas besser als diejenigen, die mit der normalen leichten Form begannen.

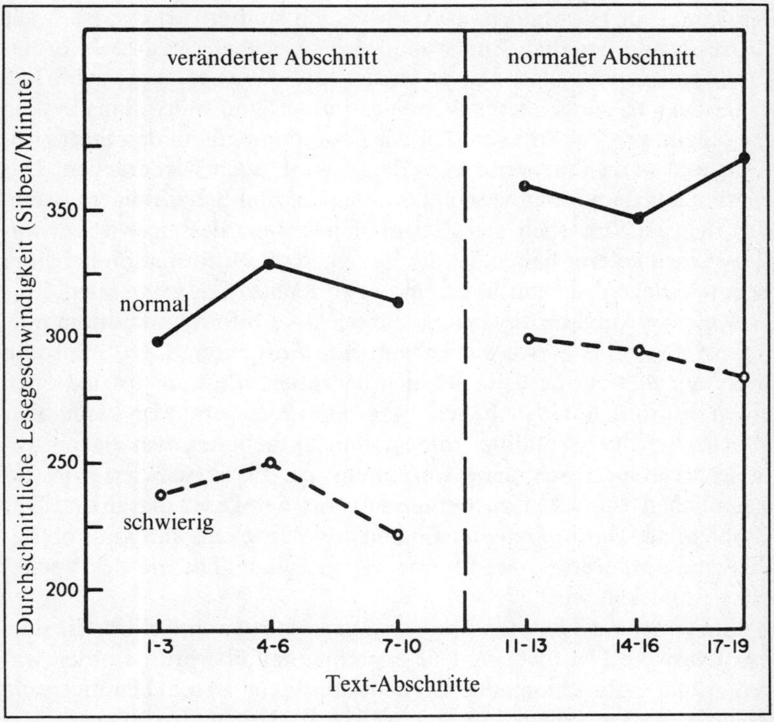

Abbildung 11–5. Durchschnittliche Lesegeschwindigkeit in Silben pro Minute bei sukzessiven Textsegmenten. Die Daten der linken Hälfte der Darstellung betreffen zwei Gruppen, die verschieden schwierige Texte lasen. Die Daten rechts betreffen zwei Gruppen, die denselben durchschnittlich schwierigen Text lasen. Aus: ROTHKOPF, in CARROLL und FREEDLE 1972, S. 323.

Die Anpassungsfähigkeit des Lesers wird im nächsten Kapitel über die theoretischen Modelle des Leseprozesses noch einmal unterstrichen. Die Anpassung des Lesens an den Inhalt und den Stil steht auch mit dem Ziel des Lesers in Wechselwirkung. Dieses ist oft – aber bei weitem nicht immer – das Lernen.

Zusammenfassung

Eines der wichtigsten Ziele der Leser ist das Lernen aus dem Text. Das Lernen aus einem Text betrifft nicht das mechanische Auswendiglernen, nicht einmal die Art des verbalen Lernens, die in den letzten Jahren in Laboratoriumsexperimenten studiert worden ist. Viele Prozesse sind beteiligt. Zuerst muß der Leser die relevante Information extrahieren – das, was er wissen muß. Was er ausgewählt hat, muß dann an sein früheres Wissen assimiliert und sinnvoll ins System eingepaßt werden. So kann sich der Leser dann gut an den Stoff erinnern und kann ihn, wenn es verlangt wird, auch wiedergeben. Das Lernen aus dem Lesen verlangt oft Denken und Schlußfolgern, wenn das richtige Verstehen das Ziel ist. Die Essenz dessen, was wir aus dem Lesen gelernt haben, ist die Fähigkeit, die Information bei einer neuen Gelegenheit und in einem neuen Kontext zu verwenden.

Die erste Aufgabe des Lesers, die selektive Informationsentnahme, impliziert, daß er weiß, was er will, eine Einstellung („set") hat und mit einer Absicht liest. Es hat sich herausgestellt, daß Instruktionen einen Einfluß auf das haben, was ein Leser lernt. Er kann aber gleichzeitig auch zufällige Information aufnehmen, was davon abhängt, wie spezifisch seine Einstellung ist. Es ist schwierig, in anschaulichen Einheiten zu definieren, was der Leser extrahiert. Das Problem der Definition einer Einheit des Verstehens kann nur befriedigend gelöst werden, wenn eine befriedigende Theorie des Verstehens entwickelt wird.

Einige neuere Theorien des Verstehens wurden diskutiert, die darum ausgewählt wurden, weil sie experimentell überprüft worden waren. Eine Erforschung des Lernens aus dem Lesen benötigt eine Theorie des Verstehens, die sagt, welche Einheiten als abhängige Variablen gemessen werden und welche unabhängigen Variablen zu manipulieren sind. Gegenwärtig werden zwei Typen von Verstehensmodellen entwickelt. Der eine ist von der Analyse der Informationsverarbeitung abgeleitet, der andere von der Analyse des Diskurses – im wesentlichen ein linguistischer Ansatz. Es sind Beispiele für beide gegeben worden. Die Studien von TRABASSO und CLARK illustrieren ein Informationsverarbeitungsmodell, und diejenigen von DAWES und FREDERIKSEN zeigen Modelle, die von der Analyse des verbundenen logischen Diskurses abgeleitet sind. Letztere versprechen, wenn sie genügend verfeinert und spezifiziert werden können, viel für die zukünftige Forschung. Es wurden auch Experimente beschrieben, die im Kontext beider Modelle durchgeführt wurden.

Die Messung des Verstehens wurde auf viele Arten versucht. Sie hängen mit der Auffassung des Forschers von den Informationseinheiten, an denen er interessiert ist, zusammen. Die verwendeten Aufgaben verlangten subjektive Berichte, Beurteilung über wahr oder falsch, das Ausführen von Anweisungen, das Ergänzen fehlender Wörter und die Wiedergabe entweder wörtlich oder paraphrasiert, verschlüsselt oder nicht. Alle diese Messungen müssen sorgfältig bezüglich ihrer Gültigkeit als Maße des Verstehens erwogen werden.

Der wichtigste, nämlich der Schlußabschnitt dieses Kapitels, befaßte sich mit den Faktoren, welche das Verstehen und das Behalten beeinflussen, besonders mit jenen, die das Lernen aus dem Lesen erleichtern. Diese Faktoren können in zwei große Klassen eingeteilt werden: einerseits Faktoren, welche dem Text inhärent sind und andererseits Maßnahmen, die von einem Programmierer stammen (Instruktionsmaßnahmen) oder Aktivitäten, welche der Leser von sich aus einsetzt. Die dem Text inhärenten Faktoren schließen den linguistischen Stil ein, der früher als Lesbarkeit, in jüngerer Zeit aber in linguistischen Begriffen wie der grammatikalischen Struktur beschrieben worden ist. (Beispiel: Verwendung einer bestimmten Oberflächentransformation statt einer möglichen anderen.) Die Struktur des Diskurses, der über den Satz hinausgeht, z. B. die Struktur des Abschnittes, hat sich als wichtig für das Verstehen herausgestellt. Bis heute sind aber die entsprechenden Untersuchungen selten, besonders Studien über den Diskurs, der länger ist als ein Abschnitt. Die bisherige Forschung ist sich darüber einig, daß das Lernen von längeren Texten zwar vom Stil beeinflußt wird, daß aber semantische Relationen eine äußerst gewichtige Rolle spielen.

Der Inhalt – das, was gesagt wird – spielt offensichtlich eine Rolle bei der Lernbarkeit. Einige Ideen sind an sich schwieriger als andere, vielleicht wegen ihrer Abstraktheit. Konkrete Beispiele, Illustrationen und Metaphern sollten helfen, wenn wir vom Lernen im Laboratorium extrapolieren können, wo die bildhafte Vorstellung sich als eine Hilfe für das Erinnern herausgestellt hat. Typographische Gestaltung des Textes hilft wahrscheinlich auch, die Aufmerksamkeit des Lesers auf die wichtigen Ideen und Konzepte zu richten.

Unterrichtliche Maßnahmen zur Verbesserung des Lernens, wie Hilfsfragen, die in Intervallen im Text eingeschoben werden, sind weitgehend erforscht worden, und es ist klar, daß sie (mit einigen Vorbehalten) hilfreich sein können. Die Hilfe durch „testähnliche Ereignisse“, die in den Lernprozeß eingeschoben werden, ist wahrscheinlich dann am größten, wenn die Tests nicht zu häufig sind und dem betreffenden Stoff *folgen* statt ihm voranzugehen.

Das Lernen aus dem Lesen wird auch wesentlich (vielleicht am wesentlichsten) durch die spontanen Aktivitäten des Lesers beeinflußt. Diese Aktivitäten enthalten das Klassifizieren (semantisches Gruppieren), das Schlußfolgern aus gegebenen Aussagen des Textes und die Anpassung des Lesestils und der Lesegeschwindigkeit an die Natur des Textes (dessen relative Schwierigkeit punkto Inhalt und Stil) sowie an das Ziel des Lesers. Diese Verhaltensweisen kennzeichnen nur einen wahrhaft reifen Leser; wir brauchen weitere Untersuchungen darüber, wie sie sich entwickeln.

Kapitel 12
Modelle des Leseprozesses beim reifen Leser

Miss Marple widmete ihre Aufmerksamkeit den wichtigen Neuigkeiten auf der Titelseite. Sie hielt sich dabei nicht lange auf, weil sie mit dem übereinstimmten, was sie an diesem Morgen bereits gelesen hatte, obwohl sie etwas würdevoller abgefaßt waren. Sie ließ ihre Augen dem Inhaltsverzeichnis entlang niedergleiten. Artikel, Kommentare, Wissenschaft, Sport; dann verfolgte sie ihren gewohnten Plan, wendete die Seite und überflog schnell die Geburten, Heiraten und Todesfälle, nach welchen sie sich vornahm, die Seite mit den Leserbriefen aufzuschlagen, auf der sie beinahe immer etwas Erfreuliches fand; von da ging sie zu den Hofnachrichten weiter, wobei auf derselben Seite auch die täglichen Auktionsberichte zu finden waren. Oft war dort ein kurzer wissenschaftlicher Artikel plaziert, aber sie las ihn nicht. Solche Artikel sprachen sie selten an.

Agatha Christie, Nemesis[1]

Gibt es ein einziges Modell des Lesens?

Die Darstellung, wie Miss Marple die *London Times* liest, mag eine seltsame Art sein, ein Kapitel einzuführen, welches sich damit befaßt, wie ein geübter Leser liest. Die Beschreibung exemplifiziert aber – wenn auch etwas altmodisch – einige der Kernfragen, die wir in diesem Kapitel behandeln wollen. Ein geschickter Leser ist sehr selektiv. Manchmal liest er flüchtig, manchmal überspringt er und manchmal konzentriert er sich. Er plant seine Strategien im voraus, paßt sie seinen Interessen, dem Stoff und seinem Ziel an, welches Unterhaltung, Suche nach einer Arbeitsstelle, das Lesen eines fremden Textes beim Abtippen, das Büffeln oder das Ausfüllen eines Kreuzworträtsels sein mag, um nur wenige der Millionen Möglichkeiten zu nennen. Er liest nicht, indem er nur einen einzigen Prozeß ausführt, der aus dem Dekodieren und Verstehen besteht; er denkt, er erinnert sich (und vergißt oft) und er bezieht das, worauf seine Augen verweilen, konstant auf das, was vorher kam und was als nächstes kommt sowie auf seine

[1] Aus: Agatha CHRISTIE, *Nemesis.* Dodd, Mead and Co., 1971.

persönliche Erfahrung. Mit anderen Worten gibt es nicht nur einen Leseprozeß.

Wenn es nicht einen einzigen Leseprozeß gibt, sondern viele Prozesse, kann es auch nicht ein einziges Lesemodell geben. Entweder muß man viele Modelle bilden, oder man muß einen andern Ansatz wählen, indem man nach einigen generellen Prinzipien sucht, die angewendet werden können, wobei die vielen Variablen der Aufgabe und der Information berücksichtigt werden müssen. Diese letztere Strategie haben wir gewählt. Sie wird später in diesem Kapitel beschrieben werden, nachdem wir zwei Modelltypen vorgestellt haben, die orthodoxer sind und als Kontrast dienen: Informationsverarbeitungs-(Stufen)Modelle und Modelle, welche die Analyse-durch-Synthese betonen (oft „Ratespiel"-Modelle genannt).

Informationsverarbeitungsmodelle des Lesens

Allgemein gesprochen nimmt eine Informationsverarbeitungsanalyse an, daß jede kognitive Aufgabe verstanden werden kann, indem man sie in Stufen unterteilt, die zeitlich in einer fixen Reihenfolge verarbeitet werden, wobei mit dem sensorischen Input begonnen wird und mit irgendeiner Art des Outputs oder einer Reaktion der Prozeß seinen Abschluß findet. An beliebigen Stellen in dieser Kette können Feedback-Schleifen eingeschoben werden. Diese Modelle bilden eine spezielle Theorienklasse und können verschiedene Grade der Komplexität aufweisen. Das eigentliche Modell der Informationsverarbeitung des Lesens wurde von J. MACKWORTH (1971, 1972) vorgeschlagen. Es schließt nämlich viele der Konzepte ein, die von den Informationsverarbeitungstheorien benützt werden. Abbildung 12–1 ist ein Diagramm des Modells von MACKWORTH, wobei die Kästchen die verschiedenen Stufen angeben, welche mit den dort stattfindenden Prozessen beschriftet sind. Die Pfeile zeigen die Richtung des Prozesses an, der immer mehr oder weniger sequentiell verläuft (obwohl man auch annehmen kann, daß einige Dinge parallel vor sich gehen) und darum Folgerungen über die Verarbeitungszeit erlaubt.

Sehr kurz zusammengefaßt, handelt es sich um folgendes: Ein visueller Stimulus-Input während einer einzelnen Fixierungspause dauert ungefähr 250 msek. und bildet eine *sensorische visuelle Spur* (sensory visual trace) mit paralleler Verarbeitung (im Diagramm nicht angegeben) der Elemente des Inputs, welches auch immer sie sein mögen. Das Erkennen des Inputs erfolgt durch die Zuordnung zu einer Gedächtnisspur des Wortes und führt zu einem *ikonischen* Bild, von dem man annimmt, daß es eine Sekunde oder länger dauere. Während dieser Zeit geschieht das Erkennen des Wortes (wegen der Art, wie es gelernt worden ist) durch Vermittlung des *artikulatorischen* Systems und demzufolge durch eine Zuordnung zu einer artikulatorischen neuralen Repräsentation. Nach MACKWORTH ergibt diese Zuordnung zum geschriebenen Wort die Bedeutung. (Die Autorin glaubt

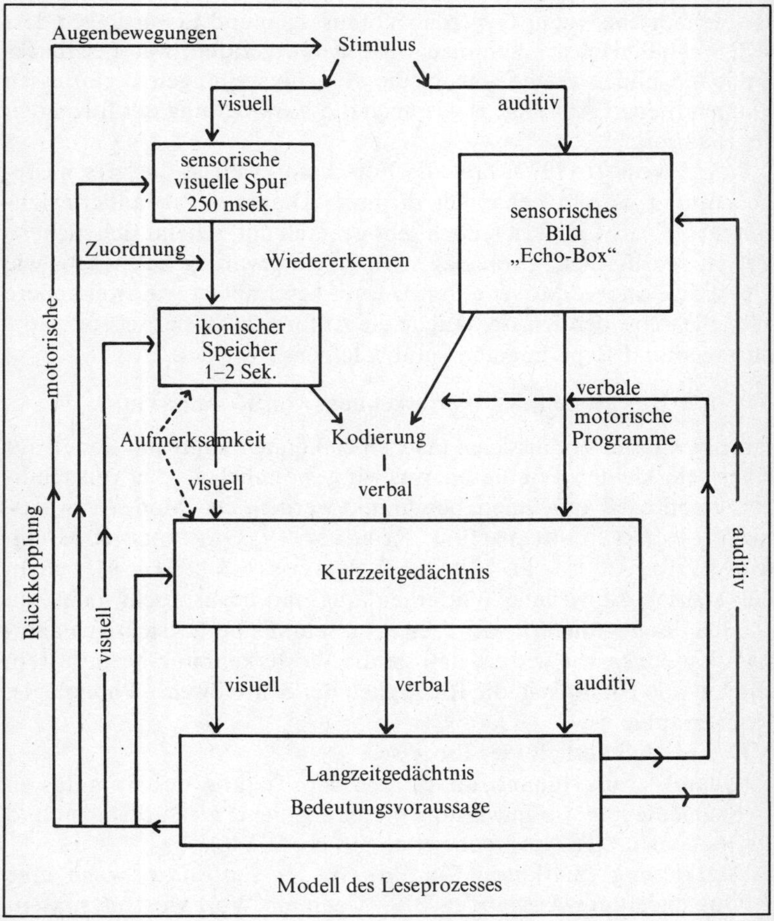

Abbildung 12–1. Ein Informationsverarbeitungsmodell des Leseprozesses. Aus: MACKWORTH 1971, S. 8–74.

jedoch, daß beim erwachsenen Leser die akustische und artikulatorische Aktivität verschwinden könne.)

Vom ikonischen Speicher werden die Wörter durch die verbalen motorischen Programme ins Kurzzeitgedächtnis *kodiert.* Das Kurzzeitgedächtnis kann mehrere Sekunden dauern. Ein neuer Input löscht es aber aus. Der Inhalt des Kurzzeitgedächtnisses wird im *Langzeitgedächtnis* gespeichert oder geht verloren. Die Bedeutung wird im Langzeitgedächtnis auf allen verbalen Stufen (Wort, Satz usw.) gespeichert, und es werden Voraussagen und Erwartungen dessen, was als nächstes kommen wird, hervorgerufen, was Feedback-Schleifen bilde, welche sowohl die Augenbewegungen beeinflussen können (neue Fixierungen) wie auch die Verarbeitung der folgenden Information.

MACKWORTH (1972) faßt die Forschung, welche die verschiedenen Stufen einzeln behandelt in ihrem Diagramm detaillierter zusammen. Das Modell ist jedoch sehr generell und scheint sich nicht so gut zu spezifischen Voraussagen für die Forschung zu eignen, wie dies einige andere Modelle tun. Darum beschreiben wir zwei andere Modelle derselben Klasse, welche die Autoren zu spezifischeren Voraussagen und Experimenten geführt haben.

Das Modell des Worterkennens von RUBENSTEIN

Um spezifische Voraussagen machen zu können, muß ein Modell auf einen sehr kleinen Teil dessen, was wir gewöhnlich als den vollständigen Leseprozeß annehmen, beschränkt werden. Das Modell von RUBENSTEIN (RUBENSTEIN 1971; RUBENSTEIN, GARFIELD & MILLIKAN 1970; RUBENSTEIN, LEWIS & RUBENSTEIN 1971a, b), behandelt speziell die visuelle Worterkennung und beansprucht nicht, ein Modell des gesamten Leseprozesses zu sein. Es berücksichtigt Faktoren, von denen wir wissen, daß sie die Worterkennung beeinflussen, wie z.B. die Häufigkeit, die Richtigkeit der Schreibweise, Phonologie, Homographie usw.

Das Modell enthält vier Prozesse:

1. Quantisierung (quantization): „... die Teilung des Stimulus in Segmente und die Zuweisung dieser Segmente zu Buchstaben und Phonemen" (RUBENSTEIN et al. 1971b, S. 646).
2. Markierung (marking): Ein Prozeß, der stattfindet, wenn eine Quantisierungs-Ausgabe (z.B. *st,* wenn ein Wort wie *stab* präsentiert wurde) eine Teilmenge des Vokabulars als mit dieser übereinstimmend unterscheidet. Worte wie *stab, stew,* und *stir* können markiert werden.

3. Vergleich (comparison): Der Vergleich der folgenden Quantisierungs-Ausgaben mit den markierten Worten; d. h. der Prozeß setzt sich mit weiteren Quantisierungen und Markierungen fort.
4. Selektion (selection): Wenn eine Ausgabe „genügend Information enthält, um alle markierten Einheiten außer einer zu eliminieren, ist die Suche fertig. Wenn jedoch mehr als eine markierte Einheit verbleibt, werden diese markierten Einheiten wieder mit einer dritten quantisierten Ausgabe verglichen" (RUBENSTEIN et al. 1971b, S. 646).

Die zentrale Annahme dieses Modells ist also, daß es ein internalisiertes Lexikon mit Einheiten gibt, die aus Wörtern bestehen. (Die Möglichkeit, daß die Einheiten Morpheme sind, wird erwogen; sie würde aber das Modell beträchtlich komplizieren.) Ferner wird angenommen, daß dieses Lexikon konsultiert werden muß, damit ein Wort erkannt werde. Es wird angenommen, daß die Worthäufigkeit die Reihenfolge, in welcher die Einheiten markiert werden, beeinflusse, wobei häufiger erscheinende Wörter früher markiert werden. Homographen haben den Vorteil, daß sie auf der Markierungsstufe mehrfach repräsentiert werden und darum leichter früh zu erkennen sein sollten.

Einige Experimente, die durch dieses Modell angeregt wurden, sollen dazu dienen, das Modell besser vorzustellen. Die Methode, die in allen Experimenten verwendet wurde, bestand darin, einer Versuchsperson eine Reihe von Buchstaben zu präsentieren und sie aufzufordern, zu entscheiden, ob eine Vorlage ein englisches Wort sei oder nicht. Wenn die Versuchsperson dachte, es sei ein englisches Wort, drückte sie einen „Ja"-Knopf, wenn sie dies nicht annahm einen „Nein"-Knopf. Die Latenz dieser Entscheidung war die abhängige Variable. Die Versuchsperson wurde nicht aufgefordert, das Wort zu identifizieren, bevor sie die Entscheidung traf. Im ersten Experiment (RUBENSTEIN et al. 1970) präsentierte man den Versuchspersonen zur Hälfte englische Wörter und zur Hälfte Nichtwörter, welche der englischen Orthographie und den phonologischen Regeln entsprachen. Die Wörter oder Nichtwörter waren vier oder fünf Buchstaben lang und variierten bezüglich der Homographie, Häufigkeit und der Abstraktheit – Konkretheit. Jeder Homograph hatte zwei oder mehr Bedeutungen (beispielsweise das englische Wort *bulb* als *light bulb* (Glühbirne) oder *tulip bulb* (Tulpenzwiebel)). Die durchschnittliche Anzahl richtiger Beurteilungen war über 95%. Die Latenzen bei der Entscheidung, ob ein Nichtwort sinnlos war, waren lang, beträchtlich länger als die Entscheidungslatenz bei allen Klassen der echten Wörter. Die Reaktionszeit nahm signifikant mit der Worthäufigkeit ab; sie nahm auch bei Homographen im Vergleich zu Wörtern mit einer einzigen Bedeutung ab. Je mehr Bedeutungen ein Homograph hatte, desto geringer war die Latenz. Das ist ein besonders interessantes Resultat angesichts der Tatsache, daß für die Häufigkeit bei den Homographen alle Bedeutungsversionen gezählt wurden. So nahm die Worthäufigkeit nicht zu, wenn auch die Anzahl der Bedeutungen zunahm, was vermuten läßt, daß die Bedeutung selber – die semantische Information – erfaßt wurde.

Ein weiteres Experiment (RUBENSTEIN et al. 1971 a) ergab denselben Befund, wonach der Entscheid, daß ein Wort ein echtes war, schneller geschah, wenn das Wort ein Homograph war. Das Experiment zeigte weiter, daß die Bedeutungen des Homographen gleich wahrscheinlich sein mußten, damit eine signifikante Wirkung eintrat. Dieses Resultat führte die Autoren in ihrem Modell zur Aussage, daß lexikalische Einträge je nach Häufigkeit des Auftretens der einzelnen Bedeutung, die vom entsprechenden Eintrag erfaßt wird, markiert werden. Wo Bedeutungen gleich häufig sind, wird die Wahrscheinlichkeit um so größer sein, daß ihre Einträge simultan markiert erscheinen und so redundante Information für das Erkennen abgeben.

Ein anderes Experiment (RUBENSTEIN et al. 1971 b) versuchte zu entdecken, ob phonemische Rekodierung (auditiv oder artikulatorisch) während des Worterkennens stattfand. Es wurde dasselbe Vorgehen wie in den vorangehenden Experimenten gewählt, aber die sinnlosen Wörter umfaßten drei Typen. Ein Typ war phonologisch und orthographisch regelgerecht. Ein zweiter Typ war orthographisch und phonologisch regelwidrig (z. B. *likj*). Die sinnlosen Reihen wurden alle gebildet, indem man eine regelwidrige Konsonantengruppe in den Schluß setzte. Der dritte Typ bestand aus orthographisch regelwidrigen Reihen, von welchen die Autoren annahmen, daß sie aussprechbar seien *(gratf, lamg)*. Auch sie waren so gebildet, daß eine orthographisch regelwidrige Gruppe die Schlußposition einnahm. Das wichtigste Resultat bestand darin, daß die regelgerechten Nichtwörter beträchtlich mehr Zeit (etwa 100 msek.) für einen Entscheid benötigten als alle regelwidrigen Nichtwörter. Der Entscheid, daß ein regelwidriges Nichtwort sinnlos ist, erfordert keine lange Suche im Lexikon, auch wenn die Regelwidrigkeit nicht vor der letzten Buchstabengruppe auftritt. Die aussprechbaren, aber orthographisch regelwidrigen Nichtwörter erzielten etwas längere Latenzen (eine durchschnittliche Differenz von 15 msek) als die Wörter, die sowohl orthographisch wie phonologisch regelwidrig waren. Dies führte die Autoren zur Folgerung, daß die phonemische Dekodierung auf der Quantisierungsstufe geschah. WALKER (1973) bestätigte, daß zunehmende Aussprechbarkeit die Zeit verlängert, die für die Kategorisierung eines Nichtwortes benötigt wird.

Würden sinnlose Homophone (die wie echte Wörter tönen, aber falsche Schreibweisen haben, wie z. B. *brane* anstatt *brain* (Gehirn)) die Latenz im Vergleich zu regelgerechten, nicht homophonischen sinnlosen Wörtern vergrößern? Die Autoren nahmen an, daß dies wegen der phonemischen Rekodierung und den sich ergebenden falschen Zuordnungen der Fall sein müsse. Homophonie war eine signifikante Variable, die längere Entscheidungszeiten ergab. Daß ein Wort wie ein echtes Wort klang, schien einen Unterschied zu machen. Es muß aber daran erinnert werden, welche Art der Entscheidung die Versuchsperson zu machen hatte („ist es ein Wort?"). Aus anderen Experimenten mit anderen Beurteilungstypen des Worterkennens geht gar nicht klar hervor, daß akustische oder artikulatorische Prozesse dabei eine Rolle spielen (GIBSON, SHURCLIFF & YONAS 1970; BARON 1973; BARON & THURSTON 1973).

Echte Worthomophone (*yoke, yolk*/Joch, Eigelb) wurden ebenso mit echten nichthomophonischen Wörtern verglichen. Die Homophonie erhöhte die Latenz. Die Tatsache, daß es eine ähnliche Aussprache, aber orthographisch verschiedene Einträge gab, schob das Erkennen hinaus. Dies veranlaßte die Autoren zu schließen, daß „es die phonemische Form des Stimulus und der Repräsentation im inneren Lexikon ist, die verglichen werden, damit das Erkennen eines Wortes geschieht, wenn das Wort nur visuell präsentiert wird" (RUBENSTEIN et al. 1971 b, S. 651).

Bei den Daten dieser Experimente gibt es einen Aspekt, der große Zweifel an diesem Modell aufwirft. Er betrifft die Tatsache, daß schlecht aussprechbare, orthographisch regelwidrige, unsinnige Wörter tatsächlich eine *längere* Entscheidungszeit als die echten englischen Wörter benötigten (876 msek bei regelwidrigen, sinnlosen Wörtern versus 810 msek bei verhältnismäßig häufigen echten Wörtern). Wenn es eine phonemische Rekodierung auf der Quantisierungsstufe gibt, wird es nicht klar, warum die Versuchspersonen nicht sofort realisierten, daß die völlig regelwidrige Reihe unmöglich ein Wort sein konnte und darauf die Suche im Lexikon abbrachen. Die Autoren sagen:

„... wenn man darauf besteht, daß das Erkennen der regelwidrigen, sinnlosen Wörter auf der Quantisierungsstufe geschieht, muß man den Gedanken akzeptieren, daß der Abschluß der Quantisierung und das Entdecken der Regelwidrigkeit mehr Zeit brauchen als die vollständige Reihe der Erkennungsstufen ..." (S. 654).

Wie ist das aber möglich? Unserer Meinung nach legt es den Schluß nahe, daß ein erwachsener Leser, der mit einem bekannten Wort konfrontiert ist, direkt zur höheren Struktur oder Bedeutung fortschreitet und entweder nicht oder zur selben Zeit „quantisiert". Wenn auch die „Quantisierung" bei sinnlosen Wörtern langsamer wäre, sollte doch die Entdeckung der Regelwidrigkeit nach dem Modell von RUBENSTEIN den Prozeß beenden und die lexikalische Suche ausschließen.

SNODGRASS und JARVELLA (1972) erhielten dieselben Resultate mit echten, möglichen und unmöglichen Wortstämmen. Sie benützten denselben Beurteilungstyp. Ein Quantisierungsstufenmodell, das unverändert auf alle Typen der Wörter- und Nichtwörtervorlagen angewendet wird, verliert so an Glaubwürdigkeit. STANNERS, FORBACH und HEADLEY (1971) fanden jedoch entsprechende Resultate mit einem Zweistufenmodell (Verarbeitung bezüglich der Gesetzmäßigkeit gefolgt von einer lexikalischen Suche). Sie legten nur Kombinationen mit drei Buchstaben vor: ein echtes Wort (z. B. *sat*), ein regelgerechtes sinnloses Wort mit einem KVK-Muster (z. B. *sut*), und ein regelwidriges Nichtwort mit einem KKK-Muster (z. B. *svt*). Die Anfangs- und Schlußkonsonanten waren bei den entsprechenden „Wörtern" jeder Gruppe gleich. Die Beurteilung war dieselbe wie in den vorangehenden Experimenten. Die durchschnittliche Latenz für die KKK (regelwidrigen) Muster war weitaus am geringsten, dann kamen echte Wörter, und am größten waren die Latenzen bei den regelgerechten Nichtwörtern.

Wie erklärt sich der Unterschied zwischen diesen Resultaten und denjenigen der anderen beiden Experimente? Es ist wahrscheinlich, daß die Versuchspersonen im Experiment von STANNERS et al. trotz der Tatsache, daß die Beurteilung dieselbe war („Ist es ein Wort?"), eine andere Strategie anwendeten. Die regelwidrigen Buchstabenreihen in dem Experiment von STANNERS et al. enthielten keine Vokale. Die englischen Sprech/Schreibmuster der Silben sind aber immer vokalisch, d. h. um einen Vokal aufgebaut. Die Versuchspersonen konnten sofort feststellen, daß ein beträchtlicher Teil der Vorlagen nicht vokalisch war und mußten nur noch den mittleren Buchstaben beachten, um das Wort zu verwerfen. In den anderen beiden Experimenten enthielten alle Buchstabenreihen, auch die regelwidrigen, ein vokalisches Zentrum (z.B. war *crazj* eine der regelwidrigen Ketten von RUBENSTEIN et al. 1971 b) und konnten nicht so schnell abgetan werden. Der springende Punkt ist, daß eine Buchstabenreihe, die in Wortform angeordnet ist, viele mögliche Informationsarten enthält, orthographische, phonologische, semantische, syntaktische oder morphologische (das Experiment von YONAS, SNODGRASS und JARVELLA befestigte Präfixe und Suffixe an drei Klassen von Stämmen). Zudem bestimmt die Aufgabe, welche Arten in welcher Reihenfolge verarbeitet werden. Wir kommen später in diesem Kapitel auf dieses Thema zurück. Die Instruktion bestimmt wohl die Aufgabe (hier wurden die Versuchspersonen aufgefordert, auf die semantische Information zu achten), aber die Versuchsperson paßt sich der Aufgabe auf eigene Weise an, indem sie eine möglichst ökonomische Strategie wählt. Bei Abwesenheit eines Vokals war es für die Versuchspersonen nicht nötig, nach semantischer Information zu suchen. Daß sie die KKK-Reihen anders als die anderen behandelten, wird durch die Tatsache bestätigt, daß die Häufigkeit der Anfangs- und Schlußkonsonanten (an diesen Stellen) die Latenz der Wörter und der KVK-Muster nicht aber der KKK-Muster beeinflußte.

Das Experiment von STANNERS et al. (1971) wurde von NOVIK (1973) mit einem neuen Dreh wiederholt. Er verwendete zwei Klassen von KKK-Mustern, wobei die eine bedeutungsvolle Initialen bildete z.B. *(LSD)*. Die bedeutungslosen KKK-Muster hatten eine viel geringere Latenz als die KVK-Nichtwortmuster. Die Latenz war aber auch etwas geringer als bei den Mustern der Initialen, die alle aus Konsonanten bestanden. Obwohl die bedeutungsvollen Initialen keine Wörter waren, besaßen sie semantische Markierungen, und die Bedeutung blieb nicht unbeachtet. NOVIK schloß, daß die Versuchspersonen fähig waren, die Bedeutung des Stimulus ohne vorangehende Evaluation seiner phonologischen Eigenschaften zu analysieren. Wie dem auch sei: es ist klar, daß kleine Unterschiede im Aufbau der verbalen Vorlage die Strategie der Versuchspersonen ändern können und ein Modell ausschließen, das keine Variation der Verarbeitung durch die Versuchsperson vorsieht.

Das Modell von GOUGH

GOUGH (1972) nennt sein Modell „eine Sekunde lang lesen", und dieser Name paßt genau. Er folgt dem Leser in Intervallen von Sekundenbruchteilen bei der Verarbeitung der Information einer Seite, angefangen mit der Augenfixierung bis zum Aussprechen eines Wortes. Das Wort wird am Schluß der Sekunde ausgesprochen. Der Inhalt der verschiedenen vorgeschlagenen Stufen der Verarbeitung, die zwischen der Fixierung und dem Aussprechen stattfinden, ist in einer sehr detaillierten Tabelle bei Intervallen von 100 msek aufgeführt. „Äußerlich hat der Leser seine Augen einige Millimeter bewegt", sagt GOUGH, „und hat begonnen, seinen Mund zu bewegen. Innerlich aber hat eine rasche Folge von komplizierten Ereignissen stattgefunden. Es ist klar, daß diese Folge nur das Produkt eines komplexen Informationsverarbeitungssystems sein kann" (S. 341).

Diese Ereignisse werden am besten anhand eines Diagramms des Modells von GOUGH (Abbildung 12–2) beschrieben. Der visuelle Stimulus, der vom Leser empfangen wird, wird zuerst in ein *Ikon* umgewandelt, von dem GOUGH annimmt, daß es ein „präkategoriales", visuelles Bild (image) ist (das sich aus Geraden, Kurven, Winkeln usw. zusammensetzt). Es kann etwa 20 Buchstabenräume erfassen. Die Bildung des Ikons benötigt ungefähr 100 msek, und es dauert ungefähr 250 msek, bis es durch neue Information verdrängt wird. Das Erkennen der Buchstaben erfolgt innerhalb des Intervalls von 250 msek. Dabei wird Buchstabe um Buchstabe identifiziert, und zwar der Reihe nach von links nach rechts bei einer Geschwindigkeit von ungefähr 10 bis 20 msek pro Buchstabe. GOUGH verteidigt diese Annahme der reihenweisen Verarbeitung der Buchstaben (das Buchstabe um Buchstabe Lesen) mit verschiedenen Argumenten. Er sagt, die Erkennungslatenz nehme entsprechend der Wortlänge in Buchstaben stetig zu (STEWART, JAMES & GOUGH 1969). Er sagt ferner, daß der Entscheid, ob eine Buchstabenreihe ein Wort sei oder nicht, länger brauche, wenn die Länge der Reihe zunehme. GOUGHs Annahme steht im Gegensatz zu der heute allgemein akzeptierten Ansicht, für die wir in den vorangegangenen Kapiteln Nachweise gegeben haben, und derzufolge der reife Leser gewöhnlich nicht Buchstabe um Buchstabe liest. GOUGH setzt eine Absucheinstanz (scanner) fest, die zum Erkennen der Buchstaben auf Mustererkennungsroutinen zurückgreifen kann. Die Buchstaben werden dann in einem „Buchstabenregister" („character register") abgelegt.

Wie werden diese Buchstaben nachher „zu Einträgen im inneren Lexikon"? Die genaue Beschreibung dieses Mechanismus ist nach GOUGH das fundamentale Leseproblem. Schreitet der Leser direkt zur Bedeutung weiter? Benützt er irgendwelche orthographische Regeln, um die Buchstaben in inneres Sprechen umzusetzen und hört sich dann selber zu? GOUGH diskutiert und verwirft dann beide Möglichkeiten zugunsten der Annahme, daß die Buchstaben in eine Reihe „systematischer Phoneme" umgesetzt werden, die abstrakte

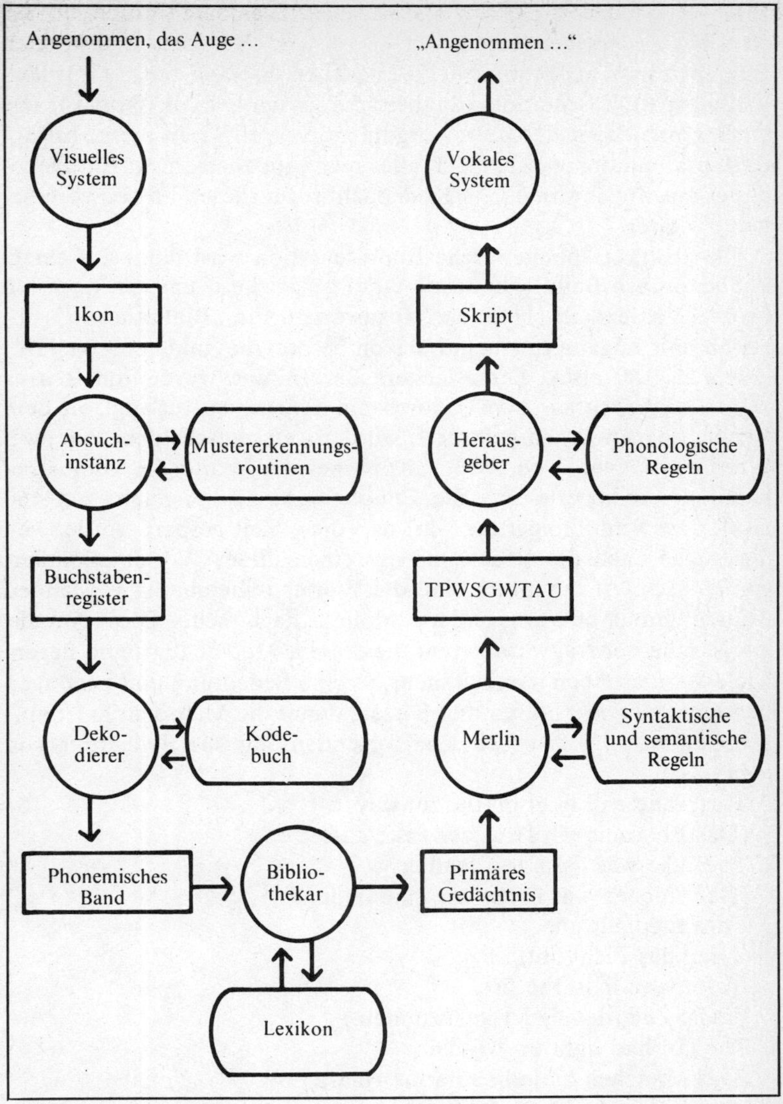

Abbildung 12–2. „Eine Sekunde lang lesen“, ein Informationsverarbeitungsmodell von GOUGH. Aus: GOUGH 1972, S. 345.

Einheiten sind und die den phonetischen Segmenten durch ein System phonologischer Regeln verbunden sind. Von diesen abstrakten Einheiten wird angenommen, daß sie einen direkten Zugang zur lexikalischen Repräsentation erlauben, die vermutlich ein Wort ist. Die Orthographie (wie CHOMSKY argumentiert) reflektiert diese abstrakte Repräsentation; so fügt sich alles recht gut zusammen. Ein Dekodierer mit Zugang zu einem Kodebuch ist für diesen Prozeß vorgesehen.

Die abstrakte phonemische Repräsentation wird dann auf einem phonemischen Band (phonemic tape) gespeichert, um den nächsten Prozeß, die lexikalische Suche, abzuwarten. Ein „Bibliothekar" (librarian) mit Zugang zu einem Lexikon besorgt dies und benötigt dafür nochmals 100 msek. Diese letztere Berechnung wurde von ROHRMANN und GOUGH (1967) durch ein Experiment erlangt, in dem Versuchspersonen aufgefordert wurden, zu entscheiden, ob zwei Wörter synonym seien. Wenn man eines der Wörter im voraus bekanntgab, reduzierte sich die Entscheidungszeit ungefähr um 160 msek. Die Schlußfolgerung war, daß diese Zeit gespart wurde, weil die Suche nach der Bedeutung des einen dieser Wörter eliminiert wurde. GOUGH nimmt an, daß die Wörter reihenmäßig verstanden werden: immer eins ums andere von links nach rechts. Diese Annahme ist eine der fragwürdigeren, die diesem Modell zugrunde liegen. Viele Wörter haben nämlich mehr als eine Bedeutung und benötigen den Kontext von Phrasen und Sätzen, damit die Mehrdeutigkeit aufgehoben wird. Man beachte im folgenden Satz die Bedeutung von *light:*

The plane will light on the runway.
(Das Flugzeug wird auf der Piste aufsetzen.)
The cake was light as a feather.
(Der Kuchen war leicht wie eine Feder.)
Turn the light on.
(Dreh das Licht an!)
It's time to light the fire.
(Es ist Zeit, das Feuer anzuzünden.)
The girl had light brown hair.
(Das Mädchen hatte hellbraune Haare.)

GOUGH ist sich selbstverständlich dieser Tatsache voll bewußt. Er nimmt aber an, daß die Aufhebung der Mehrdeutigkeit erst nach der lexikalischen Suche stattfinde. Die lexikalischen Items (mit der ersten Bedeutung) werden dann vorläufig im primären Gedächtnis (primary memory) gespeichert, und zwar eines nach dem anderen. Sie haben bereits den Status von Wörtern, schließen also phonologische, syntaktische und semantische Information ein.

Das primäre Gedächtnis ist nach GOUGH „das Arbeitsgedächtnis für das Verstehen der Sätze" und interagiert irgendwie mit „dem Verstehensmittel" („comprehension device") – einem mysteriösen Operateur, der syntaktische und semantische Regeln beherrscht und „Merlin" genannt wird. Wenn der Leser drei Fixierungen (ungefähr 700 msek) gemacht hat, hat „Merlin" genug Wörter, um sie zur Speicherung in ein TPWSGWTAU Abteil zu senden (der Ort, wohin die Sätze gehen, wenn sie verstanden sind). Nachher werden von einem Herausgeber (editor) phonologische Regeln angewandt. Das Skript erscheint dann als eine Äußerung, wobei das Aussprechen des ersten Wortes die letzten 300 msek benötigt. GOUGH hat eine detaillierte dreiseitige Tabelle ausgearbeitet, die den zuerst fixierten Wörtern („Angenommen, das Auge ...") den ganzen Weg der Verarbeitung Millisekunde um Millisekunde folgt, bis das Aussprechen von „Angenommen" erfolgt.

Das Modell von GOUGH ist kühn und anfechtbar und kann seiner Ansicht nach bewiesen oder widerlegt werden – zumindest widerlegt. Er nimmt an, daß ein Kind, welches lesen lernt, den Großteil der dafür benötigten Ausrüstung besitzt. Diese kann zu einer Lesemaschine zusammengesetzt werden und muß nur noch mit der Absuchinstanz (scanner) und dem Dekodierer, der die Buchstaben in systematische Phoneme überführt, ergänzt werden. Der Dekodierer ist der größte Stein des Anstoßes. GOUGH meint, daß das Kind den Kode nur wie die Entzifferung einer Geheimschrift (cryptanalysis) meistern kann, weil die Buchstaben in abstrakte systematische Phoneme umgesetzt werden, die man ihm nicht beibringen kann. Das Kind muß selber nach den abstrakten Entsprechungen suchen. Der Lehrer kann ihm nur das Rohmaterial geben: korrespondierende geschriebene und gesprochene Botschaften. Das langsame Dekodieren auf frühen Lesestufen kann das Verstehen verhindern, weil das primäre Gedächtnis die Wörter, die eins ums andere kommen, nicht lange genug behalten kann. Erraten aber ist schlecht, weil es von der Suche nach der abstrakten Entsprechung abhält. Die zusammenfassende Aussage von GOUGH umreißt seine Position:

> „In dem Modell, das ich skizziert habe, ist der Leser nicht ein Erratender. Von außen gesehen scheint er gleichsam magisch vom Geschriebenen zur Bedeutung überzugehen. Ich halte aber dafür, daß dies eine Illusion ist, daß er sich in Tat und Wahrheit Buchstabe um Buchstabe, Wort um Wort durch die Sätze arbeitet. Vielleicht

tut er das nicht; um aber zu zeigen, daß er es nicht tut, muß man seinen Trick bloßlegen" (S. 354).

Wir wissen alle nur zu gut, daß der Trick nicht leicht bloßzulegen ist. Wir stimmen aber mit BREWER (1972) überein, der diese Arbeit diskutiert hat und findet, das Modell lasse die Strukturen höherer Ordnung, die für das äußerst ökonomische Verhalten des geübten Lesers charakteristisch sind, weitgehend unerklärt. Ein Hauptproblem des Modelles ist, daß es den Wortsuperioritäteffekt nicht richtig erfaßt, der inzwischen gründlich belegt worden ist. Die Berufung auf ein Lexikon genügt nicht, denn die Kenntnisse, die ein Leser über Wortstruktur hat, sind auch auf Nichtwörter mit einer akzeptablen Schreibweise anwendbar; diese werden darum leichter gelesen. Es scheint uns auch, daß das Modell die Flexibilität der Verarbeitung, die dem geübten Leser eigen ist, völlig außer acht läßt.

Das Modell der Analyse-durch-Synthese

Ein anderer Typ einer Lesetheorie ist die „Analyse-durch-Synthese", die – wenn auch nur in den allgemeinen Umrissen – der üblichen Theorie der Wahrnehmung von gesprochener Sprache folgt. BROWN (1970) gibt eine Übersicht über einige Erklärungen von Experimenten dieses Typs und betont dann die Ähnlichkeit dieser Theorie mit entsprechenden Theorien der Wahrnehmung des Sprechens:

> Das Kapitel von LEVIN[2] und KAPLAN schließt mit der Entwicklung einer Auffassung des Lesens als einem Prozeß der Bildung von Hypothesen, der gesteuerten Datenerfassung und der Bestätigung oder Verwerfung. Diese Ansicht gleicht derjenigen, die wir in den anderen Kapiteln gefunden haben. LEVIN und KAPLAN nehmen meine eigene Reaktion gegenüber diesen Kapiteln vorweg, wenn sie sagen: „Dieses Lesemodell, welches das Verstehen von geschriebenem Material betrifft, ist in seinen wichtigsten Aspekten auch auf das Verstehen der gesprochenen Sprache anwendbar" (S. 177).

Der Bezug BROWNS auf „andere Kapitel" deutet die Durchschlagskraft dieser Erklärung des Leseprozesses an.

---

[2] Einer der beiden Autoren dieses Buches erklärte früher seine Forschung mit einem Analyse-durch-Synthese Modell. Er glaubt aber heute, daß die Prinzipien, die in diesem Kapitel folgen werden, dieselben Resultate umfassen und sie besser erklären.

In diesem Abschnitt beschreiben wir das Modell der Analyse-durch-Synthese, wie es für die Erklärung der Wahrnehmung des Sprechens entwickelt wurde, seine Anwendung durch die Leseforschung und die Probleme, die wir in dieser Theorie des Lebens sehen.

Die Analyse durch Synthese wurde von HALLE und STEVENS (1964, 1967) als mögliche Erklärung dafür vorgeschlagen, wie wir die Rede verstehen. Diese Theorie ist von NEISSER (1974, S. 221ff.) ausgezeichnet zusammengefaßt worden. In ihrer einfachsten Form sagt die Analyse durch Synthese folgendes aus: „Man bildet eine Hypothese bezüglich der ursprünglichen Mitteilung, bestimmt mit Hilfe von Regeln, wie die Eingabeinformation in diesem Falle aussehen würde, und sieht nach, ob die Eingabeinformation wirklich so aussieht" (NEISSER, S. 247f.). Mit anderen Worten: Der Zuhörer oder Leser bildet in Abhängigkeit von der vorangehenden Information Hypothesen über das, was folgt, und überprüft sie. Tatsächlich hat die Theorie des Lesens die Meinung unterstützt, das Lesen sei „ein psycholinguistisches Ratespiel" (GOODMAN 1967). Die Theorie weckt viele Fragen, wobei mehr davon im Zusammenhang mit der Theorie des Sprechens als der Theorie des Lesens behandelt worden sind.

1. Auf welcher Basis werden die Voraussagen gemacht: allgemeiner Kontext, Bedeutung der vorangehenden grammatikalischen Struktur, Wörter, Laute (Buchstaben)?
2. Wie werden diese Voraussagen überprüft? Auf welchem Niveau der Einheit? Wie weiß der Leser, wo die bestätigenden Einheiten zu finden sind?

NEISSER zufolge haben HALLE und STEVENS diese Probleme gesehen. Wenn der Sprecher die Einheiten wählen kann, die zusammengesetzt werden müssen (synthetisiert), von Phonemen bis zur gesamten Botschaft, kann er diesen Prozeß umkehren und die Mechanismen des Verstehens der Botschaft einsetzen. Der Sprecher benützt offenbar Einheiten verschiedener Größe, die hierarchisch organisiert sind, parallel. Er verarbeitet aber hauptsächlich „ganzheitliche, grobe Eigenschaften der Eingangsinformation" und „benützt die kontextuelle Information" (NEISSER, S. 249). Man bekommt den Eindruck, daß das Modell der Analyse-durch-Synthese zumindest in seiner popularisierten Form den Sprecher auf der Stufe der allgemeinen Bedeutung der Botschaft operieren läßt.

Kenneth GOODMAN (1967) hat ausführlich über das Lesen als einen Rate- und Prüfprozeß geschrieben und ein Forschungsprogramm über Lesefehler oder „falsche Hinweisreize" („miscues") wie er sie nennt, durchgeführt, das auf diesem Modell gründet. Er versucht, die Ansicht, wie sie z. B. GOUGH vertritt, zu widerlegen, derzufolge der Leser den Text Buchstabe für Buchstabe oder Wort um Wort verarbeitet.

„Anstelle dieser verfehlten Auffassung setze ich diese: Das Lesen ist ein selektiver Prozeß. Es umfaßt die teilweise Nutzung von minimalen sprachlichen Hinweisreizen, die auf der Basis der Erwartungen des Lesers in der Wahrnehmungsgegebenheit ausgewählt werden. Ist diese partielle Information verarbeitet, werden versuchsweise Entscheidungen getroffen, die dann im Laufe des Lesens bestätigt, verworfen oder verfeinert werden.
Einfacher gesagt ist das Lesen ein psycholinguistisches Ratespiel. Es geht um eine Interaktion zwischen dem Denken und der Sprache. Gutes Lesen ergibt sich nicht aus einer genauen Wahrnehmung und Bestimmung aller Elemente, sondern aus der Fähigkeit, eine minimale Anzahl maximal produktiver Hinweise auszuwählen, die es gestatten, auf Anhieb richtig zu raten. Die Fähigkeit, etwas vorwegzunehmen, das noch nicht gesehen worden ist, gehört selbstverständlich ebenso wesentlich zum Lesen wie die Fähigkeit, etwas noch nicht Gehörtes vorwegzunehmen, wesentlich zum Zuhören gehört" (S. 127).[3]

Diese Ansicht hat GOODMAN dazu geführt, wenig Nachdruck auf das phonische Training zu legen, weil graphische Reize nur eine der vielen Informationen sind, die der Leser benützt, um die Botschaft des Textes zusammenzusetzen. Wir haben früher über die Studien von GOODMAN (1965) berichtet, in welcher Kinder identische Wörter öfter korrekt lasen, wenn sie in einem bedeutungsvollen Kontext auftraten als wenn sie isoliert präsentiert wurden (siehe Kapitel 9). Man bekommt den Eindruck, daß er sich an einem Lesefehler, z. B. der Substitution eines Synonyms, nicht stört, wenn die Botschaft erhalten bleibt.

Die Studie von GOODMAN (1969) über falsche Hinweisreize beim lauten Lesen von Schülern der zweiten Klasse bestätigt unsere früher gemachten generalisierenden Aussagen über Lesefehler (Kapitel 9): Kinder neigen dazu, der graphischen Natur des Textes mehr Aufmerksamkeit zu widmen, wenn sie geübtere Leser werden. GOODMAN berichtete auch, daß semantische falsche Hinweise über gram-

---

[3] Aus GOODMAN 1967. Alle Rechte © College Reading Association. Nachdruck mit Erlaubnis des Autors und der College Reading Association.

matikalische überwogen, d. h. also, daß sich die Leser beim Raten an die Hauptlinien der Handlung hielten.

Die Fragen, die wir uns zur Ratespieltheorie von GOODMAN stellen, passen in vielen Fällen auch auf die andern Analyse-durch-Synthese Theorien des Lesens, die wir im folgenden besprechen werden.

1. Auf welcher Basis macht der Leser seine Voraussagen?
2. Welcher Art sind die Voraussagen? Betrifft das Raten des Lesers nachfolgende Buchstaben, Wörter, Phrasen, Sätze oder die Handlung oder Bedeutung des Textes allgemein? Anders gesagt, welche Einheiten sagt er voraus?
3. Wie überprüft er die Voraussagen? Wie weiß er, wohin er beim folgenden oder vielleicht beim vorangehenden Text schauen muß? Was sagt dem Leser, wohin er seine Aufmerksamkeit richten muß?
4. Was konstituiert eine Bestätigung? Was passiert, wenn er herausfindet, daß er falsch geraten hat?

Man muß GOODMAN zugute halten, daß er sein Modell in der Form eines außerordentlich komplizierten Flußdiagrammes entwikkelt hat, das einige dieser Punkte berücksichtigt (1969, S. 147). Beispielsweise sagt er, daß, wenn die Voraussage nicht durch die folgende syntaktische und semantische Information bestätigt wird, der Leser seine Augen nach links und die Seite hinauf bewegt. Dieses Stück des Flußdiagrammes zeigt die breite Natur der Theorie und die Details einiger der spezifischen Leseverhaltensweisen – in diesem Beispiel die motorischen Bewegungen der Augen.

HOCHBERG (1970), der ebenfalls den Analyse-durch-Synthese Theoretikern zuzurechnen ist, hat sich mit einer der oben gestellten Fragen auseinandergesetzt: Wohin bewegen wir die Augen nach der Voraussage? Darüber hinaus versuchte HOCHBERG zu erklären, warum geübtere Leser längere Sakkaden machen als jüngere und weniger erfahrene. Die folgenden Zitate geben einen Eindruck davon, wie er sich mit den Problemen befaßt:

> Was erlaubt es dem geübten Leser mit weniger Fixierungen auszukommen? Zum einen hat der geübte Leser starke Vororientierungen (biases) oder *Ratetendenzen* erworben (S. 77f.; Hervorhebung von GIBSON & LEVIN).
>
> Der geübte Leser muß jeden wichtigen Reiz, jedes unterscheidende visuelle Merkmal eines Wortes oder einer Phrase als Bestätigung oder Verwerfung einer Klasse von Erwartungen behandeln, und er muß reagieren mit Erwartungen darüber, was dem gerade Gelesenen nun folgen sollte (S. 78f.).

> Der geübte Leser muß oft auf die Inhalte einer Fixierung reagieren, indem er Pläne macht, wohin er als nächstes schauen wird. Auf der untersten Stufe muß er mit seiner peripheren Wahrnehmung Reize aufnehmen, die ihm sagen, wo die Gebiete von hohem informatorischen Wert liegen (S. 79).

Für die Theorie von HOCHBERG ist die Annahme zentral, daß der Leser wichtige Reizgegebenheiten fixiert und entscheidet, wo im Text die nächsten wichtigen Reize stecken, damit er seine Augen dorthin bewegen kann. Er sagt uns aber nicht, wie der Leser die wichtigen Hinweise oder Stellen mit hoher Information lokalisiert. Weiter mutet er der peripheren Wahrnehmung eine große Aufgabe zu. Es gibt keinen Zweifel darüber, daß das Ausmaß des Textes, über das der Leser in der Peripherie der Wahrnehmung verfügt, wichtig ist (siehe Kapitel 10). Wir sind aber weit davon entfernt, genau zu wissen, welche Charakteristika des Textes der Leser in der Peripherie identifizieren kann oder wie er aufgenommene periphere Information benützt. Eine neuere Studie (RAYNER 1974) zeigte an, daß die Leser semantische Information nur bis zu höchstens sechs Buchstabenräumen über den Fixierungspunkt hinaus aufnehmen.

HOCHBERG unterscheidet zwischen der peripheren Suchanleitung (peripheral search guidance, PSG) und der kognitiven Suchanleitung (cognitive search guidance, CSG). Die PSG betrifft unscharfe Information, die in der Peripherie aufgenommen wird und dem Leser nahelegt, wohin er seine Augen hinbewegen muß, um potentiell interessante Information aufnehmen zu können. Diese Idee ist für eine andere visuelle Suchaufgabe als die des Lesens interessant, aber sie ist bei unserm Kenntnisstand schwierig auf Text-Vorlagen anzuwenden. Die CSG ist eine direkte Aussage der Ratespielhypothese: Die vorangehende Information sollte den Leser mit Hypothesen dazu versehen, wohin er als nächstes schauen sollte. „Ich spreche nicht von realen oder bewußt berichteten Hypothesen, sondern von *Konstrukten* – der Beobachter verhält sich so, *als hätte* er Hypothesen“ (S. 75).

HOCHBERG befaßt sich mit der Frage: „Wohin schauen wir als nächstes?“ Die CSG ist aber ebenso unspezifisch wie die Theorie von GOODMAN, und es fällt schwer zu sehen, was HOCHBERG mit der Einführung dieses Begriffes gewinnt. Außerdem gibt es keinen Anhaltspunkt, wie ein Leser sich verhält *als hätte* er Hypothesen, es sei denn man meine damit, daß der Prozeß – sofern es ihn gibt – automatisch abläuft und nicht bewußt angewandt wird.

Eine zusammenfassende Aussage über die Rolle des Ratens beim Lesen kommt aus einer unerwarteten Quelle. LURIA, der berühmte russische Neuropsychologe, beschreibt im Zusammenhang mit der Diskussion der Legasthenie den Prozeß des normalen Lesens wie folgt:

> „Der geübte Leser hört auf, einzelne Buchstaben oder Silben zu extrahieren. Er lernt schnell, Wörter ‚als Individuen' zu erkennen; Wörter werden in visuelle Ideogramme transformiert. Das Erkennen der Bedeutung eines Wortes kann ohne Bezug auf dessen Lautstruktur geschehen. Die geübte Leser greift nur nach der allgemeinen Kontur ... auf dieser Basis rät er die Bedeutung des Wortes als ein Ganzes. Dabei hilft ihm der Kontext des Wortes beträchtlich. In einigen Fällen kann der Kontext derart sein, daß die Anzahl der unterscheidenden Merkmale, die beim Wort selber für dessen richtiges Erkennen nötig sind, auf beinahe Null reduziert werden" (1970, S. 348).

Zusammenfassend scheint der Versuch, alles Lesen mit der Analyse-durch-Synthese oder irgend einer anderen einzelnen Theorie zu erklären, übermäßig verallgemeinert zu sein beim heutigen Stand des Wissens über das Lesen. Die Theorie ist mit Sicherheit zu wenig präzise, um alle Arten des Lesens zu erfassen. Es mag Gelegenheiten geben, bei denen der Leser Erwartungen hegt über das, was als nächstes kommt; dies impliziert jedoch kein Raten und keine Bestätigung. Wir fragen uns denn, ob es sich bei dem Phänomen nicht um erhöhte Leistungsfähigkeit bei der Bestimmung eines Wortes (oder anderer Einheiten) handelt, die sich aus der Kenntnis des Kontextes ergibt. Wir werden solche Alternativen zur Analyse-durch-Synthese später in diesem Kapitel aufgreifen.

Das Lesen als ein adaptiver Prozeß

Absichtsvolles Lesen: einige Fallstudien

Es wird nun klar sein, daß die vorangehenden Modelle, obwohl sie interessant sind, nicht als Beschreibung der Essenz des Lesens genügen. Die Gründe für ihr Ungenügen variieren. Einer überragt aber die andern so weit, daß er wieder erwähnt werden muß. Kein einzelnes Modell wird *den* Leseprozeß beschreiben können, weil es so viele Leseprozesse, wie Leser und Lesestoff und entsprechende Ziele gibt. Das Lesen ist so mannigfaltig und angepaßt wie die Wahrnehmung, das Erinnern oder das Denken, weil es tatsächlich alle diese Aktivitäten einschließt. Um dieses Argument zu stützen, haben einige Leser, unterschiedliche Personen mit unterschiedlichen Absichten, auf den folgenden Seiten beschrieben, was sie ihrer Ansicht nach tun, wenn sie verschiedene Arten von Text lesen. Wir beginnen mit einer eher allgemeinen Beschreibung und schreiten zu einigen spezifischeren Fällen weiter.

Wie ein junger Wissenschaftler liest / Mein Hintergrund ist die Technologie: Physik, Computer, Elektronik. Mehr als die Hälfte meines Lesestoffes ist in einem dieser Gebiete. Ich lese aber beinahe alles, was mir unter die Nase kommt. Neben der Fachliteratur lese ich meistens Nachrichten und politische Beiträge, und meine bevorzugte Unterhaltungslektüre ist, und ist es immer gewesen, die Science-fiction.

Science-fiction liest sich natürlich am leichtesten, und ich lese so etwas wie einen Roman von Anfang bis zum Schluß. Bevor ich ein Buch kaufe, lese ich gewöhnlich eine oder zwei zufällig ausgewählte Seiten um zu sehen, ob ich die Art des Autors mag. (Ich mache das auch so bei Fachzeitschriften und Büchern.) Wenn ich Unterhaltungslektüre kaufe und nicht sicher bin, ob ich ein bestimmtes Buch nehmen will, lese ich manchmal die letzten paar Seiten des Buches. Ich lese Unterhaltungslektüre sehr schnell, überfliege oder überspringe aber nichts, es sei denn, es gefalle mir nicht. In einigen Fällen, wenn ich eine Passage wirklich mag, lese ich sie einige Male, bevor ich weitergehe. Ich lese meine Lieblingsbücher ungefähr alle zwei Jahre wieder und auch dann wieder durchgehend vom Anfang bis zum Ende.

Jeden anderen Lesestoff überfliege ich. Bei der Fachliteratur überfliege ich vor allem, weil ich nicht von extensiver Mathematik aufgehalten werden möchte, es sei denn, ich hätte Berechnungen zu machen oder möchte eine Ableitung ausführen, um die Verbindung zwischen den Konzepten zu sehen. Beim Überfliegen des Materiales suche ich vor allem nach konzeptuellen Aussagen und lese alle graphischen Darstellungen und ihre Titel. Wenn meine Aufmerksamkeit von einem bestimmten Bild angezogen wird, lese ich schnell den entsprechenden Begleittext durch. Wenn ich ihn nicht verstehe, oder wenn mir der gesamte Ton des Artikels gefällt, gehe ich zurück und lese den Artikel vom Anfang bis zum Schluß, vollziehe die Mathematik, wenn ich kann, in meinem Kopf nach und wenn nicht, auf dem Papier. In Fachzeitschriften beginnt meine Auswahl mit dem Lesen der Abstracts. Wenn es interessant erscheint, schaue ich die Bilder an und überfliege gewöhnlich den Text, der dazu gehört usw. Ich habe Fachliteratur nicht immer in dieser Art gelesen; als ich noch Student war, versuchte ich physikalische Texte durchgehend von Anfang bis zum Ende zu lesen, eine überaus zeitraubende Methode. Nicht nur sind viele Bücher recht mittelmäßig geschrieben, sondern ich verfing mich dabei auch schrecklich in den Einzelheiten. Die Art, wie ich heute lese, hat sich also nach und nach über eine Periode von einigen Jahren hinweg entwickelt. Texte in der Alltagssprache lese ich ähnlich wie Fachliteratur. Ich überfliege, wenn auch etwas schneller, weil es selten mathematische Beziehungen gibt, und ich mache mich an das Lesen des Artikels von Anfang an, wenn er mich wirklich interessiert. Ich höre damit auf, wenn der Stoff langweilig wird oder schlecht geschrieben ist (nach meinem Geschmack) und beginne wieder zu überfliegen, bis ich auf irgend etwas Interessantes stoße und dann wieder alle Wörter lese. Ich sollte erwähnen, daß, wenn der Text abwechselnd langweilig und interessant ist, ich dazu neige, ihn nicht kontinuierlich zu lesen. Das trifft besonders für lange Texte zu, welche viel Information enthalten.

MERRILL fragte, was ich tue, wenn ich überfliege. Ich bin nicht sicher, ob ich das genau sagen kann, aber ich werde es versuchen. Manchmal versuche ich, große Wortklumpen zu assimilieren, sogar ganze Abschnitte auf einmal, sozusagen gestalthaft, so daß ich eine ungefähre Idee davon bekomme, was der Autor grundsätzlich in dem Text zu sagen versucht. Manchmal ist es, wie wenn ein Bandlesegerät ablaufe, wobei ich meine Augen für bedeutungsvolle Wörter oder Phrasen offen halte. Wenn ich auf solche stoße, halte ich an, assimiliere ein Stück des Textes gestalthaft, und wenn das sich als interessant erweist, lese ich den Text langsamer durch. Bei Fachliteratur schaue ich auch nach hervorgehobenen Wörtern oder Phrasen um zu sehen, was der Autor für wichtig hielt.

David Pettijohn, M.I.T.

Das Lesen einer Zeitungskolumne / Introspektion über das Lesen der Kolumne von Art BUCHWALD mit dem Titel „Richard der Dritte (Moderne Version)" im *Boston Globe* vom Donnerstag, 10. Mai 1973, als Watergate auf dem Höhepunkt war, bei einer ersten Tasse Kaffee um 6.30h:

Begann die Kolumne als Teil des gewohnheitsmäßigen Durchlesens der Nachrichten und der Kolumnen auf der Seite gegenüber den Leitartikeln, was zu meiner täglichen Aufwachaktivität gehört. Nicht der erste Artikel, den ich las; nahm die Watergate-Geschichten der ersten Seite zuerst auf, vernahm dabei, daß jemand, William Loeb, Elliot Richardson gedrängt hatte, den Präsidenten von

Harvard, Derek Bok, wegen seiner vollkommenen Integrität zum Staatsanwalt zu ernennen.

Warum las ich BUCHWALD überhaupt? Im Gegensatz zu vielen Leuten tue ich das gewöhnlich nicht. Vielleicht, weil die Kolumne mit Watergate zu tun hatte, was mich fasziniert, und mit *Richard dem Dritten,* einem Stück, das ich liebe (aber, wie sich herausstellt, nicht sehr gut kenne). Las einige Zeilen und erinnerte mich plötzlich an die Anfrage von Harry LEVIN und Eleanor GIBSON, einen introspektiven Bericht über eine Leseerfahrung zu machen. Beschloß also, es zu versuchen.

Die Universität von Michigan (meine Alma Mater) erteilte keine Kurse über das Training der Introspektion, darum war ich nicht ganz sicher, wie vorzugehen wäre, wußte aber in etwa, daß ich versuchen sollte, meinen Leseprozeß während des normalen Lesens zu beobachten. Die beiden Tätigkeiten schienen sich gegenseitig zu stören, und ich fand, daß ich las und sporadisch Zeichen machte bei Passagen, wo ich mir über irgend etwas bezüglich des Prozesses bewußt war. Dann las ich nochmals und legte fest, was ich für den Prozeß hielt.

Bemerkte sofort eine Tendenz, meinen Bericht teilweise „telegraphisch" abzufassen (wie bei der Auslassung des Ich in diesem Satz), als ob die Introspektion keine volle Kommunikation benötige, sondern eher so etwas wie ein inneres Sprechen. Werde diese Charakteristik beibehalten (es könnte auch Nachlässigkeit sein oder eine Folge der frühen Morgenstunde), obwohl ich nicht erklären kann, warum ich den telegraphischen Stil nur teilweise verwende. *Ich* wird oft ausgelassen, aber nicht immer, und die Artikel und Präpositionen und Hilfsverben sind beinahe immer an ihrem Platz, was bei der „telegraphischen Rede" der Kinder nicht der Fall ist. Ich denke jetzt, daß die gelegentlichen *Ich*-Auslassungen mehr meiner vorgefaßten Meinung darüber, was Introspektion sei, zuzuschreiben sind als der tatsächlichen Natur des inneren Sprechens. Wahrscheinlich eine stilistische Maßnahme, um den Anstrich eines introspektiven Berichts zu geben. Aber ich schweife von der Aufgabe der Introspektion ab und gebe ungefragt Erklärungen. Die Zahlen beim Artikel von BUCHWALD bezeichnen Stellen, wo mir etwas auffiel. Bis zu „Ziegler: Schlechte Neuigkeiten, mein Lord, Dean ist nach Maryland geflohen. Magruder singt in Virginia und die Palastwache bekennt im Chor" nahm ich nichts bewußt wahr. Alles davor scheint offensichtlich zu sein: Ziegler ist ein Herzog, Biscayne ein Palast usw. Bei der Rede von Ziegler bei „1" bemerkte ich

„Dean ist nach Maryland geflohen“ und dachte vage, das töne mehr nach *Macbeth* als nach *Richard dem Dritten.* Bei „Magruder singt in Virginia“ fiel mir das Verb *singt* auf. Wahrscheinlich weil die beabsichtigte Gaunersprache-Bedeutung in einem Stück von Shakespeare anachronistisch gewesen wäre. Glaube nicht, bewußt etwas über die Palastwache registriert zu haben.

2. Bei „Zounds“ erinnere ich mich, daß das Wort von „his wounds“ (seine Wunden) – d.h. die von Christus – abgeleitet ist. Nur so eine kleine Merkwürdigkeit.

3. Bemerkte „impeach thy motives“ (klage die Motive an). Glaube nicht, daß das eine korrekte moderne Verwendung von *impeach* ist, und man konsultiert kein Wörterbuch während der Introspektion. Wahrscheinlich ist *impugn* (anzweifeln) das richtige Wort, aber *impeach* läßt den gegenwärtigen politischen Fall anklingen, und die zwei Wörter sind am Beginn phonemisch identisch.

4. Bemerkte, daß Ehrlichman und Haldeman der Titel „Baron“ gegeben wurde, was als englischer Titel zu *Richard dem Dritten* paßt aber ebenso, glaube ich, als deutscher Titel zum „deutschen Charakter“ dieser beiden Männer.

5. Die Abreiseszene, beginnend mit „Ehrlichman: Mein Lord, wir müssen notgedrungen gehen“ erinnert mich nicht an irgend etwas in *Richard dem Dritten,* sondern eher an die Szene in *Hamlet,* wo Rosencrantz und Guildenstern, auf Befehl von König Claudius nach England abreisen. Ein anderes deutsch tönendes Zwiegespann.

6. Die „Geister“ von McCovern und Muskie stammen sicherlich aus Macbeth (Banquo), nicht aus *Richard dem Dritten.*

7. „Rebozo“ ließ mich einhalten. Wer ist Rebozo? Nichts zu tun mit Watergate, so viel ich weiß. Erinnerte mich dann, daß es einen „Rebozo“, einen reichen Mann gibt, von dem man vermutet, er sei Nixons bester Freund oder etwas.

8. „Ein Pferd!“ „Ein Pferd“ usw. Zweifellos *Richard der Dritte,* aber wo ist die Nixon-Parallele? Das versteh' ich nicht.

9. Die „sechs Krisen“ kehrt die Sache um, gehört ausschließlich zu Nixon und überhaupt nicht zu Richard.

10. Herzogin Mitchell scheint wieder reiner Nixon zu sein und nicht aus dem Stück. Übersicht: Offensichtlich war mein bewußtes Verarbeiten dieser Kolumne ausgesprochen selektiv. Auf einem gewissen Niveau mußte ich das ganze Ding lesen, um die Analogien zwischen dem Stück und Richard Nixon herauszukriegen. Aber weil ich nicht erwartete, über den Text geprüft zu werden (was ich

ja auch nicht wurde), registrierte ich bewußt das, was mich interessierte: die Parallelen zu dem Stück. Schließlich war die Anspielung im Titel das, was mich dazu bewog, die Kolumne überhaupt zu lesen. Ich fand die Parallelen nicht sehr ausgeprägt oder lustig; in vielen Fällen waren es tatsächlich keine und nur die Verwendung eines archaischen Vokabulars und des königlichen Rahmens legte eine nahe. Die Parallelen, bemerkte ich später, waren wie diejenigen im Stück *Macbird* (über Macbeth und Präsident Johnson) nicht auf das eine Stück von Shakespeare beschränkt, sondern auf viele bezogen; *Macbird* ist aber viel lustiger. Merkwürdigerweise bemerkte ich erst am Schluß die Koinzidenz der Vornamen – Richard – vielleicht, weil man gewöhnlich annimmt, daß Namen an sich nicht von Bedeutung sind. Die zugrundeliegende Absicht – Nixon anzugreifen – war klar, weil Richard der Dritte ein widerlicher Mörder war, völlig skrupellos. Ich fand das ganz sympathisch, dachte aber nicht, daß die Kolumne als Ganze sehr witzig sei. Was das Bewußtsein betrifft, schien ich ausschließlich damit beschäftigt zu sein, den Inhalt in eine behaltensmäßige Kapsel zu bringen, eine abstraktere Struktur, die viel Bedeutung wegwirft, aber kompakt genug ist, um den Grundgedanken zu erfassen.

Der obige Abschnitt ist eine ehrliche Wiedergabe meiner Introspektion beim Lesen der Kolumne von Buchwald. Die Introspektion wird aber durch die eigenen Kenntnisse beschränkt, und die meinen haben sich als recht spärlich herausgestellt. Wenn ich im Text von *Richard dem Dritten* nachsehe, finde ich, daß es in dem Stück Abreisen, Geister und eine rachsüchtige Margaret, wenn nicht eine Martha, gibt, und es ist anzunehmen, daß Buchwald mehr diese im Kopf hatte als die bekannteren Gegenstücke in *Hamlet* oder *Macbeth.* Man kann aber von einem Leser nur das erhalten, was er an Verständnis zu geben hat; bei diesem Prozeß gibt es für einen Autoren immer viele Überraschungen.

Roger Brown, Harvard Universität

Über das Lesen eines Romanes / Die Überschrift dieses Abschnittes sollte eigentlich „Über das Lesen eines Schriftstellers“ heißen, weil ich nur an meine Lieblingsautorin Jane AUSTEN denke. Ihre Romane sind keine Wartesaal-Lektüre. Man muß sie wieder und wieder lesen, jeden Satz genießen und sich die besten einprägen, um Janes „Sinn für die menschliche Komödie“, wie WHICHER (1938) ihr Genie beschrieb, noch besser verstehen zu lernen. Sie lacht gern über die Leute. Vielleicht betrachten darum die Kritiker das Buch *Stolz und Vorurteil* (Pride and Prejudice) als ihr bestes Buch, obwohl es nicht mein liebstes ist. Wie ich das Buch zum vielleicht 25. Mal lese, überlege ich, was sie mit den Ähnlichkeiten und Unterschieden zwischen den Charakteren von Elizabeth Bennet und ihrem Vater auszusagen versucht. Mr. Bennet lacht gerne über die menschliche Torheit, sogar (vielleicht besonders) über die Torheit seiner Frau und seiner eigenen Kinder. Man betrachte hierzu die kleine Vignette oder Konversation zwischen Mr. Bennet und seiner Frau über ihre Töchter, als ein heiratsfähiger junger Mann in die Nachbarschaft zieht und Mrs. Bennet ihren Mann wissen läßt, daß sie eine ihrer Töchter als Frau des jungen Mannes auszuwählen trachtet:

„Sie haben nichts sehr Empfehlenswertes an sich", antwortet er. „Sie sind wie andere Mädchen dumm und unwissend; aber Lizzy ist doch etwas aufgeweckter als ihre Schwestern."

„Mr. Bennet, wie kannst du deine eigenen Kinder so verunglimpfen? Du freust dich, wenn du mich ärgern kannst. Du nimmst keine Rücksicht auf meine armen Nerven."

„Du verstehst mich falsch, meine Liebe. Ich habe einen großen Respekt vor deinen Nerven. Sie sind meine alten Freunde. Seit mindestens zwanzig Jahren höre ich, wie du sie rücksichtsvoll erwähnst."

Mr. Bennet geht in seiner Belustigung über die menschliche Torheit eher unangenehm weit. Er erwartet, daß Elisabeth mit ihm lache, und sie tut es auch, aber ihre Belustigung wird von Alltagsverstand und Respekt gemäßigt, wie wir einer Konversation mit Mr. Darcy entnehmen können:

„Man darf nicht über Mr. Darcy lachen!" schrie Elisabeth. „Das ist ein außerordentlicher Vorteil und außerordentlich wird er hoffentlich bleiben, denn es wäre ein schwerer Verlust für mich, viele solche Bekannte zu haben. Ich lache nämlich sehr gern." „Miss Bingley", sagte er, „hält mir zuviel zugute. Die weisesten und besten Männer, ja sogar die weisesten und besten ihrer Handlungen können von einer Person lächerlich gemacht werden, deren wichtigstes Ziel im Leben ein Witz ist."

„Gewiß", antwortete Elisabeth, „es gibt solche Leute, aber ich hoffe, ich gehöre nicht dazu. Ich hoffe, daß ich das Weise oder Gute nie lächerlich mache."

Es ist gut möglich, daß Elizabeth Bennet, die bekannteste Heldin von Jane AUSTEN, die Art repräsentiert, wie die Autorin selber den menschlichen Charakter und die menschlichen Beziehungen wahr-

nimmt. Ich fragte mich denn beim Lesen, wie wir einige ihrer anderen Heldinnen verstehen sollen. Zum Beispiel Fanny Price, die Heldin aus *Mansfield Park?* Fanny ist prüde und selbstgefällig, eine bescheidene, unterwürfige Leidende, die nie über etwas lacht. Tatsächlich scheint es mir, daß niemand in diesem Buch lacht. Bildet die Abwesenheit des Lachens vielleicht einen Kontrast zu den andern Romanen? Dann gibt es Catherine, die Heldin aus *Northanger Abbey,* welche lachen kann aber ohne zu verstehen. Sie hat ein einfaches Gemüt, ist nicht geschult, ein Einfaltspinsel, und dennoch dazu ausersehen, einen der attraktivsten jungen Männer der Romane zu heiraten, anscheinend nur, weil er loyal und verantwortungsvoll ist.
Das alles gehört zu Jane AUSTENS Sinn für menschliche Komödie. Die Rahmen sind so angelegt, daß die Spieler und ihre Persönlichkeiten gezeigt werden können. Die Welt dringt nie ein. Alle AUSTEN-Romane spielen während der Napoleonischen Kriege. Aber wir lesen und lesen, und der Krieg wird nie erwähnt. Seeleute kommen und Seeleute gehen, vom Seekadetten bis zum Admiral. Wir sehen sie aber immer nur in einem Salon. Sie gewinnen Preise in Seeschlachten, aber niemand spricht über den Krieg, außer wenn der Hoffnung Ausdruck gegeben wird, der Krieg möge andauern, so daß mehr Preise und Beförderungen verfügbar werden.
Ich denke an alle diese Dinge, wenn ich Jane AUSTEN lese, aber ich möchte ihre Kritiker nicht lesen. Ich möchte selber entdecken, was diese empfindsame und scharfsichtige Person mit zu sagen versucht. Manchmal möchte ich einfach zurücksinken, mich freuen und selber lachen.

Eleanor J. Gibson, Cornell Universität

Beim Lesen des Wörterbuches / *Die Gelehrten haben sich oft gefragt, ob das Konzept der Palingenese mit der Metatheorie der Entwicklungspsychologie verbunden ist.*
Meine erste und lebhafte Reaktion gegenüber diesem Satz war, daß ich die Bedeutung des Wortes *Palingenese* nicht verstand und bemerkte, daß man den Satz ohne dieses Wort nicht verstehen konnte. Der Satz betrifft ein Konzept, so daß *Palingenese* tatsächlich der „semantische Schlüsselbegriff" des gesamten Satzes ist. Geht es um das Schlagwort der Entwicklungspsychologie: „die Ontogenese wiederholt die Phylogenese"? *Palingenese* ist ein Substantiv, die Bezeichnung eines Konzeptes; die Phrase ist attributiv und modifiziert

Konzept. Würde dieser Text fortgesetzt, wäre mein Impuls, weiterzulesen und dem Satz die Bedeutung zu geben, die ich als richtig annahm. Wäre der folgende Text dann sinnvoll, so bin ich nicht sicher, daß ich das Wort *Palingenese* nachsehen würde. Das hinge davon ab, mit welchem Ziel ich läse, wieviel Zeit ich hätte usw. Anderseits bin ich an der Philologie, den Wortursprüngen, interessiert, freue mich an Wörterbüchern und sammle sie auch, so daß ich – es sei denn ich überflöge den Text oder stünde unter Zeitdruck – das Wort nachschauen würde, selbst wenn es durch den weiteren Zusammenhang schon einigermaßen klar wäre.
Palingenese. Genese war kein Problem. *Palin* jedoch war verwirrend, weil ich in meiner Interpretation sicherer wäre, wenn die Schreibweise *Paläo* wäre, so daß ich ihm die Bedeutung *alt* wie in *Paläontologie* geben könnte.
Ich kam zu dem Schluß, daß die Wahl des Wörterbuches wichtig war. Das Wort war lang und technisch und wahrscheinlich in den üblichen Wörterbüchern nicht zu finden. Ein ungekürzter Band war nötig, und ich hatte die Wahl zwischen dem „Randon House" und dem „Webster", welche beide in meinem Studierzimmer sind. Ich wählte „Randon House", den ich gewöhnlich vorziehe.
Ich öffnete das Wörterbuch, landete zuerst beim Buchstaben *R* und blätterte mit Blick auf den Anfangsbuchstaben zurück, kam zum *P,* genau gesagt zum *Pa.* Ich stellte fest, daß ich rhythmisch immer und immer wieder *PQR, PQR* dachte. Die Seite endete mit dem Wort *pantry,* und zuerst wollte ich weitergehen, als ich plötzlich realisierte, daß das *l* im Alphabet vor dem *n* kommt. *LMN, LMN.* Eine Seite vorher war richtig. Die Überschriften waren *palaeotropical* und *palm.* Dazwischen sollte palingenesis (Palingenese) liegen. Zweite Spalte auf der linken Seite – *pale;* die erste auf der rechten – *pali.* Ich arbeitete mit Buchstabengruppen, gewöhnlich mit Ketten von vier Buchstaben wie *pali.* Die Spalte endete mit *palindrome.* Ich las die Definition, weil ein Kollege und ich vor ein paar Tagen ein „es liegt mir auf der Zunge"-Erlebnis mit diesem Wort hatten. Von *palindrome* an las ich die Wörter der Reihe nach, ohne auf die Definition zu schauen, bis ich zum Wort *Palingenese* kam.
Palingenese ist ein Substantiv (n). Die erste Definition war nur nützlich: Wiedergeburt, Regenerierung. Die zweite war mit *Biol.* gekennzeichnet, und ich dachte, daß es diese sein müsse. „Die Entwicklung eines Individuums, welches die Merkmale der Ahnen reproduziert (im Gegensatz zu *cenogenesis*)" (S. 1039). Also war meine erste Deutung des Satzes richtig.

Es blieben mir aber zwei Fragen: (1) Welches ist der Ursprung der Vorsilbe *Palin,* und (2) was in aller Welt bedeutete das Wort *cenogenesis?* Ich wurde an die verschiedenen wahrscheinlich unwahren Geschichten über Wörterbücher erinnert, welche einen angeblich sinnlos im Kreis herumführen.

Beim Nachlesen der Etymologie lernte ich, daß *Palin* aus dem Griechischen stammt und „wieder" heißt. Und weil ich Spaß hatte an der Aufgabe, entschied ich mich, das Wort *cenogenesis* nachzuschlagen. Ich nahm die /si/Aussprache an. Ich mußte mehr Seiten wenden als beim Wort Palingenese, aber ich hätte die Bedeutung aus der Art, wie das Wörterbuch aufgebaut ist, erraten können. *Palingenesis* und *cenogensis* wurden kontrastiert, so hätte ich eine Antinomie vermuten können. *Ceno* (Zäno-) stammt aus dem Griechischen und bedeutet „neu", folglich heißt *cenogenesis* „die Entwicklung eines Individuums, welches nicht die Phylogenese der Art wiederholt". Ich prüfte die Aussprache des *e* in *ceno* und fand, daß ich recht gehabt hatte.

Ich hatte *palin* als /pa/und nicht als /pae/ ausgesprochen, und so überprüfte ich auch das. Der Ausspracheschlüssel sagte mir, daß das *a* in *Palin* wie das /a/ in *act* tönt. Wie ich gedacht hatte. Auf ihre Art sind Wörterbücher guter Lesestoff.

Harry Levin, Cornell Universität

Über das Lesen eines Gedichtes / Sie haben mich gefragt, wie ich ein Gedicht lese. Ich nehme an, Sie meinen, wie ich als Individuum ein bestimmtes Gedicht verstehe und weniger, wie ich meine, Gedichte sollten unterrichtet werden. Aber ich werde nicht versuchen, diese zwei Fragen zu trennen, denn ich schätze Poesie seit langem und bin auch seit langem Literaturlehrer, so daß es mir unmöglich ist, eine nützliche Unterscheidung zwischen den beiden Gesichtspunkten zu machen.

Keine Theorie ohne Beispiele. Ich möchte antworten, indem ich über ein Gedicht von Emily DICKINSON spreche, das aus dem „Flutjahr" 1862 stammt und die Nummer 307 in der Ausgabe von Thomas JOHNSON trägt. (Man kommt natürlich nirgendwo hin, wenn man den Text des Dichters nicht genau vor sich hat.) Gedicht 307 lautet wie folgt:

The One who could repeat the Summer day –
Where greater than itself – though He
Minutest of Mankind should be –
And He – could reproduce the Sun –

At period of going down –
The Lingering – and the Stain – I mean –
When Orient have been outgrown –
And Occident – become Unknown –
His Name – remain –[4]

Meine erste Antwort auf Ihre Frage ist, daß das Gedicht 307 laut gelesen werden muß, als wäre es ein Musikstück, direkt und einfach, weil der Ton des Gedichtes umgangssprachlich ist, aber mit einer musikalischen Bewußtheit des feinen, herrlichen Zusammenklanges von *Lingering, Stain, mean, Name* und *remain.* Wenn man die Zeilen laut liest, kommt die Stimmung des Kontrafaktischen oder Potentionellen ebenfalls hervor, so daß die gedrängte letzte Zeile die Bedeutung erhält: „His, the painter's name would remain, a long time" (Sein Name, der Name des Malers, würde lange Zeit bleiben). So muß man mit einigem Verständnis für die Syntax lesen – und bei DICKINSON für den genauen Sinn der Wörter – damit man ihre kurze, sparsame Darstellung versteht. Man muß das Gedicht auch laut lesen um zu entdecken, bewußt oder unbewußt, wie die Phrasen und Nebensätze oder Teile des Gedichtes, was auch immer, zusammenspielen, um ein gefühlsmäßig und gedanklich befriedigendes Ganzes zu bilden. So daß man das Gedicht wie ein Gebilde betrachtet, das gerade so fein ausgewogen ist wie ein Schnellsegler des 19. Jahrhunderts oder ein Mobile von Alexander Calder in unserer Zeit. In den zwei Teilen des Gedichtes sagt die Dichterin „Der Mensch, welcher einen Sommertag filmen und wiedergeben könnte, wäre so groß wie der Tag selber; und (das kann heißen *und* oder *falls*) würde er das Nachglühen des Sonnenuntergangs malen, wenn Ost und West dunkel geworden sind, sein Namen bliebe". Die letzte Zeile ist deutlich eine Abrundung des Gebildes. Sie vervollständigt den Sinn der zweiten *„falls"*-Aussage nach den Parenthesen und Nebensätzen, welche eine Spannung schaffen. Teil 2 ist doppelt so lang wie Teil 1. Die exakte Lautumkehrung von *name – (re)main* liegt der Finalität dieses unreinen Reimes zugrunde, und – man muß immer noch laut lesen – das Ohr erfaßt mit Hilfe der Augen das Muster eines auf den Kopf gestell-

[4] Der Eine der den Sommertag wiederholen könnte – / Wäre größer als dieser selbst – wäre Er / Auch der Geringste der Menschen – / Und könnte – er die Sonne wiedergeben – / Zur Zeit wenn sie untergeht – / Das Verweilen – und die Färbung – meine ich – / Wenn der Orient überwunden ist – / Und der Okzident – Unbekannt wird – / Sein Name – bliebe – /

ten Dreiecks: Die erste Zeile hat fünf Füße, die nächsten sieben Zeilen sind vierfüßig und die letzte schließt mit zweien.

Weil DICKINSON glaubt, daß Poeten „die ganze Wahrheit sagen, aber schief", d.h. metaphorisch, wird man beachten, daß die grundlegende Metapher in zwei Schlüsselverben eingebettet ist: „Den Sommertag wiederholen" und „die Sonne wiedergeben" – Varianten der uralten Poesielehre der „Imitation": der Natur einen Spiegel vorhalten.

Soweit habe ich die Fragen vor allem bezüglich der Elemente des Gedichtes selber behandelt. Aber je mehr Gedichte man von DICKINSON gelesen hat (ingesamt 1775 Gedichte), desto besser natürlich ist man als Leser auf ein bestimmtes Gedicht vorbereitet. Das Gedicht 307, das erkennt ein DICKINSON-Leser schnell, ist eines der vielen, die mit dem Sommer und mit der Poesie selber zu tun haben. Im Gedicht 569 versichert sie erst, daß sie nicht wählen würde, eine Malerin oder eine Musikerin und vor allem nicht eine Poetin zu sein – nur um dann zu bekennen, sie würde sich reich fühlen, *besäße* sie „die Kunst mich zu betäuben/mit Blitzstrahlen von Melodien" („art to stun myself/with bolts of melody"). Auch im Gedicht 307 dramatisiert sie das schwere Ziel des Poeten, die Schönheit der natürlichen Welt in Poesie zu übersetzen. Aber Gedicht 308 das durch Entstehungszeit und Thematik eng mit 307 verbunden ist, hat einen völlig anderen Ton:

I send Two Sunsets –
Day and I – in competition ran –
I finished Two – and several Stars –
While He – was making One –
His own was ampler – but as I
Was saying to a friend –
Mine – is the more convenient
To Carry in the Hand[5]

DICKINSON gibt diesem Vers den beiläufigen Ton eines Briefes, der wahrscheinlich Gedicht 307 einschließt; sie ist aber eher witzig und prahlerisch statt nachdenklich und sehnsüchtig.

Es bleibt noch eine Frage, die ebenso schwierig wie auch lohnend ist, wenn sie richtig beantwortet wird: Was trägt die Kenntnis über

[5] Ich sende Zwei Sonnenuntergänge – / Tag und Ich – rannten im Wettbewerb – / Ich beendigete Zwei – und mehrere Sterne – / Während Er – Einen machte – / Sein eigener war größer – aber wie ich / Zu einem Freund sagte – / Meiner – ist besser / In der Hand zu tragen

das Leben von DICKINSON zum Erfühlen des Gedichtes bei? Anderen Gedichten von DICKINSON viel, diesem Gedicht nur wenig, nur gerade, daß die Formulierung „der Geringste der Menschen“ eine Anspielung auf die eigene kleine Gestalt und schmale Statur der Poetin ist. Es gibt ein anderes Stück eines Gedichtes, wo sie ihre „kleinen Hände“, die doch fähig sind, wie sie sagt, „das Paradies zu fassen“ („gathering paradise“) beobachtet. Eine andere vielleicht nützliche Frage wäre jene nach Analogien und Quellen. So entnahm DICKINSON im Gedicht 308 die Idee ihres Sonnenunterganges, der besser in der Hand zu tragen ist, wahrscheinlich einem der fabelhaften Abenteuer Davy Crocketts an einem kalten Wintermorgen. Crockett findet die Januarsonne auf ihrer Achse eingefroren zuoberst auf dem Tagesanbruchhügel, taut sie mit heißem Bärenfett los und geht, eine Melodie pfeifend, heim, indem er unterwegs „die Leute mit dem frischen Tageslicht bekanntmacht mit Hilfe des Stückes Sonnenaufgang, das er in der Tasche trägt“.
Ich vermute schließlich, daß man beim Lesen dieses konzentrierten kleinen Gedichtes weitere Dimensionen entdecken kann, wenn man es mit Gedichten der alten Tradition vergleicht, in der die Dichter mit ihren Versen die Unsterblichkeit erreichen wollten. Oder man kann bei diesem oder an anderen Gedichten zeigen, daß die Poetin als Transzendentalistin und Romantikerin glaubt, daß der echte Poet göttliche Macht besitzt: Das „Wiederholen eines Sommertages“ ist das Vorrecht eines Gottes. Aber es sind die ganz eigenartigen Bilder und Metaphern, die subtile Orchestrierung der Laute, die elegante Struktur und der leidenschaftliche Atem, die mich bei diesem Gedicht am meisten bewegen.
Obwohl das Gedicht 307 nicht eines der wirklich besten von DIKKINSON ist, ist es doch gut und charakteristisch. Es zeigt auch einen ihrer verblüffendsten poetischen Züge – das ernsthafte Wortspiel in der Art SHAKESPEARES: Wir sehen und hören z. B. „reproduce ... sun“ (die Sonne reproduzieren) auch als „reproduce ... son“ (einen Sohn reproduzieren), ein in der Geschichte der Poesie altbekanntes Wortspiel, obwohl DICKINSON es nicht beabsichtigt haben mag oder sich dessen vielleicht nicht bewußt war.

William Gibson, Universität von Wisconsin

Wenn diese kleinen Essays die Leserschaft nicht überzeugt haben, daß der erwachsene Leser mit einem bestimmten Ziel liest, seinen eigenen Lesestil hat und sich dem Stil des Textes anpaßt, geben wir es auf, weiter zu betonen, daß es viele Leseprozesse und nicht nur einen gibt. Es scheint uns, daß diese Beispiele für sich selber sprechen, und wir nehmen nun unsere Behauptung als erwiesen an. Wir wollen in der Folge kein Modell entwerfen, sondern sehen, ob wir unsere Studie über das Lesen abschließen können, indem wir das, was vorangegangen ist, in einigen konzentrierten Verallgemeinerungen zusammenfassen. Sie haben sich durch das ganze Buch hindurch angekündigt, und nun werden wir versuchen, sie zu formulieren.

Einige Prinzipien der Wortwahrnehmung

Selektive Beachtung der Wortmerkmale / Ein Wort enthält viele Informationsarten: graphische, orthographische, phonetische, semantische, morphologische und syntaktische. Diese Informationsklassen können nicht nur separat beschrieben werden, wir beabsichtigen jetzt zu zeigen, daß sie unabhängig voneinander behandelt werden können je nach ihrem Nutzen für die Aufgabe des Lesers. Nehmen wir z.B. das Wort *squint* (schielen). Es hat graphische Merkmale, die es leicht erkennbar machen, weil die Buchstaben viele unterscheidende Merkmale enthalten und die Sequenz einzigartige graphische Formen in einer Reihenfolge kombiniert, die nicht leicht durcheinandergebracht wird. Die Schrift besteht aus schwarz gedruckten Buchstaben. Das orthographische Muster ist stark redundant, weil das Wort verschiedene regelhafte Buchstabengruppen (constrained clusters) enthält. Seine phonetischen Charakteristika werden in den Buchstabengruppen ebenfalls sichtbar (besonders bei *squ*, sehr schwierig auszusprechen für Leute, die nicht Englisch als Muttersprache haben) und man kann es gut reimen (z.B. *splint*). Semantisch kann es nicht in untergeordnete Morpheme unterteilt werden. Aber man kann es anhand der lexikalischen Merkmale charakterisieren: konkret, belebt, potentiell sowohl menschlich als auch tierisch, aber nur auf Säugetiere anwendbar, da es mit den Augen zu tun hat, eine Abnormalität ist usw. Es hat Synonyme wie *cross-eyed*, welche ihm aber nicht ganz genau entsprechen. Das Wort ist tatsächlich ein Homograph mit verschiedenen damit verbundenen aber unterschiedlichen Bedeutungen. Syntaktisch gesehen kann es ein Verb, *to squint* oder ein Substantiv *possessing a squint* (einen schiefen Blick haben) sein. Als Adjektiv, *squint-eyed* ist es möglich aber nicht üblich.

Alle diese Informationen können auf einmal, parallel aufgenommen werden. Es ist aber fraglich, ob sie je alle so kodiert werden, daß sie auch behalten werden. Der Leser mag alle diese Merkmale auf einer gewissen Stufe verarbeiten. Es ist aber sehr wahrscheinlich, daß er – bewußt oder unbewußt – Prioritäten setzt je nach der Nützlichkeit des entsprechenden Aspektes für seine Aufgabe. Das Verarbeiten von verschiedenen Merkmalen derselben Klasse – allen semantischen beispielsweise – mag angehen. Zu versuchen, für einen zukünftigen Bezug verschiedene Klassen auf einmal zu bestimmen oder zu kodieren, geht wohl nicht an. Es gibt tatsächlich Nachweise dafür, daß Merkmalsklassen unabhängig voneinander verarbeitet werden mit einer Hierarchie der Priorität bei verschiedenen Aufgaben. Es scheint eine variable Auswahl der Merkmale in bezug auf die Aufgabe zu geben, wobei jede Klasse der Merkmale für die eine oder andere Aufgabe wesentlich ist, wenn wir auch glauben, daß im täglichen Leben die Bedeutung der Worte diejenige Merkmalsklasse ist, die wahrscheinlich am meisten gebraucht wird.

Man beachte den Nachweis zur Selektion und Priorität der Verarbeitung von Merkmalsklassen (Gibson 1971). Sogar die graphische Information wird in bestimmten Aufgaben vor allem anderen beachtet. In einem der vorangegangenen Essays über das Nachschlagen eines Wortes in einem Wörterbuch notierte der Autor, daß er zuerst lediglich durch die Seiten blätterte auf der Suche nach dem Abschnitt mit dem *p*, daß er dann die Buchstaben *pa* suchte und schließlich seine Suche auf die Wörter begrenzte, die mit *palin* begannen. In Suchaufgaben im Laboratorium tendieren die graphischen Merkmale, die als Ziele ausgewählt worden sind, dazu, möglichst minimal zu sein. Beim Absuchen einer Liste von Kontextbuchstaben nach einem einzelnen Zielbuchstaben beispielsweise lernt eine geübte Versuchsperson, sich nur die kleinsten Merkmale oder Merkmalsgruppen einzuprägen, die den Zielbuchstaben von den umgebenden trennen (Gibson & Yonas 1966a; Neisser, Novik & Lazar 1963). Wenn die Versuchspersonen sehr geübt sind im Suchen eines Buchstabens, der sich von seinem Kontext durch ein Merkmal wie beispielsweise die Diagonalität unterscheidet und dieses Merkmal in den Kontextbuchstaben nicht vorkommt, kann das Absuchen sehr schnell werden. Wenn aber der Kontext oder das Ziel geändert werden, so daß das minimale Merkmal nicht länger für die Unterscheidung genügt, verlangsamt sich das Absuchen sofort (Yonas 1969; Schapiro 1970). Trotz großer Übung mit den gleichen Kontextbuchstaben hat die Versuchsperson sie nicht genügend identifiziert, um sie namentlich wiedergeben oder auch nur wiedererkennen zu können (Schapiro 1970).

Während in dieser Aufgabe den graphischen Merkmalen hohe Priorität zukommt, werden die phonetischen Merkmale der Buchstaben praktisch ignoriert. Das Abspielen einer Stimme, die Buchstabennamen aussprach, die sich mit der Bezeichnung des Zielbuchstabens reimten, ergab keine Interferenz mit der Absuchrate, auch bei Kindern nicht (GIBSON & YONAS 1966b).

KAPLAN, YONAS und SHURCLIFF (1966) verglichen den Effekt der hohen und niedrigen akustischen Ähnlichkeit der Kontextbuchstaben mit dem Zielbuchstaben. Der Zielbuchstabe war entweder in Buchstaben eingebettet, deren Namen sich mit ihm reimten (*b, v, d* usw.), oder aber in Buchstaben, die anders tönten. In diesem Experiment verlangsamte die akustische Ähnlichkeit der Buchstabennamen die Absuchrate nicht, was im Gegensatz steht zum überaus starken Effekt, den die graphische Ähnlichkeit erzeugte.

Die Versuchspersonen können sehr schnell nach einem Wort suchen, das in einer Liste von anderen Wörtern eingebettet ist (NEISSER & BELLER 1965). Die Einheit des Wortes scheint ein hervorragendes Ziel zu bilden. Aber sogar in diesem Fall scheint der Suchende stark an die graphischen und orthographischen Merkmale des Wortes gebunden zu sein, denn die semantische Information, die doch zur Unterscheidung des Ziels von seinem Kontext benützt werden könnte, wird offenbar *nicht* benützt. GIBSON, TENNEY und ZASLOW (1971) ließen Versuchspersonen nach einem bedeutungsvollen Wort suchen, das zu einer gut bekannten Kategorie (z.B. ein Tier) gehörte und entweder in eine Wortliste eingebettet war, die zu einer anderen Kategorie gehörte (z.B. Fruchtarten) oder aber in einer Liste, deren Wörter semantisch nicht miteinander verbunden waren. Man gab der Versuchsperson kein bestimmtes Zielwort, nach dem sie suchen sollte, sondern forderte sie auf, „nach dem Namen eines Tieres Ausschau zu halten". Der Kontrast der bedeutungsvollen Kategorien zwischen Zielwort und Kontext erleichterte die Suche nicht. Semantische Merkmale scheinen als Schlüssel für das Absuchen eine geringe Priorität zu haben.

Aber sogar diese Priorität kann geändert werden, wenn der Leser nach einem Zielwort sucht, das nicht in einer Liste, sondern in einem zusammenhängenden Text steckt. COHEN (1970) ließ Versuchspersonen Prosatexte lesen, in welchen die Ziele entweder visuell (einzelne Grapheme) oder akustisch (Phoneme) oder semantisch (Wörter einer speziellen Kategorie) waren. Die Ziele wurden einzeln und ebenso in allen möglichen Kombinationen gesucht. Die akustischen Ziele (Vokale oder Diphthonge) wurden in verschiedenen Schreibweisen gegeben, so daß sie nicht visuell als Buchstaben identifiziert werden konnten. Die Wörter gehörten zu Kategorien wie z.B. Blumen, Farben,

Kleidern usw. Nie kamen im selben Wort zwei Ziele vor. Die Suche war am schnellsten bei den semantisch definierten Zielen, gefolgt von den visuellen (Buchstaben) Zielen und am langsamsten bei den akustischen. Wenn zwei Ziele auf einmal gesucht werden mußten, d.h. zusätzlich zu Buchstaben oder einem phonemischen Ziel noch nach einem semantischen gesucht werden mußte, nahm die Suchzeit nur wenig zu. Eine Kombination der visuellen und auditiven Ziele oder aller drei Typen verlängerte die Suchzeit signifikant. Offensichtlich fand während der Buchstabensuche kein akustisches Verarbeiten statt, denn die Buchstabensuche war viel schneller als die Suche nach Phonemen. Daß die semantische Suche (Wörter) die schnellste war, ist nicht überraschend, wenn man an die Hinweise durch den Zusammenhang denkt, die die Suche unterstützten. Die vielfache Suche (Kombination von zwei oder mehr Zieltypen) erhöhte die Zeit in unterschiedlichem Ausmaße, was den Schluß nahelegt, daß die Verarbeitung gewisser Kombinationen sich überlappt, andere Kombinationen aber unabhängig voneinander verarbeitet werden. Die Suche nach Buchstaben vertrug sich mit der semantischen Suche besser als die phonemische Suche.

Die visuelle (orthographische) Ähnlichkeit spielt beim Lernen der Wortlisten von gepaarten Assoziationen eine weitaus größere Rolle als die akustische Ähnlichkeit. Allen (1970) fand, daß Wörter, die ähnlich geschrieben werden, aber eine unterschiedliche Aussprache haben (z.B. *door* und *poor*), beim Lernen der verbalen gepaarten Assoziationen mehr interferierten als das bei sich reimenden Wörtern mit verschiedenen Schreibweisen der Fall war (z.B. *door* und *pore*). Wir wissen ebenso aus unzähligen Experimenten, daß die Wortbedeutung bei dieser Art des Lernens wichtig sein kann.

Wir wissen auch, daß Merkmale, die in Absuchaufgaben oft nicht beachtet werden, bei anderen Aufgaben eine hohe Priorität haben können. Die phonetischen Merkmale eines Wortes oder speziell eines alphanumerischen Zeichens haben eine hohe Priorität für das Kurzzeit-Gedächtnis (z.B. beim Nachsehen einer Telephonnummer und dem Behalten, bis man die Nummer gewählt hat). Conrad (1964) und andere haben in einigen Experimenten gezeigt, daß die akustische Ähnlichkeit im Kurzzeit-Gedächtnis Verwirrung stiftet, sogar wenn der Stoff visuell präsentiert wird (Baddeley 1966). Graphische und semantische Konfusionen im Kurzzeit-Gedächtnis sind auf der andern Seite nicht häufig (Baddeley 1966). Das Kurzzeit-Gedächtnis ist vielleicht nicht ein charakteristisches Ziel für sehr viele Leseaufgaben. Wir lesen aber unweigerlich um der Laute willen, wenn wir Poesie lesen, wie der obige Essay über das Lesen von Gedichten betont. Dessen Autor schrieb in einem spätern Nachwort: „Das *Erfühlen* der Gedichte steckt im lauten Lesen und kommt in der *geschriebenen* Form nicht zum Vorschein. Soll ich es nachdrücklicher sagen?“

Alle Essays, was auch immer das Thema war, das der Autor behandelte, sprachen von der Bedeutung und der häufigen Suche nach einem tieferen Sinn. Die Bemühung um ein tieferes Verständnis (die Gefühle des Autors einem Charakter gegenüber, die Stimmung eines Gedichtes, die Ableitung eines Wortes) ist für eine Laboratoriumsaufgabe selten charakteristisch. Aber sogar in einigen von diesen haben die semantischen Merkmale Priorität. Die Wichtigkeit von bedeutungsvollen Beziehungen, Organisation und Kategorisierung kommt typischerweise bei den Experimenten über das Langzeit-Gedächtnis zu Vorschein. Die Fähigkeit eines Kindes, Bedeutung und Organisation als gezielte Strategien für das Erinnern einzusetzen, entwickelt sich während der Schulzeit dramatisch. Wenn der Leser vor allem die Bedeutung beachtet, vertragen sich andere Aspekte des Textes, wie z. B. graphische, vielleicht nicht mit seinem Ziel und werden ignoriert oder stören gar. Aber Bedeutungen – unterschiedliche lexikalische Merkmale – scheinen miteinander verträglich verarbeitet zu werden, wenn wir auch nicht wissen, ob das parallel oder in einer hierarchischen Organisation geschieht.

Die Verträglichkeit der Suche nach Merkmalen derselben Klasse wird in einem Experiment von HYDE und JENKINS (1969) gut gezeigt. In diesem Experiment wurden die Versuchspersonen ab und zu aufgefordert, zwei Aufgaben auf einmal auszuführen. Man gab ihnen Wortlisten, die sie später wiedergeben sollten. Bei zwei Bedingungen hatten die Versuchspersonen graphische Information aus einem Wort zu entnehmen, wenn es präsentiert wurde: entweder war seine Länge (Anzahl Buchstaben) oder die Anwesenheit oder das Fehlen des Buchstabens *e* zu beachten. Eine andere Gruppe mußte die Wörter als angenehm oder unangenehm einschätzen.

Verglichen mit der Kontrollgruppe, die keine zweite Aufgabe hatte, war die Wiedergabe bei den ersten beiden Gruppen stark reduziert, und ebenso reduziert war das Ausmaß der Organisation der Wiedergabe, gemessen an der Gruppierung der Wörter in Kategorien. Die Aufgabe des Einschätzens der Wörter als angenehm oder unangenehm reduzierte die Wiedergabe oder die Organisation der Wiedergabe nicht, verglichen mit einer Kontrollgruppe, die keine zusätzliche Aufgabe hatte. Wenn die Versuchsperson eine zweite Aufgabe ausführte, in der die *semantischen* Merkmale des Wortes Priorität hatten, litt weder die Wiedergabe noch deren Organisation. Wenn die zweite Aufgabe aber die Aufmerksamkeit auf die graphischen Merkmale eines Wortes richtete, wie das Entdecken eines *e* oder die Beachtung der Wortlänge, wurde das Aufnehmen der Semantik, die offensichtlich wichtig für die spätere Wiedergabe der Wörter ist, blockiert.

Das Experiment von HYDE und JENKINS deutet darauf hin, daß Merkmale derselben Klasse – wie z. B. alle semantischen Merkmale – miteinander vereinbar aufgenommen werden, während verschiedene Merkmalsklassen unabhängig verarbeitet werden. Der Wert des Wortes – angenehm oder unangenehm – konnte scheinbar zur selben Zeit aufgenommen werden wie die semantischen Kategorien, die bei der Gruppenbildung vorkommen.

Ein Experiment von CALFEE und JAMESON (1971) beweist ebenfalls die Kompatibilität der Verarbeitung innerhalb einer Informationsklasse, selbst wenn eine zusätzliche Aufgabe zur ersten hinzukommt. Ihre Versuchspersonen (College-Studenten) lasen Abschnitte von ungefähr 100 Wörtern aus Romanen; dann folgte ein Verständnistest. Sie wurden aufgefordert, jedes Vorkommen eines bestimmten Inhaltwortes sowie die Wörter mit gleicher Bedeutung wie das Zielwort anzugeben. Die Leserate verlangsamte sich etwas (je nach der Anzahl der Ziele), aber in keinem Fall wurde das Verstehen des Abschnittes beeinträchtigt.

JOHNSTON und JENKINS (1971) führten parallel zum Experiment von HYDE und JENKINS ein Experiment mit zwei anderen Aufgaben durch: die eine erforderte die Extraktion der akustischen Information (bei Reimen), bei der anderen mußte die semantische Information aus Eigenschaftswörtern u. ä. entnommen werden. Man präsentierte den Versuchspersonen Paare von stark assoziierten Wörtern in einer zufälligen Reihenfolge, so daß die Teile eines Paares nie direkt nacheinander kamen. Die Reimgruppe mußte zu jedem Stimuluswort, wenn es präsentiert wurde, ein Reimwort aufschreiben. Die Modifikationsgruppe wurde aufgefordert, eine adjektivische Modifikation eines Stimulussubstantives oder ein passendes Substantiv, das mit dem Stimulusadjektiv modifiziert werden konnte, aufzuschreiben. Das Ausmaß sowohl der freien Wiedergabe als auch der assoziativen Gruppenbildung war bei der Modifikationsgruppe größer als bei der Reimgruppe. Die Modifikationsgruppe unterschied sich tatsächlich hinsichtlich der Gruppenbildung nicht signifikant von einer Kontrollgruppe, die keine Zusatzaufgabe bekommen hatte. Trotzdem es verhältnismäßig sehr wenig Gelegenheit zum Üben und Organisieren gab, vertrug sich die Art der selektiven Aufmerksamkeit und Anstrengung, mit der nach passenden Modifikatoren gesucht wurde, sehr gut mit einer Tendenz, die Wiedergabe semantisch zu ordnen; die Beschäftigung mit akustischen Merkmalen hingegen vertrug sich nicht damit.

Daß die Beachtung der physikalischen Merkmale einer Botschaft, wie die der akustischen Merkmale des Sprechens oder der graphischen Merkmale der Schrift, nicht kompatibel ist mit der optimalen Wahrnehmung des semantischen Inhalts der Botschaft, sagt einem der gesunde Menschenverstand, und es könnten hier auch noch viele objektive Nachweise dafür angeführt werden (siehe beispielsweise MARTIN & STRANGE 1968). Daß verschiedene Wortmerkmale, die zur selben Klasse gehören, verträglich miteinander mehr oder weniger zur selben Zeit extrahiert werden, ist eine interessante aber viel wackligere Hypothese. Verträglichkeit impliziert aber nicht notwendigerweise eine parallele Verarbeitung. Sie könnte gleichermaßen eine systematische Suche implizieren, die gut organisierten Mustern folgt, welche alle wichtigen Merkmale der Klasse enthalten. Die Verfechter der semantischen Verarbeitung über eine Hierarchie lexikalischer Merkmale werden eine solche Hypothese zu stützen suchen (siehe beispielsweise COLLINS & QUILLIAN 1972). Die Frage, ob es ein subjektives Lexikon gibt, das als abtrennbares organisiertes Subsystem im Gedächtnis existiert, stößt gegenwärtig auf größtes Interesse (MILLER 1970, 1972; CONRAD, im Druck). Die laufende Arbeit ist vielversprechend. Die These, daß ein Wort isolierbare Merkmale verschiedener Klassen hat, die separat gesucht werden können, wird dadurch gestärkt.

Es ist bis jetzt nichts über die Beachtung der syntaktischen Merkmale gesagt worden. Jedermann, der Manuskripte redigiert oder beurteilt hat, weiß, daß diese Informationsklasse separat beachtet werden kann: eine fehlende Übereinstimmung zwischen Subjekt und Verb, die falsche Verwendung von Zeitformen usw. springen einem sofort ins Auge, wenn man den ersten Entwurf einer Arbeit kritisch liest. Es fehlt nicht an experimenteller Demonstration der Beachtung der Syntax als einem selbständigen Informationssystem. Im elften Kapitel (siehe S. 265 ff.) sind zwei Studien über die Analyse und das Bezeichnen von Textabschnitten beschrieben worden. In der Studie von KOEN, BECKER und YOUNG (1969) wurden viele semantische Hinweise zur Abschnittsgrenze entfernt, indem man die Inhalte eliminierte. Alle Inhaltswörter wurden durch sinnlose ersetzt. Die Funktionswörter hingegen, Flexionen und Zeichensetzung blieben stehen. Die Übereinstimmung der Beurteiler bezüglich der Abschnittsgrenze wurde durch diese Maßnahme reduziert. Es gab jedoch bei den sinnlosen Texten immer noch eine beträchtliche Übereinstimmung. Die hohe Korrelation zwischen englischen und sinnlosen Versionen deutete auf eine entsprechend ähnliche Verwendung der Abschnittmarkierungen bei beiden Versionen. Syntaktische Information (einschließlich formaler Markierungen wie Satzzeichen) kann darum für sich allein erfolgreich beachtet und verwendet werden. Die Studie von PFAFFLIN (1967) untersuchte, wie zwischen ersten und zweiten Sätzen eines Abschnittes unterschieden wurde. Er fand heraus, daß syntaktische Konventionen wie satzverbindende Konjunktionen und Strukturen innerhalb des Satzes (wie die Verwendung der Pronomen und des bestimmten Artikels) die Leser befähigten, die Einschätzung vorzunehmen.

In kontrollierten Laboratoriumsexperimenten kann also überzeugend nachgewiesen werden, daß eine variable Selektion der Wortmerkmale je nach Aufgabe möglich ist. Die Versuchspersonen können die Klasse der Merkmale beachten, welche sie für die gestellte Aufgabe am nützlichsten finden. Machen die Leser das aber auch selbständig, wenn kein Versuchsleiter die Aufgabe erklärt und Anweisungen gibt?

Aktive Strategien des Lesers. Die Fallstudien, die oben dargestellt worden sind, dienen als Beispiele für Strategien, die sich bei verschiedenen Textarten spontan verändern. Im vierten Kapitel sind einige experimentelle Studien beschrieben worden, bei welchen den Versuchspersonen mehr oder weniger erfolgreich Strategien beigebracht wurden (wie z. B. das Schlußfolgern beim Lernen aus dem Lesen eines Diskurses).

Wir können das, was wir bis jetzt entdeckt haben oder vermuten, wie folgt zusammenfassen:

1. Der reife Leser ist beweglich in seinen Aufmerksamkeitsstrategien beim Lesen verschiedener Informationstypen.
2. Die Strategien ändern mit der Art des Textes (z. B. je nach Schwierigkeit der Ideen und des Stils).
3. Sie verändern sich mit dem Feedback (der Rate der Wissensaneignung), wenn der Leser fortschreitet. Der Leser verlangsamt beispielsweise unter gewissen Bedingungen sein Tempo und überfliegt unter anderen.
4. Sie verändern sich je nach Neuigkeit oder Bekanntheit der Information.

5. Sie verändern sich entsprechend den persönlichen Interessen des Lesers (er mag Science-fiction aber nicht Jane Austen oder umgekehrt) und seinen Bildungszielen sowie den Anweisungen (sein Lehrer forderte ihn auf, sich auf das Abfragen des historischen Textes vorzubereiten).

Die Wichtigkeit der aktiven, flexiblen Aufmerksamkeit beim Lesen wird kaum jemand anzweifeln. Wie entwickelt sich ein Lesen, das bei verschiedensten Informationsarten erfolgreich ist? Von einem Kind, das immer noch mit der Meisterung der Mechanik des Lesens beschäftigt ist, kann man diese Flexibilität schwerlich erwarten. Vielleicht kann sie auf einer späteren Stufe unterrichtet werden: wenn Schule und Freizeitinteressen den Lesestoff so erweitert haben, daß er von Wörterbüchern über Handarbeitsanleitungen und naturwissenschaftlichen Texten bis zur Poesie alles enthält. Es scheint uns, daß ein solch breites Lesefeld grundlegend ist für das Erlernen der adaptiven Lesestrategien; explizite Leseanweisungen mögen dabei allerdings von Nutzen sein (siehe beispielsweise Wolf, King & Huck 1968, über das Unterrichten des „kritischen Lesens").

Die frühe Erforschung des Lesens für verschiedene Zwecke (Gray 1917; Judd & Buswell 1922) setzte die Photographie der Augenbewegung ein, um das Lesen von Prosa im Vergleich zum Lesen von Poesie oder das beiläufige Lesen im Vergleich zum ernsthaft lernenden Lesen zu beobachten. Es wurden Unterschiede gefunden, aber Judd und Buswell berichteten, daß einige Versuchspersonen keine Flexibilität bei der Anpassung der Leseaktivität an einen bestimmten Zweck zeigten. Andere Studien (siehe Tinker 1958, und die Diskussion in Kapitel 10) bestätigen, daß die okulomotorischen Muster die Leichtigkeit oder Schwierigkeit der Leseleistung und den Grad des Verstehens reflektieren.

Smith (1967) untersuchte die Reaktionen von guten und schlechten Lesern beim Lesen für verschiedene Zwecke. Die Versuchspersonen waren High-School-Studenten der zwölften Klasse. Die zwei Zwecke, die miteinander verglichen wurden, waren das Lesen in Hinblick auf Details und das Lesen in Hinblick auf einen allgemeinen Eindruck. Dabei wurde statt objektiver physikalischer Messungen (wie z. B. der Augenbewegungen) eine Interview-Methode verwendet. Mit jeder Versuchsperson wurden zwei Interviews durchgeführt. Im einen wurden die Versuchspersonen aufgefordert, in Hinblick auf Details zu lesen. Im andern wurden sie aufgefordert, in Hinblick auf einen allgemeinen Eindruck zu lesen. Nach dem Lesen beantworteten sie in jedem Interview acht Fragen, von denen sich vier auf Details und vier auf den allgemeinen Eindruck bezogen. Die Fragetypen waren vermischt worden.

Weitere Fragen prüften die Lesemethoden der Versuchspersonen bezüglich der zwei Zwecke und ihre vorangehende Leseerfahrung bezüglich verschiedener Zwecke. Es wurden beschreibende Klassifikationsschemata entwickelt, um die Genauigkeit, Angepaßtheit und Qualität der Reaktionen einzuschätzen.

Die Resultate zeigten, daß gute Leser ihr Verfahren an den Zweck des Lesens (Details oder allgemeinen Eindruck) anpaßten, während schlechte Leser ihr Verfahren in den beiden Fällen nur leicht änderten. Gute Leser berichteten, daß sie für beide Zwecke jedes Wort lasen, aber beim Lesen in Hinblick auf Details diese im Geiste zusammenfaßten und das faktische Material wie Namen und Daten nochmals lasen. Beim Lesen in Hinblick auf einen allgemeinen Eindruck hielten sie am Ende der Abschnitte oder Seiten an, um die Ideen auszuwerten, und wenn sie den Stoff wiederlasen, lasen sie ganze Sätze oder Abschnitte statt einzelner Wörter. Sie waren besser befähigt, beim Lesen das Ziel im Geiste zu behalten. Sowohl gute wie schlechte Leser lasen mit gleichem Erfolg für beide Zwecke, wenn man die Richtigkeit der Reaktionen betrachtet; die guten Leser waren aber beim Lesen im Hinblick auf Details deutlich erfolgreicher als die schlechten.

Dieser Forschungstyp ist wegen der qualitativen Natur der Reaktionen schwierig zu evaluieren. Es scheint jedoch klar zu sein, daß die guten Leser mehr Einsicht in die Techniken hatten, die sie benützten, und sie stärker anpaßten, wenn das Ziel wechselte. Die Mehrheit der Versuchspersonen erinnerte sich nicht, je einen Unterricht im Hinblick auf das Lesen für verschiedene Zwecke erhalten zu haben. Jene, die dachten, sie hätten solche Instruktionen erhalten, konnten nur allgemeine Beschreibungen des Lesens geben und bezogen sich nicht auf die Anpassung der Leseprozesse. In den Interviews nannte keine der Versuchspersonen irgend ein Ziel des Lesens, das sich von den beiden gegebenen Zwecken unterschied. Diese Resultate sind einigermaßen entmutigend, was die Rolle des Schulunterrichts bezüglich des adaptiven Lesens betrifft. Vielleicht könnten, wie SMITH es vorschlägt, Lesetechniken entwickelt werden. Vielleicht entwickeln sie sich in einem Individuum mit der Vielfalt des Lesestoffes und der der Zwecke spontan.

Das Lesen in Hinblick auf Details versus den generellen Eindruck erfolgt aus Motiven, die nicht leicht zu erklären sind. Ein Experiment von LEVIN und COHN bestätigte aber vorausgesagte Unterschiede in der Fixier-Sprech-Spanne[6], wenn Versuchspersonen angewiesen wurden, in Hinblick auf Details zu lesen. Es wurden Versuchspersonen der zweiten, vierten, neunten und elften Klasse getestet. Sie wurden zufällig ausgewählt, wobei jedoch jene Schüler der zweiten Klasse ausgeschlossen waren, die nicht einen bestimmten Grad der Lesefähigkeit erreichten. Der Lesestoff bestand aus 22 kurzen Auszügen auf je zwei Niveaus (zweite und zehnte Klasse). Die unteren Klassen lasen den Stoff der zweiten Klasse, während die höheren den Stoff der zehnten lasen. Ein Auszug bestand aus einem Abschnitt von sechs Sätzen eines verbundenen Textes. Sowohl die Klassenstufe als auch die Art der Instruktion hatte einen signifikanten Effekt. Die Fixier-Sprech-Spanne war bei den älteren Lesern länger und sie wurde wie vorausgesagt kürzer, wenn nicht in Hinblick auf die allgemeine Idee, sondern auf Details gelesen werden mußte. Die Interaktion zwischen diesen beiden Faktoren war jedoch nicht signifikant. Auf allen Stufen lasen die Versuchspersonen, wenn sie in Hinblick auf Details lasen, offensichtlich in kleineren Einheiten und beachteten die einzelnen Wörter stärker. Wenn sie in Hinblick auf die allgemeine Idee lasen, waren die Einheiten des Lesens länger.

Dieses Experiment enthielt auch eine Kontrollbedingung mit der Instruktion „zu lesen wie du es normalerweise tust“. Die Resultate zeigten bei den Klassen einen Unterschied in der allgemeinen Art des Lesens. In den zwei unteren Klassen waren die Spannen beim normalen Lesen und beim Lesen in Hinblick auf Details *ähnlicher.* Bei den zwei höheren Klassen waren die Spannen beim normalen Lesen und beim Lesen in Hinblick auf die allgemeine Idee ähnlicher. Mit anderen Worten tendierten die jüngeren Leser wahrscheinlich mehr dazu, normalerweise Wort für Wort zu lesen.

Wir wissen also, daß geübte Leser sowohl in Hinblick auf den Stoff als auch den Zweck des Lesens flexible und adaptive Lesestrategien haben. Bis dahin wissen wir aber wenig darüber, wie sich diese Fertigkeiten entwickeln.

Das Ökonomieprinzip und wie es angewendet wird. In diesem letzten Abschnitt über die grundlegende Psychologie des Lesens beabsichtigen wir, in wenigen allgemeinen Aussagen einige Schlußfolgerungen aus den vorangehenden Kapiteln zu ziehen, wobei wir uns an die zuverlässigsten Forschungen und Beobachtungen halten. Wir haben eben im letzten Abschnitt die Angepaßtheit und die Flexibilität der

---

[6] Für die Technik der Messung der Fixier-Sprech-Spanne siehe Kapitel 10.

Aktivität des Lesers in bezug auf den Zweck des Lesens als ein in den vorangegangenen Seiten oft vorkommendes Thema betont. Ein anderes oft auftauchendes Thema dieses Buches betrifft den Trend in Richtung auf eine Ökonomie der Verarbeitung. Dieser Trend ist in der Entwicklung und ebenso beim Üben einer bestimmten Fertigkeit oder Aufgabe außerordentlich stark. Wir wollen nun etwas spezifischer werden, indem wir zwei Subprinzipien formulieren und erläutern, wie sie sich beim Lesen zeigen.

1. *Der Leser richtet seine Aufmerksamkeit möglichst ökonomisch auf das zu verarbeitende Textmaterial.*

Es gibt mehr als eine Art, dies zu tun, wie wir bereits gesehen haben. Vier hervorstechende Arten können zusammengefaßt werden.

a. Die Information, die für das Ziel des Lesers relevant ist, hat für die Aufmerksamkeit hohe Priorität. Informationsarten, Selektion der Strategien und Entwicklung in Hinblick auf die Adaptation und die Flexibilität, wie wir sie in den vorangehenden Abschnitten beschrieben haben, sind auf den Trend zur Optimierung der Aufmerksamkeit in der Theorie der wahrnehmungsmäßigen Entwicklung und auf die Entwicklung der kognitiven Strategien zurückbezogen.

b. Irrelevante, nicht gewünschte Information, die für die Aufgabe nichts bringt, wird ignoriert. Diese Aussage wurde bei der Diskussion der Richtung der Aufmerksamkeit in bezug auf verschiedene Merkmalsklassen von Wörtern erörtert. Es ist dem geübten Leser möglich, sich auf die semantischen oder akustischen oder anderen Merkmale der Information zu konzentrieren und den Rest scheinbar zu übergehen. Ob dieser Rest automatisch ohne Aufmerksamkeit verarbeitet wird, ob er irgendwie ausgefiltert wird, oder ob er zwar verarbeitet aber nicht ins Langzeitgedächtnis transferiert wird, ist der Gegenstand vieler Argumente gewesen und bleibt ein ungelöstes Problem. Auf jeden Fall aber wird Information, die potentiell nicht nützlich ist, nicht beachtet. Welcher Leser will schon seinen Kopf mit graphischen oder akustischen Details oder auch an sich bedeutungsvoller episodischer Information (TULVING & DONALDSON 1972) füllen, die keinen Nutzen für ihn hat? Die Nachweise sind stark, daß der geübte Leser sie übergeht, gerade so, wie wir im täglichen Leben wenig Notiz von trivialen Ereignissen nehmen. Es ist tatsächlich aufschlußreich, den Fluß des psychologischen Prozesses beim Lesen mit dem Fluß im Leben der allgemeinen psychologischen Prozesse zu vergleichen. Wenn eine bestimmte Stufe erreicht ist, ist das Lesen eine Art Leben.

c. Bezüglich der Aufgabe werden die größtmöglichen angemessenen Einheiten verarbeitet. Ein Leser kann seine Aufmerksamkeit auf Merkmale der Buchstaben, auf Buchstaben, auf Wörter, auf Phrasen und sogar auf Sätze als Einheiten richten. Wir stimmen mit HUEY überein:

> „Wir werden auf die Schlußfolgerung von GOLDSCHEIDER und MULLER zurückverwiesen, derzufolge wir in Phrasen, Wörtern oder Buchstaben lesen wie es unserem Zweck am besten dienen mag. Wir sehen aber auch, daß geläufiges, gut beherrschtes Lesen mit der zunehmenden Fähigkeit, größere Einheiten zu lesen, einhergeht" (HUEY 1968, S. 116).

Der Nachweis für die zunehmende Verarbeitung größerer Einheiten ist im neunten Kapitel erbracht worden. Ereignisse im Leben werden gewöhnlich als größere Episoden mit eingebetteten, untergeordneten Ereignissen wahrgenommen. Die Konzentrierung der Aufmerksamkeit auf ein momentanes, vorübergehendes Geschehen ist selten, obwohl es manchmal passiert, vielleicht sogar in überhöhter Form bei einem introspektiven Schriftsteller: PROUST beispielsweise beschreibt lebhaft und ausführlich die Erinnerung eines Kindes an den Geschmack eines in Tee getränkten Kuchenstückes an einem Nachmittag in seiner Kindheit. („Auf der Suche nach der verlorenen Zeit".) Eine solche gefrorene Sekunde ist in der Wahrnehmung und der Erinnerung so selten wie in der Sprache und selbstverständlich auch im Schreiben. Die Kasusgrammatik von FILLMORE reflektiert die ereignisähnliche Natur der Sprecheinheiten, die genau wie beobachtete Geschehnisse Handelnde, Handlungen, Empfänger, Objekte und Orte (locations) enthält. Es gibt gute Gründe zu glauben, daß wir normalerweise die gesprochene Sprache in solchen großen strukturellen Einheiten verstehen. Es gibt auch Gründe anzunehmen, daß wir das beim Lesen tun. Größere Einheiten sind ökonomisch und für die meisten Zwecke sind sie auch bedeutungsvoller.

Wir könnten tatsächlich wie im elften Kapitel von „Ideeneinheiten" sprechen. Solche Einheiten sind ungeachtet ihrer Länge in syntaktisch ausgedrückten Oberflächenstrukturen sowohl ökonomisch als auch bedeutungsvoll für das Verstehen und das Lernen. Die Länge einer Einheit der gesprochenen oder geschriebenen Sprache entspricht nicht unbedingt der enthaltenen Bedeutung, weil auch ein einziges Wort Bedeutung hat. Die größere Übereinstimmung der großen Einheiten mit den Ereignissen im Leben und Denken korreliert aber mit der Ökonomie, wie sie sich im Verstehen und im Lernen zeigt.

d. Der Leser verarbeitet ein Minimum an Information, das er zum Lösen der Aufgabe benötigt. Diese Aussage mag als die Umkehrung der vorangehenden erscheinen. Wir glauben aber nicht, daß sie dieser widerspricht. Wie wir wiederholt gesagt haben, unterscheiden sich die Aufgaben. Ein Minimum an Information genügt oft, um dem Zweck eines Lesers zu entsprechen, und ein kluger Leser neigt dazu, nur gerade dieses Minimum zu extrahieren. Man könnte sagen, er erreiche seinen Zweck auf billigste Art, wenn nicht der Ausdruck „billig" so ein schlechtes Licht würfe auf das, was tatsächlich eine adaptive Strategie ist.

Nehmen wir an, der Leser müßte eine Zahl kennen – eine Quantität von etwas, einen Preis, die Zeitlänge, die man für eine bestimmte Reaktion benötigt – und erinnert sich, daß sie auf einer Seite eines kürzlich gelesenen Textes vorkommt. Er überfliegt dann den Text, liest kein Wort, sondern sucht nur nach einer Zahl, bis er sie findet. Interessanterweise hat die Forschung gezeigt, daß ein Leser, der einen Kontext von Buchstaben nach einer Zahl absucht, *jedwelche* Zahl bemerkenswert schnell finden kann – offensichtlich mit kleinstmöglichen Kenntnissen der Buchstaben des Kontextes.

YONAS (1969) zeigte in seiner Forschung, daß die Übung einer kategorialen Unterscheidungsaufgabe die Verarbeitung des minimalsten unterscheidenden Merkmales bewirkt, das die positiven und negativen Stimuli zu unterscheiden erlaubt. In einer Unterscheidungsaufgabe (gleich-anders), bei der Buchstaben nur einfach auf der Basis der graphischen, physikalischen Zuordnung unterschieden werden können, geht die Versuchsperson so vor und hat eine sehr kurze Reaktionszeit. Wenn die Buchstaben aber in einer verschiedenen Typographie (Groß- und Kleinbuchstaben) präsentiert werden, muß die Versuchsperson eine Benennungszuordnung durchführen, und die Notwendigkeit der verbalen Kodierung erhöht den Aufwand, was eine längere Reaktionszeit ergibt (POSNER, BOIES et al. 1969). Eine Benennungszuordnung kann aber schneller sein als die semantische Verarbeitung; das hängt von der Aufgabe und der Reife des Lesers ab. Wort/Wort-Vergleiche erfolgen sowohl bei Erwachsenen als auch bei Kindern der zweiten Klasse schneller als die Bild/Wort-Zuordnungen, wahrscheinlich weil im letzteren Fall die semantische Verarbeitung benötigt wird. Der Unterschied zwischen den beiden nimmt aber mit dem Alter ab, zum Teil weil der Erwachsene geübter geworden ist, die Wörter direkt im Hinblick auf die Bedeutung zu verarbeiten (GIBSON, BARRON & GARBER 1972). Die erwachsenen Leser umgehen beim stillen Lesen die Subvokalisation und kommen direkt zur abstrakten Bedeutung, für welche der Text nur eine Notation ist.[7] Die Intervention der artikulatorischen und akustischen Repräsentation ist nicht nötig und unökonomisch und geschieht nur, wenn der Prozeß schwierig wird, oder die „Lauteffekte" gewünscht werden.

Daß die Verarbeitung der Laute im Gegensatz zur Bedeutung mindestens bei der Anwendung der Probetechnik (Kurzzeitgedächtnis) schneller vor sich geht, wurde von SHULMAN (1970) gezeigt. Die Versuchspersonen hörten eine Liste von zehn Wörtern und wurden dann mit einem Probewort konfrontiert. Sie sollten entscheiden, ob das Wort in der Liste vorgekommen sei, oder ob es dort ein bezüglich des Lautes oder der Bedeutung ähnliches gegeben hatte. Die Versuchspersonen waren im Erkennen der identischen Wörter wie auch der Homonyme gleichermaßen gut, erkannten die Synonyme aber weniger gut. Die Reaktionszeiten zeigten bei den Synonymen längere Latenzen als bei den Homonymen. Die semantische Kodierung benötigte also mehr Zeit als die phonemische, die somit eine weniger aufwendige, ökonomischere Verarbeitung dieser Aufgabe darstellte. Die Anweisungen zwangen die Versuchspersonen aber, auf beide Informationstypen zu achten. In anderen Aufgaben kann die phonemische Kodierung umgangen werden, oder die Bedeutung kann zuerst verarbeitet werden (MOORE 1919), je nachdem, was die Aufgabe verlangt. Ein genaues Stufenmodell des Lesens müßte sich also auf jede Aufgabe und jede Entwicklungsstufe beziehen, damit es perfekt anzuwenden wäre.[8]

---

[7] Bedeutungsvolle Initialen werden im Tachistoskop schneller identifiziert als sinnlose Buchstabenreihen (GIBSON, BISHOP et al. 1964). Auch „gleich-anders" Urteile erfolgen schneller (HENDERSON, im Druck). Die Benennung braucht in beiden Fällen gleich lang.

[8] Nach dem Verfassen dieses Abschnittes haben wir eine Arbeit von LA BERGE und SAMUELS (im Druck) erhalten, die diese Schwierigkeit der bisherigen Modelle zu beseitigen sucht. Ihr Modell hat die üblichen Charakteristika einer Stufentheorie: Visueller Input → Merkmalsdetektor → Buchstabenkodierung → Buchstabiermusterkodierung → Wortkodierung → phonologische Kodierung → gedächtnismäßige Kodierung (einschließlich Assoziationen mit den vorangegangenen Stufen in visuellen, phonologischen, episodischen und semantischen Modi) → Reaktion. Die *Aufmerksamkeit* aber ist unabhängig und kann auf jeden dieser Prozesse gerichtet werden, sobald diese einmal durch das Lernen verfügbar geworden sind. Die Prozesse können alle gleichzeitig automatisch ablaufen, wenn sie genügend geübt worden sind, aber nur einer kann für die Aufmerksamkeit ausgewählt werden. Bei genügender Übung können Stufen übersprungen werden und kann beispielsweise

2. *Das adaptive Lesen ist gekennzeichnet durch eine fortschreitende Reduktion der Information.* Dieses zweite Subprinzip kann auf verschiedene Arten ausgeweitet werden.

a) Die Verarbeitung wird im Verhältnis zur Anzahl der Alternativen reduziert, die in der folgenden Information erscheinen *könnte,* wenn der Leser im Text weitergeht.

Es ist oft angenommen worden (siehe den Abschnitt über das Analyse-durch-Synthese-Modell in diesem Kapitel), daß der Leser Voraussagen macht, Hypothesen formuliert oder rät, was als nächstes im Text kommt. Daß er andere Information benützt, um seine Lesefertigkeit zu verbessern, wird durch unzählige Nachweise belegt. Die wenigen Beispiele, die wir anführen können, betreffen die Experimente mit der Fixier-Sprech-Spanne (siehe Kapitel 10) und die Verwendung der thematischen Information und der Information der Seitengestaltung beim Lernen aus dem Lesen (vgl. Kapitel 11).

Bildet der Leser aber tatsächlich Hypothesen und ändert er sie, spielt er ein Ratespiel oder macht er Voraussagen? Solche Beschreibungen implizieren entweder eine Phänomenologie der Leseaktivität, die sicher falsch ist, oder eine metaphorische Art des Sprechens, die nicht nur keine Klarheit bringt, sondern zudem einige grundlegende Eigenschaften aller Lese-Verhaltensweisen verundeutlicht. Es ist für die Wahrnehmung, für die Entscheidung und Auswahl beim Problemlösen und für das Erinnern gezeigt worden, daß die Reduktion der Alternativen den Prozeß nicht nur schneller, entschlossener und leistungsfähiger, sondern auch befriedigender macht (GARNER 1962, 1972; GARNER & CLEMENT 1963). Wenn jemand in einem Anagrammexperiment herausgefunden hat, daß die vervollständigten Anagramme Sätze bilden, und er jetzt bis zu „Sally hilft der Mutter —— reinigen" gekommen ist, gibt es wohl kaum mehr als eine mögliche Lösung. Seine Ungewißheit, wird reduziert und somit reduziert sich die Arbeit, die er erledigen muß, um sich für eine Lösung entscheiden zu können. Dasselbe findet beim Lesen statt. Der Leser errät nicht einfach ein Wort. Die Studien, welche die Fixier-Sprech-Spanne einsetzten, haben gezeigt, daß der Leser keine Fehler macht,

---

der visuelle Wortkode die Bedeutung „automatisch" auslösen. Ein visuell präsentiertes Wort kann nach diesem Modell über viele mögliche Wege durch das Verarbeitungssystem zu seinem Ziel der Aktivierung der Bedeutungskodes kommen. Dieses Modell ist ebenso spekulativ wie die anderen, aber es hat den Vorzug, beim Erkennen der Flexibilität des Leseprozesses realistischer zu sein.

wenn er die vorangehende Struktur benützt, um die Spanne zu vergrößern. Es liest, aber irgend etwas hat die Alternativen der Entscheidung eingeengt und läßt ihm weniger zu tun übrig. GARNER (1972) kommentiert bei der Diskussion über die erleichternde Wirkung des Kontextes der tachistoskopischen Worterkennung (siehe TULVING & GOLD 1963):

> „... es ist wahrscheinlich, daß der Kontext die Erkennungsgenauigkeit durch einen Mechanismus verbessert, der nicht nur auf die Verwendung der Wörter als Stimuli paßt. Höchstwahrscheinlich bildet der Kontext für den Beobachter einen einschränkenden Botschafts-Rahmen und verbessert so die Genauigkeit des Erkennens" (S. 278).

Ferner, beim Vergleich der verbalen Kodierung mit der wahrnehmenden Diskrimination:

> „Natürlich können Wörter als Stimuli verwendet werden, aber die Faktoren, welche die Rolle der Redundanz bei der Verbesserung der Diskrimination solcher Stimuli regeln, sind dieselben wie bei anderen Typen des Stimulusmateriales" (S. 279).

b) Die Alternativen werden durch die Verwendung der Regeln und einschränkender Zusammenhänge (constraints) sowie durch strukturelle Variablen des Textes, die manchmal redundant genannt werden, reduziert.

Es gibt im Text (wie auch in der Sprache überhaupt) regelartige, strukturelle Variablen, welche das, was erscheinen kann, spezifizieren. Selbstverständlich ist die Kenntnis dieser Regeln notwendig, damit sie zur Anwendung kommen, und wahrscheinlich müssen sie größtenteils gelernt werden. Was und wo sind diese Regeln und einschränkenden Zusammenhänge? Wir haben sie schon besprochen. Sie erscheinen auf vielen Niveaus.

Die Ungewißheit, um den Ausdruck von GARNER zu verwenden, wird auf dem Niveau des *Wortes,* sowohl durch die phonologischen wie auch die orthographischen Regeln des Englischen reduziert (GARNER 1962, S. 239ff.). Die Regeln für die Struktur der englischen Einsilber – obwohl noch nicht voll verstanden – werden verinnerlicht und auf neue Wörter und Nichtwörter verallgemeinert. Die Kenntnis der Regeln erleichtert das Lesen der Wörter, was man mit verschiedensten Untersuchungsmethoden zeigen konnte (tachistoskopisch, Identifizierung, Diskrimination, Entdeckung in einem verwirrenden Kontext, Erkennen mit der Probetechnik usw.). Die Kenntnis der Regeln erzeugt keine Hypothesen (in keinem Sinne des Wortes), denn wenige Leser, wenn überhaupt, könnten die Regeln nennen. Die Redundanz dieses Typs wirkt bei einem geübten Leser automatisch. Wenn man ihm zwei Alternativen nennt, bevor man ihm redundantes Material vorlegt, hat dies denselben Effekt auf die Beurteilung wie die Verwendung von redundantem Material und die Präsentation der Wahlen *nach* der Vorlage (THOMPSON & MASSARO 1973). Die Alternativen reduzieren sich für ihn ohne Vorkenntnisse und ohne Erwartung des Kommenden, wenn eine akzeptable Schreibweise vorhanden ist.

Die Ungewißheit wird auch auf der Stufe, die über das Wort hinausgeht, d.h. innerhalb der Phrasen, Satzteile und Sätze, reduziert, wie wir im dritten Kapitel gesehen haben. Es ist nicht nötig, die Nachweise nochmals zusammenzufassen, denn die Redundanz innerhalb eines Satzes, die durch die Grammatik wie auch die Bedeutung gebildet wird, ist offensichtlich. Die ereignishafte Natur des Satzes wie auch die Oberflächenregeln der Syntax tragen etwas zur Reduktion der möglichen Alternativen bei. Wir leben in einer recht voraussagbaren Welt – wenn man eine Tischlampe stößt, fällt sie um. Diese Agent – Aktion – Objekt-Beziehung widerspiegelt sich in der Art, wie wir Ereignisse in Worte fassen. Wir müssen keine Voraussagen formulieren, da sie allgemein in der „kausalen Beschaffenheit der Umgebung" wahrnehmbar sind, wie TOLMAN und BRUNSWIK (1935) es sagten.

Abschnitte, die über Sätze hinausgehen, enthalten Aussagen über längere Episoden und Ereignisse. Wie wir aber in der jüngsten Forschung über die Abschnitte und die Studien, welche Diskursanalyse (siehe Kapitel 11) verwenden, gesehen haben, gibt es auch auf dieser umfassenderen Stufe einschränkende thematische Zusammenhänge, welche die Alternativen des Lesers reduzieren und somit auch die Menge der Information, die er verarbeiten muß.

c) Alternativen werden reduziert, indem man *alte* Information verwendet, um *neue* zu verstehen.

Der Leser, darüber ist man sich einig, benützt sein Wissen über die Welt, seine Konzepte, um zu verstehen, was er liest. Er benützt aber auch das Wissen, das er gewinnt, indem er zwischen den Zeilen liest, was im Satz unausgesprochen bleibt. Die Sprache hat sich in einer solchen Art entwickelt, daß ein feines Gefüge von Konventionen innerhalb der linguistischen Struktur Zusammenhänge bildet. Die Analyse PFAFFLINS der ersten und zweiten Sätze eines Abschnittes ist ein einfaches Beispiel dafür. Enthält der erste Satz einen Eigennamen und beschreibt eine Handlung wie „William zerbrach ein Glas", muß der zweite Satz den Namen nicht nochmals aufführen. „Er entschuldigte sich bei der Gastgeberin“ ist gut verständlich. (Obwohl wir vorher nichts über eine Gastgeberin gehört haben, ist der ganze Zwischenfall verständlich.)

CHAFE (1970) hat am überzeugendsten über die Regeln des korrelativen Vorkommens (coocurrence) geschrieben. So bestimmt z.B. das Verb weitgehend die Struktur des übrigen Satzes und beschränkt so (informationstheoretische, Anm. d. Übers.) Ungewißheit. Seine Diskussion der stark aufeinander bezogenen Struktur der Subjekt-Verb-Relationen überzeugt besonders. Auch seine Position, der zufolge das, „was hinter den universellen Zusammenhängen des gemeinsamen Vorkommens der semantischen Einheiten liegt, die Natur des Wissens ist, das alle Menschen miteinander teilen“ (CHAFE, S. 83), ist überzeugend. Wenn ein belebtes Verb ein belebtes Objekt hat, muß es auch ein belebtes Subjekt haben. Man kann nicht sagen: „Der Lärm erschreckte den Stuhl“. Ähnlich einschränkend wirkt auch ein Dauerzustand wie zum Beispiel der Zustand der Größe. Man kann sie im Englischen nicht mit der progressiven Form verbinden („He is being tall“/Er ist groß, im Sinne der Körpergröße); man kann sie auch nicht mit der Vergangenheit verbinden (es sei denn, der Inhaber des Status sei tot). Ein Verb eines Zustandes (intransitives Verb) kann nicht von einem Objekt gefolgt werden (man kann nicht sagen: „He sleeps the chair“/Er schläft den Stuhl). Aber es kann von einer Orts- oder Zeitbestimmung gefolgt werden („He slept in his chair during class“/Er schlief während der Schulstunde in seinem Stuhl). Das besondere Interesse von CHAFE für die Substantiv-Verb Strukturen kommt in der folgenden Aussage zum Vorschein:

> „Meine Annahme ist, daß das gesamte menschlich wahrnehmungsmäßige Universum zuerst in zwei große Gebiete dichotomisiert wird. Das eine, das Gebiet des Verbes, umfaßt Zustände, Bedingungen, Eigenschaften und Ereignisse; das andere, das Gebiet des Substantives, umfaßt ‚Dinge‘, sowohl physikalische Objekte als auch Abstraktionen“ (S. 96).

CHAFE zieht aus diesen Unterscheidungen viele Implikationen, und zwar immer mit semantischen Bezügen. Ein Verb eines Zustandes wird von einem Substantiv begleitet, das sein „Patient“ ist („Der Teller war gesprungen“). Ein Verb der Handlung muß einen Handelnden haben („Harriet zerbrach den Teller“). Man könnte auf dem Weg der semantischen Zusammenhänge noch weiter gehen. Verben wie *stoßen* haben zählbare Objekte; andere, wie *„gießen“*, haben mengenhafte. Diese und viele andere semantische Zusammenhänge, wie auch die eigene, geordnete konzeptuelle Kenntnis der Dinge und Ereignisse, wirken einschränkend auf das, was ein Abschnitt aussagen kann.

Zu sagen, daß die Zusammenhänge (gegeben durch konzeptuelle Kenntnisse, semantische und syntaktische Struktur, phonologische und orthographische Regelsysteme) uns mit dem Mittel versehen, die Alternativen zu reduzieren und so die Ökonomie des Wahrnehmungsprozesses beim Lesen zu verbessern, ist keine Erklärung; es ist aber eine überprüfbare Behauptung, die so umfassend ist, daß sie den Status eines starken Prinzips hat.

Zusammenfassung

Dieses Kapitel befaßte sich mit Modellen des Leseprozesses beim reifen, geübten Leser. Es ist nun klar, daß man sich tatsächlich fragen kann, ob das Suchen nach Modellen ein lohnendes Unternehmen ist. Ein Modell impliziert ein Paradigma oder ein Muster, dem man genau folgen kann. Ob irgend ein Modell für die Erfassung des Leseprozesses genügt, ist zweifelhaft. Wir haben aber zwei Klassen von Modellen mit Beispielen beschrieben, weil sie gegenwärtig stark diskutiert werden. Die Informationsverarbeitungsmodelle (die eine Klasse) sind typische Stufenmodelle mit einer Folge von Ereignissen oder Kodierungsprozessen, die vom Stimulusinput zu Beginn bis zum Reaktionsoutput am Schluß des Prozesses fortschreiten. Verschiedene Modelle können verschiedene Kodierungsprozesse betonen. Sie nehmen aber alle einige hypothetische Prozesse an, die sich ablösen, wobei jeder Übergang eine bestimmte Zeit benötigt. Typischerweise versuchen diese Modelle die Zeit abzuschätzen, die von den hypothetischen Ereignissen benötigt wird. Die experimentellen Methoden messen immer die Zeit, um das eine oder andere Urteil abzugeben. Die Modelle von MACKWORTH (1972), RUBENSTEIN (1971) und GOUGH (1972) wurden gewählt, weil sie sich zwar voneinander unterscheiden, aber alles Beispiele für den Informationsverarbeitungsansatz sind.

Die andere Klasse der Modelle wurde mit dem Stichwort der „Analyse-durch-Synthese“ bezeichnet, ein Ausdruck, der aus der Theorie der Sprechwahrnehmung entlehnt ist. Hier handelt es sich im wesentlichen um ein konstruktivistisches Modell. Der Leser konstruiert die Bedeutung für sich, während er die Augen über die Seiten bewegt, formuliert Hypothesen über das, was folgt und hält gelegentlich für eine Fixierung inne, um zu bestätigen, was er vorausgesagt hat.

Dieses Modell ist weit ungenauer als die Informationsverarbeitungsmodelle, die im Detail beschrieben wurden und eine feste Folge der Verarbeitungsstufen annehmen. Die Betonung liegt hier auf der Bedeutung. Der wichtigste Verfechter dieser Modelle ist GOODMAN (1967), der das Lesen in der Tat ein „psycholinguistisches Ratespiel" genannt hat. Dieses Modell hat nicht zu viel Forschung geführt (außer GOODMANS Studie über die falschen Hinweise („miscues") oder Irrtümer), da es für eine Überprüfung zu vage ist. Es gibt beispielsweise nicht an, wie der Leser weiß, wie er seine Vermutungen prüfen soll oder wohin er schauen muß, um dies zu tun. Die Tatsache, daß Fehler beim mündlichen Lesen selten unsinnig sind, könnte von verschiedensten Theorien vorausgesagt werden.

Müssen wir auf jede Verallgemeinerung des Leseprozesses beim reifen Leser verzichten, wenn wir von der Modellbildung unbefriedigt sind? Keineswegs. Wir können einige handfeste Verallgemeinerungen darüber machen, die den Status von Prinzipien haben. Sie sagen als solche aus, wohin der Anfänger steuert und worauf wir bei seinem Verhalten achten sollten, um zu sehen, ob er zum Ziel gelangt. Das erste, was es zu betonen gilt, ist, daß das Lesen ein adaptiver Prozeß ist. Es ist aktiv und flexibel. Die Verarbeitungsstrategien ändern sich im Hinblick auf die Anforderungen des Textes und die Ziele der Leser. Es wurden Nachweise zusammengefaßt, die zeigen, daß verschiedene Merkmale eines Wortes bezüglich ihrer Nützlichkeit für eine Aufgabe unabhängig voneinander beachtet werden können, und daß dies auch tatsächlich geschieht. Der Nachweis der Selektion und Priorität der Verarbeitungsklassen von Merkmalen geht nicht nur aus Laboratoriumsexperimenten hervor, in denen die Versuchsperson von den Anweisungen des Versuchsleiters abhängt. Wir haben auch einige Fallstudien vorgelegt, die zeigen, wie verschiedene Leser die Information bei verschiedenen Textarten (Poesie, Nachrichten, Wörterbücher usw.) auf sehr unterschiedliche Weise beachten. Laboratoriumsstudien bestätigen, daß Leser im Hinblick auf verschiedene Ziele unterschiedlich lesen: wenn es beispielsweise darum geht, entweder die grundlegende Idee oder aber Details zu behalten.

Ein zweites Hauptprinzip ist der Trend zu einer zunehmenden Ökonomie beim erwachsenen Leser. Dieser Trend kann in zwei wichtige Unterprinzipien aufgeteilt werden. Erstens richtet der Leser seine Aufmerksamkeit auf die Verarbeitung des Textmaterials in der ökonomischsten Art, die er kennt. Diese Leistung wird auf vier Weisen erreicht: (1) durch Auswählen der relevanten Information, (2) durch Nicht-Beachten der irrelevanten Information, (3) durch Verarbeiten der größten Einheiten, die der Aufgabe angepaßt sind und (4) durch Verarbeiten der kleinsten Menge an Information, die noch mit der Aufgabe verträglich ist.

Das zweite Subprinzip sagt aus, daß das adaptive Lesen durch eine fortschreitende Reduktion der Information gekennzeichnet ist. Die Reduktion wird auf drei Arten erreicht: (1) die Verarbeitung wird im Verhältnis zur Anzahl der Alternativen, die folgen könnten, reduziert, (2) Alternativen werden durch die Anwendung von Regeln und Zusammenhängen reduziert, welche strukturelle Variablen des Textes sind und (3) die Alternativen werden durch die Verwendung alter Information reduziert (die sowohl konzeptuell als auch aus den Zusammenhängen des Textes gefolgert sind), um neue Information zu verstehen. Schließlich kommen wir zum Ergebnis, daß der Leseprozeß von Regeln beherrscht ist und in simplen Begriffen nicht angemessen beschrieben werden kann.

AARONS, L. Subvocalization: Aural and EMG feedback in reading. *Perceptual and Motor Skills,* 1971, *33,* 271–306.

ABORN, M., RUBENSTEIN, H. & STERLING, T. D. Sources of contextual constraint upon words in sentences. *Journal of Experimental Psychology,* 1959, *57,* 171–180.

ADDISON, R. M. & HOMME, L. E. The reinforcement event (RE) menu. *National Society for Programmed Instruction Journal,* 1965, *5,* 8–9.

AHRENS, A. *Untersuchungen über die Bewegung der Augen beim Schreiben.* Rostok, 1891.

ALLEN, D. Another look at formal similarity. *APA Proceedings,* 1970, 77–80.

ANDERSON, I. H. Eye-movements of good and poor readers. *Psychological Monographs,* 1937, *48,* 1–35.

ASHTON-WARNER, S. *Teacher.* New York: Simon and Schuster, 1963.

ATKINSON, R. C. Computerized instruction and the learning process. *American Psychologist,* 1968, *23,* 225–239.

ATKINSON, R. C., FLETCHER, J. D., CHETIN, H. C. & STAUFFER, C. M. Instruction in initial reading under computer control: The Stanford project. Technical Report No. 158, August 13, 1970. Stanford University: Institute for Mathematical Studies in the Social Sciences.

ATKINSON, R. C. & PAULSON, J. A. An approach to the psychology of instruction. *Psychological Bulletin,* 1972, *78,* 49–61.

BADDELEY, A. D. Short term memory for word sequences as a function of acoustic, semantic, and formal similarity. *Quarterly Journal of Experimental Psychology,* 1966, *18,* 362–365.

BANDURA, A. *Principles of behavior modification.* New York: Holt, Rinehart and Winston, 1969.

BARCLAY, J. R. The role of comprehension in remembering sentences. *Cognitive Psychology,* 1973, *4,* 229–254.

BARON, J. & THURSTON, I. An analysis of the word-superiority effect. *Cognitive Psychology,* 1973, *4,* 207–228.

BARTLETT, F. C. *Remembering.* Cambridge: The University Press, 1932.

BECK, I. L. & MITROFF, D. D. The rationale and design of a primary grades reading system for an individualized classroom. University of Pittsburgh Learning Research and Development Center, 1972.

BERKO, J. The child's learning of English morphology. *Word,* 1958, *14,* 150–177.

BERLYNE, D. E. *Conflict, arousal and curiosity.* New York: McGraw-Hill, 1960.
(Deutsch: *Konflikt, Erregung, Neugier.* Stuttgart: Klett-Cotta, 1974.)

BIEMILLER, A. J. The development of the use of graphic and contextual information as children learn to read. *Reading Research Quarterly,* 1970, *6,* 75–96.

BIRCH, H. G. & BELMONT, L. Auditory-visual integration in normal and retarded readers. *American Journal of Orthopsychiatry,* 1964, *34,* 852–861.

BIRCH, H. G. & BELMONT, L. Auditory-visual integration, intelligence and reading ability in school children. *Perceptual and Motor Skills,* 1965, *20,* 295–305.

BISHOP, C. H. Transfer effects of word and letter training in reading. *Journal of Verbal Learning and Verbal Behavior,* 1964, *3,* 215–221.

BLANK, M. & BRIDGER, W. H. Deficiencies in verbal labeling in retarded readers. *American Journal of Orthopsychiatry,* 1966, *36,* 840–847.

BLOM, G. E., WAITE, R. R. & ZIMET, S. G. A motivational content analysis of children's primers. In H. LEVIN und J. P. WILLIAMS (eds.), *Basic studies on reading.* New York: Basic Books, 1970, Pp. 188–221.

BLOOM, R. D. Learning to read: An operant perspective. In F. B. DAVIS (ed.), *The literature of research in reading with emphasis on models.* New Brunswick, N. J.: Rutgers University, 1971. Section 7, pp. 3–20.

BLOOMFIELD, L. Linguistics and reading. *Elementary English Review,* 1942, *19,* 125–130.

BLOOMFIELD, L. & BARNHART, C. L. *Let's read.* Bronxville, N. Y.: Clarence L. Barnhart, Inc., 1963.

BLUMENTHAL, A. L. Prompted recall of sentences. *Journal of Verbal Learning and Verbal Behavior,* 1967, *6,* 203–206.

BORMUTH, J. R. Readability: A new approach. *Reading Research Quarterly,* 1966, *1,* 79–132.

BOWDEN, J. H. Learning to read. *Elementary School Teacher,* 1911, *12,* 21–33.

BRANSFORD, J. D., BARCLAY, J. R. & FRANKS, J. J. Sentence memory: A constructive versus interpretive approach. *Cognitive Psychology,* 1972, *3,* 193–209.

BRANSFORD, J. D. & FRANKS, J. J. The abstraction of linguistic ideas. *Cognitive Psychology,* 1971, *2,* 331–350.

BREWER, W. F. Is reading a letter-by-letter process? In J. F. KAVANAGH und I. G. MATTINGLY (eds.), *Language by ear and by eye.* Cambridge, Mass.: The MIT Press, 1972. Pp. 359–365.

BROWN, E. & MIRON, M. S. Lexical and syntactic predictors of the distribution of pause time in reading. *Journal of Verbal Learning and Verbal Behavior,* 1971, *10,* 658–667.

BROWN, R. Psychology and reading: Commentary on chapters 5 to 10. In H. LEVIN und J. P. WILLIAMS (eds.), *Basic studies on reading.* Nw York: Basic Books, 1970. Pp. 164–187.

BRUNER, J. S. *Toward a theory of instruction.* Cambridge, Mass.: Harvard University Press, Belknap Press, 1966.

BRYDEN, M. P. Auditory-visual and sequential-spatial matching in relation to reading ability. *Child Development,* 1972, *43,* 824–832.

BUSWELL, G. T. An experimental study of eye-voice span in reading. *Supplementary Educational Monographs,* No. 17. Chicago: University of Chicago, Dept. of Education, 1920.

BUSWELL, G. T. Diagnostic studies in arithmetic. *Supplementary Educational Monographs,* No. 30. Chicago: Dept. of Education, University of Chicago, 1926.

CALFEE, R. C. Diagnostic evaluation of visual, auditory and general language factors in pre-readers. Paper presented at meeting of the American Psychological Association, Honolulu, 1972.

CALFEE, R. C., CHAPMAN, R. S. & VENEZKY, R. L. How a child needs to think to learn to read. In L. W. Gregg (ed.), *Cognition in learning and memory.* New York: John Wiley, 1972. Pp. 139–182.

CALFEE, R. C. & JAMESON, P. *Visual search and reading.* Technical Report No. 157. Wisconsin Research and Development Center for Cognitive Learning. 1971.

CALFEE, R. C., VENEZKY, R. L. & CHAPMAN, R. S. *Pronunciation of synthetic words with predictable and unpredictable letter-sound correspondences.* Technical Report No. 71. Wisconsin Research and Development Center for Cognitive Learning, 1969.

CALLAWAY, W. R., Jr. Modes of biological adaptation and their role in intellectual development. *PCD Monographs,* 1970, *1,* No. 1.

CARROLL, J. B. The analysis of reading instruction: Perspectives from psychology and linguistics. In *Theories of learning and instruction.* Sixty-third Yearbook of the National Society for the Study of Education. Chicago: University of Chicago Press, 1964. Pp. 336–353.

CARROLL, J. B. Some neglected relationships in reading and language learning. *Elementary English,* 1966, *43,* 577–582.

CARROLL, J. B. Defining language comprehension: Some speculations. In J. B. CARROLL und R. O. FREEDLE (eds.), *Language comprehension and the acquisition of knowledge.* Washington, D. C.: V. H. Winston, 1972. Pp. 1–30.

CARROLL, J. B. & FREEDLE, R. O. *Language comprehension and the acquisition of knowledge.* Washington, D. C.: V. H. Winston, 1972.

CARTERETTE, E. C. & JONES, M. H. Redundancy in children's texts. *Science,* 1963, *140,* 1309–1311.

CARTERETTE, E. C. & JONES, M. H. Statistical comparison of two series of graded readers. Technical Report No. 22. University of California at Los Angeles Communication Laboratory, 1964.

CATTELL, J. M. Über die Zeit der Erkennung und Benennung von Schriftzeichen, Bildern und Farben. *Philosophische Studien,* 1885, *2,* 635–650.

CATTELL, J. M. The time it takes to see and name objects. *Mind,* 1886, *11,* 63–65.

CATTELL, P. *The measurement of intelligence of infants and young children.* Rev. ed. New York: Psychological Corp., 1960.

CHAFE, W. L. *Meaning and the structure of language.* Chicago: University of Chicago Press, 1970.

CHAFE, W. L. Discourse structure and human knowledge. In J. B. CARROLL und R. O. FREEDLE (eds.), *Language comprehension and the acquisition of knowledge.* Washington, D. C.: V. H. Winston, 1972. Pp. 41–70.

CHALL, J. S. *Learning to read: The great debate.* New York: McGraw-Hill, 1967.

CHALL, J. S., ROSWELL, F. G. & BLUMENTHAL, S. H. Auditory blending ability: A factor in success in beginning reading. *The Reading Teacher,* 1963, *17,* 113–118.

CHAPMAN, R. S. *Report on the February 1971 version of the Wisconsin basic prereading skill test.* Technical Report No. 187. Wisconsin Research and Development Center for Cognitive Learning, 1971.

CHASE, W. G. & CLARK, H. H. Mental operations in the comparison of sentences and pictures. In L. W. GREGG (ed.), *Cognition in learning and memory.* New York: John Wiley, 1972. Pp. 205–232.

CHILD, I. L., POTTER, E. H. & LEVINE, E. M. *Children's textbooks and personality development: An exploration in the social psychology of education.* Psychological Monographs, 1946, *60,* No. 3.

CHOMSKY, C. *The acquisition of syntax in children from 5 to 10.* Cambridge, Mass.: The MIT Press, 1969.

CHOMSKY, C. Reading, writing and phonology. *Harvard Educational Review,* 1970, *40,* 287–309.

CHOMSKY, N. *Syntactic structures.* The Hague: Mouton, 1957.

CHOMSKY, N. *Aspects of the theory of syntax.* Cambridge, Mass.: The MIT Press, 1965.
(Deutsch: *Aspekte der Syntaxtheorie.* Frankfurt/M.: Suhrkamp, 1969.)

CHOMSKY, N. Phonology and reading. In H. LEVIN und J. P. WILLIAMS (eds.), *Basic studies on reading.* New York: Basic Books, 1970. Pp. 1–18.

CLARK, H. H. Some structural properties of simple active and passive sentences. *Journal of Verbal Learning and Verbal Behavior,* 1965, *4,* 365–370.

CLARK, L. A. The eye-voice span in reading Japanese. Unpublished paper, 1972.

COHEN, G. Search times for combinations of visual, phonemic, and semantic targets in reading prose. *Perception and Psychophysics,* 1970, *8,* 370–372.

COLEGATE, R. L. & ERIKSEN, C. W. Form of redundancy as a determinant of tachistoscopic word recognition. *Perception and Psychophysics,* 1972, *12,* 477–481.

COLEMAN, E. B. The comprehensibility of several grammatical transformations. *Journal of Applied Psychology,* 1964, *48,* 186–190.

COLEMAN, E. B. Learning of prose written in four grammatical transformations. *Journal of Applied Psychology,* 1965, *49,* 332–341.

COLEMAN, E. B. & MILLER, G. R. A measure of information gained during prose learning. *Reading Research Quarterly,* 1968, *3,* 369–386.

COLLINS, A. M. & QUILLIAN, M. R. Experiments on semantic memory and language comprehension. In L. W. GREGG (ed.), *Cognition in learning and memory.* New York: John Wiley, 1972. Pp. 117–137.

CONRAD, C. Context effects in sentence comprehension: A study of the subjective lexicon. *Memory and Cognition,* 1974, *2,* 130–138.

CONRAD, R. Acoustic confusions in immediate memory. *British Journal of Psychology,* 1964, *55,* 75–84.

CONRAD, R. The effect of vocalizing on comprehension in the profoundly deaf. *British Journal of Psychology,* 1971, *62,* 147–150.

CONRAD, R. Speech and reading. In J. F. KAVANAGH und I. G. MATTINGLY (eds.), *Language by ear and by eye.* Cambridge, Mass.: The MIT Press, 1972. Pp. 205–240.

CRANDELL, S. & MCGUIGAN, F. J. A longitudinal study of covert oral behavior during silent reading. Paper presented at the 58th annual meeting of the Eastern Psychological Association, Boston, April, 1967.

CROMER, W. The difference model: A new explanation for some reading difficulties. *Journal of Education Psychology,* 1970, *61,* 471–483.

CROTHERS, E. J. Memory structure and the recall of discourse. In J. B. CARROLL und R. O. FREEDLE (eds.), *Language comprehension and the acquisition of knowledge.* Washington, D. C.: V. H. Winston, 1972. Pp. 247–283.

DALE, E. & CHALL, J. S. A formula for predicting readability. *Educational Research Bulletin,* Ohio State University, 1948, *27,* 11–20 and 37–54.

DAVIS, F. B. Fundamental factors of comprehension in reading. *Psychometrika,* 1944, *9,* 185–197.

DAVIS, F. B. Research in comprehension in reading. *Reading Research Quarterly,* Summer, 1968, *3,* 499–545.

DAVIS, F. B. (ed.). The literature of research in reading with emphasis on models. Project No. Z: The literature search. Graduate School of Education, The State University, Rutgers, New Jersey. Project No. 0–9030, Contract No. OEC-0–70–4790 (508), 1972. See esp. Section 5, „Comprehensive and partial models related to the reading process", by J. J. Geyer.

DAWES, R. M. Memory and distortion of meaningful written material. *British Journal of Psychology,* 1966, *57,* 77–86.

DAY, H. I., BERLYNE, D. E. & HUNT, D. E. *Intrinsic motivation: A new direction in education.* Minneapolis: Winston Press, 1971.

DEARBORN, W. F. *The psychology of reading.* New York: Columbia Univ. Contr. to Phil. and Psychol., Vol. 14, No. 1, 1906.

DEUTSCH, M. *The disadvantaged child.* New York: Basic Books, 1967.

DODGE, R. An experimental study of visual fixation. *Psychological Review Monograph Supplement,* 1907, *8,* No. 4.

DONALDSON, M. & WALES, R. On the acquisition of some relational terms. In J. R. Hayes (ed.), *Cognition and the development of language.* New York: John Wiley, 1970. Pp. 235–268.

DOOLING, D. J. & LACHMAN, R. Effects of comprehension on retention of prose. *Journal of Experimental Psychology,* 1971, *88,* 216–222.

DOOLING, D. J. & MULLET, R. L. Locus of thematic effects in retention of prose. *Journal of Experimental Psychology,* 1973, *97,* 404–406.

DURKIN, D. *Children who read early.* New York: Teachers College Press, 1966.

EDELMAN, G. The use of cues in word recognition. In *A basic research program on reading.* Final Report, Project No. 639. Cornell University and the U.S. Office of Education, 1963.

EDFELDT, A. W. *Silent speech and silent reading.* Chicago: University of Chicago Press, 1960.

EGELAND, B., BRAGGINS, J. & POWALSKI, J. Teaching children to discriminate letters of the alphabet through errorless discrimination training. Paper presented at meeting of the Society for Research in Child Development, Philadelphia, 1973.

ELDER, R. D. A comparison of the oral reading of groups of Scottish and American children. Unpublished doctoral dissertation. Department of Education, University of Michigan, 1966.

ELKIND, D. Piaget's theory of perceptual development: Its application to reading and special education. *Journal of Special Education,* 1967, *1,* 357–361.

ELKIND, D. & DEBLINGER, J. A. Perceptual training and reading achievement in disadvantaged children. *Child Development,* 1969, *40,* 11–19.

ELKONIN, D. B. The psychology of mastering the elements of reading. In B. SIMON und J. SIMON (eds.), *Educational psychology in the U.S.S.R.* London: Routledge & Kegan Paul, 1963. Pp. 165–179.

ELKONIN, D. B. USSR. In J. DOWNING (ed.), *Comparative reading.* New York: Macmillan, 1973. Pp. 551–579.

ENTWISLE, D. R. Form class and children's word associations. *Journal of Verbal Learning and Verbal Behavior,* 1966, *5,* 558–565.

ENTWISLE, D. R. *Word associations of young children.* Baltimore: The Johns Hopkins Press, 1966.

EPSTEIN, W. Some conditions of the influence of syntactical structure on learning: Grammatical transformations, learning instructions and chunking. *Journal of Verbal Learning and Verbal Behavior,* 1967, *6,* 415–419.

ERVIN, S. M. Changes with age in the verbal determinants of word-association. *American Journal of Psychology,* 1961, *74,* 361–372.

FAABORG-ANDERSON, K. & EDFELDT, A. W. Electromyography of intrinsic and extrinsic laryngeal muscles during silent speech: Correlation with reading activity. *Acta Otolaryngologia,* 1958, *49,* 478–482.

FAIRBANKS, G. The relation between eye-movements and voice in oral reading of good and poor readers. *Psychological Monographs,* 1937, *48,* 78–107.

FARLEY, F. H. & EISCHENS, R. R. *Children's processing of prose: The effects of question arousal, text complexity, and learner strata on short- and long-term retention.* Technical Report No. 201. Wisconsin Research and Development Center for Cognitive Learning, 1971.

FEITELSON, D. Structuring the teaching of reading according to major features of the language and its script. *Elementary English,* 1965, *42,* 31–38.

FERNALD, G. *Remedial techniques in basic school subjects.* New York: McGraw-Hill, 1943.

FLAVELL, J. H. Developmental studies of mediated memory. In H. W. REESE und L. P. LIPSITT (eds.), *Advances in child development and behavior.* Vol. 5. New York: Academic Press, 1970. Pp. 181–211.

FILLMORE, C. J. The case for case. In E. BACH und R. T. HARMS (eds.), *Universals in linguistic theory.* New York: Holt, Rinehart and Winston, 1968. Pp. 1–88.

FLESCH, R. F. A new readability yardstick. *Journal of Applied Psychology,* 1948, *32,* 221–223.

FLESCH, R. F. *The art of readable writing.* New York: Harper, 1949.

FLETCHER, J. D. *Transfer from alternative presentations of spelling patterns in initial reading.* Technical Report No. 216. Stanford University: Institute for Mathematical Studies in the Social Sciences, September, 1973.

FODOR, J. A. & BEVER, T. G. The psychological reality of linguistic segments. *Journal of Verbal Learning and Verbal Behavior,* 1965, *4,* 414–420.

FRANCIS, H. Toward an explanation of the syntagmatic-paradigmatic shift. *Child Development,* 1972, *43,* 949–958.

FRANDSEN, A. An eye-movement study of objective examination questions. *Genetic Psychology Monographs,* 1934, *16,* 79–138.

FRASE, L. T. Structural analysis of the knowledge that results from thinking about text. *Journal of Educational Psychology,* 1969, *60,* Monograph Supplement 6.

FRASE, L. T. Maintenance and control in the acquisition of knowledge from written materials. In J. B. CARROLL und R. O. FREEDLE (eds.), *Language comprehension and the aquisition of knowledge.* Washington, D. C.: V. H. Winston, 1972. Pp. 337–357.

FREDERIKSEN, C. H. Effects of task-induced cognitive operations on comprehension and memory processes. In J. B. CARROLL und R. O. FREEDLE (eds.), *Language comprehension and the acquisition of knowledge.* Washington, D. C.: V. H. Winston, 1972. Pp. 211–245.

FREEDLE, R. Language users as fallible information-processors: Implications for measuring and modeling comprehension. In J. B. CARROLL und R. O. FREEDLE (eds.), *Language comprehension and the acquisition of knowledge.* Washington, D. C.: V. H. Winston, 1972. Pp. 169–209.

FRIES, C. C. *The structure of English.* New York: Harcourt, Brace, 1952.

FRIES, C. C. *Linguistics and reading.* New York: Holt, Rinehart and Winston, 1962.

Gammon, E. M. *A syntactical analysis of some first grade readers.* Technical Report No. 155. Stanford University: Institute for Mathematical Studies in the Social Sciences, June 22, 1970.

Garner, W. R. *Uncertainty and structure as psychological concepts.* New York: Wiley, 1962.

Garner, W. R. Information integration and form of encoding. In A. W. Melton und E. Martin (eds.), *Coding processes in human memory.* Washington, D. C.: V. H. Winston, 1972. Pp. 261–281.

Garner, W. R. & Clement, D. E. Goodness of pattern and pattern uncertainty. *Journal of Verbal Learning and Verbal Behavior,* 1963, *2,* 446–452.

Gibson, E. J. *Principles of perceptual learning and development.* New York: Prentice-Hall, 1969.

Gibson, E. J. Perceptual learning and the theory of word perception. *Cognitive Psychology,* 1971, *2,* 351–368.

Gibson, E. J., Barron, R. W. & Garber, E. E. The developmental convergence of meaning for words and pictures. In Appendix to Final Report, Project No. 90046, Grant No. OEG-2–9–420446–1071 (010). Cornell University and U.S. Office of Education 1972. Pp. 12–26.

Gibson, E. J., Bishop, C., Schiff, W. & Smith, J. Comparison of meaningfulness and pronunciability as grouping principles in the perception and retention of verbal material. *Journal of Experimental Psychology,* 1964, *67,* 173–182.

Gibson, E. J., Farber, J. & Shepela, S. Test of a learning set procedure for the abstraction of spelling patterns. *Project Literacy Reports,* 1967, No. 8, 21–30.

Gibson, E. J., Gibson, J. J., Pick, A. D. & Osser, H. A developmental study of the discrimination of letter-like forms. *Journal of Comparative and Physiological Psychology,* 1962, *55,* 897–906.

Gibson, E. J., Poag, M. K. & Rader, N. The effect of redundant rhyme and spelling patterns on a verbal discrimination task. In Appendix to Final Report, Project No. 90046, Grant No. OEG-2–9–420446–1071 (010), Cornell University and U.S. Office of Education, 1972. Pp. 1–11.

Gibson, E. J., Schapiro, F. & Yonas, A. Confusion matrices for graphic patterns obtained with a latency measure. In *The analysis of reading skill: A program of basic and applied research.* Final Report, Project No. 5–1213, Cornell University and U.S. Office of Education, 1968. Pp. 76–96.

Gibson, E. J. & Shepela, S. Some effects of redundant stimulus information on learning to identify letters. In *The analysis of reading skill: A program of basic and applied research.* Final Report, Project No. 5–1213, Cornell University and U.S. Office of Education, 1968. Pp. 63–75.

Gibson, E. J., Shurcliff, A. & Yonas, A. Utilization of spelling patterns by deaf and hearing subjects. In H. Levin und J. P. Williams (eds.), *Basic studies on reading.* New York: Basic Books, 1970. Pp. 57–73.

GIBSON, E. J., TENNEY, Y. J. & SHARABANY, R. Is discovery of structure reinforcing? The role of semantic and syntactic structure in anagram solution. In *The relationship between perceptual development and the acquisition of reading skill.* Final Report, Project No. 90046, Grant No. OEG-2-9-420446-1071 (01), Cornell University and U.S. Office of Education, October, 1971. Pp. 48–64.

GIBSON, E. J., TENNEY, Y. J. & ZASLOW, M. Is discovery of structure reinforcing? The effect of categorizable context on scanning for verbal targets. In Final Report, Research Grant No. OEG-2-9-420446-1071 (010), from U.S. Office of Education to Cornell University, 1971. Pp. 30–37.

GIBSON, E. J. & YONAS, A. A developmental study of visual search behavior. *Perception and Psychophysics,* 1966, *1,* 169–171. (a)

GIBSON, E. J. & YONAS, A. A developmental study of the effects of visual and auditory interference on a visual scanning task. *Psychonomic Science,* 1966, *5,* 163–164. (b)

GIBSON, J. J. & YONAS, P. A new theory of scribbling and drawing in children. In *The analysis of reading skill.* Final Report, Project No. 5-1213, Cornell University and U.S. Office of Education, December, 1968. Pp. 355–370.

GINSBURG, H., WHEELER, M. E. & TULIS, E. A. The natural development of printing and related graphic activities. Mimeographed. Department of Human Development, Cornell University, 1970.

GLEITMAN, L. R. & ROZIN, P. Teaching reading by use of a syllabary. *Reading Research Quarterly,* 1973, *8,* 447–483.

GOODMAN, K. S. A linguistic study of cues and miscues in reading. *Elementary English,* 1965, *42,* 639–643.

GOODMAN, K. S. Reading: A psycholinguistic guessing game. *Journal of the Reading Specialist,* 1967, *6,* 126–135.

GOODMAN, K. S. A study of oral reading miscues that result in grammatical re-transformations. Final Report to U.S. Office of Education, June, 1969.

GOUGH, P. B. One second of reading. In J. F. KAVANAGH und I. G. MATTINGLY (eds.), *Language by ear and by eye.* Cambridge, Mass.: The MIT Press, 1972.

GRAY, C. T. Types of reading ability as exhibited through tests and laboratory experiments. *Supplementary Educational Monographs,* No. 5. Chicago: Dept. of Education, University of Chicago, 1917.

GREGG, L. W. *Cognition in learning and memory.* New York: John Wiley, 1972.

GRIMES, J. E. The thread of discourse. Mimeographed. Department of Modern Languages and Linguistics, Cornell University, 1972.

GROSSMAN, J. K. Constraints and the eye-voice span in right and left embedded sentences: A developmental study. Unpublished masters dissertation. Department of Human Development, Cornell University, 1969.

HAGEN, J. W. & MOELLER, T. *Cross-age tutoring.* Report No. 2. Ann Arbor: Developmental Program, Dept. of Psychology, University of Michigan, July, 1971.

HALLE, M. & STEVENS, K. N. Speech recognition: A model and a program for research. In J. A. FODOR und J. J. KATZ (eds.), *The structure of language: Readings in the philosophy of language.* Englewood Cliffs, N. J.: Prentice-Hall, 1964. Pp. 604–612.

HALLE, M. & STEVENS, K. N. Remarks on analysis by synthesis and distinctive features. In W. WATHEN-Dunn und L. E. WOODS (eds.), *Models for the perception of speech and visual form: Proceedings of a symposium.* Cambridge, Mass.: The MIT Press, 1967. Pp. 88–102.

HANNA, P. R., HANNA, J. S., HODGES, R. E. & RUDORF, E. H., Jr. *Phoneme-grapheme correspondences as cues to spelling improvement.* Washington, D.C.: U.S. Government Printing Office, 1966.

HARDYCK, C. D. & PETRINOVICH, L. F. The functions of subvocal speech. *Project Literacy Reports* No. 8, Cornell University, 1967.

HARDYCK, C. D. & PETRINOVICH, L. F. Subvocal speech and comprehension level as a function of the difficulty level of reading material *Journal of Verbal Learning and Verbal Behavior,* 1970, *9,* 647–652.

HARDYCK, C. D., PETRINOVICH, L. F. & ELLSWORTH, D. W. Feedback of speech muscle activity during silent reading: Rapid extinction. *Science,* 1966, 154, 1467–1468.

HENDERSON, L. A. word superiority effect without orthographic assistance. *Quarterly Journal of Experimental Psychology.*

HENDRICKSON, L. N. & MUEHL, S. The effect of attention and motor response pretraining on learning to discriminate B and D in kindergarten children. *Journal of Educational Psychology,* 1962, *53,* 236–241.

HERSHBERGER, W. A. & TERRY, D. F. Typographical cuing in conventional and programmed texts. *Journal of Applied Psychology,* 1965, *49,* 55–60.

HILDRETH, G. Developmental sequences in name writing. *Child Development,* 1936, *7,* 291–303.

HOCHBERG, J. Stimulus factors in literacy: Graphic communication, verbal and nonverbal. *Project Literacy Reports,* No. 1, Ithaca, N. Y.: 1964. Pp. 17–18.

HOCHBERG, J. Studies in reading. *Project Literacy Reports,* No. 9, Ithaca, N. Y.: 1968. Pp. 25–37.

HOCHBERG, J. Components of literacy: Speculations and exploratory research. In H. LEVIN und J. P. WILLIAMS (eds.), *Basic studies on reading.* New York: Basic Books, 1970. Pp. 74–89.

HOCHBERG, J. & BROOKS, V. Pictorial recognition as an unlearned ability: A study of one child's performance. *American Journal of Psychology,* 1962, *75,* 624–628.

HOFFMANN, J. Experimentell-psychologische Untersuchungen über Leseleistungen von Schulkindern. *Archiv für die gesamte Psychologie,* 1927, *58,* 325–388.

Holt, G. L. Effect of reinforcement contingencies in increasing programmed reading and mathematics behaviors in first-grade children. *Journal of Experimental Child Psychology,* 1971, *12,* 362–369.

Huey, E. B. *The psychology and pedagogy of reading.* New York: Macmillan, 1908. Republished by The MIT Press, Cambridge, Mass., 1968.

Huttenlocher, J. Children's language: Word-phrase relationships. *Science,* 1964, *143,* 264–265.

Hyde, T. S. & Jenkins, J. J. Differential effects of incidental tasks on the organization of recall of a list of highly associated words. *Journal of Experimental Psychology,* 1969, *82,* 472–481.

Ilg, F. L. & Ames, L. B. Developmental trends in reading behavior. *Journal of Genetic Psychology,* 1950, *76,* 291–312.

Inhelder, B. & Piaget, J. *The early growth of logic in the child.* New York: Norton, 1964.
(Deutsch: *Die Entwicklung der elementaren logischen Strukturen.* Düsseldorf: Schwann, 1973.)

Jakobson, R. *Child language, aphasia and phonological universals.* The Hague: Mouton, 1968.

Jakobson, A. & Halle, M. *Fundamentals of language.* The Hague: Mouton, 1956.

James, W. *Principles of psychology.* New York: Holt, 1890.

Jeffrey, W. E. & Samuels, S. J. Effect of method reading training on initial learning and transfer. *Journal of Verbal Learning and Verbal Behavior,* 1967, *6,* 354–358.

Jensen, A. R. Spelling errors and the serial-position effect. *Journal of Educational Psychology,* 1962, *53,* 105–109.

Johnson, D. D. *An investigation of sex differences in reading in four English-speaking nations.* Technical Report No. 209. Wisconsin Research and Development Center, 1972.

Johnson, R. E. Recall of prose as a function of the structural importance of the linguistic units. *Journal of Verbal Learning and Verbal Behavior,* 1970, *9,* 12–20.

Johnson, R. J. The effect of training in letter names on success in beginning reading for children of differing abilities. Paper presented at American Educational Research Convention, Anaheim, Calif., 1970.

Johnston, C. D. & Jenkins, J. J. Two more incidental tasks that differentially affect associative clustering in recall. *Journal of Experimental Psychology,* 1971, *89,* 92–95.

Jones, M. H. & Carterette, E. C. Redundancy in children's free-reading choices. *Journal of Verbal Learning and Verbal Behavior,* 1963, *2,* 489–493.

Judd, C. H. & Buswell, G. Silent reading: A study of the various types. *Supplementary Educational Monographs,* No. 23. Chicago: University of Chicago Press, 1922.

KAPLAN, G., YONAS, A. & SHURCLIFF, A. Visual and acoustic confusability in a visual search task. *Perception and Psychophysics,* 1966, *1,* 172–174.

KATZ, L. & WICKLUND, D. A. Word scanning rate for good and poor readers. *Journal of Educational Psychology,* 1971, *62,* 138–140.

KIRCHER, M. C. The effects of presentation order and repetition on the free recall of prose. Unpublished masters dissertation. Department of Education. Corell University, 1971.

KOEN, K., BECKER, A. & YOUNG, K. The psychological reality of the paragraph. *Journal of Verbal Learning and Verbal Behavior,* 1969, *8,* 49–53.

KOLERS, P. A. Reading and talking bilingually. *American Journal of Psychology,* 1966, *79,* 357–376.

KOLERS, P. A. Three stages of reading. In H. LEVIN und J. P. WILLIAMS (eds.), *Basic studies on reading.* New York: Basic Books, 1970. Pp. 90–118.

KUHN, D. Mechanisms of change in the development of cognitive structures. *Child Development,* 1972, *43,* 833–844.

KULHAVY, R. W. Effects of embedding orienting stimuli in a prose passage. *Psychonomic Science,* 1972, *28,* 213–214.

LABERGE, D. & SAMUELS, S. J. Toward a theory of automatic information processing in reading. *Cognitive Psychology,* 1974, *6,* 293–323.

LAVINE, L. O. The development of perception of writing in pre-reading children: A crosscultural study. Unpublished doctoral dissertation. Department of Human Development, Cornell University, 1972.

LAWSON, E. A. note on the influence of different orders of approximations to the English language upon the eye-voice span. *Quarterly Journal of Experimental Psychology,* 1961, *13,* 53–55.

LEGRÜN, A. Wie und was „schreiben" Kindergarten-Zöglinge? *Zeitschrift für pädagogische Psychologie,* 1932, *33,* 322–331.

LEPPER, M. R., GREENE, D. & NISBETT, R. E. Undermining children's intrinsic interest with extrinsic reward: A test of the „overjustification" hypothesis. *Journal of Personality and Social Psychology,* 1973, *28,* 129–137.

LESLIE, R. & CALFEE, R. C. Visual search through word lists as a function of grade level, reading ability, and target repetition. *Perception and Psychophysics,* 1971, *10,* 169–171.

LEVIN, H. & COHN, J. A. Studies of oral reading: XII. Effects of instructions on the eye-voice span. In H. LEVIN, E. J. GIBSON und J. J. GIBSON (eds.), *The analysis of reading skill.* Final report, Project No. 5-1213, Contract No. OE6-10-156, Cornell University and U.S. Office of Education, 1968. Pp. 254–283.

LEVIN, H., GROSSMAN, J., KAPLAN, E. & YANG, R. Constraints and the eye-voice span in right and left embedded sentences. *Language and Speech,* 1972, *15,* 30–39.

LEVIN, H. & KAPLAN, E. L. Eye-voice span (EVS) within active and passive sentences. *Language and Speech,* 1968, *11,* 251–258.

LEVIN, H. & KAPLAN, E. L. Grammatical structure and reading. In H. LEVIN und J. P. WILLIAMS (eds.), *Basic studies on reading.* New York: Basic Books, 1970. Pp. 119–133.

LEVIN, H. & MITCHELL, J. R. *Project Literacy: Continuing Activities.* Final report from Cornell University to U.S. Office of Education, Project No. 50537, September, 1969.

LEVIN, H. & TURNER, A. Sentence structure and the eye-voice span. In H. LEVIN, E. J. GIBSON und J. J. GIBSON (eds.), *The analysis of reading skill.* Final report Project No. 5–1213, from Cornell University to U.S. Office of Education, December, 1968.

LEVIN, H., WATSON, J. S. & FELDMAN, M. Writing as pretraining for association learning. In *A basic research program on reading.* Final report, Project No. 639, Cornell University and U.S. Office of Education, 1963.

LIPPITT, P. & LIPPITT, R. Cross-age helpers. *NEA Journal,* March, 1968.

LOCKE, J. L. & FEHR, F. S. Young children's use of the speech code in learning. *Journal of Experimental Child Psychology,* 1970, *10,* 367–373.

LOWENSTEIN, A. M. Effects of instructions on the abstraction of spelling patterns. Unpublished masters dissertation. Department of Human Development, Cornell University, 1969.

LURIA, A. R. *Traumatic aphasia.* The Hague: Mouton, 1970.

LYNCH, S. & ROHWER, W. D. Effects of verbal and pictorial elaborations on associative learning and response learning in a children's paired-associate task. *Journal of Educational Psychology,* 1971, *62,* 339–344.

MACKWORTH, J. F. Some models of the reading process: Learners and skilled readers. In M. KLING, E. B. DAVIS und J. J. GEYER (eds.), *The literature of research in reading with emphasis on models.* Project No. 2: The literature search. Contract No. OEC-0-70-4790(508), Project No. 0-9030. Cornell University and U.S. Office of Education, 1971.

MACKWORTH, J. F. Some models of the reading process: learners and skilled readers. *Reading Research Quarterly,* 1972, *7,* 701–733.

MACKWORTH, N. H. The wide-angle reflection eye camera for visual choice and pupil size. *Perception and Psychophysics,* 1968, *3,* 32–34.

MACKWORTH, N. H. Verbal and pictorial comprehension by children with reading or speech disorders. Paper presented at the Twentieth International Congress of Psychology, Tokyo, 1972.

MARSH, G. & SHERMAN, M. *Transfer from word components to words and vice versa in beginning reading.* Southwest Regional Laboratory for Educational Research and Development, March, 1970.

MARTIN, J. G. & STRANGE, W. The perception of hesitation in spontaneous speech. *Perception and Psychophysics,* 1968, *3,* 427–438.

MATHEWS, M. *Teaching read historically considered.* Chicago: University of Chicago Press, 1966.

MATTINGLY, I. G. Reading, the linguistic process, and linguistic awareness. In J. F. KAVANAGH und I. G. MATTINGLY (eds.), *Language by ear and by eye.* Cambridge, Mass.: The MIT Press, 1972. Pp. 131–147.

Matz, R. D. & Rohwer, W. D., Jr. Visual elaboration and comprehension of text. Paper presented at Annual Meeting of the American Educational Research Association, New York, 1971.

McClelland, D. C. *The achieving society.* Princeton, N. J.: Van Nostrand, 1961.
(Deutsch: *Die Leistungsgesellschaft.* Stuttgart: Kohlhammer, 1966.)

McConkie, G. W. & Rayner, K. The span of the effective stimulus during fixations in reading. Paper presented to the American Educational Research Association, New Orleans, 1973.

McConkie, G. W., Rayner, K. & Meyer, B. J. Manipulating reading strategies through payoff conditions. Unpublished manuscript. Department of Education, Cornell University, 1971.

McConkie, G. W., Rayner, K. & Wilson, S. J. Experimental manipulation of reading strategies. *Journal of Educational Psychology,* 1973, *65,* 1–8.

McGuigan, F. J. Covert oral behavior during the silent performance of language tasks. *Psychological Bulletin,* 1970, *74,* 309–326.

McGuigan, F. J. & Bailey, S. C. Longitudinal study of covert oral behavior during silent reading. *Perceptual and Motor Skills,* 1969, *28,* 170.

McGuigan, F. J., Keller, B. & Stanton, E. Covert language responses during silent reading. *Journal of Educational Psychology,* 1964, *55,* 339–343.

McGuigan, F. J. & Rodier, W. I. Effects of auditory stimulation on covert oral behavior during silent reading. *Journal of Experimental Psychology,* 1968, *76,* 649–655.

McNeill, D. A. *The acquisition of language.* New York: Harper & Row, 1970.

Mehler, J., Bever, T. G. & Carey, P. What we look at when we read. *Perception and Psychophysics* 1967, *2,* 213–218.

Meltzer, N. S. & Herse, R. The boundaries of written words as seen by first graders. *Journal of Reading Behavior,* 1969, *1,* 3–14.

Menyuk, P. *The acquisition and development of language.* Englewood Cliffs, N. J.: Prentice-Hall, 1971.

Meyer, B. J. F. Structure of prose: Identification and effects on memory. Paper presented at the Fourth Annual Invitational, Interdisciplinary Meeting on Structural Learning, Philadelphia, April, 1973.

Meyer, B. J. F. & McConkie, G. W. What is recalled after hearing a passage. *Journal of Educational Psychology,* 1973, *65,* 109–117.

Miller, G. A. Psychology as a means of promoting human welfare. *American Psychologist,* 1969, *24,* 1063–1075.

Miller, G. A. English verbs of motion: A case study in semantics and lexical memory. In A. W. Melton und E. Martin (eds.), *Coding processes in human memory.* Washington, D.C.: V. H. Winston, 1972. Pp. 335–372.

Miller, G. A., Bruner, J. S. & Postman, L. Familiarity of letter sequences and tachistoscopic identification. *Journal of General Psychology,* 1954, *50,* 129–139.

MILLER, G. R. & COLEMAN, E. B. A set of thirty-six prose passages calibrated for complexity. *Journal of Verbal Learning and Verbal Behavior,* 1967, *6,* 851–854.

MINUCHIN, P. Correlates of curiosity and exploratory behavior in preschool disadvantaged children. *Child Development,* 1971, *42,* 939–950.

MOORE, O. K. & ANDERSON, A. R. The responsive environments project. In R. D. HESS und R. M. BEAR (eds.), *Early education.* Chicago: Aldine, 1968. Pp. 171–189.

MOORE, T. V. Image and meaning in memory and perception. *Psychological Monographs,* 1919, *27,* No. 2.

MORTON, J. The effects of context upon speed of reading, eye movements and the eye-voice span. *Quarterly Journal of Experimental Psychology,* 1964, *16,* 340–354. (a)

MORTON, J. The effects of context upon the visual duration thresholds for words. *British Journal of Psychology,* 1964, *55,* 165–180. (b)

MUEHL, S. & KREMENAK, S. Ability to match information within and between auditory and visual sense modalities and subsequent reading achievement. *Journal of Educational Psychology,* 1966, *57,* 230–239.

MURAISHI, S. Acquisition of reading Japanese syllabic characters in preschool children in Japan. Paper presented at Twentieth International Congress of Psychology, Tokyo, 1972.

MURRAY, H. A., Jr., BARRETT, W. G., HOMBURGER, E. and others. *Explorations in personality.* New York: Oxford University Press, 1938.

NEISSER, U. *Cognitive psychology.* New York: Appleton-Century-Crofts, 1967. (Zitiert ist nach der deutschen Übersetzung: *Kognitive Psychologie.* Stuttgart: Klett-Cotta, 1974.)

NEISSER, U. Selective reading: A method for the study of visual attention. Paper presented at Nineteenth International Congress of Psychology, London, 1969.

NEISSER, U. & BELLER, H. K. Searching through word lists. *British Journal of Psychology,* 1965, *56,* 349–358.

NEISSER, U., NOVICK, R. & LAZAR, R. Searching for ten targets simultaneously. *Perceptual and Motor Skills,* 1963, *17,* 955–961.

NELSON, D. L., PEEBLES, J. & PANCOTTO, F. Phonetic similarity as opposed to information structure as a determinant of word encoding. *Journal of Experimental Psychology,* 1970, *86,* 117–119.

NODINE, C. F. & EVANS, J. D. Eye movements of prereaders containing letters of high and low confusability. *Perception and Psychophysics,* 1969, *6,* 39–41.

NODINE, C. F. & LANG, N. J. The development of visual scanning strategies for differentiating words. *Developmental Psychology,* 1971, *5,* 221–232.

NODINE, C. F. & STUERLE, N. L. Development of perceptual and cognitive strategies for differentiating graphemes. *Journal of Experimental Psychology,* 1973.

NOVIK, N. Parallel processing in a non-word classification task. Paper presented at Eastern Psychological Association, Washington, D.C., 1973.

OAKAN, R., WIENER, M. & CROMER, W. Identification, organization, and reading comprehension for good and poor readers. *Journal of Educational Psychology,* 1971, *62,* 71–78.

ODOM, R. D., MCINTYRE, C. W. & NEALE, G. S. The influence of cognitive style on perceptual learning. *Child Development,* 1971, *42,* 883–891.

O'DONNELL, R. C., GRIFFIN, W. J. & NORRIS, R. C. Syntax of kindergarten and elementary school children: A transformational analysis. Research Report No. 8. Champaign, Ill.: National Council of Teachers of English, 1967.

OHNMACHT, D. D. The effects of letter-knowledge on achievement in reading in the first grade. Paper presented at American Educational Research Association meeting, Los Angeles, 1969.

OLÉRON, P. & DANSET, A. Donnés sur l'appréhension des mots. Le rôle de diverses parties des mots et leur identification. *Psychologie Française,* 1963, *8,* 28–35.

OLSON, D. R. Language use for communicating, instructing, and thinking. In J. B. CARROLL und R. O. FREEDLE (eds.), *Language comprehension and the acquisition of knowledge.* Washington, D.C.: V. H. Winston, 1972. Pp. 139–167.

PETERSON, R. P. Patterns of eye movements in rapid symbol identification and their relation to reading achievement. *Perceptual and Motor Skills,* 1969, *28,* 307–310.

PFAFFLIN, S. M. Some psychological studies of sentence interconnections in written English prose. *Psychonomic Bulletin,* 1967, *1,* 17.

PIAGET, J. Piaget's theory. In P. H. MUSSEN (ed.), *Carmichael's manual of child psychology.* Vol. 1. Third ed. New York: John Wiley, 1970. Pp. 703–732.

PIAGET, J. *Die Entwicklung des räumlichen Denkens beim Kinde.* Stuttgart: Klett-Cotta, 1971. (Ges. Werke Bd. 6)

PICK, A. D. Improvement of visual and tactual form discrimination. *Journal of Experimental Psychology,* 1965, *69,* 331–339.

PICK, A. D. Some basic perceptual processes in reading. *Young Children,* 1970, *25,* 162–181.

PICK, W. D., CHRISTY, M. D. & FRANKEL, G. W. A developmental study of visual selective attention. *Journal of Experimental Child Psychology,* 1972, *14,* 165–175.

PINTNER, R. Inner speech silent reading. *Psychological Review,* 1913, *20,* 129–153.

POSNER, M. I., BOIES, S. J., EICHELMAN, W. H. & TAYLOR, R. L. Retention of visual and name codes of single letters. *Journal of Experimental Psychology Monographs,* 1969, *79,* No. 1, Part 2.

POSTMAN, L. & SENDERS, V. Incidental learning and generality of set. *Journal of Experimental Psychology,* 1946, *36,* 153–165.

POULTON, E. C. Peripheral vision, refractoriness and eye movements in fast oral reading. *British Journal of Psychology,* 1962, *53,* 409–419.

POULTON, E. C. & BROWN, C. H. Memory after reading aloud and reading silently. *British Journal of Psychology,* 1967, *58,* 210–222.

QUANTZ, J. O. *Problems in the psychology of reading.* New York: Macmillan, 1897.

RAMANANSKAS, S. Contextual constraints beyond a sentence on cloze responses of mentally retarded children. *American Journal of Mental Deficiency,* 1972, *77,* 338–345.

RAYNER, K. The perceptual span and peripheral cues in reading. Unpublished doctoral dissertation. Department of Education, Cornell University, 1974.

READ, C. Pre-school children's knowledge of English phonology. *Harvard Educational Review,* 1971, *41,* 1–34.

REBERT, G. N. A laboratory study in the reading of familiar formulas. *Journal of Educational Psychology,* 1932, *23,* 192–203.

RESNICK, L. B. Relations between perceptual and syntactic control in oral reading. *Journal of Educational Psychology,* 1970, *61,* 382–385.

RICHARDS, I. A. *Practical criticism.* New York: Harcourt, Brace & World, 1929.

ROGERS, M. V. Comprehension in oral and silent reading. *Journal of General Psychology,* 1937, *17,* 394–397.

ROHRMAN, N. L. & GOUGH, P. B. Forewarning, meaning, and semantic decision latency. *Psychonomic Science,* 1967, *9,* 217–218.

ROHWER, W. D., Jr. Social class differences in the role of linguistic structures in paired-associate learning: Elaboration and learning proficiency. Final report. U.S.O.E. Basic Research Project No. 5–0605, Contract OE6–10–273, University of California at Berkeley and U.S. Office of Education, 1967.

ROSEN, C. L. An experimental study of visual perceptual training and reading achievement in first grade. *Perceptual and Motor Skills,* 1966, *22,* 979–986.

ROSEN, C. L. & OHNMACHT, F. Perception, readiness, and reading achievement in first grade. In *Perception and Reading: Proceedings of the 12th Annual Convention of the International Reading Association.* Newark, Del.: 1968. Pp. 33–39.

ROSNER, J. *The design board program.* Learning Research and Development Center, University of Pittsburgh, 1971/7. (a)

ROSNER, J. *Phonic analysis training and beginning reading skills.* Learning Research and Development Center, University of Pittsburgh, 1971/19. (b)

ROSNER, J. & SIMON, D. The auditory analysis test: An initial report. *Journal of Learning Disabilities,* 1971, *4,* 384–392.

ROSS, D. Effect on learning of psychological attachment to a film model. *American Journal of Mental Deficiency,* 1970, *74,* 701–707. (a)

ROSS, D. Incidental learning of number concepts in small group games. *American Journal of Mental Deficiency,* 1970, *74,* 718–725. (b)

ROTHKOPF, E. Z. Some theoretical and experimental approaches to problems in written instruction. In J. D. KRUMBOLTZ (ed.), *Learning and the educational process.* Chicago: Rand McNally, 1965. Pp. 193–221.

ROTHKOPF, E. Z. Learning from written instructive materials: An exploration of the control of inspection behavior by test-like events. *American Educational Research Journal,* 1966, *3,* 241–249.

ROTHKOPF, E. Z. Two scientific approaches to the management of instruction. In R. M. GAGNE und W. J. GEPHART (eds.), *Learning research and school subjects.* Itasco, Ill.: Peacock, 1968. Pp. 107–132.

ROTHKOPF, E. Z. Concerning parallels between adaptive processes in thinking and self-instruction. In J. F. VOSS (ed.), *Approaches to thought.* Columbus: Merrill, 1969. Pp. 299–316.

ROTHKOPF, E. Z. Structural text features and the control of processes in learning from written materials. In J. B. CARROLL und R. O. FREEDLE (eds.), *Language comprehension and the acquisition of knowledge.* Washington, D.C.: V. H. Winston, 1972. Pp. 315–335.

ROTHKOPF, E. Z. & BISBICOS, E. E. Selective facilitative effects of interspersed questions on learning from written materials. *Journal of Educational Psychology,* 1967, *58,* 56–61.

ROTHKOPF, E. Z. & BLOOM, R. D. Effects of interpersonal interaction on the instructional value of adjunct questions in learning from written material. *Journal of Educational Psychology,* 1970, *61,* 417–422.

ROTHKOPF, E. Z. & COKE, E. U. Repetition interval and rehearsal method in learning equivalences from written sentences. *Journal of Verbal Learning and Verbal Behavior,* 1963, *2,* 406–416.

RUBENSTEIN, H. An overview of psycholinguistics. Mimeo. Department of Psychology, Lehigh University, Bethlehem, Pa., 1971. To appear in *Current trends in linguistics,* Vol. 12. The Hague: Mouton.

RUBENSTEIN, H. & ABORN, M. Learning, prediction, and readability. *Journal of Applied Psychology,* 1958, *42,* 28–32.

RUBENSTEIN, H., GARFIELD, L. & MILLIKAN, J. A. Homographic entries in the internal lexicon. *Journal of Verbal Learning and Verbal Behavior,* 1970, *9,* 487–494.

RUBENSTEIN, H., LEWIS, S. S. & RUBENSTEIN, M. A. Homographic entries in the internal lexicon: Effects of systematicity and relative frequency of meanings. *Journal of Verbal Learning and Verbal Behavior,* 1971, *10,* 57–62 (a).

RUBENSTEIN, H., LEWIS, S. S. & RUBENSTEIN, M. A. Evidence for phonemic recoding in visual word recognition. *Journal of Verbal Learning and Verbal Behavior,* 1971, *10,* 645–657. (b)

RUDDELL, R. B. The effect of the similarity of oral and written patterns of language structure on reading comprehension. *Elementary English,* 1964, *42,* 403–410.

RYAN, T. A. *Intentional behavior.* New York: Ronald Press, 1970.

SACHS, J. Recognition memory for syntactic and semantic aspects of connected discourse. *Perception and Psychophysics,* 1967, *2,* 437–442.

SAMUELS, S. J. Attentional process in reading: The effect of pictures on the acquisition of reading responses. *Journal of Educational Psychology,* 1967, *58,* 337–342.

SAMUELS, S. J. Relationship between formal intralist similarity and the von Restorff effect. *Journal of Educational Psychology,* 1968, *59,* 432–437.

SAMUELS, S. J. An experimental program for teaching letter names of the alphabet. Project No. 9-F-009. Washington, D.C.: U.S. Office of Education, 1970. (a)

SAMUELS, S. J. Effects of pictures on learning ot read, comprehension, and attitudes. *Review of Educational Research,* 1970. *40,* 397–408. (b)

SAMUELS, S. J. Modes of word recognition. In H. SINGER und R. RUDDELL (eds.), *Theoretical models and processes in reading.* Newark: International Reading Association, 1970. Pp. 23–37. (c)

SAMUELS, S. J. Attention and visual memory in reading acquisition. Research Report No. 26, Project No. 332189, University of Minnesota and U.S. Office of Education, 1971.

SAMUELS, S. J. The effect of letter-name knowledge on learning to read. *American Educational Research Journal,* 1972, *1,* 65–74.

SARTRE, J. P. *The psychology of imagination.* Tr. by Bernard Frechtman. New York: Washington Square Press, 1966.
(Deutsch: *Das Imaginäre – Phänomenologische Psychologie der Einbildungskraft.* Hamburg, 1971)

SAVIN, H. B. What the child knows about speech when he starts to learn to read. In J. F. KAVANAGH und I. G. MATTINGLY (eds.), *Language by ear and by eye.* Cambridge, Mass.: The MIT Press, 1972. Pp. 319–326.

SAVIN, H. B. & BEVER, T. G. The nonperceptual reality of the phoneme. *Journal of Verbal Learning and Verbal Behavior,* 1970, *9,* 295–302.

SAWYER, D. J. Intra-sentence grammatical constraints in readers' sampling of the visual display. Unpublished doctoral dissertation. Department of Education, Cornell University, 1971.

SCHAPIRO, F. Information extraction and filtering during perceptual learning in visual search. Unpublished doctoral dissertation. Department of Psychology, Cornell University, 1970.

SCHLESINGER, I. M. *Sentence structure and the reading process.* The Hague: Mouton, 1968.

SHANKWEILER, D. Developmental dyslexia: A critique and review of recent evidence. *Cortex,* 1964, *1,* 53–62.

SHANKWEILER, D. & LIBERMAN, I. Y. Misreading: A search for causes. In J. F. KAVANAGH und I. G. MATTINGLY (eds.), *Language by ear and by eye.* Cambridge, Mass.: The MIT Press, 1972. Pp. 293–317.

SHULMAN, H. G. Encoding and retention of semantic and phonemic information in short-term memory. *Journal of Verbal Learning and Verbal Behavior,* 1970, *9,* 499–508.

SILBERMAN, H. F. *Exploratory research on a beginning reading program.* Santa Monica, Calif.: System Development Corporation, 1964.

SIMMONS, R. F. Some semantic structures for representing English meanings. In J. B. CARROLL und R. O. FREEDLE (eds.), *Language comprehension and the acquisition of knowledge.* Washington, D.C.: V. H. Winston, 1972. Pp. 71–97.

SIMON, D. P. & SIMON, H. A. Alternative uses of phonemic information in spelling. *Review of Educational Research,* 1973, Vol. 43 (1), 115–137.

SISSON, E. D. The role habit in eye-movements of reading. Unpublished doctoral dissertation. University of Minnesota, 1936.

SKAILAND, D. B. A comparison of four language units in teaching beginning reading. Paper read to American Educational Research Association, New York, 1971.

SMIRNOV, A. A., ISTOMINA, Z. M., MAL'TSEVA, K. P. & SAMOKHRALOVA, V. I. The development of logical memorization techniques in the preschool and young school child. *Soviet Psychology,* 1971–1972, *10,* 178–195.

SMIRNOV, A. A. & ZINCHENKO, P. I. Problems in the psychology of memory. In M. COLE und I. MALTZMAN (eds.), *A handbook of contemporary Soviet psychology.* New York: Basic Books. 1969. Pp. 452–502.

SMITH, F. Familiarity of configuration vs. discriminability of features in the visual identification of words. *Psychonomic Science,* 1969, *14,* 261–262.

SMITH, H. K. The responses of good and poor readers when asked to read for different purposes. *Reading Research Quarterly,* 1967, *3,* 53–83.

SMITH, M. E., ROTHKOPF, R. Z. & KOETHER, M. The evaluation of instructional text: Relating properties of free recall protocols to text properties. Paper presented to American Educational Research Association, Washington, D.C., 1970.

SNODGRASS, J. G. & JARVELLA, R. J. Some linguistic determinants of word classification times. *Psychonomic Science,* 1972, *27,* 220–222.

SOKOLOV, A. N. *Inner speech and thought.* New York: Plenum Press, 1972.

SPOEHR, K. T. & SMITH, E. E. The role of syllables in perceptual processing. *Cognitive Psychology,* 1973, *5,* 71–89.

STAATS, A. W. *Learning, language, and cognition.* New York; Holt, Rinehart and Winston, 1968.

STAATS, A. W. & BUTTERFIELD, W. H. Treatment of nonreading in a culturally deprived juvenile delinquent: An application of reinforcement principles. *Child Development,* 1965, *4,* 925–942.

STAATS, A. W. & STAATS, C. K. A comparison of the development of speech and reading behavior with implications for research. *Child Development,* 1962, *33,* 831–846.

STAATS, A. W., STAATS, C. K., SCHUTZ, R. E. & WOLF, M. The conditioning of textual responses using „extrinsic" reinforcers. *Journal of Experimental Analysis of Behavior,* 1962, *5,* 33–40.

STANNERS, R. F., FORBACH, G. B. & HEADLEY, D. B. Decision and search processes in word-nonword classification. *Journal of Experimental Psychology,* 1971, *90,* 45–50.

STEINER, R., WIENER, M. & CROMER, W. Comprehension training and identification for poor and good readers. *Journal of Educational Psychology,* 1971, *62,* 506–513.

STERRITT, G. M., MARTIN, V. E. & RUDNICK, M. Sequential pattern perception and reading. In *Proceedings of the 13th Annual Convention of the International Reading Association.* Newark, Del.: 1969. Pp. 61–71.

STEVENS, S. S. & STONE, G. Psychological writing, easy and hard. *American Psychologist,* 1947, *2,* 230–235.

STEWART, M. L., JAMES, C. T. & GOUGH, P. B. Word recognition latency as a function of word length. Paper read to Midwestern Psychological Association, 1969.

STRICKLAND, R. G. The language of elementary school children: Its relationship to the language of reading textbooks and the quality of reading by selected children. *Bulletin of the School of Education, Indiana University,* 1962, *38,* No. 4, 1–131.

STONE, L. C. Reading reactions for varied types of subject matter: An analytical study of eye movements of college freshmen. *Journal of Experimental Education,* 1941, *10,* 64–77.

TATHAM, S. M. Reading comprehension of materials written with select oral language patterns: A study at grades two and four. *Reading Research Quarterly,* 1970, *5,* No. 3, 402–426.

TAYLOR, W. L. Cloze procedure: A new tool for measuring readability. *Journalism Quarterly,* 1953, *30,* 415.

TAYLOR, W. L. „Cloze“ readability scores as indices of individual differences in comprehension and aptitude. *Journal of Applied Psychology,* 1957, *41,* 19–26.

THOMPSON, M. C. & MASSARO, D. W. Visual information and redundancy in reading. *Journal of Experimental Psychology,* 1973, *98,* 49–54.

THORNDIKE, E. L. *Educational psychology.* Vol. II. *The psychology of learning.* New York: Teachers College, Columbia University, 1913.

THORNDIKE, E. L. Reading as reasoning: A study of mistakes in paragraph reading. *Journal of Educational Psychology,* 1917, *8,* 323–332.

TINKER, M. A. Reliability and validity of eye-movement measures of reading. *Journal of Experimental Psychology,* 1939, *19,* 732–746.

TINKER, M. A. The study of eye movements in reading. *Psychological Bulletin,* 1946, *43,* 93–120.

TINKER, M. A. Recents studies of eye-movements in reading. *Psychological Bulletin,* 1958, *55,* 215–231.

TINKER, M. A. *Bases for effective reading.* Minneapolis: University of Minnesota Press, 1965.

TOLMAN, E. C. *Purposive behavior in animals and men.* New York: Century, 1932.

TOLMAN, E. C. & BRUNSWICK, E. The organism and the causal texture of the environment. *Psychological Review,* 1935, *42,* 43–77.

TRABASSO, T. Mental operations in language comprehension. In J. CARROLL und R. O. FREEDLE (eds.), *Language comprehension and the acquisition of knowledge.* Washington, D.C.: V. H. Winston, 1972. 113–137.

TULVING, E. & DONALDSON, W. (eds.) *Organization of memory.* New York: Academic Press, 1972.

TULVING, E. & GOLD, C. Stimulus information and contextual information as determinants of tachistoscopic recognition of words. *Journal of Experimental Psychology,* 1963, *66,* 319–327.

TULVING, E., MANDLER, G. & BAUMEL, R. Interaction of two sources of information in tachistoscopic word recognition. *Canadian Journal of Psychology,* 1964, *18,* 62–71.

VANDE VOORT, L., SENF, G. M. & BENTON, A. L. Development of audiovisual integration in normal and retarded readers. *Child Development,* 1972, *43,* 1260–1272.

VENEZKY, R. L. *The structure of English orthography.* The Hague: Mouton, 1970. (a)

VENEZKY, R. L. Regularity in reading and spelling. In H. LEVIN und J. P. WILLIAMS (eds.), *Basic studies on reading.* New York: Basic Books, 1970. Pp. 30–42. (b)

VENEZKY, R. L. *The prereading skills program.* Madison: Wisconsin Research and Development Center for Cognitive Learning, 1971. (a)

VENEZKY, R. L. *Letter naming and learning to read.* Wisconsin Research and Development Center for Cognitive Learning, Theoretical Paper No. 31, 1971. (b)

VENEZKY, R. L. *Language and cognition in reading.* Wisconsin Research and Development Center for Cognitive Learning, Technical Report No. 188, 1972. (a)

VENEZKY, R. L. *The letter-sound generalizations of first, second, and third grade Finnish children.* Wisconsin Research and Development Center for Cognitive Learning, Technical Report No. 219, 1972. (b).

VENEZKY, R. L. & JOHNSON, D. *The development of two letter-sound patterns in grades 1–3.* Wisconsin Research and Development Center for Cognitive Learning, Technical Report No. 189, 1972.

VENEZKY, R. L., SHILOAH, Y. & CALFEE, R. *Studies of prereading skills in Israel.* Wisconsin Research and Development Center for Cognitive Learning, Technical Report No. 227, 1072.

VOLKMANN, F. C. Vision during voluntary saccadic eye movements. *Journal of the Optical Society of America,* 1952, *52,* 571–578.

VOLKMANN, F. C., SCHICH, A. M. L. & RIGGS, L. A. Time course of visual inhibition during voluntary saccades. *Journal of the Optical Society of America,* 1968, *58,* 562–569.

WAITE, R. R. Further attempts to integrate and urbanize first-grade reading textbooks. *Journal of Negro Education,* Winter, 1968, 62–69.

WALKER, J. H. Pronounceability effects on word-nonword encoding in categorization and recognition tasks. *Journal of Experimental Psychology,* 1973, *99,* 318–322.

WALKER, R. Y. A qualitative study of eye movements of good readers. *American Journal of Psychology,* 1938, *51,* 472–481.

WANAT, S. F. *Linguistic structure and visual attention in reading.* Newark, Del.: The International Reading Association Research Reports, 1971.

WANAT, S. F. & LEVIN, H. The eye-voice span: Reading efficiency and syntactic predictability. In H. LEVIN, E. J. GIBSON und J. J. Gibson, *The analysis of reading skill.* Final Report, Project No. 5–1213, from Cornell University to the U.S. Office of Education, December, 1968. Pp. 237–253.

WATSON, J. B. *Behaviorism.* Chicago: University of Chicago Press, 1930.

WEBER, R. M. The study of oral reading errors: A survey of the literature. *Reading Research Quarterly,* 1968, *4,* 96–119.

WEBER, R. M. First graders' use of grammatical context in reading. In H. LEVIN und J. P. WILLIAMS (eds.), *Basic studies on reading.* New York: Basic Books, 1970. Pp. 147–163. (a)

WEBER, R. M. Some reservations on the significance of dialect in the acquisition of reading. In J. A. FIGUREL (ed.), *Reading goals for the disavdantaged.* Newark, Del.: International Reading Association, 1970. Pp. 124–131. (b)

WEIR, R. H. *Language in the crib.* The Hague: Mouton, 1962.

WESTMAN, A. S. A development study of the ability to perceive and utilize categorical structure. Unpublished doctoral dissertation. Department of Psychology, Cornell University, 1971.

WHEELER, M. E. Untutored acquisition of writing skill. Unpublished doctoral dissertation, Department of Human Development, Cornell University, 1971.

WILDER, L. *Analysis training: Failure to replicate Elkonin.* Technical Report No. 202, Wisconsin Research and Development Center for Cognitive Learning, 1972.

WILLIAMS, J. P. Training kindergarten children to discriminate letterlike forms. *American Education Research Journal,* 1969, *6,* 501–514.

WOLF, W., KING, M. L. & HUCK, C. S. Teaching critical reading to elementary school children. *Reading Research Quarterly,* 1968, *3,* 435–498.

WOODWORTH, R. S. *Experimental psychology.* New York: Holt, 1938.

YONAS, A. The acquisition of information-processing strategies in a time-dependent task. Unpublished doctoral dissertation. Department of Psychology, Cornell University, 1969.

ZETTERSTEN, A. *A statistical study of the graphic system of present-day American English.* Lund, Sweden: Studentlitteratur, 1969.

Bitte umblättern:

fi 1

Fischer Wissenschaft

Eine Auswahl

Alfred Lorenzer
Das Konzil der Buchhalter
Die Zerstörung der Sinnlichkeit
Eine Religionskritik
Band 7340

Bronislaw Malinowski
Magie, Wissenschaft und Religion / Und andere Schriften
Band 7335

Herfried Münkler
Machiavelli
Die Begründung des politischen Denkens der Neuzeit aus der Krise der Republik Florenz
Band 7342

Jean Piaget
Biologie und Erkenntnis
Über die Beziehungen zwischen organischen Regulationen und kognitiven Prozessen
Band 7333

Marthe Robert
Das Alte im Neuen
Von Don Quichotte zu Franz Kafka
Band 7346

Viktor Šklovskij
Theorie der Prosa
Band 7339